캐나다인 이야기 1
전설이 된 남자, 사무엘 드 샹플랭

캐나다인 이야기 1

전설이 된 남자, 사무엘 드 샹플랭
SAMUEL DE CHAMPLAIN

박순연 지음

이 이야기는 캐나다의 물리적, 정신적 토대를 만들었고,
오늘날의 유럽과 북아메리카 사람들에게
다양성의 포용과 융합이라는 고귀한 정신을 물려준 한 남자의 이야기이다.

"그에 대한 기억은 영원히 고귀할 것이다."
신부 폴 레 제네(Paul Le Jenne)

목 차

1장 전설의 시작

전설 – 나나마키의 꿈	13
북서항로를 찾아서 – 존 캐벗	16
유럽인보다 먼저 신대륙에 도착한 인류 – 인디언	19
최초의 정착민 – 바이킹	20
바스크인들의 비밀 어장	23
북신대륙, 세상에 드러나다	26
신이 카인에게 내린 땅: 자크 카르티에	28
가짜 황금에 도취된 마틴 프로비셔	36
프랑스, 다시 정착을 시도하다	37

2장 중앙아메리카의 스페인 제국

종교분쟁의 종식	41
스페인 제국을 향하여	43
고통받는 사람들을 만나다	47
이모부와의 영원한 이별	51

3장 샹플랭의 스승, 앙리 4세

앙리 4세와 샹플랭	55
앙리 4세의 선정	56

루브르궁 연구소	59
샹플랭의 역량을 알아본 체이스트	60
북 신세계를 향한 첫 번째 항해	64
타바지 의식	66
탐사	70
샹플랭의 출생과 교육	77

4장 식민지의 태동

피에르 뒤과 드 몽스 Pierre Dugua de Mons	83
뉴프랑스 건설을 위한 출발	86
최초의 개척기지 세인트크로이섬	93
샹플랭의 탐사	96
크로이섬의 잔혹한 겨울	99
새로운 정착지를 찾아 남쪽으로	104
첫 사망자가 발생한 원주민들과의 충돌	114
두 번째 식민 정착지: 포트 로얄	117
장 푸트랭쿠르 Jean de Biencourt de Poutrincourt	123
푸트랭쿠르의 탐사	125
최초의 연극 상연	133
진수성찬을 위한 순서 The Order of Good Cheer	136

| 식민지 건설을 중단하라 | 138 |

5장 뉴프랑스, 퀘벡

두 남자의 꺾이지 않는 의지	145
암살 음모로 시작한 식민지 건설	151
퀘벡 원주민들의 삶과 그 겨울	160
샹플랭의 첫 번째 원정: 1609~1610	167
두 번째 원정	183
앙리 4세가 없는 파리	193
노총각의 결혼	195
뉴펀들랜드의 해빙기 항해	199
헨리 허드슨의 실종	202
로얄 플레이스 Royal Place	204
우정과 두려움의 공존: 신뢰와 불신	209

6장 북해 탐사

상인들의 반기를 누르다	217
전쟁이 만연한 원주민 사회	221
북해를 향하여	224
서서히 탄로 나는 거짓말	228
푸트랭쿠르의 유토피아 포트 로얄	241

7장 이민 정책

캐나다 회사 La Compagnie du Canada 설립	249
삼부회의 성직자 파견 결정	251
세 번째 원정길	254

오합지졸	265
퇴각	270
진정한 중재자	276

8장 루이 13세의 궁전

섭정 마리 태후의 몰락	285
약제사 루이 에베르 Louis Hébert	290
국왕과 의회, 상공회의소를 모두 설득하다	293
살인사건	297
팽팽한 줄다리기는 계속되고	310

9장 루이 13세와 샹플랭

견고해진 지위	317
복잡해져 가는 퀘벡	320
이로쿼이 원주민과의 평화 협정	331
자급자족	334
샹플랭의 아내, 엘렌 불레	337
리슐리외 추기경	340
샹플랭이 없는 퀘벡의 상황	345
다양성 존중과 포용 정신	349
뉴프랑스 회사	355

10장 퀘벡, 함락되다

뉴프랑스를 위협하는 본국의 상황	361
뉴프랑스로 향하는 불똥	363
샹플랭의 용기 있는 허세	367

경솔한 로크몽 대령	372
극한 생존을 이어 가는 퀘벡 식민지	375
퀘벡, 함락되다	382
눈앞에 이익을 좇는 두 명의 배반자	385
멈출 줄 모르는 샹플랭	389

11장 식민지 재건

마지막 항해	405
다시 돌아온 퀘벡	409
원주민들과의 관계 회복	413
이로쿼이의 공격	419
샹플랭의 다양성 포용	423
북아메리카에 정착한 유럽의 영지 제도	425
트루아 리비에르	428
탐험가이자 통역사	429
마지막 해	435
샹플랭의 마지막 순간	440
샹플랭 사후, 프랑스	441

연표	444

1장
전설의 시작

전설
- 나나마키의 꿈

1610년 어느 날 밤, 나나마키는 꿈속에서 위대한 정령을 만났다. 꿈에 나타난 정령은 그에게 4년 후 한 백인 남자를 만나게 되는데 그는 나나마키 부족의 아버지가 될 사람이라고 말했다. 그리고 그를 만날 준비에 들어가도록 지시했다. 위대한 정령의 지시에 따라 나나마키는 얼굴을 까맣게 칠하고 하루에 한 끼 식사만을 해야 했다. 4년 동안 같은 꿈을 꾸던 어느 날 마침내 위대한 정령은 나나마키에게 그 백인 남자를 만나기 위한 긴 여정을 떠날 준비를 하라고 일러 주었다. 위대한 정령이 알려 준 대로 나나마키는 동생과 함께 대륙의 서쪽으로부터 동쪽의 큰 바다로 흐르는 큰 강을 따라 내려가기 시작했다.

여행을 시작한 지 닷새째 되던 날, 두 형제는 한 백인 남자를 만나게 되었다. 그 백인 남자는 나나마키 형제에게 환영의 악수를 청하고 자신의 막사로 안내했다. 백인 남자는 자신을 프랑스 왕의 아들이라고 소개하면서 자신도 지난 몇 년 동안 꿈을 꾸어 왔는데 꿈속에서 위대한 정령이 바다를 건너 백인을 한 번도 보지 못한 사람들이 사는 곳으로 가라고 했다는 것이었다. 정령은 그곳에서 그가 만난 사람들과 한 가족처럼 살게 될 것이며, 그들의 아버지가 될 것이고 그들은 모두 그의 자식이 될 것이라고 말했다고 이야기했다.

백인 남자는 프랑스 왕인 아버지에게 꿈에 대한 이야기를 들려주었고, 꿈 이야기를 들은 왕은 크게 웃으면서 그곳은 인간이라고는 전혀 살고 있지 않은 호수와 산으로만 이루어진 위험한 곳이니 생각을 접으라고 타일렀다. 그러나 이 백인 남자는 위대한 정령이 지시하는 대로 바다를 건너 미지의 세계로 가겠다는 고집을 멈추지 않았다는 것이었다.

나나마키는 이 백인 남자와 사흘을 함께 보냈고, 총, 화약, 창 그리고 다른 종류의 여러 무기를 선물로 받았다. 외적을 물리치거나 평화 시에 버팔로나 사슴을 사냥하는 데 쓸 수 있도록 백인 남자는 나나마키 형제에게 그 무기들의 사용 방법을 알려 주었다. 그뿐 아니라 여러 요리 도구들을 선물로 주면서 그 사용법도 가르쳐 주었다. 이들은 서로 다른 언어를 사용하고 있었지만 유대감을 형성할 수 있을 정도로 서로를 이해할 수 있었다. 백인 남자는 열두 번째 달이 뜰 때 같은 장소에서 다시 만나자고 약속 한 후 그곳을 떠났다. 1년 후, 백인 남자는 약속대로 그곳에 다시 돌아왔다. 배에 가득 싣고 온 많은 물건들을 그는 나나마키와 그의 마을 사람들에게 나누어 주었다. 나나마키와 그의 마을 사람들은 그 답례로 그 백인 남자에게 모피를 주었다. 그 후 오랫동안 그들은 정기적으로 물품을 교환하기 시작했다. 그 백인 남자는 평화를 지향하고 명예롭게 행동하는 사람이었다. 그 후 그들은 오랫동안 신의와 우정을 쌓으면서 평화롭게 지냈다.

이 이야기는 나나마키의 후손이자 "쎅과 팍스" 원주민의 추장인 블랙 허크가 400여 년이 넘게 구전으로 내려오던 이야기를 기록으로 남긴 것이다. 블랙 허크는 북아메리카의 원주민과 유럽의 지도자들이 이 옛이야기를 기억하며 그들의 꿈을 공유하고 함께 살아가기를 희망한다고 덧붙였다. 이 전설은 북아메리카의 오대호와 대서양을 잇는 세인트 로렌스강(Saint Lawrence River)의 한 골짜기에서 시작하여 북아메리카 여러 지역의 미크맥, 몽타냐이, 휴론, 알곤킨 그리고 미국 미시시피강 유역의 원주민들 사회에 널리 퍼져서 오늘날까지 구전으로 전해 오는 이야기이다.

나는 이 북아메리카 전설의 주인공인 백인 남자의 발자취를 따라가 보기로 하고 2022년 여름, 살고 있던 캐나다 태평양 연안의 밴쿠버를 떠나 동부 대서양변 뉴브런스윅주에 당도했다. 이 전설이 된 백인 남자와 그의 일행이 유럽인으로는 최초로 북아메리카에 전초기지를 세웠던 한 섬을 찾아보고 왜 그곳에 기지를 세웠을까 하는 의문의 답을 찾기 위해 캐나다 서쪽 끝에서 동쪽 끝으로 찾아간 것이다.

여행을 시작한 7월의 어느 날, 세인트존의 한 호텔에서 잠을 깼을 때 잠이 덜 깬 내 귓가로 세차게 창문을 때리는 빗소리가 들렸다. 이불을 제치고 창가로 다가가 커튼을 열었다. 어제 펀디 만을 건너올 때와는 전혀 다른 험악한 날씨가 펼쳐지고 있었다. 세찬 바람으로 인해 빗줄기는 옆으로 날리고 있었고 자욱한 안개는 가시거리를 좁히고 있었다. 잠시 이날의 일정을 고민했지만, 400여 년 전 새로운 세계를 건설하겠다는 일념으로 이보다 더 했을 대서양의 악천후를 견디며 오늘날 캐나다의 정신적, 물리적 토대를 만든 전설 속의 남자를 생각하며 답을 찾기 위해 용기를 내 보기로 했다.

400여 년 전 전설의 주인공은 휴대용 원형 천문 관측기구를 사용했다는데 현대에 사는 나는 GPS에 의지하여 운전대를 잡았다. 시가지를 벗어나 고속도로를 달리자 세찬 바람에 자동차가 휘청거렸다. 다행히 고속도로 옆의 지형이 완만해서 고속도로 밖으로 차가 벗어난다 해도 큰 사고로 이어질 것 같지는 않았다. 400여 년 전 전설의 주인공과 프랑스 탐사대가 신대륙에 최초로 설치한 개척기지 현장을 내 눈으로 직접 볼 수 있다는 들뜬 마음으로 1시간가량 비바람과 안개를 뚫고 고속도로를 달리다 보니 어느새 127번 국도에 도달했다. 세인트 앤드루스에서 북쪽으로 방향을 바꾸어 세인트크로이강을 왼쪽에 끼고 쭉 북쪽으로 올라갔다. 강을 따라 올라가는 길 오른쪽으로는 작물이 잘 자란 농장들이 자리하고 있었다. 400여 년 전 이곳에는 처녀림이 우거지고 그 숲속에는 인디언이라 불리는 원주민들이 살고 있었을 것이다. 3킬로미터 정도 달리니 목적지가 가까워 옴을 GPS가 알려 주었다. 그리고 차창 밖으로 내가 찾는 장소의 알림판이 눈에 들어왔다. 가슴이 두근거렸다. 주차장에 차를 세우고 잠시 창밖을 보며 감상에 젖었다. 마침 비도 멈추는 듯했다. 주변은 너무나도 고요하고 한적했다. 내가 찾는 섬이 강 건너 저 멀리 짙은 구름과 안개를 무겁게 머리에 이고 흐릿한 모습을 서서히 드러내는 듯 보였다. 보존 구역으로 정해져 이제는 발을 들여 놓을 수 없는 이 작은 섬, 늘 궁금해하던 해답을 얻기 위해 한동안 서성이며 섬을 바라보았다. 두어 시간이 지난 정오가 가까워 오면서 구름과 안개가 걷히고 섬의 모습이 드러나자 내 뇌리를 스치는 섬의 이미지는 한마디로 "영원히 침몰하지 않는 군함!" 바로 그것이었다. 그렇다면 전설의 주인공과 그와 함께했던 프랑스 탐사대는 어째서 신대륙에서 '침몰하지 않는 군함'이 필요했던 것일까? 그리고 위대한 정령의 지시에 따라 나나마키가 본 이 전설이 된 백인 남자는 왜 이 신세계에 왔을까? 그리고 그는 이 신세계에서 무엇을 이루고자 했을까? 시간을 거슬러 이 남자를 따라가는 여행이 시작되었다.

북서항로를
찾아서 - 존 캐벗

이탈리아 피렌체 출신의 상인이자 탐험가인 아메리고 베스푸치, 그는 1497년부터 1504년까지 세 차례의 탐험을 통해 오늘날 '아메리카 대륙'이라고 불리는 새롭게 발견된 땅이 인도가 아니라는 것과, 하나의 작은 섬이 아닌 대륙이라는 것을 최초로 확신한 사람으로 알려져 있다. 그는 이 대륙을 '신세계'라 칭했다. 그리고 그의 이름 '아메리고'는 라틴어식 여성형인 '아메리카'로 변형되어 오늘날 신대륙의 이름으로 붙여졌다고 한다.

이 신세계 이야기는 1492년, 이탈리아 제노바 출신의 크리스토퍼 콜럼버스가 에스파냐의 이사벨 여왕의 후원으로 중앙아메리카와 서인도 제도를 발견한 시점으로 거슬러 올라간다. 15세기 말, 지구가 둥글다는 이론이 확립되자 동방의 값비싼 향신료, 보석, 실크 그리고 귀금속에 매료되어 있던 프랑스, 영국 그리고 스페인은 중국과 서인도 제도 탐험가들을 후원하기 시작했다. 유럽의 후원 국가들은 1453년 이후 유럽에서 동방으로 가는 동쪽 통로가 비잔티움 제국을 멸망시킨 오스만 제국에 의해 그 당시 동로마 제국의 수도였던 콘스탄티노플(오늘날의 이스탄불)에서 막히자 새로운 루트를 찾아 동쪽이 아닌 서쪽으로 눈길을 돌렸는데 15세기 말, 콜럼버스가 신대륙을 발견했다는 새로운 소식에 동방으로 가는 서쪽 루트를 찾을 수 있다는 기대가 커졌다.

1492년, 콜럼버스가 서인도 제도를 발견하고 5년 후인 1497년, 1496년에 이어 두 번째 항해를 시작한 지 35일째 되던 6월 24일, 한 탐험가가 지금의 캐나다 뉴펀들랜드주 해안에 닿았다. 그는 콜럼버스와 같은 이탈리아 제노바(당시 제노바공화국) 출신의 조반니 카보토라는 탐험가로 영국식으로 개명한 존 캐벗이라는 이름으로 더 알려진 인물이다. 그는 지구가 둥글다는 것을 알고 있었으며, 서쪽 바다가 동방으로 가는 빠른 길이라고 믿고 있었다. 그는 스페인과 포르투갈에서 탐험에 대한 후원을 거절당한 후 1496년, 마침내 영국 튜더왕조의 첫 번째 왕 헨리 7세의 후원으로 동방으로 가는 서쪽 항로를 탐색하라는 명을 받고 대서양을 건너게 되었다.

그는 대서양 건너 처음 도착한 이 섬을 처음에는 동방의 외곽쯤으로 생각했다. 그러나 점령할 섬도 약탈할 인가도 보이지 않았다. 다만 이곳에서는 야생동물을 잡을 때 쓰였을 것으로 보이는 올무와 뼈를 깎아 만든 바늘, 그리고 나무를 찍어 넘어트릴 때 쓰였을 듯한 도끼를 발견할 수 있었다. 캐벗은 이곳을 '새롭게 발견한 땅(New Found Land)'이라 명명하고 영국 왕의 영토라 선포했다. 그리고 더 많은 해안을 탐사하기 위해 이 섬을 떠났다.

캐벗이 이날 행한 선포는 훗날 캐나다가 영국의 영토임을 주장하게 되는 근거가 된다. 그러나 그것이 실현된 것은 아주 먼 훗날의 일이다. 어쨌든 캐벗은 이곳을 동방의 중국으로 생각했지만 이곳은 그가 찾던 동방의 나라는 아니었다. 이곳은 오늘날 캐나다의 동쪽 맨 끝에 위치한 뉴펀들랜드섬이었다. 그랜드 뱅스(Grand Banks)라 불리는 뉴펀들랜드섬 주변 바다는 북대서양에서 내려오는 한류와 멕시코 만류가 만나는 곳으로 대구가 서식하기에 아주 좋은 환경조건을 이루고 있는 곳이었다. 헤아릴 수 없이 많은 이곳의 어류는 캐벗의 계획에는 존재하지 않았지만 유럽에서는 교황의 포고로 일주일에 3일 이상 육류를 섭취하지 못하는 기간 동안 대신 생선을 섭취해야 했기 때문에 물고기는 황금과 마찬가지인 귀중한 자원이었다.

같은 해 영국으로 돌아간 캐벗은 새로운 땅을 발견한 공로로 브리스톨과 런던의 시민들로부터 열렬한 환호와 사랑, 그리고 관심을 받았다. 그리고 그의 소식은 빠르게 유럽 전역으로 퍼져 나갔다. 헨리 7세는 자신의 내탕금으로 그에게 상금을 내리면서 또 한 번의 항해를 후원했다. 그러나 이러한 호사도 잠시, 그는 1498년 2월, 세 번째 항해를 떠난 후 실종되어 다시는 영국으로 돌아가지 못했다. 이로써 동방으로 가는 길을 찾는 영국의 시도는 실패로 끝났다. 존 캐벗은 노르웨이의 바이킹 이후 최초로 북아메리카에 도달한 유럽인으로 기록되었다.

2년 후, 이 섬에 닿은 포르투갈의 항해사, 가스파르 코르테-리알에게 붙잡힌 섬의 원주민 중 한 명은 이탈리아의 베니스인들이 사용하는 검의 손잡이를 가지고 있었고, 또 다른 이는 한 쌍의 귀고리를 지니고 있었다.

유럽인보다 먼저 신대륙에 도착한 인류 - 인디언

소리 없이 사라진 존 캐벗과 그의 일행이 지니고 있었을 물건들을 소지하고 있었던 뉴펀들랜드섬에 이미 살고 있던 사람들. 이들은 콜럼버스가 자신이 발견한 땅이 인도인 줄로 잘못 알고 '인디오(스페인어로 인도인)'라고 불렀던 인디언이라 이름 붙여진 인류로 길게는 5만 년, 짧게는 1만 년 전부터 이곳 신대륙에 뿌리를 내리고 살고 있는 사람들이었다. 그들은 한 그릇 안에서 태어났다는 공통된 신화를 가지고 있는 사람들이며, 빙하기 동안 춥고 추운 시베리아에서 사냥감을 따라 낮아진 해수면을 이용하여 베링 해협을 건너 알래스카를 거쳐 아메리카 대륙의 이곳저곳으로 이동하여 북아메리카에 살기 시작했다. 그들 중 일부는 현 캐나다 태평양 연안에 터를 잡고 연어와 고래를 잡아 생존을 이어 갔고, 내륙의 대평원에 자리 잡은 그룹은 버팔로를 잡아 생존을 이어 갔다. 그중 북극 지방에 터를 잡은 이누이트 부족은 에스키모라 불렸는데 바다에서는 바다표범, 흰북극곰, 바다코끼리와 연어나 곤들매기 같은 물고기를 잡고 육지에서는 토끼나 여우 그리고 카리부를 사냥하여 생존을 이어 갔다.

오늘날 온타리오주 남서부 지역과 온타리오와 대서양을 잇는 세인트로렌스강 유역 골짜기 주변에 정착한 사람들은 옥수수, 콩, 그리고 호박 같은 작물을 농사 지어 생활하는 한편 동물과 물고기를 잡아 생존을 이어 갔다. 이 부족은 화전을 일구어 농사를 지었는데, 우리나라에서도 조선 말부터 1970년대까지 소백산을 비롯한 여러 곳에서 화전을 일구며 살아가던 사람들과 같은 방식으로 농사를 지었다. 우리나라의 화전민은 1970년대에 정부의 대대적인 화전 정리 사업으로 단기간에 사라졌지만 숲에 불을 놓아 땅을 비옥하게 만들고 수년간 농사를 지어 지력이 떨어지면 다른 곳에 불을 놓아 경작지를 개간하는 방식을 사용하는 것은 이들과 동일했다. 이들은 농사를 짓는 한편 엘크, 비손, 무스 그리고 비버 같은 동물을 사냥하여 양식과 의복으로 사용했다. 그중 비버의 모피는 16세기 즈음부터 시작된 유럽인들의 호화로운 취향을 만족시켜 주는 사치품이 되어 구대륙 유럽인들의 발길이 신대륙으로 끊임없이 이어지게 하는 기폭제 역할을 하게 된다.

최초의 정착민
- 바이킹

1만 년이 넘는 오랜 세월 동안 이렇게 살아오던 북아메리카의 사람들 앞에 어느 날 갑자기 피부색이 전혀 다른 또 다른 인류가 이들 앞에 나타났다. 그들은 한 가족이었는데 가장 쏘왈드는 그의 조국, 노르웨이에서 살인죄를 저질러 추방당한 사람으로 자신의 가족과 함께 정처 없이 바다에서 떠도는 신세가 되었다. 그가 처음 도착한 육지는 지금의 아이슬란드였는데 아이슬란드에 정착한 그들은 또다시 살인을 저질러 그곳에서도 추방을 당한다. 이 가족은 다시 조국 노르웨이로 향했지만 노르웨이에서는 그들을 받아주지 않았다. 갈 곳을 잃어 정처 없이 서쪽으로 항해를 하던 쏘왈드와 그의 가족은 985년경 여름, 바위와 빙하로 뒤덮인 육지를 발견하게 되었다. 머리카락 색이 붉다 하여 이름 붙여진 쏘왈드의 아들, 에릭 더 레드는 그곳에 많은 사람들이 들어와 정착하기를 바라는 마음으로 '그린란드(Greenland)'라 이름 지었다. 그러나 초목이 많지 않았던 그 땅은

1천년 초경 바이킹 레이프 에릭슨의 일행이 머물다 간 곳. 1600년대에 들어와 우연히 발견되었음. 1968년 캐나다 국립 역사 유적지로 지정. 1978년 세계문화 유산으로 유네스코에 등재되었으며 오늘 날의 모습은 복원된 것임

혹독한 추위가 엄습하는 아주 척박한 황무지였다. 이들은 그린란드에 최초로 정착한 유럽인이었지만 그들은 다른 정착지로 눈을 돌리게 되었다.

그러던 중, 북대서양을 항해하던 뱃사람들을 통해 소문으로만 듣고 있던 한 미지의 땅을 찾아 다시 항해를 하기로 마음먹었다. 1000년이 되기 전, 쏘왈드는 이미 사망했고 다리를 다치게 된 쏘왈드의 아들 에릭 더 레드는 그린란드에 남고 행운이라는 뜻의 이름을 지닌 그의 아들 레이프 에릭슨이 그의 형제들과 친구 등 35명과 함께 항해를 시작했다. 1010년, 동쪽으로 항해를 이어 가던 이들은 일직선의 온통 바위로 해안선을 이루고 있는 육지가 눈에 들어왔다. 배를 댈 수 없는 탓에 그들은 남쪽으로 계속 항해를 이어 갔다. 레이프와 그의 일행이 계속 남쪽으로 항해하다 만난 곳은 풍부한 밀과 포도가 가득한 숲과 한 번도 본적 없는 엄청난 크기의 연어가 많은 바다였다. 레이프는 이곳의 이름을 '포도의 땅(Vinland)'이라 지었다. 이곳에서 많은 양의 포도를 따 그린란드에 남아 있는 그의 아버지, 붉은 머리 에릭에게 배 가득 실어 보냈다는 이야기가 남아 있는 것으로 보아 이곳의 포도 자생량은 대단했던 것으로 보인다. 하지만 현재까지도 여전히 이곳이 어디인지는 밝혀지지 않고 있다. 역사학자들은 이곳이 오늘날의 노바스코샤(Nova Scotia)일 것이라 주장하지만 이 또한 여전히 입증된 바는 없다.

어쨌든 레이프와 그의 일행은 현재의 뉴펀들랜드에 정착했다. 1960년, 이들의 정착지가 발견되었다. 뉴펀들랜드에서 그들의 공동주택 그리고 그 안에 있던 나무 조각과 쇠로 만든 못, 숯, 그리고 여인들의 바느질 도구와 일상생활에 필요한 생활용품 유물이 다수 발견되면서 이들의 이야기가 사실이었음이 입증되었다. 그들은 대구를 잡아 건조시켜 오랫동안 저장해 두고 먹었다. 아버지가 남아 있는 그린란드로 오가는 배 안에서도 건조된 대구는 그들의 굶주림을 해소해 주었을 뿐만 아니라 좋은 영양 보충제였다. 그뿐만 아니라 울창한 숲에서 얻을 수 있는 밀과 포도 등도 그들이 이 미지의 세계에 정착할 수 있도록 도운 또 하나의 좋은 자원이었다.

그렇게 나름 잘 정착하고 있던 레이프 일행은 어느 날 낯선 인간들과 마주치게 되었다. 인간은 인간인데 자신들과는 사뭇 다른 모습의 사람들이 그들 앞에 나타난 것이다. 이 미지의 땅에 먼저 와 살고 있던 낯선 인간들은 새롭게 등장한 바이킹들에게 지독히 적대적이었다. 먼저 온 사람들과의 갈등으로 모두가 이곳을 떠나게 되었고, 얼마 후 그의 형제와 자식들이 다시 이곳을 찾아 정착을 시도했지만 신대륙의 원주민과 구대륙의 이방인들은 여전히 화합할 수 없었다. 원주민과 이방인들은 타협과 불화를 반복하며 한동안 공존을 시도했지만 서로 죽이고 죽는 과정 속에서 더 이상 버티지 못한 쪽은 바이킹으로 알려진 구대륙에서 온 이방인들이었다.

이 이야기는 아이슬란드, 독일 그리고 스칸디나비아인들 사이에서 고전으로 내려오는 옛 이야기(saga)이다. 이쯤 되면 독자들은 레이프와 그의 일행에게 이 미지의 땅에 대해 알려 준 뱃사람들은 누구인가 궁금해졌을 것이다. 그리고 1492년, 서인도 제도에 닿음으로써 신대륙을 최초로 발견했다는 사람이 크리스토퍼 콜럼버스가 아니었으며, 1497년 뉴펀들랜드에 닿은 존 캐벗도 그리고 1000년경 뉴펀들랜드에 정착을 시도했으나 실패로 끝난 바이킹 레이프도 아니었다는 것을 알 수 있다. 그렇다면 신대륙을 처음으로 발견한 구대륙 사람들은 누구일까? 과거 속으로 더 한 번 거슬러 올라가 본다.

바스크인들의 비밀 어장

어디로부터인가 많은 양의 대구를 잡아와 전쟁과 억압으로 힘든 상황임에도 불구하고 경제적으로 탄탄한 삶을 이어 가는 유럽인들이 있었다. 이들은 스페인 북부와 프랑스 남서지방의 경계를 이루고 있는 피레네 산맥을 중앙에 두고 살고 있던 바스크인들이었다. 이들은 막대한 부를 안겨 주는 대구 어장을 세상에 알리지 않았다. 북해 주변국 어느 누구도 바스크인들의 대구잡이 모습을 보지 못했다. 그러나 유럽인들은 오랜 세월 동안 바스크인들의 대구 어획량과 그들의 탄탄한 경제 규모를 눈여겨보지 않았다. 그러던 중, 중세시대 대구 시장에 큰 변화가 찾아왔다. 그 발단은 중세의 가톨릭 교회였다. 중세의 교회에서는 매주 금요일 성행위와 뜨거운 음식으로 간주한 육류를 금하는 반면 차가운 물에서 왔다 하여 차가운 음식으로 간주한 생선은 허용했다. 그러자 매주 금요일이면 육류 대신 대구가 빗발치게 팔려 나갔다. 이제 중세 유럽에서 대구는 없어서는 안 될 존재가 되었던 것이다.

지중해의 풍부한 소금을 이용할 줄 알았던 바스크인들이 대구를 염장 처리하여 긴 항해에도 불구하고 신선도를 유지하여 그것들을 유럽 시장에 내놓자 그 인기가 날로 높아져 갔다. 거의 종교적 아이콘이 되어 버린 대구는 그 어느 때보다도 바스크인들에게 더 많은 부를 안겨 주었다. 따라서 바스크인들은 매 금요일이 되면 더욱 부자가 되어 갔다. 상황이 이럴수록 바스크인들은 대구 어장을 더욱 비밀리에 부쳤다. 그러나 유럽 전역에서 대구가 수익성이 좋은 것으로 널리 인정받게 되면서 유럽 사람들은 저마다 대구 어장을 찾아 나섰다. 그리고 바스크인들의 어선을 쫓아 항해하는 사람들이 바다 건너 어떤 땅에 대한 이야기를 하기 시작했다.

그중 토마스 크롭트라는 영국의 세관 공무원의 이야기가 흥미롭다. 토마스 크롭트는 존 제이라는 사람과 무역업에 투자하고 있었는데 1480년, 새로운 대구 어장을 찾기 위한 어선단을 두 차례 출항시켰다고 알려져 있다. 당시 영국은 공무원의 무역업을 금지하고 있었고 세관공무원인 크롭트는 누군가에게 고발되어 조사를 받고 기소까지 되었다. 그런데 3년 후 크롭트 사건은 흐지부지 무혐의로 종결되었다. 그리고 몇 년 후 크롭트의 회사는 1490년, 13세기부터 이어 오다 중단되었던 한자 동맹(Hanseatic League)으로부터 리그를 다시 개장하는 협상에 참여하라는 제의가 들어왔지만 그들은 더 이상 그곳에 아무 관심을 가지지 않았다. 한자 동맹(Hanseatic League)은 북부 독일의 도시와 상인들이 북해와 발틱해 지역에서 자신들의 무역상권을 배타적으로 유지하기 위해서 조직된 단체이다. 무역회사가 이런 국제 동맹의 제안을 무시한 것은 그들이 발견한 대구 어장의 수익성이 한자 동맹 가입에 비할 바가 아니었기 때문이라고 추정된다. 그 후 1480년에 있었던 대구 어장 관련 기록도 모두 사라졌다. 이 두 동업자도 바스크인들과 같이 대구 어장에 대하여 침묵했기 때문이고 사건을 조사했던 영국 사법당국도 영국인이 발견한 거대한 어장을 세상에 드러내지 않는데 동의한 것으로 보인다.

결국 역사는 대구 어장을 찾는 기획이 실패로 끝났다고 기록했지만, 이 두 영국인 동업자는 바다 건너에서 대구 어장을 찾았다고 추정되고 이 미지의 땅과 대구 어장은 영국 당국과 그곳을 비밀에 부치고 수익을 독점하고자 하는 사람들에 의해 더 이상 세상에 드러나지 않았다. 그리고 이 어장이 있는 미지의 대륙에 정착을 시도했다는 흔적도 없다. 어마어마한 양의 대구와 고래를 잡아 유럽으로 가져가 부를 축적할 수 있었으니 굳이 험한 바위와 울창한 숲으로만 이루어진 낯선 땅을 밟을 필요가 없었을 것이다.

어느 해 영국은 1500년경 쓰여진 것으로 보이는 편지 한 통을 발견하고 환호했다. 이 편지의 수신자는 1492년 신대륙을 최초로 발견했다 하여 신대륙 발견에 대한 갈채를 받고 있었던 크리스토퍼 콜럼버스였고 발신자는 영국 브리스톨의 한 상인이었다. 편지의 내용은 자신이 콜럼버스보다 먼저 신대륙에 다녀왔다고 주장하는 내용이었다. 이 편지에 대하여 콜럼버스가 답장을 보냈는지 여부는 지금까지 밝혀지지 않았다. 자신의 탐험을 세상에 알리려는 탐험가의 특징과 자신에게 가져다주는 부의 근원지를 비밀에 부치려는 상인의 특징을 콜럼버스는 잘 알고 있었는지 그는 이 편지에 대해 함구했을 뿐만 아니라 그 상인에게도 대꾸하지 않음으로써 그 편지에 대한 이야기는 세상 밖으로 나오지 않았다. 그 결과 그는 공식적으로 최초로 신대륙을 발견한 사람으로 오늘날까지 기록되었다.

북신대륙,
세상에 드러나다

1011년 시점에서 레이프 에릭슨 일행은 신대륙에 먼저 온 원주민들과의 불화와 갈등을 이겨 내지 못하고 북아메리카의 신세계를 떠났지만 바스크인들만이 여전히 뉴펀들랜드 앞바다를 드나들며 고래와 대구잡이를 이어 오고 있었다. 그러나 여전히 공식적으로 그들이 어디서 그 많은 대구를 잡아 오는지는 알려지지 않고 있었다. 그러다 1497년 존 캐벗에 의해 비밀의 대구 어장이 공식적으로 세상에 드러나게 된 것이다. 그러나 캐벗은 세 번째 항해를 떠난 후 자취를 감추었고 캐벗을 후원하던 헨리 7세도 1509년에 사망했다. 그 이후 영국은 성공회와 가톨릭의 대립 등으로 국내 사정이 혼란스러워 동방의 중국일지도 모르는 캐벗의 새로운 땅은 사람들의 뇌리에서 점점 잊혀졌다.

캐벗이 사라지고 2년 후, 포르투갈도 금은보화가 넘쳐 난다고 믿었던 동방으로 가는 서쪽 길을 찾는 일을 시작했다. 포르투갈의 항해사, 가스파르 코르테-리알이 왕의 명령으로 1500년에 이어 1501년에 뉴펀들랜드에 무사히 도착했다. 그러나 그는 57명의 베오투크 원주민을 잡아 포르투갈로 보내 노예로 삼게 한 후 그 역시 캐벗처럼 그의 배, 그리고 선원과 함께 어디론가 사라졌다. 그다음 해, 그의 동생 미구엘도 포르투갈에서부터 출발해 대서양으로 항해를 시작한 후 사라졌다.

1502년에 그려진 지도가 현재까지 남아 있는데 그것은 1502년에 포르투갈인들에 의해 그려진 것이다. 지도 속 글자도 포르투갈어로 되어 있으며 '포르투갈 왕의 땅'이라 기록되어 있다. 이것을 근거로 오늘날까지 포르투갈인들은 캐나다의 뉴펀들랜드를 자신들이 발견한 땅으로 생각하고 있다고 한다.

가스파르 코르테-리알 형제의 탐험이 실패한 후 1521년이 되자, 북신대륙에 정착하여 살고자 하는 사람이 있었는데 그는 포르투갈의 모험가인 주앙 알바르스 파군데스로 오늘날의 캐나다 동부 끝자락에 위치한 카파 브레튼에 정착을 시도했다. 그러나 대구잡이로 호황을 누리고 있던 프랑스의 브르타뉴인들이 파군데스의 일행을 괴롭히기 시작했다. 그들은 파군데스의 고기잡이 그물을 끊기도 하고 집에 불을 지르기도 했다. 이에 견디지 못한 파군데스와 그의 일행은 이곳을 떠나야 했다. 바이킹 레이프나 캐벗과는 다르게 파군데스와 그의 일행은 원주민이 아닌 같은 유럽인들의 의해 이 신대륙을 떠나고 만 것이다.

동방으로 가는 직항로를 찾기 위해 서쪽 루트를 탐험하는 나라는 스페인도 예외는 아니었다. 스페인의 샤를 5세는 오늘날의 칠레 마젤란 해협을 항해하고 있던 포르투갈의 항해사인 에스테반 고메스에게 북대서양으로 갈 것을 명했다. 왕의 명에 따라 그는 1524년에 항해를 시작하여 오늘날 캐나다의 노바스코샤와 미국 메인주에 도착했으나 추운 겨울이었던 1525년 2월, 강에 떠 있는 너무나 많은 얼음 때문에 내륙으로 전진해 갈 수 없었다. 얻은 것이 없자 그는 58명의 원주민을 노예로 팔기 위해 납치했다. 하지만 훗날 스페인에 도착한 원주민들은 스페인의 샤를 5세에 의해 자유를 되찾게 되었다.

고메스는 방향을 바꾸어 다시 대서양으로 나와 뱃머리를 남쪽으로 돌려 항해를 이어 갔고 지금의 미국 플로리다까지 항해했다. 결국, 그는 동방으로 가는 직항로를 찾는 데 실패했지만 이 항해를 통해서 신대륙의 형체를 대강 알게 되었고 이 대륙이 동방이 아니라는 사실이 조금 더 구체화되기 시작했다.

강성대국을 꿈꾸며 금은보화가 가득한 동방으로 가는 바닷길을 찾는 나라들의 대열에서 프랑스도 예외는 아니었다. 프랑스의 왕 프랑수아 1세도 조반니 다 베라차노를 후원해 동방으로 가는 해협을 찾아 나섰지만 실패로 끝났다. 이 탐사대는 오늘날의 노바스코샤에 당도해서 '풍요로운 땅'의 의미를 지닌 '아카디아'라 이름 붙였는데 이 이름은 영국인들에게 점령되는 1710년까지 쓰이게 되었고, 현재까지도 곳곳에서 지역이름으로 쓰이고 있다.

영국은 캐벗이 가고 30여 년이 지난 1527년이 되어서야 한 투자 단체가 존 루트를 대서양으로 내보냈다. 하지만 그 또한 동방으로 가는 서쪽 항로를 찾는 데는 실패했다.

신이 카인에게 내린 땅: 자크 카르티에

조반니 다 베라차노의 탐사 실패 이후에도 프랑스는 동방의 금은보화가 자국에 부를 안겨 줄 것이라 믿고 동방으로 가는 서쪽 항로를 찾는 일에 미련을 버리지 않고 있었으나 1534년이 되어서야 비로소 본격적인 탐사를 시작했다. 프랑스의 왕 프랑수아 1세는 생말로 출신의 탐험가인 자크 카르티에에게 동방으로 가는 서쪽 항로를 탐사할 것을 명했다. 이 해 봄 4월 20일, 카르티에는 프랑스를 떠나 신세계로 향했다. 40년 전 존 캐벗이 걸린 35일의 항해보다 15일이나 단축된 20일 만에 그는 북아메리카 해안에 도착했다. 대항해 시대에 걸맞게 조선과 항해술이 점점 발달하고 있었음을 엿볼 수 있는 대목이다. 그는 벨섬의 해협을 지나 세인트로렌스 만 북쪽 해안인 지금의 래브라도반도에 도착했다. 바위투성이로 이루어져 있어 불모의 땅이라 생각한 카르티에는 이곳을 '신이 카인에 내린 땅'이라 이름 붙였다.

계속해서 프린스에드워드섬과 앙티코스티섬을 지나 항해를 이어

가다 샬러만의 북쪽 해안에 도착한 카르티에는 이 해협을 동방으로 통하는 통로라고 생각했다. 이곳에서 그는 미크맥 원주민들과 처음으로 조우하게 되었는데 그는 이곳에서 원주민들로부터 모피를 교환하자는 제안을 받았다. 이 대목으로 볼 때 이 시기에 이미 유럽인들은 어획 활동뿐만 아니라 모피 교역을 행하고 있었다는 것을 알 수 있다. 북쪽을 향해하던 카르티에는 세인트로렌스강 남쪽의 가스페반도에 도착했다. 이곳에서 그는 물고기를 잡기 위해 해안가로 이동해 온 200여 명의 이로쿼이 원주민들을 만나게 되었다. 그는 원주민의 언어로 '땅의 끝자락'이라는 의미를 지닌 가스페반도에서 이로쿼이 원주민들이 지켜보는 가운데 프랑스 왕의 영토라는 상징으로 10미터 높이의 십자가를 세웠다. 원주민들은 자신들의 오랜 삶의 터전을 자신들의 의지와는 전혀 상관없이 강탈당하고 있다는 것을 인지하지 못한 채 이방인들의 행위를 호기심으로 지켜보고 있었다. 이 시기 캐나다 북동부에는 이로쿼이, 휴론, 미크맥, 알곤킨, 아베나키, 몽타냐이, 그리고 크리족의 원주민들이 대략 16만 명가량 살고 있었다.

이곳에서 카르티에는 추장 도나코나의 두 아들을 납치했다. 프랑스로 데려가 프랑스 언어를 교육한 뒤 다시 신세계로 데려와 통역사로 써먹기 위함이었다. 도나코나 추장은 어쩔 수 없이 다음 항해에 유럽인들의 물건을 가져와 물물교환을 하는 조건으로 카르티에가 그의 두 아들을 프랑스로 데려가는 것에 동의했다. 이 해 9월에 그는 프랑스로 돌아갔다.

1535년 5월 19일, 카르티에는 3척의 선박에 110명의 선원과 도나코나의 두 아들을 태우고 두 번째 항해를 시작했다. 세인트로렌스 만에 도착한 그는 계속해서 강을 따라 내륙으로 들어가 도나코나 추장이 다스리는 이로쿼이 원주민의 본거지라 할 수 있는 현재의 퀘벡인 스타다코나로 향했다. 항해 도중 도나코나의 두 아들은 이 강이 자신들의 마을(Kanata)로 가는 길이라고 카르티에에게 말했다. 이곳이 어디냐고 묻는 질문에 대한 답이었다. 의사소통이 잘 안 되었던 그 시대, 카르티에는 그곳의 이름을 카나타라 지었는데 이후 이 지역 지도에는 모두 '캐나다(Canada)'로 표기되었고 이후 보편적으로 쓰이게 되었지만, 먼 훗날 1791년이 되어서야 비로소 국가의 공식적인 이름이 되었다. 카르티에는 또한 이 강의 이름도 지었는데 그가 스타다코나로 가는 날인 8월 10일이 마침 서기 258년 로마의 기독교 박해로 세인트로렌스가 순교한 날이어서 이 순교자의 이름을 따서 지었다. 세인트로렌스강은 지금도 그 이름으로 불리고 있다.

9월 7일, 카르티에는 원주민의 마을인 스타다코나에 도착하여 도나코나 추장의 두 아들을 돌려주었다. 그는 이곳 내륙까지 들어오면서 이 해협이 동방으로 가는 직항로가 아니라는 것을 차츰 알게 되었지만 내륙 더 깊은 곳까지 탐사하고 싶어 도나코나 추장에게 길 안내를 부탁했다. 그러나 모피 교역을 독점하고 싶었던 도나코나는 그의 부탁을 거절했다. 이에 카르티에는 작은 돛과 노를 이용해 운행하는 작고 길쭉한 배 '롱보트'를 이용하여 또다시 서쪽으로 항해를 시작했다.

3주 후, 카르티에와 그의 탐사대는 드넓은 벌판으로 이루어진 호첼라가(지금의 몬트리올)에 도착했다. 그가 도착한 이곳에는 나무와 나무껍질로 만들어진 50채 규모의 롱하우스가 보였고, 마을 전체가 요새화되어 있었으며, 1,500에서 2,000여 명으로 추산되는 이로쿼이 원주민들이 거주하고 있었다. 롱하우스는 하나의 지붕이 길게 세워진 거주 공간으로 내부에는 많은 세대가 살 수 있도록 지어진 오늘날의 단층 다세대 주택과 같은 형태이다. 스타다코나보다 훨씬 큰 규모의 원주민 마을이었다. 롱하우스의 지붕 아래에는 몇 가족이 생활하고 있었으며, 전형적인 모계사회로 파악되었다.

족히 1,000여 명은 되어 보이는 원주민 군중이 프랑스인들을 만나기 위해 강가로 몰려들었다. 카르티에와 그의 일행은 가장 좋은 복식을 갖추고 트럼펫을 울렸다. 그러고는 신체장애가 있는 사람을 치유하는 행위를 선보였고, 카르티에는 그날 자신의 탐사일지에 "그들은 신이 내려와 병을 치유한다고 믿었다."라고 기록했다. 이는 과학의 시대를 살아가는 현대에도 가끔 볼 수 있는 기만 행위로 미신을 믿던 이 시대에는 프랑스인들의 연극을 의심스러운 눈초리로 보는 원주민들은 없었을 것이다.

드넓은 벌판으로 이루어진 이곳에는 230여 미터 높이의 산이 자리하고 있는데 이 언덕에 오른 카르티에는 이 산을 몽 헤알(Mont-Real, 왕의 산)이라 이름 붙였다. 이 산 이름 또한 이 도시의 이름이 되어 오늘날 이 도시는 영어식 발음인 몬트리올(Montreal)로 불리는 퀘벡주에서 가장 큰 대도시가 되었다.

카르티에는 몽 헤알 언덕에서 저 멀리 세인트로렌스강을 내려다보며 이 강을 따라 서쪽으로 계속 이동하면 동방에 닿을 것이라 확신했다. 그러나 강에 급류가 흐르는 지점이 있어 강을 이용하여 동방으로 가는 것은 불가능하다고 판단했다. 이 급류 주변지역은 훗날 프랑스어로 중국을 의미하는 '라신(Lachine)' 급류와 마을 이름을 얻게 되었다. 이 지역에는 1819년이 되어서야 배가 운행할 수 있도록 운하가 놓이게 되는데 그때까지는 내륙 깊이 탐험하고자 하는 유럽인들에게 늘 고통을 안겨 주는 곳이었다. 프랑스인들이 얼마나 동방의 중국에 닿기를 염원했는지 알 수 있는 이름이다.

범접할 수 없는 라신 급류(Lachine Rapids)와 겨울이 다가 오고 있어 더 이상의 내륙 탐사를 포기한 카르티에는 10월 중순 무렵, 일행들과 함께 다시 도나코나의 부족이 있는 스타다코나로 돌아갔다. 이제 겨울이 곧 닥치기 때문에 프랑스로 돌아가기에는 너무 늦은 시기였다. 그는 겨울을 나기 위한 채비로 요새를 튼튼히 하고 땔감을 준비하고 물고기와 육류를 소금에 절여 먹을 양식을 저장해 놓았다. 그러나 그는 이곳의 겨울이 얼마나 혹독한지 이때는 몰랐다. 11월 중순에 다다르자 눈이 끊임없이 내려 1미터가 넘게 쌓이고 강에는 2미터가량의 두께를 자랑하는 빙산이 생겨나기 시작했다. 그러나 그 무엇보다도 프랑스 탐사대를 더욱 괴롭힌 것은 이 시대는 알 수 없었던 괴혈병이었다. 원주민들 사이에서 먼저 발생한 괴혈병은 곧이어 프랑스인들을 공격했다. 이때 도나코나의 아들 중 하나인 도마가야가 두 원주민 여자들을 프랑스인들에게로 보내 괴혈병을 치료할 수 있는 요법을 알려 주었다. 생존 가능성에 대한 기대를 잃어 가고 있던 프랑스인들은 두 원주민 여인이 가르쳐 준 요법대로 나무껍질과 잎을 으깨어 물에 넣고 끓여 이틀에 한 번씩 마심으로써 더 이상의 피해를 막을 수 있었다. 덕분에 110명의 대원 중 85명의 대원들이 건강하게 겨울을 날 수 있었다.

    1536년 5월의 봄이 되자 도나코나는 황금 같은 귀한 보석으로 가득차 있는 여러 왕국이 있다고 카르티에에게 말했다. 카르티에는 도나코나에게 그중에 하나인 사그니 왕국으로 안내해 줄 것을 도나코나에게 부탁했다. 그러나 무슨 이유에서인지 도나코나는 그의 부탁을 거절했다. 어쩔 수 없이 카르티에는 세인트로렌스강의 얼음이 거의 사라지자 프랑스로 돌아갈 채비를 시작했다. 그리고 그는 도나코나 추장을 데리고 프랑스로 향했다. 황금이나 루비 같은 보석들로 넘쳐난다는 '사그니 왕국'이라 불리는 저 멀리 북쪽 지역에 대한 정보를 더 입수하기 위해 도나코나 추장을 납치했다는 설도 있다. 그러나 자의든 타의든 프랑스에 도착한 도나코나는 프랑스 왕궁으로부터 융숭한 대접을 받았다. 이에 한껏 들뜬 그는 이번에는 프랑스에 무한한 부를 가져다줄 수 있는 황금과 여러 보물뿐만 아니라 석류, 오렌지, 그리고 향신료들이 있다고 한껏 부풀리며 허풍을 떨었다.

이에 프랑수아 1세는 1541년 1월 15일, 카르티에가 아닌 장 프랑수아 로베르발을 총 지휘자로 삼고 카르티에는 그의 하관으로 임명하여 대서양을 건널 것을 명했다. 로베르발의 출항이 늦어짐에 따라 그의 명령으로 총지휘관 로베르발보다 먼저 항해를 시작한 카르티에는 1541년 5월 23일, 5척의 범선을 이끌고 생말로 항구에서 신세계를 향한 세 번째 항해를 시작했다. 프랑수아 1세로부터 신세계에 영구히 정착해서 도나코나가 떠들어댄 사그니 지역의 금은보화와 향신료를 찾아 최대한 많은 지역을 탐사하라는 명을 받았기 때문이었다. 동방으로 가는 북서항로를 찾는 일은 잊히고 이제는 금은보화와 값비싼 향신료가 있다는 신세계의 사그니 왕국과 그 외 여러 지역이 탐사의 목표가 된 것이다. 그런데 카르티에에 의해 프랑스로 갔던 도나코나 추장은 이미 1539년에 프랑스에서 사망했기 때문에 카르티에는 도나코나의 허풍이 진실인지는 확신할 수 없는 상태로 신세계를 향한 항해를 이어 갔다.

도나코나의 허풍에 속아 카르티에가 탐사한 곳 중 한 곳은 우리 한국인들에게도 잘 알려진 곳이다. 그곳은 2016년 캐나다와 퀘벡을 오가며 촬영한 드라마 〈도깨비〉에서 두 남녀 주인공이 거닐거나 앉아 대화를 나누는 장면 그리고 마지막 장면에서 헤어졌던 두 주인공이 다시 만나게 되는 해피엔딩의 장면을 촬영한 언덕, 카파 다이아멘트(Cap Diamant, 영어식으로는 Cape Diamond)이다. 이 지명은 1541년, 카르티에가 시도했던 영구 정착지인 카파 루주에서 약 17킬로미터 정도 떨어진 현재의 퀘벡 올드 타운에 위치한 곳이다. 동방의 중국에 닿기를 염원했던 프랑스인들의 계획이 몬트리올의 라신 급류에 막히자 그 지역을 중국을 뜻하는 '라신'이라 지은 것처럼 이곳은 카르티에가 이곳에 다이아몬드 광산이 있다는 허위 정보를 믿고 왔다가 절벽 위에서 다이아몬드와 비슷하게 생긴 석영 돌덩어리만을 보게 된 카르티에가 너무 낙담하여 지은 이름이다. 이후 모조품에 대한 이야기를 할 때면 생긴 표현 하나가 "캐나다의 다이아몬드만큼이나 모조(as fake as Canadian Diamond) 품이네!"라는 말이라고 한다.

카르티에가 이끄는 5척의 선박에는 많은 죄수와 300명의 병사들이 타고 있었다. 남편이나 사랑하는 사람을 따라 배에 오른 여인들, 그리고 여죄수들도 있었다. 그들은 무사히 대서양을 건너 내륙으로 향하는 세인트로렌스강을 거슬러 올라가 카파 루주에서 겨울을 나기 위한 요새를 세웠다. 하나의 요새는 카파 루주 아래 강가에 세우고 또 하나는 강으로부터 공격해 올 수도 있는 적으로부터 정착민을 보호하기에 용이하도록 강이 잘 내려다보이는 절벽 위에 세웠다. 그런데 카르티에가 금은보화가 있다는 왕국을 찾아 호첼라가를 탐사하러 간 사이에 원주민의 공격을 받아 프랑스인 35명이 목숨을 잃는 사건이 일어나고 말았다. 프랑스인들에게 목숨을 잃거나 부상을 당한 원주민이 보복하며 일어난 사건이었다.

겨울이 다가오자 괴혈병이 다시 발병하여 프랑스 정착민들의 상황은 걷잡을 수 없이 더욱 험악해져 갔다. 게다가 뒤이어 오기로 되어 있는 자신의 상관, 로베르발도 올 기미가 없어 보였다. 카르티에는 식민지 건설에 대한 확신을 잃어 갔다. 설상가상으로 새로운 땅의 황금보화도 다이아몬드나 황금이 아닌 황철석으로 밝혀졌다. 그는 프랑스로 돌아가기로 결정하고 대서양으로 향했다. 뉴펀들랜드에서 로베르발을 만나 다시 돌아가라는 명령을 받았지만 그는 상관의 명을 무시한 채 그대로 프랑스로 돌아가 버렸다.

　한 해가 지난 1542년 4월 중순이 되어서야 프랑스를 떠날 수 있었던 로베르발은 무사히 신세계에 도착해 카르티에가 시도한 카파 루주의 찰스버그 로얄에 도착했으나 그의 처지는 카르티에보다 더 좋지 않았다. 이곳에서 겨울을 나는 동안 그는 괴혈병으로 부하 50명을 잃었다. 그러고는 1543년 봄이 시작되자 로베르발은 8척의 배에 70명의 병사와 정착민을 태우고 말로만 듣던 '사그니 왕국'이라 불리는 곳에 도착했다. 금은보화와 향신료를 찾기 위해서였다. 그러나 그의 탐사는 결실 없는 허상을 쫓는 일에 지나지 않았다. 사그니 왕국을 찾는 탐사와 정착은 실패했고 철수하는 길에서는 배가 전복되어 8명이 익사하는 사고까지 일어났다. 침통한 마음으로 찰스버그 로얄로 돌아온 그들에게 한 통의 서신이 기다리고 있었다. 편지에는 프랑스에 전쟁이 일어났으니 돌아오라는 내용이었다. 이때 프랑스에는 전쟁이 일어나 스페인과 영국군대가 프랑스로 진군해 오고 있었다. 이에 로베르발은 모든 탐사 계획을 단념하고 이 해 7월, 프랑스로 돌아갔다. 이렇게 프랑스는 동방으로 가는 북서항로를 찾는 일도 신대륙에서의 식민지 건설을 추진하는 일도 모두 실패하고야 말았다. 그러나 프랑스를 비롯한 유럽인들이 완전히 이곳을 떠난 것은 아니었다. 뉴펀들랜드 앞바다의 대구와 고래잡이는 계속되고 있었고, 유럽에서의 그 수요가 날로 증가함에 따라 원주민들과의 모피 교역도 활발하게 이루어지고 있었다. 국가적 차원의 개척지 건설은 실패했지만 이익을 쫓는 어부들과 상인들의 발길은 계속 이어지고 있었던 것이다.

가짜 황금에 도취된
마틴 프로비셔

인간의 탐욕이 어떠한 판단 착오를 일으키는지 알 수 있는 한 해프닝이 영국인에 의해서 일어났다. 1576년이 되자 지난 50여 년간 잠잠했던 영국이 다시 동방으로 가는 북해를 탐험하는 일에 나섰다. 그 임무를 맡은 사람은 항해사 마틴 프로비셔로 이 해부터 시작된 세 번에 걸친 그의 항해는 웃지 못할 해프닝으로 마무리된다. 어쩌면 중앙아메리카 여러 곳에 제국을 건설하고 또 그곳으로부터 금은보화를 채취하여 날로 강대해져 가는 스페인을 보면서 영국의 국왕, 엘리자베스 1세나 그의 명령에 따라 탐사에 나선 프로비셔는 마음이 조급했는지도 모를 일이다.

1576년 6월 7일, 프로비셔는 동방으로 가는 북서항로를 찾는 임무를 완수하기 위해 블랙월 항구를 출발했다. 그의 출항을 보기 위해 나와 있는 군중 사이에서 국왕 엘리자베스 1세가 템스강을 따라 출항하는 그를 향해 손을 흔들어 주었다. 탐사의 성공을 기원하며 예포도 쏘아 올려졌다. 이렇게 국왕을 비롯한 많은 군중의 관심을 받으며 출항을 시작한 프로비셔는 캐나다에서 가장 큰 배핀섬(Baffin Island)에 도착했다.

무사히 배핀섬에 도착한 프로비셔는 자신의 이름을 따 오늘날 프로비셔 만으로 불리는 곳에서 금으로 생각되는 광석을 발견했다. 그는 황금에 취해 북서항로 탐사는 잊었는지 일부 채취한 광석을 싣고 그대로 영국으로 돌아갔다. 그리고 네 명의 검사관이 대서양을 건너온 광석의 성분을 검사했다. 검사 결과 한 검사관만이 금 성분이 들어 있다고 판단했다. 그럼에도 불구하고 1577년, 다른 투자가들과 함께 엘리자베스 여왕은 200톤급 로열 군함과 1,000파운드의 자금을 내놓으며 프로비셔에게 다시금 신세계로 가도록 명했다. 이후 프로비셔는 1578년에 황금이라고 생각되는 돌덩어리들을 실어 나르기 위해 더 큰 군함을 지원받아 두 번에 걸쳐 1,300톤이 넘는 배핀섬의 광석을 채취하여 영국으로 가져갔다. 국왕을 비롯한 영국인들의 이 탐욕은 이 광석에는 미량의 금 성분만 들어 있는 것으로 판명된 후에나 멈추었다.

    1,300톤에 이르는 이 어마어마한 양의 돌덩이들은 그 후 런던 남쪽에 위치한 다트포드 마을로 옮겨졌다. 그리고 쓸모없는 이 돌덩어리들은 다트포드와 그 주변 지역 공사장에 깔렸는데, 이로부터 거의 450여 년이 흐른 2015년, 5킬로그램의 그 광석이 다트포드 마을의 고고학 발굴 작업에서 발견되었다. 이후 이 광석들은 캐나다로 다시 돌아올 수 있었는데 배에 실려 신세계에서 구세계로 실려 갔던 16세기의 주인공들은 21세기에 와서는 미국의 페덱스 항공기에 안전하게 실려 다시 캐나다로 돌아왔다.

    탐욕에서 비롯된 마틴 프로비셔의 잘못된 판단은 자신의 국왕뿐만 아니라 여러 투자가들을 조롱거리로 만들었다. 그런데 이 인물은 사리분별은 없었지만 탐욕과 잔인성은 그 누구 못지않았는지 그는 탐사 도중 만난 이누이트 원주민들에게 잔인하게 폭행을 가했을 뿐만 아니라 1577년에 이루어진 항해에서는 3명의 이누이트 원주민을 납치하여 영국으로 데리고 가 브리스톨에서 그들을 전시해 놓고 오가는 사람들이 관람할 수 있도록 했다고 한다. 그의 이러한 잔혹성은 영국인들이 신세계 정착에 실패한 주요 요인 중 하나로 작용했을 것이 분명하다.

프랑스, 다시 정착을 시도하다

프랑스의 국왕 앙리 4세는 1598년 브르타뉴 지방의 총독 라로셰 후작을 캐나다의 총지휘관으로 임명하고 캐나다(퀘벡을 비롯한 세인트로렌스강 유역), 뉴펀들랜드, 래브라도, 그리고 현재는 미국의 영토인 노럼베가 지역을 총괄하는 모피와 어업 독점권을 부여했다. 그리고 그는 라로세에게 죄수들을 뽑아 데려갈 수 있는 권한도 주었다. 라로세는 40명의 건장한 죄수와 10명의 병사를 데리고 현 노바스코샤 앞바다에 위치한 세이블섬에 도착하여 어업과 모피 교역소를 세웠다. 그러나 1602~1603년의 겨울, 혹독한 추위와 충분치 못한 식량을 견디지 못한 죄수들이 탈출을 시도했으며 그 과정에서 폭동이 일어나 살인까지 이어지게 되었다. 결국 라로세의 식민지 건설은 실패로 끝났다.

1,000년경 바이킹 레이프가 신세계에 정착을 시도한 이래 600년이 흐르도록 유럽인들은 동방으로 가는 북서항로를 찾는 데는 실패했다. 그러나 오랜 세월 탐사를 이어 오면서, 그들은 대서양 건너 제일 먼저 만난 육지가 동방의 중국이 아니라는 것을 알게 되었다. 그리고 이 육지는 동방으로 가는 직항로를 가로막고 있다는 것 또한 알게 되었다. 이로 인해 유럽인들은 또 다른 꿈을 가지게 되었는데 그것은 바로 중앙아메리카뿐만 아니라 북아메리카에도 식민지를 건설하여 제국의 꿈을 이루는 것이었다.

2장
중앙아메리카의 스페인 제국

종교분쟁의 종식

한반도에서 임진왜란이 끝난 1598년, 프랑스에서는 지난 36년간 이어 오던 종교전쟁이 막을 내렸다. 이 마지막 종교전쟁에서 왕과 그의 조국, 프랑스를 위해 전력을 다해 용감히 전쟁에 임한 20대 후반의 한 젊은이가 있었다. 그는 프랑스 북서부 끝에 위치한 브르타뉴의 크로종반도에서 영국군과 협공하여 그곳에 주둔한 스페인군을 물리치는 데 온 힘을 기울였다.

1594년에 다시 시작하여 1598년에 끝난 이 종교전쟁에 이 젊은이는 무보직으로 자원입대했다. 그러나 그는 1년도 안 되어 왕의 군대에 군수품을 수송하고 부상병이나 포로를 호송하는 병참장교로 승진했다. 그리고 얼마 되지는 않지만 봉급도 받기 시작했다. 얼마 후 그에게는 특수 임무가 주어졌다. 1595년, 그는 왕의 명을 받고 어떠한 특수 비밀 임무를 띠고 어디론가 항해를 다녀온 것에 대한 특별 보수를 받았다. 그것은 오늘날까지 밝혀지진 않았지만, 왕의 군대 재정관은 그의 급료 기록장부에 사회적 지위가 높거나 귀족인 남성들을 지칭하는 데 쓰이는 'the sieur'를 붙여 the sieur Samuel de Champlain이라 기록했다.

샹플랭이 참전한 프랑스의 종교전쟁은 1589년 '세 앙리의 전쟁'에서 승리하여 프랑스의 국왕으로 등극한 앙리 4세가 개신교에서 가톨릭으로 개종했다 하여 왕으로 인정하려 들지 않는 가톨릭 연맹에 의해 벌어졌다. 가톨릭 연맹은 스페인, 포르투갈, 아일랜드, 그리고 이탈리아 등 여러 유럽 국가들의 군대를 프랑스 영토 내로 끌어들여 내란을 일으켰다. 프랑스로 난입한 외국 병사들은 약탈을 일삼고 여인들을 겁탈하며 프랑스의 많은 영토를 황폐화시켰다.

그러나 이 전쟁은 프랑스 국민들의 애국심을 불러일으켰고, 1589년

2장 중앙아메리카의 스페인 제국

왕좌에 오른 후 분열되었던 프랑스를 통합된 국가로 만들기 위해 노력하는 앙리 4세를 지지하게 만들었다. 개신교도들뿐만 아니라 가톨릭 교인들도 종교분쟁을 조장하는 가톨릭 교회에 환멸을 느끼는 사람들이 늘어 갔고, 1598년에 마침내 참패로 끝난 브르타뉴에서의 전쟁을 마지막으로 가톨릭 연맹의 군대는 모두 해산되었으며 그들이 끌어들인 스페인을 비롯한 포르투갈, 아일랜드 등의 외국 군대도 모두 철수하게 되었다.

5년간 지속되었던 잔혹한 전쟁이 끝나자 스페인은 프랑스에 주둔하고 있던 살아남은 수많은 자국 병사를 귀환시킬 준비에 들어갔다. 그러나 그들을 태울 배가 턱없이 부족했다. 이에 스페인은 프랑스의 여러 선박들을 임대하기로 결정했다. 이때 스페인이 임대하는 선박 중에는 샹플랭의 이모부가 소유하고 있는 500톤급 선박, 줄리앙호가 있었다. 그의 이모부는 유럽의 해상국가들에서 프로방칼이라 불리는 길에모 엘렌으로 유럽의 여러 나라들을 드나들며 많은 부를 쌓고 있는 인물이었다. 그는 활동 범위를 영국 해역까지 넓히다 보니 영국인들에게는 약탈자라는 혹평을 받고 있었지만 프랑스와 스페인에서는 해군의 높은 직책에 임명된 사람이었다. 그는 또한 포르투갈의 식민지인 브라질을 드나들 수 있는 면허를 받았고, 아프리카 해안에서도 교역을 했다. 사업, 외교 그리고 정치적 수완이 매우 뛰어났는지 그는 항해를 할 때마다 편리에 따라 여러 국적의 국기를 바꾸어 가며 항해를 하는 등 유럽의 해상국가들 사이에서는 꽤나 알려진 인물이었다.

대서양 너머 저 멀리 어디쯤에 있을 신대륙에 대해 동경하면서 전쟁이 끝난 후 왕을 위해 자신이 할 수 있는 일이 무엇인가를 생각하고 있던 샹플랭에게 이모부의 줄리앙호가 스페인으로 간다는 소식은 그냥 지나칠 수 없는 절호의 기회였다. 샹플랭은 프랑스 국왕 앙리 4세의 원대한 꿈을 정확히 이해하고 공감하는 사람이었다. 앙리 4세는 1598년 4월 13일, 가톨릭 교회를 국교로 삼지만 칼뱅주의 개신교 위그노도 인정하는 낭트 칙령을 내려 프랑스 국내의 평화를 조성했다. 또 같은 해 5월 2일, 스페인의 펠리페 2세와 여러 유럽의 지도자들을 만나 '베르벵 평화 조약'을 맺음으로써 종교전쟁의 막을 내리고 국제적인 평화를 이루고자 했을 뿐 아니라 신대륙을 탐사하고 개척하려는 뜻을 가지고 있었다. 샹플랭은 앙리 4세의 희망을 알고 있었고 자신 또한 아메리카 신대륙에 대해 강한 호기심을 지니고 있는 사람이었다.

스페인 제국을 향하여

1598년 8월, 그는 브르타뉴의 블라베 항구를 출발하는 줄리앙호에 올랐다. 샹플랭이 먼저 자신도 데려가 달라고 이모부를 졸랐는지 아니면 이모부가 그에게 함께 가자고 했는지 아니면 앙리 4세의 명으로 출항을 하게 되었는지 그리고 그가 어떤 신분으로 스페인으로 가게 되었는지에 대해서는 확실히 밝혀진 바가 없다. 그는 단지 "나는 이모부와 함께 배에 올랐다."라고만 기록했을 뿐이다. 그러나 브르타뉴에서 전쟁을 치르는 도중 앙리 4세의 명으로 어디론가 비밀 항해를 다녀왔던 적이 있는 것으로 볼 때, 어쩌면 왕으로부터 새로운 임무를 받아 이 항해를 떠났는지도 모를 일이다.

줄리앙호는 스페인의 함선, 그리고 스페인이 프랑스로부터 임대한 수송선 17척과 함께 항해를 시작했다. 시작은 순조로웠으나 비스케이만을 건너 남쪽으로 항해하는 도중 역병이 발생하여 수많은 병사들 사이로 빠르게 전염되어 갔다. 이에 스페인 총 사령관은 이미 사망한 병사들의 시체는 바다에 던지고 환자들은 배 1척으로 옮겨 격리한 후 스페인을 향해 항해를 지속했다. 그들을 괴롭힌 것은 역병뿐만이 아니었다. 비스케이 만과 대서양의 해류가 만나면서 발생되는 자욱한 안개로 인해 함선들은 갈피를 잡지 못하고 사방으로 흩어지거나 바다 속에 도사리고 있는 암초에 이리저리 부딪히기도 했고 수시로 함선을 덮치는 파도를 헤쳐 나가야 했다.

파손된 배들을 수리하기 위해 들른 비고 만에서 샹플랭은 안타깝고도 잔인한 광경을 바라만 보고 있어야 했다. 역병에 걸린 병사들을 태운 선박이 바다 위에서 화염에 휩싸여 서서히 바닷물 속으로 사라지는 모습이었다. 병에 걸린 소수를 희생시켜 알 수 없는 역병으로부터 다수를 지키기 위한 결단이었기에 그저 모두 침묵할 수밖에 없었던 것이다.

9월 중순, 생존자들은 마침내 스페인의 고대 항구 도시인 카디스 만에 도착했다. 줄리앙호는 한 달간 이곳에 정박할 계획이어서 샹플랭은 카디스의 이곳저곳을 답사할 수 있는 시간을 가질 수 있었다. 이곳에는 아메리카를 오가며 교역을 하는 사람들과 어부들로 북적이고 있었는데 스페인 사람들뿐만 아니라 브르타뉴에서 온 프랑스인들도 상당수 있었다. 샹플랭은 이곳의 해안과 방어시설 등을 관찰했다. 그리고 그는 이 도시의 성벽, 타워의 구조, 출입구의 위치, 총안이 있는 여장의 높이 등을 세세히 기록하며 조감도를 그렸다.

한 달여가 지나 줄리앙호의 정비가 끝나자 스페인 당국은 줄리앙호를 카디스 만 북서쪽에 위치한 도시, 산루카에 있는 거대한 강(과달키브르강)으로 옮기라고 알려 왔다. 산루카는 스페인 제국이 서인도 제도와의 소통을 위해 은밀히 관리해 온 아주 중요한 국가적 요충지였는데 그곳에 프랑스 출신의 프로방칼 선장을 들이는 것으로 보아 스페인 당국이 그를 얼마나 신뢰하고 있었는지를 알 수 있다.

산루카에 도착한 줄리앙호는 3개월이나 그곳에 정박되어 있어야만 했다. 그 이유는 1598년 여름, 영국의 엘리자베스 1세의 명령을 받은 해군 사령관 조지 클리포드, 컴버랜드 백작이 중무장한 20척의 함대에 1,700명의 병사와 해적들을 태우고 카리브 해 북동부에 있는 푸에르토리코섬을 기습한 사건 때문이었다. 크게는 600톤에서 작게는 80톤의 갤리언선을 타고 쳐들어온 영국인 앞에 그곳의 원주민들은 별 저항을 하지 못하고 도망가기 바빴고 영국의 약탈자들이 산후안시뿐만 아니라 푸에르토리코섬의 구석구석을 돌며 값나가는 물건들을 모두 휩쓸어 자루에 담아 선박으로 옮기는 동안 일부 함선들은 스페인 소속의 배들이 접근하지 못하도록 포를 쏘았다. 영국군은 다수의 스페인 병사를 포로로 잡았고 2척의 스페인 함선도 나포했다.

스페인과 아메리카의 교역로 요충지였던 푸에르토리코에 대한 영국의 약탈은 스페인에게 큰 타격이 아닐 수 없었다. 스페인은 해당 지역의 항해를 한동안 중단하고 푸에르토리코섬을 되찾기 위한 계획에 착수했다. 이 사건은 샹플랭에게 스페인 제국이 관할하는 서인도 제도로 갈 기회를 만들어 주었다. 스페인 병사들을 싣고 온 프랑스 함선들의 임대 기간을 연장하라는 스페인 당국의 지시가 떨어졌기 때문이었다. 이제 샹플랭이 소망하던 스페인 제국이 관할하던 서인도제도를 둘러볼 수 있게 된 것이었다.

그러나 그 꿈도 잠시 아메리카로 출항하려는 계획이 한창 진행 중이던 늦가을 어느 날, 새로운 사실을 알리는 1척의 쾌속선이 산루카에 도착했다. 푸에르토리코섬에서 역병이 발생해 영국 해적들이 모두 돌아갔다는 소식이었다. 이 소식을 들은 스페인은 푸에르토리코섬을 되찾는 계획을 취소했다. 서인도 제도로 가기로 되어 있던 이번 출항에 총지휘자 페드로 총사령관은 지중해로 가라는 상부의 명령을 받고 샹플랭의 이모부에게 함께 가자고 제안했다. 샹플랭에게는 이만저만 실망스러운 일이 아닐 수 없었다.

그러나 샹플랭의 기대가 완전히 사라진 것은 아니었다. 얼마 후 스페인은 다시 푸에르토리코로 출항하기로 결정했다. 페드로의 제안에 따라 지중해로 가기로 한 프로방칼 선장은 서인도제도에 가 보고 싶어 하는 샹플랭의 소망을 들어주기 위해, 조카를 푸에르토리코로 향하는 자신의 배 줄리앙호에 승선시켜 줄 것을 요청했고, 총지휘관 프란시스코는 쾌히 승낙했다.

1599년 2월 3일, 서인도 제도로 향하는 대형 범선들의 모습이 장관을 이루고 있었다. 가장 높다란 돛대 꼭대기에는 합스부르크 왕가를 상징하는 두 마리 독수리 문양의 스페인 국기가 휘날리고 있었다. 이모부와 헤어져 서인도제도로 향하는 배를 타게 된 샹플랭은 선원들의 활동을 진지하게 관찰했다. 그들은 뛰어난 항해기술을 갖고 있었고 큰 바다 한 가운데에서 일어나는 풍랑과 조수의 흐름을 잘 알고 있었다. 해가 지고 북쪽 하늘에 하나둘씩 별이 보이기 시작하면 '아스트롤라베'라고 불리는 원형으로 된 소형 천문관측 기구를 이용하여 북극성의 높이를 재고 해안선의 랜드마크를 찾는 것을 알 수 있었다. 샹플랭은 뛰어난 항해술을 지닌 스페인 선원들을 주의 깊게 관찰하면서 그들로부터 많은 항해술을 터득하게 되었다. 어린 시절 아버지를 따라 바다에서 많은 시간을 보내며 이미 많은 항해술을 터득했지만, 배움을 게을리하지 않는 그는 스페인 선원들의 항해술을 진지하게 관찰했고 기록했다. 그의 이러한 관찰력과 배움의 자세는 앞으로 대서양을 30여 차례 횡단하게 될 그에게 큰 도움이 될 것이 자명했다.

고통받는 사람들을
만나다

과달루페섬에서 줄리앙호가 정비되는 동안 샹플랭은 물과 과일을 얻기 위해 뭍으로 가는 스페인 선원들의 뒤를 따랐다. 대부분 산으로 이루어진 섬은 나무들로 빼곡히 들어차 있었다. 샹플랭 일행이 육지에 도착했을 때 매우 빠른 속도로 숲속으로 도망가는 300여 명 이상의 원주민들을 볼 수 있었다. 대화를 시도하려는 샹플랭을 먼 거리에서 지켜보던 원주민들은 샹플랭이 가까이 가면 재빠르게 몸을 돌려 숲속으로 도망가기를 반복했다. 여기서 원주민들과의 접촉은 실패로 돌아갔다.

줄리앙호와 그 부속선 산도발호는 푸에르토리코섬에 도착했다. 그곳에서 샹플랭은 산도발호를 타고 카리브해를 건너 라틴어로 진주를 뜻하는 마가리타섬에 빠른 속도로 안전하게 도착했다. 그가 이곳에서 관찰한 것은 스페인의 진주 산업이었다. 이곳에서는 매일매일 손에 작은 바구니를 들고 깊은 바닷물 속으로 아무런 안전장치 없이 무호흡으로 들어가기를 강요당하는 원주민들과 아프리카에서 잡혀온 노예들이 진주를 품은 굴 같은 것을 잡아 올라오는 광경을 볼 수 있었다. 이곳에서 노예들이 착취당하는 모습을 그린 샹플랭의 그림이 오늘날까지 남아 있다.

마가리타섬을 떠나 샹플랭이 도착한 곳은 산후안 마을이었다. 영국인 약탈자들의 무자비한 공격을 받은 산후안 마을의 모습은 충격 그 자체였다. 주택들은 모두 파괴되거나 불타 버렸는데 흑인 노예들이 몇 명 남아 있어서 그때의 상황을 들을 수 있었다. 그곳에 있던 대부분의 스페인 상인들은 영국인들이 잡아갔고 가까스로 도망친 원주민들은 모두 숲속으로 도망쳤다고 알려 주었다. 영국 해적들은 거의 모든 것을 휩쓸어 갔으며 남겨 놓은 것이라고는 열대성 기후에서 상하기 쉬운 설탕, 생강, 계피, 당밀 그리고 피혁뿐이었다.

파괴된 산후안에서 복원 작업이 이루어지는 동안 샹플랭은 작업에 투입된 사람들이 대부분 원주민들이었고 나머지는 아프리카에서 노예로 끌려온 사람들이라는 것을 눈여겨보게 되었다. 샹플랭은 그들에게 다가가 대화를 나누었고 그리고 그곳에 서식하고 있는 많은 동물과 식물을 관찰하고 그림으로 남겼다.

샹플랭이 다음으로 도착한 곳은 산토도밍고섬이었다. 이 섬에는 영국, 프랑스, 그리고 다른 유럽 나라들로부터 온 해적과 상인들로 북적이고 있었다. 아니 대부분이 해적이면서 상인들이었다. 그들의 선박은 모두 무장하고 있고 빨라서 따라잡기 힘들었다. 샹플랭과 함께 이 섬에 배치된 부대는 카리브해 북부의 모든 침입자들을 체포, 처벌하는 임무를 띠고 있었다. 당시 스페인은 이 지역의 외국인 출입을 철저히 통제하고 있었다. 스페인 사람에게 체포된 불법 침입자들은 고문과 사형을 당하는 것은 물론이고 갤리선에 노를 젓는 노예로 보내졌다. 갤리선으로 끌려간 노예들에게는 배 모양의 나무로 만들어진 재갈이 채워졌는데, 채찍을 맞아도 이 재갈 때문에 고통의 신음소리도 제대로 낼 수 없었다. 게다가 한번 노예가 된 사람은 죽을 때까지 노예 처지에서 벗어날 수 없었다고 한다.

샹플랭은 또한 산토도밍고에서 스페인이 어떻게 침입자들을 방어하고 있는지도 알게 되었다. 그들은 아프리카 노예들에게 이 섬으로 들어오는 침입자를 발견하는 사람에게 노예 신분에서 해방시켜 주겠다고 약속했다. 흑인 노예들은 참혹한 처지에서 벗어나 자유를 찾기 위해 밤이고 낮이고 침입자들을 찾아다녔다.

베라크루즈를 거쳐 샹플랭은 멕시코시티에 도착했다. 줄리앙호의 지휘관이 허락해 주어서 그는 한 달여를 이곳에서 보낼 수 있었다. 샹플랭은 멕시코의 열대 숲에 빽빽이 자란 아름다운 나무를 감상하고 지저귀는 새소리를 들으며 산책을 즐겼고, 잘 지어진 주택과 사원을 여행했다. 이곳은 축복받은 땅이었다. 기름진 토양, 이모작을 할 수 있는 기후, 풍부한 과일과 야채 등을 관찰할 수 있었다. 샹플랭은 자신이 발견한 경이로운 세상에 대하여 기록하는 것에 많은 노력을 기울였다. 그가 기록한 동식물에 대한 묘사는 매우 섬세하고 정확한 것으로 유명하다. 그런데 이 아름다운 땅에 살고 있는 샹플랭이 본 멕시코 원주민들은 스페인의 폭정에 고통받고 있었다. 이곳의 은광 노동자들도 다른 곳의 원주민과 아프리카 노예들과 마찬가지로 잔혹한 착취에 고통받고 있었다. 샹플랭이 무엇보다 놀란 것은 원주민들에게 가하는 스페인 방식의 종교재판 제도였다. 예배에 불참한 원주민이 성당 앞에서 가톨릭 교회 신부에게 30~40차례의 채찍질을 맞는 장면을 목격한 샹플랭은 경악을 금치 못했다. 그는 자신이 목격한 가톨릭 교회의 조사관에 의해 불태워지는 원주민의 모습과 예배에 불참했다 하여 교회당 앞에서 채찍질당하는 원주민의 모습을 생생하게 그림으로 남겼다.

멕시코를 나온 샹플랭은 포토벨로를 거쳐 쿠바의 하바나에 도착했다. 하바나의 마을과 항구는 샹플랭의 마음을 사로잡았다. 그는 서인도 제도에서 이곳을 가장 마음에 들어 했다. 그러나 이곳에서도 만으로 접근하는 외부인과 적을 막기 위해 좁은 만 입구에 설치된 대규모 쇠사슬 방어 시설이 그에 눈에 들어왔고, 원주민과 아프리카 노예들이 비인간적인 강제 노동에 시달리는 것을 목격했다. 이곳의 노예 노동자들은 갈고리 창을 이용하여 동물의 가죽을 벗기는 작업을 하고 있었는데, 동물의 사체가 비위생적으로 아무렇게나 방치되어 야생 개들의 먹잇감이 되고 있었다. 이곳의 자연환경은 샹플랭의 마음을 가장 매료시켰으나 이곳의 원주민들은 스페인 제국에 의해 지옥과 같은 삶을 살고 있었다.

쿠바에서 4개월간 머무른 샹플랭은 이곳에서 1600년의 봄을 맞이했다. 쿠바에 있는 동안 그는 오늘날 미국의 플로리다에도 갔다. 그는 플로리다의 자원, 토양과 식물 그리고 지세 등을 관찰했는데 그는 '갈망할 수 있는 최고의 장소'라 칭할 만큼 플로리다가 지니고 있는 자연환경에 매료되었다. 또한 그가 이곳에서 눈여겨본 것은 스페인 사람들을 대적하고 있는 많은 인디언들이었다.

플로리다에서뿐만 아니라 멕시코 그리고 서인도 제도 여러 등지에서 벌어지고 있는 원주민들과 아프리카인들에 대한 스페인 사람들의 잔혹한 행위와 착취는 샹플랭에게 많은 생각을 하게끔 했을 것이다. 분명한 것은 이곳에서 본 스페인 제국의 모습은 그가 꿈꾸는 세상이 아니라는 것이다.

1600년 봄, 서인도 제도 각처에 나와 있던 스페인 제국의 모든 함선이 집합하여 스페인으로 돌아가는 시기에 맞추어 샹플랭도 하바나 항구로 돌아와 스페인으로 돌아가게 되었다. 샹플랭은 스페인을 향해 항해하는 도중에도 몇 가지 신기한 경험을 기록으로 남겼다. 버뮤다 주변 바다에서는 산채 같은 높이의 파도에 놀랐고, 수를 헤아릴 수 없는 날치 떼와 그들의 포식자인 상어 떼가 만들어 내는 경이로운 장면을 목격하기도 했다. 또한 대항해 시대답게 많은 상선들과 해적들이 누비고 있는 활기찬 대서양을 실감했고, 항해하던 도중 두 번이나 영국의 해적선을 만나 전투태세를 갖추는 돌발 상황도 있었지만, 마침내 8월 중순 무사히 스페인의 카디스에 도착했다.

이모부와의
영원한 이별

카디스 항구에 도착한 샹플랭은 즉시 이모부의 친구 집으로 갔다. 이모부가 병을 앓아 친구 안토니오 빌라에게 신세를 지고 있었다. 병석에 있던 이모부는 투병하느라 경영에 어려움을 겪고 있는 회사를 샹플랭이 맡아 주기를 원했고 샹플랭은 병석에 누워 있는 이모부를 보살피는 한편 이모부를 대신하여 회사를 경영했다. 이듬해인 1601년 6월 26일, 샹플랭의 이모부는 친구들과 이웃들을 자신의 병석으로 불러모으고 샹플랭이 자신의 후계자임을 알리는 유언장을 읽어 내려갔다.

그의 이모부 프로방칼 선장은 "아픈 나를 돌보아 주고 나의 필요한 부분을 대신 처리해 준 생통주(Saintonge)의 브루아주(Brouage)에서 태어난 프랑스인 사무엘 드 샹플랭에게 나의 사랑과 나의 유산을 전한다."라고 쓰고 서명했다. 유언장을 발표하고 일주일 후에 프로방칼은 눈을 감았다. 그의 유언장에 따라 프로방칼의 유산이 샹플랭에게 상속되었다. 프로방칼의 유산은 프랑스 서부에 있는 라로셀 지방의 대농장을 포함하여 스페인의 사업체와 토지, 150톤급 선박 1척뿐만 아니라 투자 증서, 그리고 현금과 값비싼 소장품 등 서른 살 안팎의 청년 샹플랭에게는 적지 않은 재산이었다.

3장
샹플랭의 스승,
앙리 4세

앙리 4세와
샹플랭

1601년, 사무엘 드 샹플랭은 지난 2년 동안 스페인의 항구도시 카디스로부터 스페인의 식민지 중앙아메리카와 서인도 제도를 탐사하고 기록한 일지를 손에 들고 바쁜 걸음으로 파리 루브르궁전 성문 안으로 들어섰다. 왕을 만나기 위해 성안으로 들어가는 샹플랭을 제지하는 이는 없었다. 자신을 알현하는 이 청년을 앙리 4세는 기쁘게 맞이해 주었다. 샹플랭은 지난 1년 동안 카디스에서 이모부와 그의 사업을 돌보며 꾸준히 준비하여 완성한 보고서를 왕에게 바쳤다. 글과 함께 지도와 스케치를 포함해서 생생하고 잘 정리된 보고서에는 풍부한 정보가 담겨 있었다. 충실한 보고서를 받아든 왕은 매우 기뻐하면서 샹플랭에게 연금을 하사하고 계속해서 궁에 머물 것을 명했다.

그런데 이 시기에 언급된 연금은 이미 전부터 받고 있던 연금을 증액 조치한 것이라고 보는 학자들도 있다. 학자들 사이에서 샹플랭이 받은 연금에 대해 논쟁이 벌어지는 이유는 샹플랭의 출생 문제와 관련이 있다. 앙리 4세와 샹플랭의 관계에 대해서는 아직까지 공식적으로 확인된 바는 없지만 흥미로운 이야기가 전해져 온다. 먼저 북신대륙의 원주민들 사이에서 오늘날까지 샹플랭에게 직접 들었다는 이야기가 구전으로 내려오고 있는데, 그것은 샹플랭이 프랑스의 왕자였다는 것이다. 또, 유럽과 북아메리카의 학자들 사이에서도 마찬가지로 샹플랭이 프랑스의 고귀한 사람의 혼외자라는 이야기가 지난 4세기 동안 논란을 거듭하며 멈추지 않고 있다. 샹플랭이 직접 쓴 글에서도 "나는 출생부터 왕을 섬겨야 하는 운명을 지니고 있다."는 의미심장한 문장이 있어서 호기심을 자극한다.

진실이야 어떠하든 샹플랭은 프랑스 국왕 앙리 4세와 보통 이상의 소통을 하는 지극히 친밀한 사이였음은 틀림없는 사실이다. 샹플랭은 그의 이모부에게 물려받은 상당한 유산과 왕으로부터 받은 연금으로 30세 즈음의 젊은 청년기에 이미 상당한 재력가가 되어 있었고, 프랑스 최고의 권력자인 국왕으로부터 사랑과 관심을 받고 있었다. 젊은 샹플랭은 편안하고 안정된 삶, 그리고 파리 궁정에서의 권력까지 누릴 수 있는 사람이었다.

앙리 4세의 선정

1601년, 샹플랭이 돌아온 조국 프랑스에는 모처럼 평화가 찾아와 있었다. 3년 전 여름, 종전으로 철군하는 스페인 군대와 함께 프랑스를 떠나 스페인의 카디스를 거쳐 중앙아메리카 카리브해의 여러 섬들과 멕시코를 탐사하고 돌아온 2년 반 동안 프랑스는 전쟁의 상처를 지우고 안정을 찾고 있었다.

이 시기의 평화는 온전히 앙리 4세의 치적이었다. 1594년 왕좌에 오른 이후 앙리 4세는 오랜 종교분쟁으로 물리적으로나 정신적으로 분열되어 있었던 프랑스를 하나의 국가로 통합하기 위해 다각도로 노력해 왔고, 이 시기에 그 결실이 맺어지고 있었던 것이다. 앙리 4세는 논쟁이나 편협함이 존재하는 종파 따위에는 초연하게 국내외 평화를 이룰 수 있는 정책들을 펴 나갔다. 먼저 가톨릭 교회와 개신교의 분쟁을 강온 책을 동시에 펴서 정리할 수 있었다. 외국 군대들을 프랑스 영토 내에 끌어들여 끝까지 버티면서 프랑스를 전쟁으로 황폐시키고 대혼란에 빠트렸던 가톨릭 교회의 수장 머코어에게 그의 딸과 자신의 혼외 아들 벤동을 결혼시킬 것을 제안하면서 한편으로는 군사적으로는 항복을 권고했다. 그러고는 프랑스의 국교는 가톨릭으로 하되 개신교에게도 신앙의 자유를 준다는 타협안을 내놓았다. 결국 타협안은 성사되었고 1598년 4월 13일 역사적인 '낭트 칙령'이 선포된 것이다. 그리고 위그노 개신교인들의 안전을 위해 그들의 지역에 병력을 주둔하는 데 드는 비용을 국왕이 지불하는 한편, 그들을 보호할 수 있는 150개의 요새를 건설하겠다는 계획안도 내놓아서 양측을 모두 안심시켰다.

선량왕 앙리 4세

앙리 4세가 해결해야 할 문제는 종교 분쟁만이 아니었다. 그가 안고 있는 또 다른 시급한 문제는 국민들을 위한 복지 문제였다. 당시 종교전쟁으로 피폐해질대로 피폐해진 프랑스 국민들을 향해 앙리 4세가 한 말이 오늘날까지 전해지고 있는데, 그것은 "매주 일요일마다 모든 국민이 닭고기를 먹을 수 있게 하겠다."는 약속이었다. 그 후 미국에서도 한 대통령 후보가 선거 유세에서 앙리 4세의 말을 공약으로 사용했다고 하는데, 지금도 세계 각국의 정치인들은 종종 소박하지만 구체적이고 실현 가능해 보이는 공약을 내세워서 국민적 지지를 얻고는 한다. 앙리 4세는 종교문제로 분열하고 갈등하는 프랑스 국민들에게 삶의 질을 높이겠다는 민생 개선 공약으로 다수 국민의 지지를 이끌어 낸 유능한 정치인이었다. 앙리 4세는 팔꿈치가 헤진 옷을 입었고 궁중의 그를 위한 요리 도구인 냄비가 종종 엎어져 있었다는 일화는 그가 특별히 검소했다는 이야기겠지만, 38년간 지속되던 종교전쟁이 막 끝난 이 시기의 프랑스가 얼마나 비참한 상황이었는지를 알 수 있는 일화라고 하겠다.

앙리 4세는 행정을 개혁하고 프랑스의 재정을 회복시키기 위해 노력했다. 귀족들에게 세금을 더 부과하고 농민들의 과중한 세금을 줄여서 농업 생산이 활발하게 일어나도록 했다. 그러한 세정 개혁으로 프랑스의 재정 상태도 차츰 좋아졌다. 그리고 삼림 개발뿐만 아니라 운하를 건설하고 세느강을 따라 둑을 쌓고 부두를 건설해 홍수에 대비했으며, 그렇게 건설된 부두에는 어선들이 드나들도록 했다. 파리에는 왕립 도서관을 건설해서 문화진흥에도 힘을 썼다. 그리고 오랜 종교분쟁으로 인한 내란으로 황폐화된 도시, 특히 수도 파리에 새로운 건축물들을 건설해서 도시환경을 개선하는 등 프랑스의 안정과 번영을 이루는 다양한 정책을 시행한 군주이다.

낭트 칙령을 선포한 지 한 달 후, 앙리 4세는 유럽의 다른 국가들과의 평화를 가져올 또 다른 합의, 즉 '베르벵 조약'을 체결하는 데 성공했다. 낭트 칙령 선포 다음 달인 5월 2일 프랑스 베르벵에서 스페인의 펠리페 2세를 비롯한 유럽 여러 나라의 지도자들이 모여 평화 협정을 체결했는데, 이 조약은 유럽에서의 전쟁을 종식시키는 국제조약이었지만 이후 신세계, 즉 지금의 아메리카 대륙에 커다란 영향을 미치게 된다. 베르벵 평화조약 체결 후 유럽 국가들은 마치 출발 신호가 울린 것처럼 저마다 신대륙에서 세력권을 확대할 기회를 찾기 시작했다. 유럽 제국의 힘겨루기가 유럽 밖의 신세계, 즉 지금의 아메리카 대륙으로 확대된 것인데 아무래도 베르벵 조약을 위한 협상에서 아메리카 대륙에 대한 이면의 비밀 조항이나 약속이 있었을 것으로 추정된다. 앙리 4세도 신대륙으로 프랑스의 힘을 확대할 꿈을 지니고 있었다. 그는 베르벵 조약이 이루어진 직후 다른 유럽 국가들을 향하여 쟈크 카르티에 같은 프랑스 탐험가들이 북아메리카 대륙에서 발견한 지역 일대에 프랑스가 주권을 행사하겠다는 것을 분명히 했다. 그가 주장한 경계선은 현재 미국 필라델피아 지역의 위도 40도선부터 시작되는 북쪽 지역이었다.

루브르궁
연구소

앙리 4세는 이렇게 국내외 안정을 꾀해 나가는 한편 다분야의 정책 연구 개발도 게을리하지 않았다. 샹플랭이 앙리 4세의 명으로 머물게 된 궁전에는 왕과 왕실을 섬기는 행정가, 군인, 성직자, 귀족, 과학자, 지도 제작자, 의료인, 예술인, 음악가, 그리고 요리사 등 다양한 분야의 사람들로 북적거렸다. 특히 앙리 4세는 다양한 분야의 학자와 과학자들이 궁전에 머물며 연구에 몰두할 수 있도록 세느강을 따라 루브르궁 옆에 부속 건물을 지었다.

이 다양한 전문 분야들 중 샹플랭이 속한 곳은 지도 제작 분야였다. 최초로 프랑스 왕국의 모든 지방을 지도로 그리게 했을 뿐 아니라 지도나 지구본 그리고 새로운 지도 작성법에 매료되어 있었던 앙리 4세는 탐험, 탐사, 그리고 식민지 건설에 유용한 기술을 연구하는 장소를 마련하고 이곳에 천문학, 항해, 측량, 지리학, 그리고 지도제작 전문가들을 모아 연구에 전념하도록 했다. 샹플랭은 이곳에서 수학하며 새로운 세계에 대한 관심을 더욱 높여 갔다. 그의 관심은 잔혹한 폭력이 행사되는 중앙아메리카가 아니라 여전히 미지의 신세계로 남아 있는 북아메리카 대륙으로 향했다. 지난 100여 년 동안 여전히 프랑스, 영국, 포르투갈 등의 많은 탐험가들이 동방으로 가는 북서항로를 찾기 위해 탐사를 이어 왔지만 성과가 없었고, 식민지 건설도 마찬가지로 실패를 거듭하고 있다는 것을 샹플랭은 잘 알고 있었다. 그리고 앙리 4세가 신세계에 '새로운 프랑스(Nouvelle France)'를 건설하고자 한다는 마음을 그 누구보다도 잘 알고 있었다.

지도 제작법을 연구하는 일 이외에 샹플랭이 맡은 업무가 하나 더 있었다. 그것은 바로 지금까지 끊임없이 실패로 끝난 신세계에서의 식민지 정착과 탐사 결과에 대한 분석, 그리고 그 실패 원인을 바탕으로 미래에는 성공할 수 있는 방안을 찾는 일이었다. 그는 틈나는 대로 프랑스의 여러 항구들을 돌며 아메리카에서 교역 활동을 하는 선원들을 통해 많은 정보를 수집해 나갔다. 특히 그에게 많은 정보를 준 사람들은 바스크인 어부들이었다. 바스크인 어부들은 오랜 세월 동안 북쪽의 현 캐나다의 래브라도에서 남쪽으로는 현 미국의 메인 만에 걸친 해안에서 대구와 고래잡이를 하던 사람들이었다. 그들이 준 정보를 통해 샹플랭은 여전히 아메리카의 원주민들과 유럽인들 사이에 교역 활동이 활발히 이루어지고 있다는 것을 알 수 있었다. 그리고 그동안 항해와 탐험에 많은 비용과 인력이 투입되었음에도 불구하고 모두 실패로 끝났다는 사실이 그의 호기심을 자극했다.

샹플랭이 실패의 원인에 가장 주목한 부분은 탐사 지휘관들이 신세계에서 만난 원주민들을 대할 때 존중하지 않는 태도와 인간애가 부족한 모습, 혹독한 추위의 겨울과 괴혈병, 식량 부족, 세밀하지 못한 계획, 탐사대의 분열을 조장하는 종파 간의 갈등, 그리고 식민지에서 새롭게 형성 되는 이권에 대한 시기심으로 식민지 건설을 반대하는 프랑스 국내의 일부 상인들과 궁정인들이었다.

샹플랭의 역량을 알아본 체이스트

프랑스는 이제 동방으로 가는 길을 가로막고 있는 신대륙에서 많은 부를 얻을 수 있다는 것을 알게 되었다. 시작은 대구와 고래잡이였지만 이제 프랑스는 모피에 더 많은 관심을 갖기 시작했다. 1600년이 되자 모피 교역이 공식화되었다. 앙리 4세는 여러 회사들에 모피 교역전매권을 부여하는 조건으로 신대륙에 식민지를 건설하도록 했다.

이 첫 번째 임무는 피에르 드 쇼뱅에게 주어졌지만 그의 식민지 건설은 실패로 끝났다. 유럽인으로는 최초로 북아메리카에 교역소를 짓는 등 야심차게 시작한 식민지 건설은 샹플랭이 분석한 그러한 요인으로 인해 실패로 끝난 것이다. 1603년, 앙리 4세는 쇼뱅에게 주었던 모피 전매권을 철회하고 해군 제독으로 있던 애마 드 체이스트에게 주었다. 그리고 그를 탐사 지휘관이자 식민지 총독으로 임명했다. 체이스트는 앙리 4세의 치세를 도와 굵직한 임무들을 수행해 온 인물로 아메리카 대륙에 식민지를 건설하려는 왕의 계획을 지지하는 사람 중에 하나였다.

체이스트의 임명은 샹플랭에게 매우 기쁜 소식이었다. 체이스트와 샹플랭은 이미 브르타뉴 전쟁터에서부터 종종 만나 종교나 정치, 탐험 그리고 식민지 등에 대해 대화를 나누는 사이였다. 많은 이력을 가진 88세의 체이스트는 샹플랭의 역량을 알고 있는 인물이었다. 샹플랭은 체이스트가 맡게 된 새로운 프랑스 식민지 건설과 탐사에 대한 소식을 듣자 곧바로 체이스트를 찾아갔다. 이때의 만남에 대해 샹플랭은 이렇게 기록했다. "사령관 체이스트는 그의 계획에 관하여 나와 소통하는 것을 좋아했다. 그리고 그의 계획에 내가 도움이 될 수 있다고 믿는다며 나에게 아메리카의 교역회사들이 무엇을 성취하는지 보기 위해 항해를 하지 않겠냐고 물었다." 체이스트의 제안에 떨 듯이 기뻐하며 샹플랭은 "당신의 처분에 맡기겠습니다."라고 대답했다. 그러나 왕으로부터 연금을 받고 있던 샹플랭은 왕의 허락 없이는 다른 일을 할 수가 없었다. 왕께서 윤허한다면 자신은 기꺼이 아메리카로 가겠다고 말하며 체이스트에게 왕의 윤허를 받아 줄 것을 부탁했다.

앙리 4세를 알현한 체이스트가 샹플랭에 대해 말하자 왕은 단순히 허락만 하는 정도가 아니라 샹플랭에게 탐사에 대한 모든 것을 충실하게 보고할 것을 명했다. 그리고 어느 날, 앙리 4세의 신하가 샹플랭을 찾아와 체이스트 탐사대에게 전하라는 편지 한 통을 전달했다. 그 편지에는 이번 탐사에 샹플랭을 합류시켜 될 수 있는 한 그가 많은 것을 보고 탐사할 수 있도록 하라는 내용과 관련된 모든 일에서 샹플랭을 적극 도우라는 왕의 명령이 들어 있었다. 아버지가 사랑하는 아들의 견문을 넓히기 위해서 배려하는 듯한 앙리 4세의 이 당부에 사람들은 더욱 강하게 샹플랭이 그의 아들일 수도 있다는 추측을 하게 되었다.

왕의 신하로부터 전달받은 편지 한 통을 들고 샹플랭은 루브르궁을 나와 프랑스 북부, 노르망디 지방의 영국 해협과 만나는 세느강 어귀의 옹플뢰르 항구에 도착했다. 선원들과 상인들로 북적 거리는 부두에서 샹플랭은 자신을 신세계로 데려다 줄 선박을 찾았고 그와 함께 탐사를 하게 될 프랑수아 그라베 뒤퐁 선장을 만났다. 사람들에게 퐁그라브로 더 잘 알려진 그는 1600년, 쇼뱅이 왕의 명으로 대서양을 건널 때 그 탐사에 함께한 사람이었다. 샹플랭은 신하를 통해 전달받은 왕의 편지를 선장에게 전달했다. 편지를 읽은 퐁그라브는 그 어떤 편견도 갖지 않고 샹플랭을 맞아 주었다. 샹플랭과 퐁그라브는 첫 만남부터 서로에게 호감을 느꼈다.

1603년 3월 15일, 샹플랭을 태운 범선은 닻을 높이 올렸다. 배에는 지난 1년여 간 프랑스에 머물며 프랑스 언어와 문화를 익히고 다시 자신들의 사회로 돌아가는 두 젊은 몽타냐이 원주민들이 있었다. 프랑스 왕뿐만 아니라 귀족들로부터 큰 환대를 받으며 여러 곳을 방문하면서 많은 경험을 쌓은 이 젊은이들은 프랑스인들과 북아메리카 원주민들 사이의 소통 역할을 할 수 있도록 보내진 이들이었다.

이 항해의 선장, 프랑수아 그라베 뒤퐁은 샹플랭보다 10살쯤 연상이었는데 북대서양에서 오랫동안 항해 경험을 지닌 사람이었다. 사람들로부터 퐁그라브라 불리는 그는 생말로의 부유하고 저명한 집안 출신의 항해사이자 탐험가 그리고 교역인이었다. 훗날 샹플랭은 이렇게 기록했다. "그는 나의 벗이었으며 그의 경험은 나로 하여금 그를 아버지처럼 존경하게 만들었다."

아메리카의 북위 46도 선(현 Cape Breton)에서 북위 40도 선(현 Philadelphia)에 이르는 영역에서 어업을 제외한 모피 교역전매권과 식민지 건설에 모든 책임을 맡는 총독으로 임명된 체이스트는 이 항해에 함께하지는 않았지만 항해를 위한 전반적인 준비를 하면서 많은 애를 쓴 사람이었다. 체이스트는 이번 탐사를 위해 프랑스의 북서부 지방의 루아양, 생말로, 디에프, 레아브르, 그리고 옹플뢰르 지방의 투자가들로부터 제휴를 이끌어 냈으며 일부 귀족들에게도 왕이 꿈꾸는 식민지 건설 계획에 합류할 것을 제안해 그들의 관심과 후원을 이끌어 내었다. 그가 이같이 국고를 쓰지 못하고 각 해안 지방의 상인들과 귀족들을 일일이 찾아다니며 아메리카에서의 교역활동과 탐험, 그리고 식민지 건설에 합류할 것을 권한 것은 재상 쉴리의 반대 때문이었다. 이 재상 쉴리는 네덜란드에 본거지를 둔 모자를 만드는 회사로부터 뇌물을 받고 있던 터라 북아메리카에서 경쟁이 될 수도 있는 뉴프랑스 식민지 개척을 반대하고 나선 것이다. 그러나 많은 어려움과 반대에도 불구하고 노구를 이끌고 이번 탐사의 모든 후원을 이끌어 낸 체이스트는 샹플랭뿐만 아니라 많은 사람으로부터 존경과 사랑을 받는 인물이었고 상인들은 반드시 투자금을 돌려주겠다는 그의 말을 신뢰했다.

샹플랭과 퐁그라브는 교역과 북아메리카의 수로 탐사, 그리고 인디언 원주민들과 친교를 맺고 영구한 정착지 건설 가능성을 검토하는 실험을 마친 뒤 6개월 내로 프랑스로 복귀하라는 명을 받고 항해를 시작했다.

북 신세계를 향한
첫 번째 항해

추위가 남아 있어서 북대서양을 항해하기에는 아직 이른 시기지만 북동풍이 부는 시기를 택해 탐사대는 항해를 시작했다. 그런데 북아메리카로 향하는 프랑스 탐사대의 범선들이 세느강의 어귀를 지나자 유럽 해안에 격렬한 남서풍이 불기 시작했다. 어쩔 수 없이 탐사대는 르아브르 항구 밖에 있는 정박소에 닻을 내리고 하루를 지낸 다음 날 다시 항해를 시작했다. 3월 19일에 그들은 프랑스 북서부 브르타뉴반도 맨 끝에 위치한 우샹섬을 지나고 있었다. 이 섬을 지나면서 그들의 고국, 프랑스는 뒤로 점점 멀어져 가고 대신 북대서양의 망망대해가 그들 앞에 펼쳐져 있었다.

우샹섬을 지나고 이틀 후, 해적선으로 의심되는 7척의 배가 일정한 속도로 탐사대가 진행하는 방향으로 다가오고 있어 잠시 긴장을 했으나, 다행히 그들은 동인도 제도를 다녀오는 네덜란드 교역선이었다. 이 시대 프랑스 해안 밖에는 풍랑뿐만 아니라 바다를 누비며 약탈을 일삼고 있는 해적들이 있었기에 항해하는 선원들은 늘 위험을 감수해야 했다. 이 시기 프랑스 해군력으로는 해적들을 감당할 수 없었다. 따라서 바다를 오가며 교역하는 상선들도 유사시에는 전투를 할 수 있도록 배를 무장하고 무기를 비치해야만 했고 선원들은 전투요원 역할도 해야만 했다.

이후 일주일 동안 항해는 순조로웠다. 그러나 갑자기 바람이 바뀌면서 파도가 높아지고 하늘은 먹구름으로 뒤덮였다. 깊고 검푸른 대서양의 바다 한가운데에서 프랑스 탐사대의 배들은 거센 바람 때문에 방향을 잃고 풍랑으로 높이 솟아오르는 파도에 쓸려 좌우로 흔들리고 높이 솟았다가 다시 아래로 내동댕이치기를 반복했다. 격렬한 폭풍은 17일간이나 지속되었다. 샹플랭은 이때의 상황을 "항해하던 모든 사람은 죽음의 공포와 뼛속까지 파고드는 추위에 떨었다."고 기록했다.

대서양 한가운데쯤을 지나면서부터는 해류가 바뀌면서 이후 2주 동안은 별다른 무리 없이 항해를 이어 나갔다. 이곳을 흐르는 해류는 멕시코 만류라고 하는데 멕시코 만에서 시작해서 현재의 캐나다 동쪽 끝인 뉴펀들랜드 부근까지 북아메리카 대륙 동쪽 바다를 흐르고 이어서 북부 대서양을 비스듬히 가로질러 유럽 대륙의 북쪽으로 흐르는 난류 지역이다. 바로 이 멕시코 만류 지역을 지나면서부터는 날씨도 차츰 좋아지고 기온도 올라 별 무리 없이 항해를 했다. 그러나 래브라도에 가까워지면서 바닷물의 온도가 다시 차가워졌다. 1603년 4월 28일, 항해를 계속하던 탐사대는 자신들을 향해 이동하고 있는 몇 개의 빙산을 피해야 했고 그다음 날에는 30킬로미터 이상 일대에 펼쳐져 항해를 방해하는 빙원과 헤아릴 수 없이 많은 크고 작은 유빙을 피해 항해를 계속해야 했다.

어쩔 수 없이 탐사대는 남쪽으로 방향을 바꾸어 항해를 한 다음에야 북위 44도선 부근에서 서쪽으로 방향을 돌릴 수 있었다. 서쪽으로 계속 항해하여 그들이 도착한 곳은 뉴펀들랜드의 남서쪽 바다, 그랜드 뱅스라 불리는 곳이었다. 그랜드 뱅스는 멕시코 만류와 북대서양의 한류가 만나는 곳이어서 대구를 비롯한 다양한 물고기들이 서식하는 등 어족 자원이 풍부했다. 바로, 오랜 세월 동안 대구와 고래잡이를 해 오던 바스크인들의 황금어장이었다. 이 풍부한 어장은 훗날, 뉴잉글랜드가 모국인 영국으로부터 독립을 선언하고 독립전쟁을 일으키게 되는 큰 요인 중에 하나가 된다.

계속해서 서쪽으로 항해를 이어 가던 탐사대를 가로막는 것은 한 치 앞도 볼 수 없는 짙은 안개였다. 고요한 밤을 보내던 탐사대의 귓전에 어떤 소리가 들리기 시작했다. 그것은 바로 해안가에서 들려오는 파도소리였다. 육지가 가까이 있음을 알려 주는 반가운 소리인 동시에 해안선을 이루는 것이 바위라면 거기에 충돌할 수도 있다는 위험을 알리는 소리이기도 했다. 경보음이 울리자 모든 선원들이 일제히 갑판 위의 자기 위치로 올라갔다. 파도소리가 점점 가까워지자 조타수는 몸을 날려 키를 잡았고 일부 선원들이 다급하게 버팀대를 끌어 잡아당겼다. 이후 해안으로 빠르게 밀리던 배는 방향을 틀며 서서히 제자리를 잡아 갔다. 돛은 여전히 바람을 받으며 펄럭이고 있었지만 다행히 탐사대는 해안선으로 밀리는 상황에서 가까스로 벗어날 수 있었다. 다음 날 아침이 밝아오고 짙은 안개가 서서히 걷히자 탐사대는 지난 밤 오늘날 캐이프 세인트 메리라고 불리는 섬의 바위 절벽 해안에서 가까스로 벗어났다는 것을 알게 되었다.

강풍을 뚫고 프랑스 탐사대가 그다음으로 도착한 곳은 캐벗 해협이었다. 세인트로렌스 만의 입구인 이 해협은 지금의 노바스코샤주의 카파 브레튼섬과 뉴펀들랜드 사이에 있는 폭 110킬로미터 정도 되는 해협이었다. 탐사대는 100여 년 전 캐벗이 원주민들 앞에서 십자가를 세우고 영국 왕의 영토라 선언한 가스페 반도를 지나쳐 강을 따라 북신대륙의 내륙으로 들어갔다.

타바지 의식

1603년 5월 26일, 탐사대는 사그니강 하구에 자리한 타두삭(Tadoussac)이라는 작은 항구에 도착했다. 타두삭 항구는 유럽과 신세계를 오가며 교역을 하는 유럽의 상인들과 선원들이 첫 번째로 멈추는 곳이었다. 이곳엔 현재는 박물관으로 사용되고 있는 당시의 작은 건물 한 채가 남아 있다. 이 작은 건물은 1600년에 이곳에 왔던 쇼뱅이 교역소 겸 숙소로 지은 것인데 북아메리카에서 유럽인이 지은 최초의 건물로 기록되어 있다. 이곳은 유럽인들과 원주민들의 물물교환 거점이 되었는데 그것은 북쪽으로부터 남쪽으로 흐르는 사그니강과 서쪽의 내륙으로부터 동쪽의 대서양으로 흐르는 세인트로렌스강이 합류하는 지점이었기 때문이다.

반달 모양의 지형으로 아늑한 풍치를 자랑하는 타두삭 만에는 오늘날 800여 명의 주민들이 살고 있다. 이곳은 5월부터 10월까지 수십만 명의 관광객을 맞이하고 있고 고래와 비버 관광으로 유명하며 세계에서 가장 아름다운 만 30위 안에 선정되었다.

타두삭에 도착한 샹플랭과 퐁그라브는 어느 날, 사그니강 건너 몇 킬로미터 떨어진 곳에 여름을 나기 위해 원주민들이 모여 있다는 소식을 듣게 되었다. 그들은 즉시 프랑스에서 함께 온 두 젊은 원주민과 함께 파타쉬라 불리는 작은 배를 타고 타두삭을 떠나 거센 바람으로 일렁이고 있는 사그니강을 건너 곧바로 원주민들이 있다는 곳으로 갔다.
이들이 도착한 원주민 캠프는 상상을 초월하는 규모였다. 200여 대의 대형 카누가 즐비하게 강가 육지에 놓여 있었고 원주민들의 수는 족히 1,000명은 넘어 보였다. 하얀 깃털로 장식한 투구를 쓰고 가슴에는 흉갑을 두룬 샹플랭과 퐁그라브는 원주민 군중 사이로 걸어 들어갔다. 원주민들은 무엇을 자축하는 듯 즐거운 시간을 보내고 있었다.
그러나 곧 이 두 백인 남자는 놀라울 정도로 끔찍한 광경을 목격하게 되었다. 신명나게 자축하고 있는 원주민들 사이에는 이제 막 목이 잘린 것으로 보이는 두개골 100여 개가 전시되어 있었고, 목숨이 붙어 있는 다른 원주민들은 고문으로 온몸에 상처를 입은 채 말뚝에 묶여 있었다. 게다가 그들을 향한 채찍질은 계속되고 있었다. 채찍질로 찢어진 손가락에서는 피가 떨어지고 있었다. 죽은 자들과 고문을 당하고 있는 사람들은 이로쿼이 원주민들이었다. 이 자리는 이로쿼이 원주민을 상대로 한 싸움에서 승리한 세인트로렌스 밸리의 여러 원주민 부족이 함께 모여 자축하는 자리였던 것이다.

보통 사람들과는 달리 적개심이나 두려움을 드러내 보이지 않는 이 두 명의 백인 남자는 아나다비주라 불리는 대추장에게로 안내되었다. 이 사람은 몽타냐이 원주민들의 대추장으로 이날의 승리를 자축하는 연회의 중심인물이었다. 그는 이들을 귀빈석에 앉도록 권유했다. 모두가 자리에 앉자 잠시 침묵이 흘렀다. 고요한 침묵을 깬 것은 프랑스에서 1년간 머물고 돌아온 두 젊은이 중 한 사람이었다. 그는 프랑스의 궁전과 도시에 대한 이야기, 그리고 왕을 비롯한 많은 사람으로부터 친절하고 따뜻한 대우를 받았다는 자세한 이야기보따리를 꺼내 놓았다.

그가 말을 마치자 대추장은 곰방대에 불을 붙여 한 모금 빨았다. 그리고 그것을 옆 사람에게 전해 주었다. 그렇게 계속 옆 사람에게로 전해진 곰방대는 퐁그라브까지 이어졌다. 북아메리카 원주민들이 돌려가며 함께 담배를 피우는 이 '타바지(Tabagie, Tabacco, 담배)' 의식은 유대감을 표현하는 것으로 원주민들에게 신성한 의식이었다. 이 의식은 어느 손님에게나 기회가 주어지는 평범한 의식이 아니었다. 그런데 샹플랭은 이날 원주민들과의 첫 만남에서 '타바지' 의식으로 환영 인사를 받았다. 대추장은 이날 이 두 유럽인이 함께하게 되어 기쁘다고 말하면서 자신들은 프랑스인들에게 호감을 가지고 있으며 프랑스의 왕이 자신들의 적과 싸울 수 있도록 사람들을 보내 주기를 희망한다고 말했다. 이날의 프랑스 탐사대와 세 원주민 부족의 만남을 계기로 물질적 공동이익을 바탕으로 하는 동맹관계가 시작되었다고 할 수 있었다. 즉, 이 원주민들은 자신들의 숙적인 이로쿼이 원주민들과의 전쟁에 도움을 줄 수 있는 동맹을 얻은 것이고 프랑스는 영구 정착, 탐사, 그리고 교역에 도움을 줄 수 있는 조력자를 만나게 된 것이었다. 어떻게 보면 이 동맹관계는 어디까지나 서로가 물질적 이익을 얻을 수 있는 관계로 시작된 것이었다. 그러나 세월이 흐르면서 이들과 샹플랭은 물질적 이해관계를 넘어 또 다른 깊은 관계를 만들어 가게 된다.

타바지 의식이 끝나자 원주민들은 우리말로는 말코손바닥 사슴이라 불리는 무스 고기를 대접했다. 춤과 노래가 어우러지며 연회가 진행되는 동안 일부 원주민들은 손에 목이 잘린 적의 머리를 들고 있었다. 그렇게 그들의 연회는 밤이 깊도록 이어졌다.

이른 아침 동이 트자 추장은 숙소 밖으로 나와 프랑스인들을 만나러 타두삭으로 갈 테니 모두 채비하라고 큰소리로 외쳤다. 그의 외침에 따라 신속하게 움직이는 원주민들의 모습을 샹플랭은 신기하게 바라보았다. 제일 먼저 어깨에 카누를 둘러메고 가는 것은 대추장이었다. 그는 자신의 가족과 많은 양의 모피를 카누에 직접 실었다. 샹플랭은 대추장의 모습을 통해 원주민 사회에서의 지위와 권력은 동일하게 움직이고 있지 않다는 것을 알 수 있었다. 또 한 가지 샹플랭이 눈여겨본 것은 원주민들의 카누였다. 200여 척의 카누가 거센 물결의 사그니강을 제치며 타두삭으로 향하는 모습은 장관이었다. 샹플랭은 이날의 놀라움을 이렇게 기록했다. "우리의 배도 잘 만들어졌지만 원주민들의 카누는 우리 것보다 훨씬 더 빨랐다." 샹플랭은 원주민들의 카누에 매료되었다. 자작나무 껍질을 이용해 만든 그들의 카누는 무게가 매우 가벼워서 육지를 다닐 때 운반이 쉬운데다 강하고 부력이 좋아 많은 사람들과 짐을 실을 수 있었다.

원주민들과 함께 타두삭에 도착한 샹플랭은 원주민들의 춤과 노래, 그들의 목소리, 태도, 어법 등을 세심히 관찰했다. 그는 원주민들과 함께하는 시간이 즐거웠다. 원주민들도 샹플랭을 비롯한 프랑스인들과 함께하는 시간이 즐거워 보였다. 그러나 프랑스 탐사대나 원주민들의 내면에는 어느 정도의 긴장감이 돌고 있었다. 그들은 즐거운 시간을 보내는 한편 경계의 끈을 놓지 않고 만일을 위한 보초를 세웠다. 그러나 다행히도 불행한 일은 일어나지 않았다. 오히려 이 두 그룹 사이에는 우호적인 관계가 형성되기 시작했다.

탐사

인디언과의 만남이 끝나자 샹플랭은 탐사를 이어 갈 작은 배가 조립되는 동안 타두삭을 둘러보았다. 그는 1600년, 쇼뱅이 숙소 겸 교역소로 사용하기 위해 유럽인 최초로 북아메리카에 세운 작은 집과 지난 세월 동안 정착을 시도했으나 실패로 끝난 프랑스인들의 자취들을 볼 수 있었다. 그는 타두삭의 항구와 해안선을 상세하고 정밀하게 그렸다. 그리고 항구의 수심도 측정했다. 그 작업은 여간 어려운 게 아니었다. 수심을 재던 선원들의 외침에 샹플랭은 매우 놀랐다. 그 깊이가 457미터나 되었기 때문이었다. 북쪽으로부터 내려오는 강물은 얼음처럼 차가웠고 물살은 매우 빨랐다. 결국 샹플랭은 사그니강 하구 지역은 프랑스인들의 영구 정착지로 좋지 않다고 판단했다.

샹플랭은 북쪽 지방의 교역 지점과 어쩌면 유럽이 갈망하는 북서항로와 연결되어 있을지도 모르는 북부 지방을 탐사하고 싶었다. 샹플랭이 몽타냐이 원주민들에게 안내를 부탁했지만 어쩐 일인지 그들은 그의 뜻을 반기지 않았다. 얼마 후 사정을 알고 보니 그저 유럽인들과의 거래를 독점하고 싶은 단순한 욕심이었음을 알 수 있었다. 남쪽의 몽타냐이 원주민들은 사그니강을 통해 북쪽 지방의 다른 원주민들로부터 질 좋은 비버의 생가죽을 제공받아 유럽인들에게 좋은 가격을 받고 넘기는 중간 유통 역할을 할 수 있었기 때문이었다. 원주민들은 샹플랭에게 사그니강 북쪽으로는 더 이상 가지 않는 게 좋겠다고 말했다.

원주민들의 상황을 파악하게 된 샹플랭은 원주민들의 중요 수입원을 침해하려 하지 않았다. 몽타냐이 원주민들의 뜻을 꺾고 탐사를 밀어붙이는 대신 그는 자신이 이곳에 온 목적을 설명했다. 샹플랭의 관심사가 어디에 있는지 알게 된 원주민들은 사그니강 남쪽 지역을 탐사하는 일에 적극적으로 도움을 주겠다는 의사를 밝혔다. 그리고 북쪽 지방에 대한 정보도 주었다. 샹플랭은 원주민들에게 하얀 자작나무 껍질에 숯을 이용하여 지도를 그려 달라고 부탁했다. 샹플랭은 원주민들을 통해 강과 폭포, 그리고 저 멀리 북부 지방의 '큰 바다' 주변에 살고 있는 원주민들에 대한 정보를 얻을 수 있었다. 여기서 언급된 '큰 바다'는 이때로부터 7년 후인 1610년 8월에 영국의 탐험가 헨리 허드슨이 유럽인으로서는 처음 도착하게 되는 곳으로, 그의 이름을 따 허드슨만(Hudson Bay)이라 불리게 된다.

일주일여간 사그니강의 남쪽 지역 탐사를 마친 샹플랭이 타두삭으로 돌아와 보니 세인트로렌스강을 탐사하기 위한 배가 준비 되어 있었다. 이 탐사의 주목적은 서쪽으로 뻗어 있는 세인트로렌스강을 따라 내륙으로 들어가면서 적당한 영구 정착지를 찾는 일이었다. 샹플랭은 탐사에 필요한 컴퍼스와 위도를 재는 천문관측 기구를 챙기고 퐁그라브와 함께 배에 올랐다. 범선에는 7~8명 정도가 탈 수 있는 스키프라 불리는 수심이 얕고 좁은 강을 항해할 때 알맞은 여러 개의 배가 실렸다. 그리고 길 안내를 해 줄 원주민도 함께 배에 탔다. 위험한 상황에 대비해 모든 대원들은 무장을 했다.

1603년 6월 중순, 탐사대는 타두삭의 작은 항구를 빠져나와 거대한 물줄기를 자랑하는 세인트로렌스강으로 나와 서쪽으로 방향을 돌렸다. 서쪽으로부터 불어오는 바람은 매우 세찼다. 그렇게 서쪽으로 계속 항해하는 동안 그들이 볼 수 있는 것은 강의 북쪽이나 남쪽이나 온통 산뿐이었다.

일주일 후, 탐사대는 세인트로렌스강을 두 갈래로 갈라놓은 한 섬에 도착했다. 이 섬은 자크 카르티에가 이름 붙인 오를레앙섬이었다. 그들은 섬의 오른쪽으로 흐르는 강을 따라 계속 항해를 이어 갔는데 이 섬이 거의 끝나갈 무렵 탐사대들의 오른쪽으로 그 높이가 80미터는 족히 넘어 보이는 한 폭포가 모습을 드러냈다. 샹플랭은 이 폭포의 이름을 "몽모랑시"라고 지었다. 샤를 드 몽모랑시(Charles de Montmorency)는 1603년, 첫 항해를 떠나는 샹플랭에게 지지를 아끼지 않은 프랑스 해군제독의 이름이었다. 이 웅장한 폭포는 오늘날에도 그 이름으로 불리면서 샹플랭이 감탄하던 예전 모습 그대로 많은 관광객의 눈길을 끌고 있다. 폭포 구경을 마친 탐사대는 강을 따라 계속해서 서쪽으로 항해했다. 5킬로미터쯤 갔을 때, 강의 폭이 갑자기 좁아졌다. 그래서 이곳은 '강이 좁아진다.'는 의미를 지닌 원주민 언어 케벡(Kebec, 오늘날은 Quebec)으로 불리게 되었다. 이곳의 강폭은 1킬로미터 정도로 포의 사정거리쯤이었고 강의 북쪽으로는 가파른 언덕이 자리하고 있었다. 그리고 좋은 토양 위에 무성한 나무들과 포도 덩굴로 뒤덮인 숲이 형성되어 있었다. 땅을 개간한다면 아주 훌륭한 경작지가 될 뿐만 아니라 안전한 정착지로서도 손색이 없어 보였다.

탐사대는 하룻밤을 이곳에서 지내고 이튿날 동이 트자 다시 서쪽을 향해 탐사를 이어 갔다. 얼마쯤 가니 다시 강폭은 넓어지고 상류로 올라갈수록 환경도 점점 좋아지고 있었다. 퀘벡에서 8킬로미터 정도 떨어진 곳에 잠시 멈추고 토양을 살펴보니 검은색을 띤 토양은 부드럽고 비옥했다. 샹플랭이 지금껏 본 그 어느 곳보다도 이곳의 토양이 제일 좋았다. 땅을 개간하여 농사를 짓는다면 수확량도 매우 좋을 듯했다.

서쪽으로 향하는 강을 따라 계속 내륙으로 들어가면 들어 갈수록 환경은 더욱 좋아지고 있었다. 내륙은 많은 작은 강과 개울로 연결되어 있었다. 그러던 중 샹플랭과 일행은 두강이 합류하는 지점에 도착했다. 서에서 동으로 흐르는 세인트로렌스강 본류에 북쪽으로부터 흘러드는 강물이 세 갈래로 나뉘어져 합류하는 곳이었다. 북쪽에서 세인트로렌스강으로 흘러 들어오는 강은 세인트모리스강이었다. 샹플랭은 퀘벡에서 150킬로미터 떨어진 이곳을 트루아 리비에르(Trois-Rivières, 세 개의 강)라 이름 지었다. 30여 년 후인 1634년, 모피 교역과 원주민들과의 교류를 위해 샹플랭은 래비올렛 경에게 권유하여 이곳에 두 번째 프랑스 식민지를 건설하게 되는 곳이다.

샹플랭은 계속해서 세인트로렌스강 상류를 향하여 탐사를 이어 가며 안내를 맡은 원주민들에게 강의 남쪽에 위치한 오늘날 리슐리외강, 샹플랭호, 조지호, 허드슨강이라 불리는 곳에 대한 정보를 들으며 강의 남쪽 지역에 대한 윤곽도 잡아 나갔다.

그렇게 계속 항해를 이어 가던 탐사대는 곧 수심이 얕고 물살이 너무 세서 도저히 상류로 전진할 수 없는 곳에 도착했다. 샹플랭과 5명의 선원은 범선에 싣고 온 작은 돛배를 이용하여 이동을 시도했으나 수심이 얕은 강바닥에 헤아릴 수 없이 울퉁불퉁 놓여 있는 크고 작은 돌 때문에 이내 포기할 수밖에 없었다. 샹플랭은 이곳을 쉽게 지나갈 수 있는 방법은 원주민들의 카누밖에 없다는 결론을 내렸다. 그는 북쪽 강변에 있는 작은 섬 가까이에서 닻을 내렸다. 60여 년 전 자크 카르티에가 이름 붙인 몽헤알 언덕이 자리하고 있는 오늘날의 몬트리올에 도착한 것이다.

탐사대는 여기서부터는 범선에서 내려 때로는 걷고 때로는 카누를 이용하면서 강의 상류 쪽으로 이동했다. 얼마 후 그렇게 샹플랭이 도착한 곳은 위험이 상상을 초월하는 급류가 흐르는 지역이었다. 자크 카르티에 그리고 샹플랭까지 동방의 중국으로 갈수 있다는 희망을 무참히 꺾어 버린 이 라신 급류를 직접 느껴 보고 싶어 나도 현장을 찾았다. 그리고 주변을 둘러보면서 샹플랭과 그 이후 시대의 탐험가들의 험난한 여정을 상상해 보았다. 샹플랭 시대에도 그랬듯이 라신 급류는 여전히 사납게 그 위엄을 드러내 보이고 있었다. 급류는 넓은 강바닥에 놓인 크고 작은 바위에 세차게 부딪치며 하얀 거품을 만들어 내고 있었고, 소리는 끊임없이 포효하는 사나운 짐승과 같았다. 결국 이 급류 지역에는 샹플랭 탐사 이후 200년 하고도 21년이 지난 1824년에 운하가 놓이게 되었다.

어느 배로도 이 급류를 지나갈 수 없다고 판단한 샹플랭은 몇 명의 탐사대원들과 함께 강가의 숲을 이동하여 급류가 끝나는 지점에 도착했다. 샹플랭은 안내를 맡은 원주민들에게 이 급류 다음에는 무엇이 있는지 물어보았다. 원주민 안내인들은 샹플랭에게 오대호, 나이아가라 폭포, 그리고 디트로이트강의 위치를 상세하게 설명해 주며 자신들도 아직 더 멀리는 가 보지 못했다고 말했다. 이번에도 샹플랭은 원주민들과 대화하여 오대호(Great Lakes)에 대한 윤곽을 어느 정도 가늠할 수 있었다. 그리고 2주 동안의 탐사와 원주민 안내자들과의 대화를 통해 샹플랭은 허드슨 만에서 허드슨강, 그리고 세인트로렌스강에서 오대호에 이르는 북아메리카에 대한 대략적인 이미지를 그릴 수 있었고 자신이 탐사한 곳은 모두 지도로 그렸다.

샹플랭은 몽헤알 언덕에 올라 언덕 아래를 내려다보았다. 그러나 60여 년 전에 자크 카르티에가 만났다던 1,000여 명의 이로쿼이 원주민이 거주하던 마을은 사라지고 없었다. 이로쿼이 원주민들과도 우호적 관계를 맺고 싶었던 샹플랭의 실망은 매우 컸다. 이 부분에 대해서 학자들은 유럽인들의 출현으로 위협을 느낀 이곳의 원주민들이 더 깊은 숲속으로 들어갔을 가능성과 유럽인들에 의한 전염병으로 원주민의 인구가 급격히 감소했을 가능성 등을 추정하고 있다. 그러나 이 이로쿼이 원주민들의 증발은 오늘날까지도 미스테리로 남아 있다.

라신 급류로 인해 더 이상의 내륙 탐사는 진행되지 못했지만 샹플랭은 이 신세계에 대한 탐사 결과에 나름 만족하고 있었다. 탐사대는 뱃머리를 돌려 타두삭으로 돌아가는 길에는 오를레앙섬에 들어가 알곤킨 원주민들을 만났다. 그들은 샹플랭에게 오타와강, 그리고 그 너머의 큰 호수(휴론 호수)에 대한 이야기와 북쪽 지방과는 달리 옥수수 같은 농작물이 잘 자란다는 이로쿼이 원주민들이 살고 있는 남쪽 지방에 대한 이야기도 들려주었다. 그리고 또한 '선량한 이로쿼이' 원주민들이 살고 있는 서쪽 지방에는 순동 광산이 있다고 알려 주었으며, 어떤 원주민들은 저 멀리 서쪽에 큰 바다가 있다고 말해 주었다. 샹플랭은 그 큰 바다가 태평양일 것이라고 생각했다.

7월 11일, 타두삭에 도착한 샹플랭과 탐사대는 타두삭에서 대서양을 건너기 위해 준비되어 있는 범선으로 갈아타고 그들의 조국 프랑스로 향했다. 이번 탐사에서 그는 직책이나 지위가 없는 그저 관찰자, 그리고 지도를 그리는 신분에 불과했다. 그러나 그는 신세계를 탐사하며 만난 여러 부족의 원주민들과 대화를 통해 우호적인 관계를 형성했으며 그들의 도움을 받아 내륙의 깊은 곳까지 들어가 탐사를 하며 단순한 정착지가 아닌 식민지를 건설하기에 좋은 환경을 지닌 곳도 발견했다. 샹플랭은 이 모든 성과를 왕과 체이스트에게 들려주고 싶은 마음으로 들떠 있었는지도 모른다. 그러나 1603년 늦여름, 프랑스에 도착한 샹플랭을 기다리고 있는 소식은 체이스트의 사망이었다. 샹플랭은 자신의 역량을 알아보고 높이 평가해 준 체이스트를 존경했다. 그는 이번 탐사에 많은 후원을 이끌어 냈을 뿐만 아니라 높은 수익을 만들어 후원했던 투자자들에게 약속한 원금과 수익금을 돌려주어 상인들을 흡족하게 한 사람이었다. 이러한 체이스트의 죽음은 샹플랭에게 큰 슬픔이 아닐 수 없었다. 샹플랭은 슬픔을 뒤로하고 즉시 궁으로 들어갔다. 궁으로 들어가는 샹플랭의 앞을 가로막는 사람은 이번에도 아무도 없었다. 앙리 4세를 알현한 그는 북아메리카에 대한 탐험일지와 지도 등을 보여 주며 많은 이야기를 나누었다. 그들의 대화는 대부분 북아메리카에 뉴프랑스를 건설하는 계획이었다. 왕은 매우 기뻐하며 앞으로 뉴프랑스 건설을 포기하지 않을 것이며 계속해서 많은 조력을 아끼지 않겠다고 샹플랭에게 약속했다.

샹플랭은 탐사에서 돌아온 후 그해 11월 15일, 『숲속에 사는 사람들(The Savages)』을 출간했다. 책 제목으로 보면 '미개인'을 뜻하는 게 아닌가 할 수도 있지만 오늘날과 달리 이 당시에 이 단어는 미개인이 아니라 '숲속에 사는 사람'이라는 뜻을 지니고 있었다. 그는 북미의 원주민들을 미개하다는 시선으로 보지 않았다. 그의 글에서는 어디에서도 북미 원주민들에 대한 인종차별적 사고를 엿볼 수 없다. 그는 서인도 제도의 원주민들 그리고 북아메리카의 원주민들의 지력이 유럽인들보다 열등하다고 보지도 않았다. 그는 글이나 행동에서 늘 중앙아메리카에서 만난 원주민들이나 북아메리카에서 본 원주민들을 존중하는 마음이 보인다.

샹플랭이 이 책을 출간한 목적은 신세계의 경이로운 자연환경과 그곳에 사는 원주민들의 삶을 유럽인들에게 소개하기 위한 것이었다. 책에는 장대한 강, 호수, 그곳의 깊은 수심과 동방으로 가고자 하는 야망을 가진 모든 탐험가들을 좌절시키는 라신 급류, 그리고 숲으로 이루어진 신세계의 경이로운 자연 환경을 소개하는 동시에 그곳에 살고 있는 원주민들의 훌륭한 신체 조건, 목소리, 표정, 말씨, 문화, 종교, 결혼 문화, 규칙, 법, 윤리, 권력 구조, 그리고 보복의 규칙 등이 서술되어 있다. 샹플랭의 글쓰기는 그가 숨을 거둘 때까지 계속 이어진다. 그의 기록들은 400여 년이 지난 오늘날에도 북아메리카의 초기 역사를 잘 보여 주는 연구서이자 영구한 고전으로 남아 있다. 글뿐만 아니라 그가 남긴 정교하고 상세한 동식물 등의 그림이나 지도는 후세 사람들의 연구물로 사용되고 있다.

샹플랭의 출생과 교육

1567년에서 1570년(어떤 학자는 1574년까지도 그 출생 연도 범위를 넓게 파악한다) 즈음에 태어난 샹플랭은 생애 초기에는 훌륭한 군인이었으며, 항해사, 탐험가, 지도 제작자, 작가, 그리고 면밀한 관찰자였다. 그러나 중년 이후에는 더 많은 남다른 면모를 보이게 되어서 행정가, 외교관, 궁정인, 민족학자, 연대기 작가, 화가, 식물학자, 농업학자, 그리고 인본주의자 등 후세 사람들에게서 수많은 전문가의 호칭을 얻게 된다. 샹플랭은 결국 한마디로 다재다능한 사람이었다. 그리고 무엇보다도 그는 원주민들에게 위협을 가하지 않는 사람이었고 사람들에게 먼저 다가가는 선의를 지닌 사람이었다. 원주민들에게 다가가는 그의 모습에서는 사람에 대한 두려움이나 적개심이 없었다. 그러한 그의 모습에 원주민들은 마음을 열었다. 이러한 그의 다재다능함과 열린 마음은 어디에서 나왔을까?

샹플랭은 프랑스의 남서부, 브루아주(Brouage)라는 작은 마을에서 태어나 자랐다. 브루아주는 품질 좋은 흑소금 덕분에 유럽 각지에서 몰려든 국적과 언어가 다른 상인들로 북적거리는 항구 마을이었다. 샹플랭은 어린 시절부터 그의 아버지 앙투안 샹플랭(Antoine Champlain)을 따라 바다로 나갔다. 그는 그렇게 자연스레 바다와 친숙해 질 수 있었고 아버지를 통해 다채로운 지식을 습득할 수 있었다. 항해 기술은 물론이고 유럽의 교역시장과 상품 등을 익히며 상업을 배웠다. 또한 그는 바다의 무법자인 해적들에게 대처해야 하는 상황에 대비하기 위해 총기 다루는 법도 배웠다. 이뿐 아니라 국적과 언어가 다른 상인들을 통해 다양한 언어를 터득했다. 그가 그린 지도에 프랑스어와 영어를 자유롭게 쓸 정도로 영어를 자유롭게 구사했다. 또한 스페인어, 네덜란드, 포르투갈, 그리고 바스크인들과도 어느 정도 대화가 될 정도의 언어 실력을 가지고 있었다.

이 외에도 학자들은 그의 교육이 학교에서도 이루어졌을 것이라 보고 있다. 그 시대, 브루아주 마을에는 지위가 있는 집안의 자제들만 수학하는 학교가 있었는데 그 학교의 후원자는 바로 앙리 4세였다. 샹플랭의 아버지는 앙리 4세가 나바르 왕국의 왕자였을 때부터 그를 지지해 왔던 사람이었고, 시간이 갈수록 지위가 올라갔으며 사업에서도 성공한 사람이었기 때문에 샹플랭이 앙리 4세가 후원하는 이 학교에서 수학했을 가능성은 아주 높다. 이 학교의 교육 기간은 2년이었고 학생들에게 그림, 춤, 악기연주를 비롯해 측량학과 요새 건설에 대한 기초 설계도 가르쳤다. 그리고 이 학교에는 훌륭한 말들이 있어서 학생들은 여러 종목의 승마 기술도 습득했다. 그뿐만 아니라 전쟁과 전투에 필요한 전술, 그리고 화승총 같은 총기 사용 기술과 검술도 가르쳤다. 학생들은 졸업 후 군대에 입대하거나 귀족의 사병으로 들어갔다는 설명으로 보아 일종의 사관학교 성격이었던 것으로 추정된다.

17세기에 있었던 브루아주 마을의 대화재로 인하여 샹플랭의 출생 기록을 비롯한 모든 문서가 다 소실되어 그의 출생부터 청소년기에 이르는 동안의 교육에 대한 기록은 확인할 수 없지만 그의 행적이 시작되는 브르타뉴 전쟁 이후의 삶을 통해 볼 때 그가 이 학교에서 수학했을 가능성을 학자들은 높게 보고 있다. 이 대화재로 인하여 샹플랭의 출생 연도 또한 정확히 알 수 없게 되었다.

그런데 이 다재다능한 샹플랭도 한 가지 못하는 것이 있었으니 그것은 바로 수영이었다. 참 의아하지만 그것은 사실이었다. 이 시대 유럽인들은 수영을 배우지 않았다. 재미있는 것은 수영을 못하는 샹플랭이 뉴프랑스 건설을 위해 대략 서른 번(어느 학자들은 정확히 27번)이나 대서양을 건넜는데 한 번도 배를 좌초시키거나 싣고 가는 보급품들을 잃어버린 적이 없었다는 사실이다.

4장
식민지의 태동

피에르 뒤과 드 몽스
Pierre Dugua de Mons

총독으로 임명됐던 체이스트가 갑작스럽게 사망하자 신세계의 뉴프랑스 건설을 꿈꾸는 앙리 4세는 또 다른 적합한 인물을 찾아야 했다. 체이스트를 대신할 인물을 찾는 데는 여러 달이 소요되었다. 뉴프랑스 식민지 건설 임무를 맡을 인물은 신분뿐만 아니라 자질, 그리고 무엇보다도 뉴프랑스 건설에 대한 비전을 지니고 있어야 했다. 여러 후보 중 고심 끝에 최종적으로 임명된 사람은 프랑스 남서부 생통주에 있는 루아양(Royan) 지방 출신으로 오랜 전통을 가진 귀족 가문의 개신교인 피에르 뒤과 드 몽스(이하 몽스)였다. 그는 이 시기 20여 명으로 이루어져 있는 왕의 시종관 중 한명이었으며 앙리가 나바르 왕국의 왕자였던 1582년, 그러니까 그의 나이 20대 초반부터 앙리를 섬겨 왔다. 종교분쟁으로 인한 내란시기부터 그는 앙리 4세를 위해 싸운 군인이었고 많은 경험을 쌓은 행정 관료이기도 했다. 그뿐만 아니라 그는 투자가들을 움직일 수 있는 영향력과 재력을 갖춘 사업가이도 했다. 또한 개신교도이면서도 가톨릭교도 여인과 결혼할 정도로 종파에는 관대한 인물이었다.

몽스는 앙리 4세와 마찬가지로 잔혹한 전쟁도 마다하지 않는 편협한 신앙이 아니라 타인을 존중하고 인정하는 좀 더 자유로운 종교관을 가지고 있었다. 이들이 추구하는 것은 종교 전쟁에서 벗어나 더 넓은 세상으

퀘벡 시의회 청사주변 올드퀘벡과 강이 내려다 보이는 곳에 있는 몽스(1558-1628)의 흉상

4장 식민지의 태동

로 그들의 조국 프랑스의 힘을 확대해 나가는 것이었다. 이 두 사람보다 나이는 한참 어렸지만 샹플랭도 이들과 뜻을 함께하는 젊은이였다.

1603년 가을, 몽스와 샹플랭은 왕을 알현하고 각자 자신들의 의견을 나누었다. 몽스는 1600년, 쇼뱅, 그리고 퐁그라브와 함께 이미 대서양을 건넌 경험이 있는 사람이었고 쇼뱅이 왜 식민지 건설에 실패했는지 잘 파악하고 있었다. 그는 본국의 원조 없이는 뉴프랑스 건설을 이루기 힘들다고 보았다. 그렇다고 식민지 건설을 반대하는 쉴리 재상을 비롯한 여러 사람들 때문에 고심하고 있는 왕에게 막무가내로 국고를 지원해 달라고 할 수도 없었다. 몽스는 국고 지원 대신 신대륙의 모피 교역 독점권과 다양한 분야의 전문가들이 이번 탐사에 합류하도록 윤허해 줄 것을 요청했고 앙리 4세는 그의 요청을 받아들였다.

다음 문제는 어디에 식민지를 건설하는가 하는 문제였다. 많은 부분에서 뜻을 같이하는 몽스와 샹플랭이었지만 이 부분에서는 의견이 갈렸다. 샹플랭은 세인트로렌스강 유역을 따라 이루어지고 있는 모피 교역, 그리고 땅을 개간하여 농사를 지을 수 있는 비옥한 땅, 그리고 세인트로렌스강을 따라 계속해서 내륙으로 들어간다면 북극의 빙산이나 남극의 열대 지방을 지나지 않아도 편리하게 중국으로 갈 수 있는 곳으로 세인트로렌스 밸리를 생각했다.

반면 몽스는 1600년에 쇼뱅과 함께 타두삭에서 겪었던 그곳의 극한의 추위를 생각하여 좀 더 따뜻한 대서양 연안의 남쪽을 생각했다. 왕은 몽스의 생각에 동의했다. 이들이 생각하는 곳은 '아카디아(Acadia) 또는 라 카디(La Cadie)로 불리는 북아메리카 북동부 지역으로 북쪽의 뉴펀들랜드에서 시작하여 남쪽으로는 훗날 영국인들이 세우는 뉴잉글랜드까지 그 범위가 상당히 넓었다.

앙리 4세는 몽스의 의견을 받아들이고 북아메리카에서 이루어질 뉴프랑스 건설에 대한 모든 권한과 어업을 제외한 육지에서 이루어지는 모피 교역 독점권을 부여하며 그를 해군제독 부사령관으로 임명했다.

1603년 11월 6일, 몽스는 아카디아 지역의 육지와 해안을 탐사하고 그곳에 정착 기지를 건설하기 위한 일곱 가지 조항을 왕에게 보고했다. 그리고 자신의 지위를 총독으로 격상해 줄 것을 정중히 요청했으나, 앙리 4세는 몽스가 왕실 일원이 아니라는 이유로 그의 청을 들어주지 않았다. 대신 앙리 4세는 그에게 북아메리카 총독에 준하는 권한과 함께 부총독의 지위를 주었다. 이제 몽스가 활동하게 되는 북아메리카에서의 업무는 정치적, 사법적, 그리고 행정적으로 총독에 준하지만 식민지 정책에 대한 모든 권한은 프랑스에 있는 총독이 맡게 되는 체제였다.

몽스는 왕에게 한 가지를 더 요청했는데, 그것은 식민지 건설사업에 대한 보고와 승인 등 감독권을 의원들에게 속하도록 하는 것이었다. 그러나 왕은 투자가들이 많은 프랑스 남서쪽에 위치한 루아양 지방의 재정 담당 관리들에게 보고하도록 명했다. 그 지방의 관리들이 상인들과 어느 정도 유착되어 있었는지 확실하지는 않지만 이는 훗날 몽스에게 두고두고 골칫거리로 작용하게 된다. 왕의 이 결정으로 상인들의 입김이 강해질 수 있다는 것을 몽스와 샹플랭은 예감했지만 왕의 결정을 되돌릴 수는 없었다.

몽스는 이어 북아메리카에서 이미 불법 교역활동을 하고 있는 사람들을 관리할 수 있는 권한과 교역소와 요새를 지을 수 있는 명령권을 요청했다. 구리가 발견되었다는 보고를 받은 적이 있는 앙리 4세는 몽스의 요청을 받아들이며 구리 광맥을 찾을 것을 명했다. 그리고 북아메리카 원주민들에게 가톨릭 종교를 전파하라는 명을 내렸다. 1603년 11월 8일, 앙리 4세는 몽스를 아카디아 지방의 부총독(Lieutenant-General)으로 임명하는 서류에 최종 서명했다. 이 '루테넌트-제너럴'이라는 계급은 오늘날 미국의 삼성장군급에 해당된다.

아카디아 지방의 부총독으로 몽스가 임명되었다는 소식이 알려지자 그동안 국가의 허락 없이 교역활동을 해 오던 생말로 지방을 비롯한 여러 해안 지방의 상인들이 반발하며 들고 일어났다. 그러자 앙리 4세는 뉴프랑스 건설 계획은 유럽에서 프랑스의 권위와 힘을 증대해 나가기 위해 매우 중요한 일이며 몽스에게 부여하는 모피 교역전매권은 절대적으로 필요하니 교역권을 얻기를 원한다면 몽스의 회사에 합류하라고 강권했다. 이에 어쩔 수 없이 각 해안지방의 교역회사들이 몽스에게 합류했다. 투자에 대한 조건은 첫해의 수익금은 다시 뉴프랑스 건설을 위해 후원하고 그 다음해 수익금부터는 각각의 투자가들에게 돌아가는 조건이었다. 몽스는 모든 항구에 북아메리카에서의 불법 교역을 금하는 방을 붙였다.

모든 복잡한 준비들이 마무리되자 몽스는 같은 생통주 출신 후배 샹플랭을 찾아와서 이번 탐사에 함께해 줄 것을 제안했다. 몽스의 제안은 샹플랭도 바라던 바였지만 문제는 또 한 번 앙리 4세의 허락이 있어야 했다. 샹플랭이 이에 대한 말을 꺼내자 몽스는 이미 왕의 윤허를 받았으니 걱정하지 말라고 말했다. 샹플랭과 몽스는 함께 왕을 알현했고, 이번에도 앙리 4세는 샹플랭에게 다시 한 번 북아메리카로 가서 그곳에서 직접 보고 경험한 모든 것을 빠짐없이 보고하라고 명했다.

뉴프랑스
건설을 위한 출발

1604년 4월 7일, 몽스와 샹플랭은 르아브르 항구에서 앙리 4세의 깃발과 프랑스 해군의 깃발이 펄럭이고 있는 150톤급 배에 올랐다. 예포가 쏘아 올려졌고 항구에 있던 다른 선박들은 몽스의 배가 항구를 순조롭게 빠져나갈 수 있도록 항로를 열어 주었다.

이번 항해는 지난해의 항해와는 그 규모나 의미가 크게 달랐다. 이번 항해를 위해 몽스가 섭외한 인력은 사흘 뒤에 출항하는 퐁그라브를 비롯하여 통역사, 가톨릭과 개신교의 성직자들 그리고 석수, 목수, 건축가, 벌목꾼, 조선공과 조선사, 의사와 약사, 요리사, 포수, 그리고 총의 방아쇠를 수리할 수 있는 자물쇠 제조사 등의 전문인력, 노동자들의 질서를 잡기 위한 스위스에서 온 용병들, 배에서 심부름하는 어린 소년까지 그 수가 매우 많았다. 전문 인력이외에도 몽스는 거리의 부랑자들과 감옥의 죄수들도 이번 항해에 합류시켰다. 그리고 몽스의 친구 장 푸트랭쿠르(Jean de Biencourt de Poutrincourt)와 약제사인 루이 에베르(Louis Hébert)가 함께 배에 올랐는데 이 중 푸트랭쿠르는 대서양 연안 아카디아 지방에서, 그리고 에베르는 퀘벡에서 농업을 발전시키게 되며 모두 뉴프랑스 식민지에 많은 족적을 남기는 인물들이다. 이번 탐사에 함께하는 사람들은 여성과 농부만 없을 뿐 단지 금은보화를 발견하거나 땅에 관심을 갖는 몇 명의 귀족들까지 포함해 그 수가 120명에 달했다.

사람들뿐만 아니라 많은 건축자재와 음료수를 비롯한 다양한 식료품, 그리고 돼지, 닭, 오리 같은 가축을 실은 150톤급 배는 매우 빠른 속도로 망망대해의 대서양을 향해 그 속도를 높였다. 그리고 대서양 한 가운데를 항해하고 있을 때 몽스는 당초 계획을 수정해서 좀 더 남쪽으로 항로를 변경했다. 몽스의 명에 따라 남쪽으로 항해하던 중 1604년 5월 1일, 이들이 당도한 곳은 오늘날 노바스코샤주의 수도 핼리팩스에서 300킬로미터 떨어진 세이블섬의 해변이었다. 이곳까지 오는 데는 매우 이례적으로 3주밖에 걸리지 않았지만 섬 가까이 항해할 때 도선사가 착오를 일으켜 거의 배가 난파될 만한 긴박한 상황을 겪기도 했다.

몽스의 탐사대가 세이블섬을 떠나 5월 8일에 도착한 곳은 잔잔한 강물이 대서양으로 흘러드는 오늘날은 영어식 발음, 라하브(LaHave)로 불리는 르아브르(이때 몽스와 샹플랭이 자신들이 떠나온 고국 프랑스의 르아브르 항구의 이름을 따지음) 항구였다. 탐사대는 프랑스를 떠난 지 31일 만에 땅을 밟게 되었다. 샹플랭은 배에서 내려 상수리나무, 느릅나무, 그리고 자작나무로 이루어져 있는 숲을 관찰하며 이곳의 위도를 재었다.

사흘 후, 다시 항해를 시작한 이들은 르아브르에서 30여 킬로미터 떨어진 지금의 리버풀에 도착했다. 그들은 이곳에서 불법 모피 교역을 하고 있던 로시뇰과 그의 선원들을 체포했는데 이곳 항구 이름을 그의 이름을 따 로시뇰(Rossignol)이라고 지었다. 몽스의 모피 전매 특허권을 인정하지 않고 반발하자 몽스는 선박을 압수하고 그들을 프랑스로 압송하기 위해 모두 구속했다. 그런데 이때 사건이 벌어지고 있는 틈을 타 바다로 몸을 숨기고 그대로 헤엄쳐 육지로 피신한 다음 부근의 미크맥 원주민 마을로 도망쳐 살다가 원주민 여인과 결혼해 살면서 아이들을 낳은 피터와 찰스가 있었다. 이 이야기는 피터의 아들이 자신의 아버지로부터 들은 이야기를 전하면서 오늘날에 전해졌다. 메티스(Métis)는 프랑스인과 원주민 혼혈을 지칭하는 말인데 어쩌면 피터의 아들은 유럽인, 특히 프랑스인과 북아메리카 원주민 사이에서 태어난 첫 번째 '메티스'였는지도 모른다.

다음 날 그들이 남쪽으로 약 40킬로미터를 더 항해하여 도착한 곳은 양 한 마리가 이곳에서 바닷물에 빠져서 죽었다 하여 지명이 된 지금의 무통(양) 항구였다. 헤아릴 수 없이 많은 토끼들이 뛰어놀고 있는 육지는 온통 돌과 잡목림 그리고 진달래과의 관목으로 이루어져 있었다. 이곳에서 잠시 머물기로 한 탐사대는 곧장 각자의 방식대로 숙소로 쓰일 작은 오두막집을 짓기 시작했다. 그리고 몽스는 겨울을 나기 위한 양식을 싣고 자신보다 3일 늦게 출항한 퐁그라브를 찾아오도록 했다. 몽스가 갑자기 방향을 남쪽으로 튼 것에 대해 퐁그라브가 모르고 있어 그를 만나지 못할까 모두 내심 걱정하고 있었다. 그러나 다행히 퐁그라브를 찾으러 간 배는 대서양 연안의 현재의 헬리팩스 해안에서 그를 만날 수 있었다. 심부름을 떠난 배는 몽스가 방향을 바꾼 것을 몰랐던 퐁그라브에게 몽스의 편지를 전달했다. 그는 편지를 읽자 곧바로 자신의 본선이 정박된 칸소로 돌아가 그가 체포한 불법 모피 교역을 하고 있던 바스크인 선장들을 데리고 몽스가 있는 무통 항구로 향했다.

5월 19일, 샹플랭은 몽스의 지시에 따라 이곳에서 조립한 8톤급의 작은 범선으로 갈아타고 프랑스에서 타고 온 2척의 배를 안전하게 정박시킬 수 있는 해안과 포구를 찾기 위해 몽스의 비서, 랠리유와 10명의 선원과 함께 해안선을 따라 남쪽으로 항해를 시작했다. 샹플랭을 태운 작은 범선은 현 노바스코샤주의 대서양 연안 남쪽으로 항해를 이어 가며 여러 포구와 섬들을 지나 세인트 메리까지 답사를 했으나 어느 곳 하나 안전하게 2척의 큰 배를 정박할 수 있는 곳은 없었고 소문으로 들은 순 구리 광맥도 찾지를 못했다. 다만 울창한 숲과 헤아릴 수 없는 다양한 종의 새들이 공존하는 아름다운 풍경의 연속이었다. 샹플랭은 더 이상의 탐사를 멈추고 몽스가 있는 곳으로 돌아가기 위해 롱아일랜드 방향으로 뱃머리를 돌렸다. 몽스가 있는 무통항구로 돌아가는 항해엔 돌연 거센 풍랑을 만나 난처한 상황에 놓이게 되기도 했지만 이들은 무사히 몽스와 다시 합류했다.

다음 날 몽스는 세인트메리 만으로 가겠다고 돛을 올리라고 지시했다. 그곳에서 탐사를 계속할 계획이었다. 배가 카파 세이블과 씨-울프

섬 가까이 지나가고 있을 때 몽스는 샹플랭이 보고한 헤아릴 수 없이 많은 새와 바다표범을 보기 위해 작은 배를 준비시켰다. 몽스의 친구, 푸트랭쿠르와 몇 몇 귀족들도 바다쇠오리를 나뭇가지로 쉽게 잡을 수 있다는 섬에 가보고 싶다고 따라 나섰다. 몽스와 샹플랭을 비롯한 몇 명의 귀족들은 작은 배를 타고 본선을 떠나 섬으로 다가갔다. 섬을 돌아보던 중 밀물 때를 만나 이들은 어쩔 수 없이 섬에 상륙하여 하룻밤을 지내게 되었는데 다행히 손쉽게 잡을 수 있는 사냥감이 많이 있어 허기진 배를 채울 수 있었다. 다음 날 아침이 되자 이들은 해안선을 따라 야무쓰를 향해 가다가 세인트메리 만에 정박되어 있는 본선을 발견할 수 있었다. 하룻밤이 지나도록 지휘관과 그의 일행이 돌아오지 않자 걱정하고 있던 선원들은 모두 기뻐하며 안도했다.

얼마 후에는 탐사 중 잃어버린 자신의 칼을 찾아온다면서 숲으로 들어가서 실종되었던 가톨릭교회 신부인 니콜라스 어브리가 17일 만에 살아 돌아오는 사건이 있었다. 아무리 기다려도 그가 돌아오지 않자 몽스는 그를 포기하고 계획대로 탐사를 이어 가려는 결심을 했을 때 그가 살아 돌아온 것이었다. 어브리 신부는 17일 동안 시고 쓴 참소리쟁이 잎과 이름 모를 식물의 선홍색 열매로 굶주린 배를 채우며 생존할 수 있었다. 하루하루 지날수록 탐사대와 합류할 수 있다는 희망을 잃어가고 있었고 몸도 점점 쇠약해져 가고 있었다. 그러던 어느 날 그는 다행히도 지금의 펀디 만 해안에서 멀리서 작은 배를 타고 낚시를 하고 있던 대원들을 발견했다. 그러나 굶주림에 탈진한 신부는 소리를 낼 기운조차 없어 긴 나무 꼭대기에 자신의 모자를 걸고는 낚시하고 있는 사람들의 눈에 띄도록 희망을 품고 간신히 긴 장대를 흔들었다. 천운이었을까? 그의 모자를 매단 장대는 다행히 낚시꾼들에게 발견되었고 대원들은 어브리 신부를 구조해서 배에 태우고 본선으로 돌아오게 되었다. 신부의 무사귀환은 그 자체만으로도 탐사대의 기쁨이었지만 서로가 총부리를 겨누며 싸우던 종교전쟁을 겪은 지 얼마 되지 않은 터라 개신교도인 부총독 몽스가 가톨릭 신부를 끈질기게 기다려서 드디어 생환케 했으니 탐사대 모두가 각자의 종교를 떠나 뭉클한 동료애를 느끼며 서로를 신뢰하게 되는 극적인 사건이어서 모두 함께 환호했던 것이다.

며칠 동안 탐색을 거듭했지만 세인트메리 만에서는 요새를 지을 적절한 곳을 찾지 못했다. 몽스 탐사대는 다시 돛을 올리고 지금의 펀디 만으로 이동하면서 탐사를 계속했고 드디어 2,000여 척의 선박을 안전하게 댈 수 있을 만한 아주 훌륭한 항구 후보지를 발견했다. 입구의 폭은 800보 정도였으며 입구에서 배를 댈 수 있는 해안선까지는 13킬로미터 정도로 아주 마음에 드는 곳이었다. 샹플랭은 이 항구의 이름을 포트 로얄(Port Royal)이라 이름 지었다. 세 강줄기를 따라 흘러나오는 물은 이 항구를 통해 펀디 만으로 흘러들고 있었다. 바다에는 청어를 비롯한 많은 종류의 물고기들이 서식하고 있었다. 그리고 육지 숲에는 소나무를 비롯한 여러 종류의 침엽수와 가문비나무와 자작나무 같은 활엽수들, 그리고 드문드문 떡갈나무들이 함께 어우러져 울창한 숲을 이루고 있었다. 이 주변 곳곳의 숲과 강을 탐사한 샹플랭은 식민지 정착지로 이곳이 마음에 들었다.

포트 로얄 탐사를 마친 몽스는 1년 전 구리 광맥을 찾았다고 정보를 들은 곳으로 가기 위해 포트 로얄 해안을 따라 북동쪽으로 항해를 하다 다시 펀디 만의 북쪽 해안선을 따라 남서쪽으로 항해하며 탐사를 이어가던 중 6월 24일, 탐사대는 지금의 세인트존에서 바다로 흘러드는 강을 발견했다. 강을 따라 조금 내륙으로 들어 갈 수 있나 싶었지만 그들 앞을 가로막는 것은 협곡으로 이루어진 급격히 좁아진 강폭이었다. 내륙으로부터 넓은 강을 따라 유유히 내려오던 강물은 이 경사지고 좁은 강 하구에서 급격히 빠른 속도를 내며 크고 작은 바위에 부딪혀 하얀 물거품을 일으키고 있었다. 그렇게 경사면을 다 내려온 거센 강물은 그대로 흘러 곧장 펀디 만으로 나가지 않고 여러 곳에 크고 작은 소용돌이를 만들고 있었는데 그 광경은 인간의 마음을 아주 작게 만들기에 충분했다. 샹플랭이 나뭇가지를 강물로 던져보니 강물이 소용돌이를 일으키며 순식간에 나뭇가지를 삼켜 버려 이내 시야에서 사라졌다. 더 이상 강 상류로 전진할 수 없던 탐사대는 이곳을 바로 떠나지 않고 주변을 돌아보고 있었다. 그런데 얼마 후 바다에서 밀물이 몰려와 이곳에 닿자 수면이 높아지면서 경사지고 울퉁불퉁한 강바닥은 보이지 않고 강 하구 너머의 수위와 같아지면서 쉽게 항해를 다시 시작할 수 있었다. 마치 시간에 맞추어 강하구의 닫힌 문을 탐사대에게 열어 주는 듯했다. 이런 신비해 보이는 자연현상 때문에 이곳은 '거꾸로 흐른다'는 의미인 리버싱(reversing)을 붙여 '리버싱 폴스(Reversing Falls)'라는 이름을 얻게 되었으며 오늘날 세인트존의 중요한 천연 관광자원 중에 하나가 되었다. 탐사대는 밀물 때를 이용하며 여울목을 무사히 통과해 넓어진 강을 따라 올라갔고 얼마쯤 올라가다 세 개의 섬이 있는 곳에 당도했다. 이곳에서 몽스는 자신의 부하 랠리유에게 강 상류를 계속 탐사할 것을 지시하고 나머지 일행을 이끌고 뱃머리를 돌려 다시 펀디 만으로 향했다.

이날은 마침 성 요한절이어서 탐사대는 이 강의 이름을 '세인트존(St John)'이라 이름 붙였는데 이 이름 또한 오늘날까지 쓰이고 있고 강 하구에는 뉴브런즈윅주에서 가장 많은 인구가 살고 있는 도시, 세인트존이 자리 잡고 있다.

최초의 개척기지
세인트크로이섬

　　　　　　　　　　세인트존강에서 펀디 만으로 나온 탐사대는 펀디 만의 남서쪽을 향해 항해를 이어 갔다. 남서쪽으로 항해하는 탐사대 주변에는 수없이 많은 크고 작은 섬들이 자리하고 있었다. 섬에는 헤아릴 수 없이 많은 까치가 서식하고 있었고 바다에는 대구와 연어를 비롯한 여러 종의 물고기 떼들이 자유롭게 노닐고 있었다.

　　그렇게 펀디 만 해안선을 따라 자리 잡은 여러 섬들을 지나 탐사대는 내륙 깊숙이 자리 잡은 파사마쿼디 만의 세인트 앤드루스에 도착했다. 이곳은 북쪽의 내륙으로부터 펀디 만으로 흘러드는 제법 큰 강의 하류 지역이었다. 강을 따라 그들은 북쪽으로 올라갔다. 약 3킬로미터 정도 강을 거슬러 올라가다 보니 두 개의 섬이 나왔다. 한 섬은 서쪽 육지에 가까이 위치해 있었고 또 다른 섬은 강 중앙에 자리해 있었다. 샹플랭과 몽스는 섬을 둘러보았다. 둘레가 800~900보 정도 되는 아주 작은 섬이었는데 작은 한 면을 제외하고는 섬 둘레의 거의 모든 면이 7미터 정도 높이의 바위로 이루어져 있었다. 암석지대가 아닌 면은 작은 면적의 모래와 점토로 이루어져 있어서

세인트크로이섬(상)
샹플랭의 크로이섬 요새 구상도(하)

4장 식민지의 태동

벽돌 같은 것을 만들 수 있는 자원이었다. 그리고 한쪽에는 80~100톤 정도의 선박을 대기에 알맞은 곳도 있었다. 그러나 간조 때는 강바닥이 드러나 배를 대기가 어려울 것으로 보였다. 섬 안에는 전나무, 자작나무, 단풍나무, 그리고 떡갈나무가 어우러져 울창한 숲을 이루고 있었다. 다른 곳보다 지면이 낮은 한쪽 면이 흠이었지만 그리 큰 섬이 아니기 때문에 요새화하는 데는 별 문제가 없어 보였다. 만약 이곳을 지나는 불청객의 배가 있다면 대포를 이용해서 쉽게 물리칠 수 있는 강물 위의 요새로서 적합해 보였다. 게다가 무엇보다도 토양이 비옥했고 이 섬 주변 육지의 원주민들과 왕래하기가 용이해 보였다. 몽스는 이 섬의 이름을 프랑스 발음인 쌍콰(Saint Croix-Holy Cross)섬, 이하 '세인트크로이섬'이라 이름 붙였다. 이곳보다 더 적합한 곳을 찾을 수 없다고 판단한 몽스는 이곳을 영구 정착지로 정하고 기지를 건설하기로 결정했다. 이로써 세인트크로이섬은 유럽인들이 북아메리카에 세운 최초의 식민지로 기록되었다. 이는 1607년, 영국인들이 현 미국의 버지니아주 제임스타운에 세우게 되는 식민지보다 3년이 앞선 것이다.

몽스의 지시에 따라 샹플랭을 비롯한 모든 탐사대원들은 바쁘게 움직이기 시작했다. 우선 외적을 방어할 수 있는 방책을 설치하고 대포를 배치하는 일부터 시작해서 모든 탐사대원들은 활기차게 일하고 있었다. 그런데 섬에 있는 모기 같기도 하고 아주 작은 파리 같기도 한 곤충이 대원들을 괴롭히기 시작했다. 곤충에 얼굴을 물린 대원들의 얼굴은 퉁퉁 부어올라 앞을 보지 못할 정도였다. 방어 시설이 갖추어지자 몽스는 세인트메리 만에 머무르고 있는 대원들을 데려오도록 지시했다.

며칠 후, 세인트메리 만에 남아 있던 동료들이 무사히 크로이섬에 도착했다. 그들이 도착하자 몽스는 지체 없이 대원들이 거처할 공간을 짓도록 지시하고 샹플랭에게는 기지의 청사진을 그리도록 했다. 이에 샹플랭은 몽스와 귀족들의 거처 공간, 굿은 날씨를 피해 모두 모여 시간을 보낼 수 있는 공간, 식품 저장소, 대장장이의 작업 공간, 숙련공들과 병사들의 공간, 빵을 굽기 위한 공간, 부엌, 우물, 그리고 정원 등을 적절히 고려한 배치도를 그렸다. 제일 먼저 결정된 것은 식품 저장소였고 몽스를 비롯한 모든 대원들의 숙소가 정해졌다.

다음 단계는 설계와 배치도에 따라 건물을 지을 재목을 구하는 일이었다. 벌목꾼은 곧바로 삼삼오오 짝을 지어 숲을 정리하고 재목이 될 만한 나무를 자르고 건축에 필요한 것들을 모아 작업장까지 한곳으로 끌어모았다.

개척기지 건설 작업이 한창 진행 중이던 어느 날, 작은 범선 하나가 세인트크로이섬에 도착했다. 범선의 도선사는 뒤글라라는 퐁그라브의 부하였는데 그는 불법 교역을 하다 퐁그라브에게 잡힌 바스크인 선장을 데리고 왔다. 퐁그라브는 따로 활동하면서 주로 교역을 담당하고 있었는데 원주민들과의 교역중 마주치게 되는 불법 교역선을 나포하고 선원들을 체포하는 일도 하고 있었다. 몽스는 그를 정중하게 맞이했다. 그리고 그 선장을 프랑스로 돌려보내 그곳에서 사법 처리를 받도록 하라는 전갈과 함께 그를 다시 퐁그라브에게 돌려보냈다.

한편 목수들은 쉼 없이 식품 저장소와 대원들의 거처를 지어 나갔다. 샹플랭도 자기 하인의 도움을 받아 숙소를 완성했다. 몽스는 자신의 거처가 완성될 때까지 샹플랭의 숙소에서 함께 지냈다. 빵을 굽는 화덕과 밀을 가는 맷돌도 준비되었다. 이 모든 일들은 매우 고된 일이 아닐 수 없었다.

강 건너 육지와 크로이섬에는 숲을 개간하여 밀을 비롯한 여러 종류의 씨앗을 뿌렸다. 그러나 육지에 뿌린 씨앗은 매우 잘 자라는 반면 크로이섬에 뿌린 씨앗은 발아는 잘되었지만 모래밭이어서 그런지 아침

해가 떠올라 기온이 올라가면 작물이 모두 시들어 버리기 일쑤였다. "말라 죽는 것을 막기 위해 물을 주는 일 또한 보통 힘든 일이 아니었다."라고 샹플랭은 기록했다.

몽스의 지시에 따라 샹플랭은 다시 순동을 찾아 나서기도 했다. 벌써 여러 차례 순동을 찾아보았지만 번번이 허탕을 치고 있었는데, 이번에는 순동이 어디에 있는지 알고 있다는 원주민 안내인의 말에 따라 기대를 갖고 세인트존강 주변을 탐사하게 된 것이다. 그러나 미량의 동이 함유되어 있을 뿐 순동은 발견할 수 없었다. 샹플랭은 후일을 기약하고 다시 크로이섬으로 돌아왔다. 기지로 돌아와 보니 북아메리카에 대한 탐험과 식민지 건설에 대한 관심으로 함께 왔던 푸트랭쿠르가 프랑스로 돌아갈 준비를 하고 있었다. 그는 다음 해인 1605년, 포트 로얄에 세우게 되는 프랑스 식민지를 맡게 되는 인물이었다. 푸트랭쿠르와 함께 몽스의 비서 랠리유도 프랑스 내의 업무를 처리하기 위해 몽스의 지시로 프랑스로 돌아가게 되었다. 그들은 1604년 8월 31일, 79명의 대원들을 뒤로하고 크로이섬을 떠났다.

샹플랭의 탐사

푸트랭쿠르와 랠리유가 섬을 떠나자 몽스는 샹플랭에게 남서쪽의 노럼베가 해안 탐사 임무를 맡겼다. 9월 2일, 샹플랭은 임무를 수행하기 위해 18톤급의 작은 배를 타고 크로이섬을 떠났다. 지리에 익숙한 두 명의 원주민 안내인과 12명의 선원이 샹플랭과 함께 배에 올랐다. 샹플랭은 크로이강 하구에서 남서쪽으로 뱃머리를 돌려 해안을 따라 항해를 시작했다. 갈대와 바위로 이루어진 수많은 섬을 지나 샹플랭은 9월 6일, 마운트데저트산 아래 포구에서 연기가 피어오르는 것을 보았다. 이 마운트데저트(사막)산은 샹플랭이 항해를 하던 중 이 산 정상이 초목은 하나 없고 바위로만 이루어져 있다 하여 지은 이름이다. 산이 자리하고 있는 섬의 이름 또한 마운트데저트섬(Mount Desert Island)으로 현 미국 메인주의 대서양 연안에 자리하고 있는 섬 중 가장 크다.

샹플랭의 배가 포구를 향해 다가가자 원주민을 태운 2척의 카누가 샹플랭의 배를 관찰하기 위해 사정거리 안으로 다가오고 있었다. 샹플랭은 자신과 그의 일행이 적이 아님을 확신시켜 주기 위해 두 명의 원주민 안내인들을 그들에게 보냈지만 그들은 이방인의 출현이 두려운지 되돌아가 버렸다. 그러나 다음 날 아침이 되자 포구의 원주민들은 샹플랭의 범선 가까이로 다가와 두 원주민 안내인들과 대화를 시도했다. 샹플랭이 그들에게 비스킷, 담배, 그리고 총알을 건네주도록 하자 포구의 원주민들은 자신들은 비버와 물고기를 잡기 위해 이 포구에 나와 있다고 말했다. 그러면서 자신들의 수확물을 샹플랭에게 주었다. 그리고 샹플랭을 베싸베즈라 불리는 자신들의 추장이 있는 페놉스캇강으로 안내하겠다고 말했다. 그들의 안내를 따라 샹플랭이 몇 날 며칠 동안 섬과 육지의 해안과 강을 항해한 끝에 도착한 곳은 이 시대 샹플랭의 기록엔 노럼베가강으로 불렸던 오늘날의 페놉스캇강에 자리한 한 섬의 호수였다. 원주민들은 자신들의 추장을 이곳으로 데리고 오겠다 하고 각자의 길을 떠났다.

열흘 정도 지나자 30명의 원주민들이 샹플랭이 기다리고 있는 곳으로 왔다. 그리고 베싸베즈 추장도 6척의 카누와 함께 도착했다. 먼저 와 있던 원주민들은 6척의 카누와 함께 다가오는 베싸베즈 추장을 보자마자 그가 배에서 내려 뭍으로 올 때까지 노래를 부르며 춤을 추었다. 연설이나 잔치를 벌일 때면 늘 그렇듯 그들은 춤과 노래가 끝나자 땅바닥에 둥그렇게 둘러앉았다. 곧이어 카바히스 추장도 20~30명 정도 되는 일행과 함께 도착하여 한쪽에 자리를 잡고 앉았다. 그들은 유럽인들을 처음 보는 듯 샹플랭을 비롯한 프랑스인들을 바라보는 것을 즐거워했다. 샹플랭은 잠시 두 명의 대원과 통역사를 데리고 강가에 정박되어 있는 배에 올라서 혹시라도 있을 원주민들의 공격에 신속하게 대응할 수 있도록 준비하라고 지시했다. 샹플랭이 다시 뭍으로 돌아오자 베싸베즈 추장은 샹플랭에게 앉으라고 권유하며 함께 담배를 피우자고 했다. 마음이 동하지 않는 자와는 절대로 이 타바지 의식을 함께하지 않는 원주민들이었다. 그러나 이곳에서의 첫 만남에서 원주민들은 샹플랭과 함께 돌아가며 담배를 피웠을 뿐만 아니라 샹플랭과 그의 일행에게 사냥해서 잡은 사슴고기와 여러 동물들을 선물로 주었다.

샹플랭은 두 통역사를 통하여 자신이 이곳에 왜 왔는지를 이곳에 모인 원주민들에게 설명했다. 자신의 상관 몽스가 자신을 보내어 원주민들을 만나 이들이 살고 있는 지역을 둘러보고 만나게 되는 원주민들과 친교를 맺도록 지시했다고 말했다. 또한 그들과 우호관계를 영구히 하면서 그들이 적과 화해하는 데 도움이 되기를 희망하며, 오래도록 함께 거주하면서 그들의 삶의 질을 높일 수 있도록 땅을 개간하고 경작하는 방법을 알려 주고 싶다고 말했다. 통역사를 통해 샹플랭의 말을 들은 원주민들은 자신들도 그렇게 평화롭게 살기를 희망한다고 말했다. 샹플랭은 몽스의 마음을 전한 뒤 손도끼, 묵주, 모자, 칼, 그리고 여러 생활용품을 이들에게 선물로 주었고 비버모피도 교환했다. 이 후 원주민들은 다음 날 동이 틀 때까지 춤과 노래를 이어 가며 흥겨운 시간을 가졌다. 이 날의 기록에서 샹플랭은 이들과 좋은 관계를 열게 되어서 매우 기뻤다고 소회를 적었다.

다음 날 샹플랭은 퀴니베큐이라 불리는 강을 향하여 탐사를 시작했다. 이번 항해에는 카바히스 추장이 함께하게 되었다. 카바히스 추장의 안내로 샹플랭은 노럼베가(페놉스캇) 강, 산, 그리고 해안을 두루 살펴볼 수 있었다. 사흘 후, 해안을 따라 베다베덱 산맥을 통과하고 있는 샹플랭에게 카바히스 추장이 더 이상 자신들의 적의 지역으로 가까이 가고 싶지 않다며 샹플랭과 작별을 고했다. 카바히스 추장과 헤어진 후 샹플랭은 해안을 따라 남쪽으로 약 45킬로미터쯤 항해하고 있었다. 퀴니베큐이까지 가려면 아직도 50~60킬로미터는 더 가야 했다. 그러나 일기가 좋지 않은데다 역풍까지 불고 있었다. 게다가 단순림으로 뒤덮인 수많은 섬들을 지날 때는 준비해 온 식량도 고갈되어 가고 있었다. 할 수 없이 샹플랭은 겨울이 지난 다음 해에 다시 이곳을 탐사하기로 하고 세인트크로이섬의 기지로 돌아가기로 결정했다.

크로이섬의 잔혹한 겨울

9월 23일, 샹플랭이 그의 대원들과 함께 크로이섬으로 돌아와 보니 모든 대원들의 거처가 완성되어 있었다. 그런데 이곳의 겨울은 예상과 달리 매우 빠르게 찾아왔다. 생각보다 너무 일찍 찾아온 겨울 날씨로 인해 계획했던 일들을 제대로 할 수 없게 되어 버렸다. 그럼에도 불구하고 몽스는 섬에 씨앗을 뿌릴 밭을 일구었다. 대원들도 숲을 정리하고 개간하여 각자 자신들의 밭을 만들었다. 몽스는 크로이섬뿐만 아니라 부근 육지에도 땅을 개간하여 밀을 뿌렸다. 다행히 이곳 섬 해안에는 손쉽게 잡을 수 있는 먹을거리가 많았다. 썰물이 빠져나가면 조개비, 홍합, 성게, 바다 달팽이 등 다양하고 많은 해산물을 채취할 수 있어서 프랑스 개척자들에게 좋은 먹을거리를 제공해 주었다. 추위가 닥치더라도 섬에 건설한 기지에서 겨울을 나는 것은 별문제가 없어 보였다.

그해 10월 6일에 크로이섬에 첫 눈이 내렸고, 12월 3일이 되자 강물에 얼음이 떠내려가는 것이 보이더니 그 주에 강물이 얼어붙었다. 본격적인 겨울이 시작된 것이다. 이곳의 겨울은 프랑스의 겨울과는 비교할 수 없을 정도로 혹독했고 기간도 매우 길었다. 온통 눈으로 덮인 숲은 4월까지 그대로 이어져 과연 봄이 와서 경작이나 할 수 있을지 의문이었다. 그런데 탐사대가 예상치 못한 자연 현상이 일어났다. 추위에 꽁꽁 얼어붙어 봄까지 갈 줄 알았던 얼음이 큰 조수간만의 차이로 인해 모두 부서지더니 얼마 후 추위에 다시 얼어붙는 일이 반복되는 것이었다. 조수의 흐름으로 얼음이 부서지더라도 집채만 한 얼음덩이들의 흐름이 충돌의 위험이 있어서 보트를 띄울 수 없었고, 강물이 모두 얼어붙더라도 커다란 얼음덩이들이 불규칙하게 울퉁불퉁한 모양을 이루고 있어서 얼음 위로 이동이 어려울 뿐 아니라 자칫 깨질 우려가 있어서 걸어서도 육지로 나갈 수가 없었다. 크로이섬의 개척기지는 얼어붙은 강 한가운데 고립되어 버린 것이다.

고립된 기지에 닥친 혹독한 겨울 동안 이들에게 생각지도 못한 또 다른 고통이 닥쳐왔다. 그것은 괴혈병이었다. 환자의 입안에 불필요한 살덩어리들이 생겨났고 염증이 생겨서 부패되기 시작하면서 고약한 냄새를 풍겼다. 입안에 생긴 살덩어리를 잘라내는 치료를 하면서 환자들은 심한 출혈에 시달렸고 액체 이외에는 음식도 먹을 수가 없었다. 치아가 흔들리기 시작하면 큰 고통도 없이 손가락으로 손쉽게 이빨이 뽑혔다. 환자들의 팔과 다리가 딴딴하게 부어올랐고 사지에는 벼룩에 물린 것처럼 반점이 생겨났다. 퉁퉁 부어오른 다리의 근육 수축으로 인해 환자들은 걸을 수조차 없었다. 움직일 수 없는 환자들은 기력을 잃어 갔으며 견딜 수 없는 통증에 시달렸다. 통증은 허리, 배, 엉덩이로 이어졌고 건잡을 수 없는 기침이 환자들을 괴롭히면서 숨도 제대로 쉴 수 없었다. 대부분의 환자들은 움직일 수도 일어날 수도 없는 상태가 되어 갔고 결국 그해 겨울 동안 79명의 대원들 중 35명이 괴혈병으로 목숨을 잃었다. 그리고 생존자들 중 20여 명이 넘는 사람들은 거의 사망 직전까지 갔다가 가까스로 생명을 부지할 수 있었다. 나머지 건강한 사람들도 조금씩 통증과 호흡곤란을 겪어야 했다. 당시에는 이 병의 원인도 어떤 치료법도 알 수가 없었다.

기지의 의사들도 괴혈병으로부터 자유로울 수 없었다. 그러나 다행히도 의사들 중에는 중증 환자 단계에까지 이른 사람은 없었다. 의사들은 병을 치료하기 위해 노력했고 사망자가 발생하자 병의 원인을 찾기 위해 검시를 진행했다. 부검으로 망자들의 내부를 살펴보니 폐가 손상되어 있었으며 비장은 부어 있었다. 간은 흐물흐물거렸고 그 색깔도 변해 있었으며 대정맥은 검은 혈액으로 응고되어 있었다. 담낭은 감염되어 부패가 진행되고 있었다. 그러나 창자의 동맥은 전혀 손상되지 않은 상태였다. 검붉은 반점이 생긴 대퇴골을 절개하니 검은색의 응고된 혈액이 쏟아져 나왔다. 그러나 의사들은 그 원인을 밝혀 낼 수는 없었다. 20세기 들어와서 고고학자들이 당시 부검이 이루어졌던 망자들의 유해를 발견함으로써 샹플랭의 이 기록에 대한 정확성이 확인되었다. 그리고 2003년, 법의학 병리학자들이 크로이섬의 망자들의 유골을 조사했는데 이들은 1604년에 크로이섬에서 이루어진 프랑스 의사들의 해부술에 놀라움을 금치 못했다고 한다.

35명의 식민지 개척자들을 잃게 된 이유는 당연히 영양부족이었다. 1605년의 이 겨울, 세인트크로이섬의 음료는 스페인산 백포도주를 제외하고는 모두 꽁꽁 얼어붙었다. 갈라진 틈으로 들어오는 세찬 바람 때문에 바깥 온도보다 더 서늘해진 식품 저장소에 있던 음료들이 모두 꽁꽁 얼어붙었다. 섬에는 샘도 시냇물도 모두 얼어 버려 눈을 녹여 마셔야 했다. 그뿐만 아니라 육지로 나갈 수가 없어서 연료가 부족해 추위에 떠느라 충분한 잠을 잘 수 없는데다가 사냥도 할 수 없어서 염장 처리된 육류와 야채만으로 끼니를 때워야 했기 때문에 기운을 잃은 대원들은 곡물을 가는 맷돌조차도 제대로 쓸 수 없는 지경이었다.

1605년 4월 말이 지나도 프랑스로부터 보급선이 오지 않자 생존자들은 혹시나 보급선이 대서양을 건너는 동안 무슨 일이 일어난 것은 아닐까 걱정하기 시작했다. 5월 15일이 되자 몽스는 모두를 프랑스로 데려다 줄 수 있는 대구잡이 어선을 혹시 찾을 수 있을까 생각하여 6월 말쯤에 가스페 반도로 갈 수 있도록 15톤급과 7톤급의 배를 준비토록 지시했다. 그런데 6월 15일밤 11시, 프랑스로 돌아갔던 퐁그라브가 작은 범선을 타고 보급선이 오기만을 간절히 바라고 있던 세인트크로이섬의 대원들 앞에 나타났다. 그는 식량과 보급품을 실은 범선이 이 섬에서 약 30킬로미터 정도 떨어진 곳에 정박되어 있다고 말했다. 생존자들은 절체절명의 위기를 맞고 있는 자신들 앞에 나타난 퐁그라브를 열렬히 환영했다. 다음 날이 되자 퐁그라브가 말한 식량과 보급품을 실은 배 1척이 크로이섬에 도착했다. 보급품이 도착했다는 것은 또다시 새로운 정착지를 찾아 탐사를 이어 갈 수 있다는 이야기였다.

몽스와 샹플랭을 비롯한 프랑스인들이 개척기지를 세운 세인트크로이섬에는 몇 명 되지 않는 원주민들도 거주하고 있었다. 샹플랭은 그들의 삶을 관찰하고 기록으로 남겼다. 원주민들은 눈이 많이 내리는 깊은 겨울에는 엘크를 사냥했다. 그러나 눈이 많이 내리지 않으면 엘크를 사냥하기란 매우 어려웠다. 사냥을 할 수 없을 때는 조가비를 잡았다. 그들의 겨울옷은 두껍고 질이 좋은 비버와 엘크 가죽으로 만든 것이었다. 그들의 의복은 원주민 여인들이 만드는데 그 솜씨가 형편없어 겨드랑이 살이 드러날 정도였다. 눈이 많이 쌓인 겨울, 원주민들이 사냥을 나갈 때면 남녀노소 모두 발바닥에 자신들의 발보다 두 배는 큰 눈신을 신고 눈에 빠지는 일 없이 눈 위를 쏘다녔다. 그들은 동물의 발자국을 찾아다녔다. 발자국이 발견되면 그들은 동물이 발견될 때까지 포기하지 않았다. 동물이 포착되면 그들은 활을 쏘거나 짧은 막대기에 단도를 묶어 동물을 찔러 잡았는데 눈에 발이 빠져 잘 걸을 수 없는 동물들이 쉽게 잡혔다. 사냥이 성공하고 나면 여인들과 아이들이 다가와 그곳에 작은 움막을 지어 놓고 잔치를 벌였다. 그리고 또 사냥이 시작되고 이렇게 그들의 겨울은 지나갔다. 이듬해 3월이 되자 몇 명의 원주민들이 프랑스인들의 개척기지를 찾아와 자신들이 잡은 동물들을 선물로 주었다. 프랑스인들도 자신들이 가지고 있는 빵과 여러 물건들을 원주민들에게 주었다. 이것이 샹플랭이 관찰한 북아메리카의 작은 세인트크로이 섬에 거주하던 원주민들의 겨울 동안의 삶이었다.

　이후 샹플랭이 쓴 글에서는 1536년 퀘벡에서 겨울을 보내던 쟈크 카르티에의 일행들도 괴혈병에 노출되었지만 원주민들이 치료법을 알려 주었다고 언급되어 있다. 그리고 치료제는 원주민들의 언어로 '아네다(aneda)'로 불리는 상록수의 잎을 다린 즙이었다. 그러나 샹플랭은 이곳에서 괴혈병 치료법으로 알려진 아네다와 똑같은 이름을 지닌 아네다(Aneda)라는 원주민 추장과 그의 주민들을 만나기도 했지만 추장을 비롯한 그 누구도 그 치료법에 대해서는 전혀 아는 바가 없었고 그런 치료법이 존재하는지조차 모르고 있었다고 기록했다. 그리고 1602년 즈음 네덜란드에서 괴혈병 치료제가 발견되었다는 소문은 들은 바 있지만 그것이 무엇인지는 확인할 수 없었다고 답답한 마음을 적었다. 오늘날에는 신선한 야채나 육류를 섭취하면 아무 문제도 되지 않는다고 삼척동자도 알고 있는 괴혈병이 당시에는 샹플랭의 프랑스 탐사대뿐만 아니라 오랜 시간 항해해야 하는 대항해시대 선원들의 목숨을 빼앗는 원인을 알 수 없는 고질병이었다.

새로운 정착지를 찾아 남쪽으로

몽스는 최초로 시도한 세인트크로이섬의 식민지 건설을 실패로 결론짓고, 기후가 온화한 더 나은 정착지를 찾아 나서기로 결정했다. 6월 18일, 당초 북쪽의 가스페 반도를 탐사하면서 교역하려던 범선의 운항을 중단하고 대신 남쪽을 향해 탐사 항해를 시작했다. 범선에는 일부 귀족과 20명의 선원, 파누니아스라는 원주민과 그의 아내, 그리고 샹플랭이 함께 올랐다. 이 원주민 부부는 지금의 매사추세츠 지역에 거주하는 알무치쿠아 원주민들과 소통하는 데 필요한 사람들이었다. 남서쪽으로 대서양 해안선을 따라 항해를 시작한 이들은 샹플랭이 이름 지은 마운트데저트섬을 비롯한 아름다운 섬들을 지나치면서 항해를 계속했다. 그리고 7월 1일에 두 개의 섬이 나란히 있는 곳에서 서쪽(Pond Island)과 동쪽(Stage Island) 섬의 가운데로 진입했다. 300여 보 정도 앞에 약간의 풀만 자라고 있을 뿐 나무라고는 찾아볼 수 없는 두 개의 커다란 바위섬이 보이는 이곳은 오늘날 미국 메인주에 있는 케네벡강의 하구였다. 탐사대는 육지로부터 약간 떨어진 곳에서 닻을 내렸다. 마침 짙은 안개에 휩싸이는 날씨를 만난 탐사대는 며칠 동안 이 포구에서 머물렀다. 안개가 걷히고 탐사대는 이 강 상류 어딘가에 살고 있다는 원주민들을 만나기 위해 강물을 따라 항해를 시작했다. 어느 날에는 강 물속에 도사리고 있는 암초를 만나 배가 난파 위험에 처하기도 했다.

　강을 따라 거슬러 올라가던 탐사대는 2척의 카누를 타고 새 사냥을 하고 있는 원주민들을 만날 수 있었다. 몽스는 함께하고 있는 원주민 부부에게 이곳에 프랑스 탐사대가 온 이유를 그들에게 이해시켜 줄 것을 부탁했다. 통역사의 설명을 들은 그들은 기꺼이 탐사대를 자신들의 추장이 있는 곳으로 안내하겠다고 했다. 탐사대는 강을 따라 섬, 해협, 실개천, 그리고 아름다운 초원 지대를 지나 그들의 마을에 도착했다. 탐사대의 범선이 그들의 마을에 도착해 닻을 내리자 30여 명의 원주민들이 그들의 추장과 함께 카누를 타고 프랑스 탐사대의 범선으로 빠르게 다가왔다. 맨쏨머라는 이름의 추장은 프랑스인들을 만나게 되어 매우 반가우며 프랑스인들과 동맹을 맺길 희망하며, 프랑스인들의 중재를 매개로 자신들의 적과 평화를 이루기를 희망한다고 말했다.

　다음 날이 되자 맨쏨머 추장은 내륙의 퀴니베쿠이강에 거주하고 있는 마친과 싸시노라라는 두 추장이 프랑스 탐사대가 내륙으로 더 갈 수 있도록 도움을 주겠다는 말을 전했다. 몽스가 그들에게 케이크와 완두콩을 나누어 주자 그들은 매우 즐거워했다. 다음 날 탐사대는 원주민들의 안내를 받아 다시 항해를 시작했다. 안내를 맡은 원주민들은 섬을 지날 때마다 자신들의 동료 한 명씩을 섬에다 남겨 놓았으며 각 섬의 곶 가까이에 화살을 놓았다. 이렇게 하지 않으면 악마의 장난으로 자신들에게 불행이 닥친다고 말했다. 이곳의 원주민들은 이 밖에도 여러 다른 종류의 미신을 믿고 있었다.

　도중에 강폭이 좁아지고 물살이 거세지더니 폭포라고 할 수는 없지만 제법 경사가 있어서 강물이 폭포와 같이 흐르는 급류 지역을 지나야 했다. 탐사대는 굵은 밧줄을 강가에 있는 나무와 범선에 묶고 다함께 밧줄을 잡아당겨 그곳을 통과해야 했다. 원주민 길잡이들은 노를 젓는 대신 자신들의 카누를 어깨에 둘러메고 육지로 이동해 이곳을 통과했다. 샹플랭은 위험한 이곳을 무사히 통과했다는 사실이 탐사대원들에게 큰 만족감을 주었다고 기록했다. 급류 지역을 벗어난 탐사대는 다시금 여러 섬과 강을 지나 두 원주민 추장을 만나기로 한 장소에 도착했다. 그러나 탐사대가 하루 종일 그들을 기다렸지만 두 추장은 나타나지 않았다.

이즈음 기록에서 한 가지 눈에 띄는 것은 몽스와 샹플랭이 원주민들과의 만남에서 보이는 다른 모습이었다. 샹플랭은 원주민들에게 다가가는 것을 전혀 두려워하거나 어색해 하지 않았다. 그는 배에서 내려 원주민들에게 가까이 다가가 대화를 했다. 그러면서도 그는 만일의 위험한 사태를 대비해 차분히 준비하는 신중한 사람이었다. 반면 몽스는 원주민들에게 먹을 것을 나누어 주는 등 우호적인 태도를 보이기는 했어도 완전히 마음을 열지는 못하는 모습이었다. 맨쏨머머 추장과 그의 부락 원주민들을 만났을 때도 그는 배에서 내리지 않았다. 그리고 추장으로부터 이방인을 환영한다는 의미의 '타바지' 의식에도 초대 받지 못했다. 마친과 싸시노라는 추장이 이날 몽스에게 나타나지 않은 것은 어떤 의미였을까? 원주민들은 말은 서로 통하지 않지만 혹시, 마음을 열지 못하는 몽스의 태도를 본능적으로 알아차린 것은 아닐까?

두 추장이 오지 않자 몽스와 그의 탐사대는 강 하구로 돌아와 돛을 올리고 다시 항해를 시작했다. 얼마 후 탐사대는 항해를 잠시 멈추고 신선식품 확보를 위해 물고기 잡이를 했는데 연안에는 다양하고 풍부한 어족자원이 있어서 물고기를 많이 잡을 수 있었다. 프랑스 탐사대가 물고기를 잡는 동안 길잡이로 따라온 맨쏨머머의 두 원주민은 사냥을 하겠다고 숲속으로 들어가서는 그대로 사라져 다시 나타나지 않았다.

7월 8일, 탐사대는 오늘날 미국 포틀랜드의 캐스코 만 부근을 지났다. 다음 날 계속해서 해안선을 따라 남쪽으로 항해하던 탐사대는 한 섬에서 연기가 피어오르는 것을 볼 수 있었다. 탐사대가 연기가 피어오르는 섬으로 다가 가자 원주민들이 해안가를 따라 줄지어 나와서 이방인 배를 바라보며 춤과 노래로 자신들의 즐거운 마음을 표현하고 있었다. 몽스는 두 명의 부하에게 두 원주민 통역사를 데리고 가 그들을 만나 보도록 했다. 얼마 후 돌아온 부하들은 원주민들이 탐사대를 환영한다고 전했다. 이에 선원 한 명만을 배에 남겨 두고 몽스와 탐사대는 자신들을 환영하는 뭍으로 갔고 원주민들은 인질 한 명을 몽스의 범선으로 보내왔다. 섬에 머무는 동안 몽스와 샹플랭은 섬의 이곳저곳을 둘러보았다. 떡갈나무와 호두, 그리고 개암나무가 울창하게 자라는 아름다운 섬이었다. 땅은 말끔히 개간되어 정리되어 있었고 여러 개의 포도밭에서는 싱싱하고 탐스러운 포도가 자라고 있었다. 몽스와 샹플랭은 이 섬의 이름을 바쿠스섬(Bacchus Island, 오늘날의 Richmond Island)이라고 이름 지었다.

밀물이 들어오자 몽스와 샹플랭은 닻을 올리고 섬 부근의 작은 강을 탐사하기 시작했으나 얼마 가지 못해 강의 수면이 낮아 항해를 멈추어야 했다. 하는 수 없이 닻을 내리자 많은 원주민들이 강가로 몰려들더니 춤을 추기 시작했다. 두 시간쯤 후에 이 마을의 추장 호네메친이 다가오더니 프랑스 탐사대의 배를 샅샅이 둘러보았다. 탐사대의 원주민 통역사는 알마치쿠아라는 이 지역의 말을 거의 알아듣지 못하고 있었다. 서로 말은 안 통했지만 이 지역의 원주민들은 자신들의 기쁜 마음을 얼굴 표정과 제스처로 표현해 주었다. 추장은 젊고 민첩했으며 건장한 신체를 지니고 있었다. 몽스는 원주민들에게 많은 물건들을 보내 교환하려고 했으나 그들이 지닌 것이라고는 몸에 걸치는 동물 가죽밖에 없었다. 몽스가 그들에게 먹을 것을 보내자 추장은 매우 고마워했다. 추장을 비롯한 여러 원주민들은 자주 배에 있는 탐사대를 찾아왔다. 그들은 정수리까지 머리를 밀었으며 옆과 뒤로 남은 머리는 말끔히 빗질을 하여 새 깃털로 장식을 하는 등 다양하게 땋았다. 그들은 얼굴을 빨강색과 검은색으로 칠했으며 몸은 민첩하고 건장했다. 그들은 단창, 막대기, 활과 화살을 무기로 썼고, 무기의 끝에는 시그녹이라 불리는 물고기의 꼬리나 다른 동물의 뼈가 부착되어 있었다. 완전히 나무로만 만들어진 화살촉도 있었다. 그들은 땅을 개간하여 농작물을 경작했는데 땅을 갈아엎는 영농법을 쓰고 있었고 쟁기 역할을 하는 그들의 농기구는 삽 모양의 단단한 원목으로 만들어진 기구였다. 독특한 방식으로 농기구를 써서 경운 영농을 하는 원주민은 이들이 처음이었다.

다음 날 몽스와 샹플랭은 강변 원주민 마을의 농작물 경작지를 구경하기 위해 상륙했다. 그곳에는 옥수수 밭이 있었다. 서너 개씩의 옥수수가 90센티미터 정도의 간격으로 줄지어 심어져 있었고 그 위에 떡갈나무 열매 껍질이 덮여 있었다. 그리고 울타리 콩을 옥수수 사이사이에 심었는데 그것들이 건장한 남자의 키만큼 자라는 옥수수 대를 휘감고 있었다. 샹플랭이 묘사한 북아메리카 원주민들의 울타리콩 키우는 이 방법은 신기하게도 21세기 한반도의 시골마을에서도 흔히 볼 수 있는 방식이다. 이렇게 울타리 콩을 키우는 것은 옥수수에 피해를 주지 않으면서 콩 넝쿨을 위한 별도의 덕이 필요 없고 결실도 매우 좋은 효율적인 재배 방법인 것이다.

원주민들은 담배와 다양한 모양의 호박들도 키웠고 경작지는 잡초가 말끔히 제거되어 있었다. 주변 숲에는 개암나무, 포도 덩굴이 왕성하게 자라고 있었고 주변 강에는 많은 물고기들이 노닐고 있었다. 샹플랭은 세인트크로이섬을 비롯한 다른 곳들보다 이곳의 기후가 더 따뜻하다고 판단했고 위도가 낮지 않음에도 불구하고 이곳의 기후가 온화하다는 것에 많이 놀랐다.

　이곳의 원주민들은 정주형의 터전을 이루고 살고 있었다. 적의 공격에 대비하기 위해 키가 크고 튼튼한 나무들을 잘라 나란히 세운 방책을 두르고 그 안에는 제법 큰 오두막집이 세워져 있었다. 오두막집의 지붕은 떡갈나무 껍질로 덮었는데 샹플랭은 그들의 주택을 보는 것만으로도 쾌적한 느낌이 들었다고 기록했다.

　탐사대는 풍요로운 원주민 마을을 뒤로 하고 항해를 계속하면서 많은 섬과 포구, 강, 해안들을 탐색해 나갔다. 그러던 중 다른 곳보다 육지가 바다로 많이 툭 튀어 나온 곳에 도착했다. 나무라고는 전혀 보이지 않는 곳이었다. 그들은 이곳의 이름을 '케이프 아일랜드(Island Cape, 현 Cape Ann)'라 지었다.

　이때 탐사대는 5~6명의 원주민을 태운 카누 1척이 탐사대의 범선을 향해 가까이 다가 오다 말고 뒤돌아 해안가로 가 춤을 추기 시작하는 모습을 볼 수 있었다. 몽스는 샹플랭에게 뭍으로 가서 그들을 관찰하라고 지시했다. 샹플랭은 그들에게 선물로 줄 칼과 비스킷을 가지고 상륙했다. 이곳에서도 몽스는 배에 머물며 원주민과의 접촉을 위한 하선을 하지 않았음을 알 수 있다. 몽스가 보낸 선물을 받아 든 원주민들은 처음보다 더 신명나게 춤을 추기 시작했다. 그들의 춤이 끝나자 샹플랭은 원주민들에게 해안을 안내해 줄 것을 부탁하는 말을 그들이 이해할 수 있도록 최선을 다해 전했다. 어느 때부터인가 원주민 통역사들이 샹플랭의 기록에 나오지 않는 것으로 보아 이 무렵 그들은 프랑스 탐사대를 떠난 것으로 보인다. 샹플랭이 그곳의 포구와 섬을 크레용으로 그리자 원주민들이 샹플랭의 그림에 이어서 자신들이 알고 있는 해안선과 내포의 윤곽을 그렸다. 그렇게 소통이 되어서 원주민들의 안내를 받을 수 있었다. 그들의 안내를 따라 이동하면서 샹플랭은 완두콩 크기보다 조금 더 큰 포도가 열린 포도 덩굴과 총알 크기보다 작은 열매가 열리는 나무들이 지천에 깔려 있는 것을 볼 수 있었다. 이 지역에 살고 있는 원주민들은 모두 땅을 개간해서 씨앗을 뿌려 농사를 짓고 있다는 것도 알게 되었다.

다시 배를 출발시켜 3킬로미터쯤 항해하고 있을 때 바위로 이루어진 육지 끝(현 Emerson Point)에서 춤을 추다가 샹플랭의 배를 보자마자 곧장 해안가를 따라 뛰어가 부락민들에게 이방인들의 존재가 다가옴을 알리는 몇 명의 원주민들을 볼 수 있었다. 육지의 원주민들은 자신들의 거처가 있는 곳을 손으로 가리키며 자신들의 마을이 이방인들에게 잘 보일 수 있도록 연기를 피웠다. 샹플랭은 작은 섬(현 Thatcher's Island) 가까이에서 닻을 내리고 원주민들에게 줄 칼과 케이크를 보트에 싣고 육지로 향했다. 샹플랭은 많은 원주민들이 거주하는 것으로 보아 이곳이 다른 지역보다 생활하기에 좋은 곳이라고 판단했다. 이 지역의 원주민들도 지금의 캐나다의 원주민들과 같이 자작나무 껍질을 이용하여 카누를 만들고 있었다. 샹플랭은 카누를 만들고 있는 원주민들의 모습을 관찰하기 위해 이곳에서 두어 시간을 보냈다.

배로 귀환한 샹플랭은 남서쪽을 향하여 다시 항해를 시작했다. 약 40킬로미터쯤 항해하고 있을 때 어디에선가 많은 연기가 피어오르는 해안가를 발견한 탐사대는 그 섬 가까이에서 닻을 내렸다. 많은 원주민들이 탐사대를 보기 위하여 해안가로 뛰어 나왔다. 몽스가 선원들을 시켜 원주민들에게 칼과 묵주를 선물로 보내자 그들은 감사의 마음을 표현하듯 몇 번이고 춤을 추었다. 이들의 언어를 이해할 수 없어 이곳의 추장의 이름을 끝내 알 수 없었다. 이곳에는 엄청난 규모의 땅이 개간되어 있었으며 그 땅에는 옥수수가 심어져 있었다. 숲에는 울창한 나무가 자라고 있었다. 샹플랭은 또한 다른 곳에서는 볼 수 없었던 이곳 원주민들의 카누 만드는 방법을 관찰했다. 그들은 키가 크고 굵은 나무를 돌도끼를 이용하여 자른 다음 통나무 자체로 배를 만들었다. 먼저 나무껍질을 모두 제거한 후 삼면을 둥글게 만든다. 다음은 평평한 한 면에 불을 놓고 불이 거세지면 나무의 가장자리에 물을 부어가며 나무 전체가 타지 않도록 나무속을 불에 태운다. 마지막으로 나무줄기 속이 어느 정도 검게 타면 돌을 이용하여 숯이 된 부분을 긁어내어 사람이 탈 수 있는 공간을 만든다. 이렇게 만든 것이 덕아웃 카누(Dugout Canoe)이다. 4명에서 6명을 태울 수 있고 3~4톤가량의 물건을 실을 수 있는 이 덕아웃 카누는 이곳의 원주민들이 강이나 호수를 이동할 때 쓰는 교통수단이었다.

7월 17일, 프랑스 탐사대가 숲이 울창한 현재의 보스턴 만을 지나 계속 항해를 하고 있을 때 주변의 섬과 육지로부터 카누를 타고 다가오는 여러 명의 원주민들을 만났다. 탐사대는 곶에서 5~6킬로미터 떨어진 곳에서 닻을 내렸다. 그리고 그곳의 이름을 세인트 루이(St. Louis, 현 Brant Point)라 지었다. 여러 곳에서 연기가 피어오르고 있었다. 연기가 피어오르는 곳으로 가던 중 범선이 바위에 부딪치면서 좌초 위기를 겪기도 했지만 무사히 위험 지역을 벗어나 육지 가까이에 배를 정박시켰다. 탐사대의 배 주변으로 원주민들이 탄 15척 정도의 카누가 다가와 환영해 주었다. 원주민들은 무어라 열심히 탐사대에게 말을 걸었지만 프랑스인들은 그들의 말을 전혀 이해할 수 없었다. 몽스는 몇 명의 선원을 뭍으로 보내어 물을 구해 오고, 오나베싸라는 이름의 추장을 만날 수 있는지 알아보도록 했다. 몽스는 선원들에게 칼과 여러 잡다한 생활용품을 들려 보냈다. 잠시 후 그곳의 추장 오나베싸와 마을의 원주민들이 선원들에게 들려 보낸 물건들을 들고 탐사대를 찾아왔다. 탐사대는 그들을 정중하게 안내하며 환영했다. 그들은 프랑스인들과 한동안 시간을 보낸 후 그들의 마을로 돌아갔다. 몽스의 심부름을 갔던 선원들이 주먹 크기의 호박을 가지고 돌아왔다. 탐사대가 원주민들이 보낸 호박으로 오이처럼 샐러드를 만들어 먹어 보니 맛이 아주 좋았다. 그들은 또한 옥수수 밭에 다량으로 자라고 있는 쇠비름도 가지고 왔다. 이곳의 원주민 마을에는 여러 채의 작은 집들이 있었고 저마다 옥수수를 키우는 농장으로 흩어져 자리 잡고 있었는데 이들의 마을 형태는 유럽인들이 주로 살고 있는 오늘날 북아메리카 농촌 모습과 비슷했다. 즉, 한국의 마을 형태는 한곳에 옹기종기 집을 짓고 이웃하여 살지만 북아메리카 농촌 마을의 이웃 간의 거리는 한국과 달리 꽤 멀리 떨어져 있다. 그 이유는 예전이나 지금이나 각자의 농장에 제각각 집을 짓고 살고 있기 때문이다.

다음 날 세인트 루이를 떠난 탐사대는 모래로 이루어진 해안선을 따라 12킬로미터 정도 항해하고 있었다. 해안가를 따라 작은 오두막집들과 농사를 짓는 밭들이 무수히 많았다. 탐사대는 역풍이 불어오자 작은 내포로 들어가 항해하기 좋은 바람으로 바뀔 때까지 잠시 항해를 멈추기로 했다. 이때 낚시를 하고 있던 2~3척의 카누가 범선으로 다가왔다. 그들의 카누에는 많은 대구와 여러 종류의 물고기들이 잡혀 있었다. 이 대목에서도 샹플랭은 자신이 관찰한 부분을 어김없이 기록으로 남겼다. 원주민들은 창 모양의 뼈가 단단히 동여매져 있는 나뭇조각으로 만든 낚싯바늘로 물고기를 잡았다. 낚싯줄로 사용되는 것은 나무껍질이었다. 한 원주민이 샹플랭에게 낚싯바늘을 선물로 주었는데 샹플랭은 그것을 호기심 어린 눈으로 살펴보았다. 낚싯바늘에 뼈를 단단히 부착시키고 있는 낚싯줄은 프랑스에서 본 것과 똑같은 대마 줄기였다. 원주민들 말에 따르면 이곳에서는 1.5미터까지 잘 자라는 대마는 일부러 농사지을 필요 없이 흔하다고 했다. 낚시를 마친 원주민들이 돌아가고 얼마 후 해안가의 원주민 마을에서는 연기가 피어오르고 있었다. 그리고 20명 정도의 원주민들이 해안가로 나와 춤을 추기 시작했다. 탐사대 몇 명이 뭍으로 가 원주민들에게 생활용품들을 선물로 주자 그들은 너무나 좋아했다.

다시 항해를 시작한 탐사대는 1620년 메이플라워호를 타고 영국의 청교도인들이 도착해 미국을 세우게 되는 지금의 플리머스 만을 지나, 7월 19일에는 케이프 코드(Cape Cod)의 웰플릿 만을, 그리고 7월 20일에는 지금의 너셋 만에 도착했다. 탐사대가 이곳에 도착했을 때도 다른 곳에서 만난 원주민들과 마찬가지로 많은 원주민 여성과 남성들이 프랑스 탐사대에게로 다가와 흥겹게 춤을 추었다. 다음 날인 7월 21일, 몽스는 직접 상륙해서 그곳의 마을을 둘러보겠다고 했다. 그는 무장한 10여 명의 선원들을 데리고 상륙했고 샹플랭도 몽스와 함께 갔다. 원주민 마을로 가는 길에는 잘 자란 옥수수가 꽃을 피우고 있었고 다양한 크기의 호박과 울타리콩 그리고 담배가 잘 자라고 있는 것을 볼 수 있었다. 숲에는 떡갈나무와 개암나무, 호두나무, 그리고 매우 아름답고 향이 좋은 사이프러스 나무가 주를 이루고 있었다. 평지에는 개간되지 않은 땅도 많이 보였다. 농사를 지을 땅은 불을 놓아 개간하고 나무로 만든 삽 모양의 농기구를 이용하여 땅을 일구었다. 그들의 주거 형태는 둥글고 지붕은 갈대를 묶어 이어져 있었다. 지붕위에는 연기가 나갈 수 있도록 40센티미터 정도 뚫린 구멍을 만들어 놓기도 한 것을 볼 수 있었다. 샹플랭은 주민들이 오랫동안 이 집에 살아 왔는지, 기후는 어떤지 겨울에는 눈이 많이 오는지 등 많은 것을 물어보았다. 원주민들은 제스처로 열심히 무언가를 설명하려 했지만 샹플랭은 대부분 이해할 수 없어서 답답했다.

첫 사망자가 발생한
원주민들과의 충돌

7월 23일, 네다섯 명의 선원들이 물을 길어 오기 위해 범선이 정박된 곳에서 그리 멀지 않은 곳에 있는 샘으로 나갔다. 이때 몇 명의 원주민들이 프랑스 선원들이 들고 있는 물통을 빼앗기 위해 기회를 노리고 있다가 샘물로 가까이 다가가는 한 선원의 물통을 낚아채 도망가기 시작했다. 함께 물을 길러 갔던 다른 선원이 그의 뒤를 쫓아갔으나 뛰는 속도가 너무나 빨라 따라잡을 수가 없어 포기하고 말았다. 선원 한 명은 프랑스 탐사대를 향하여 달려오며 총을 쏘라고 외치자 한쪽에서 이 모든 상황을 지켜보고 있던 많은 원주민 무리가 모두 달아나기 시작했다. 동시에 탐사대원 몇 명이 물속으로 뛰어들어 그들을 뒤쫓았지만 한 명밖에 잡을 수 없었다. 이때 도망쳤던 원주민 한 명이 프랑스인들이 헤엄을 치며 육지로 다가가는 것을 보자 물통을 빼앗겼던 선원을 향해 화살을 쏘았다. 등에 몇 발의 화살이 꽂힌 선원은 물에서 나와 쓰러지고 말았다. 이 장면을 본 원주민들은 모두 쓰러진 프랑스 선원에게로 달려들어 칼로 찔러댔다. 프랑스 탐사대는 칼로 동료를 찌르고 있는 원주민들을 향해 총을 쏘았다. 샹플랭은 총을 발사하다가 총열이 파열하며 폭발하는 바람에 목숨을 잃을 뻔했다. 총소리가 들리고 프랑스인들이 육지에 도착해 그들을 향해 접근해오는 것을 알게 된 원주민들은 아까보다 두 배는 빠른 속도로 달려 숲으로 도망쳐 버렸다. 원주민들의 뛰는 속도가 얼마나 빨랐는지 샹플랭은 "말처럼 빠르게 뛰는 원주민들을 프랑스인들은 잡을 도리가 없었다."고 서술했다. 탐사대는 목숨을 잃은 동료의 시신을 챙겨 묻어 주었다. 생말로 출신의 목수였던 이 선원은 뉴잉글랜드 땅에 첫 번째로 묻힌 백인으로 기록되었다.

한편 프랑스 탐사대는 붙잡힌 원주민 한 명을 도망 갈 수 없도록 손과 발을 묶어서 배에 태웠다. 그러나 몽스는 그가 이 사건에 개입하지 않았을 뿐만 아니라 사고 순간에는 탐사대의 배에 있었던 사람이라는 것을 알았기에 그를 풀어 주었다. 몇 시간이 지나자 몇 명의 원주민이 프랑스 범선을 찾아와 자신들은 이 사건과 무관하며 이 악의적인 행동을 한 사람들은 저 멀리 내륙에 살고 있는 다른 원주민들이라고 열심히 손짓발짓을 해 가며 해명했다. 몽스와 샹플랭 일행은 어처구니없는 사고로 대원을 잃은 슬픔과 분노의 감정을 원주민 모두를 향해 표출하지 않았다. 몽스와 샹플랭은 생사고락을 함께하는 동족, 동료의 살인사건을 당해서도 격분하지 않고 잘못된 원주민 한 사람의 욕심으로 일어난 우발적인 일이라고 이해할 줄 아는 이성적이고 현명한 사람들이었다.

5주 이상의 탐사를 이어 온 몽스의 탐사대는 식량이 바닥을 드러내고 있는데다가 짙은 안개와 거친 풍랑이 교대로 거듭되고 있어서 더 이상 남쪽으로의 탐사가 힘들어졌다. 폭풍이 멎을 때를 기다려 오던 길로 되돌아가기로 결정했다. 지금까지 정착지로 마음에 드는 곳을 찾지 못한 몽스는 우선 세인트크로이섬으로 돌아가서 그곳 부근에서 더 나은 정착지를 찾기로 결정했다.

1605년 7월 25일, 날씨가 좋아지자 프랑스 탐사대의 항해는 다시 시작되었다. 너셋 항구를 출발한 그들은 계속 북동쪽으로 항해하여 카프 블랑(Cap Blanc), 아일랜드 케이프(Island Cape), 그리고 이어서 현 사코 만에 도착해 지난번 퀴니베큐이 호수에서 만나려 했던 마친 추장을 만날 수 있었다. 주민들로부터 용맹하다는 평을 받고 있는 마친 추장을 만나본 샹플랭은 그가 훌륭한 용모를 지니고 있었으며 몸동작 하나하나가 모두 위엄이 있어 보였다고 기록했다. 몽스가 많은 선물을 주자 흡

4장 식민지의 태동

족해진 마친 추장은 보답으로 다른 원주민과의 전쟁에서 포로로 잡은 소년을 몽스에게 선물로 주었다. 마친 추장과의 우호적인 만남을 뒤로 하고 탐사대는 다시 항해를 시작했다. 80킬로미터 이상을 항해하여 탐사대는 퀴니베큐이에 도착해서 지난 번 만나고자 했던 싸시누라는 추장을 다시 만나려고 시도했다. 그러나 연락을 취하고 며칠 동안 그를 기다렸지만 그는 나타나지 않았다. 기다리는 동안 아나쑤라는 다른 추장이 탐사대로 다가왔는데 그와는 의사소통을 할 수가 있었다. 탐사대와 약간의 모피를 교환하고 동맹을 맺은 후 아나쑤 추장은 다른 백인들의 만행을 이야기했다.

이 항구에서 50~60킬로미터 떨어진 라네프섬(현 Monhegan Island)에서 고기잡이를 하고 있던 선원들이 친구인 척하며 다가와서는 다섯 명의 원주민들을 잡아서 그들의 배로 데려가서 죽였다는 것이었다. 몽스와 샹플랭은 원주민들의 설명을 들으며 그들이 영국인일 것이라고 판단했다. 그런데 사실 아나쑤 추장이 들려준 다섯 명의 원주민들은 배에 태워진 것은 맞지만 살해되지는 않았다. 그 배의 선장은 조지 웨이머스라는 영국인 선장이었는데 그는 다섯 명의 원주민을 영국으로 데리고 가서 그들로부터 북아메리카에 대한 많은 정보를 얻었다고 전해지고 있다.

싸시누 추장이 오지 않을 것으로 판단한 탐사대는 다시 항해를 시작하여 8월 2일에는 세인트크로이섬이 있는 강어귀에 당도했다. 탐사대가 세인트크로이섬에 도착해 보니 생말로로부터 몽스의 탐사대가 겨울 동안 일용할 식량과 여러 보급품을 실은 배 1척이 도착해 있었다.

두 번째 식민 정착지: 포트 로얄

몽스는 세인트크로이섬과는 다른 좀 더 온화한 정착지를 찾기로 하고 탐사대에게 이 섬에 지었던 모든 건물의 자재들을 해체해 두 범선에 옮겨 실으라 지시했다. 그가 다음 정착지로 생각한 곳은 이 섬에서 140킬로미터 정도 떨어진 현 노바스코샤주, 애나폴리스 로얄(Annapolis Royal)의 포트 로얄이었다. 샹플랭은 퐁그라브와 한 배에 올라 펀디 만을 건너 포트 로얄에 도착했다. 포트 로얄에 도착한 몽스와 샹플랭은 요새와 주거지를 세울 적당한 자리를 찾기 시작했다.

요새와 주거지로 적당한 자리가 결정되자 탐사대원들은 울창한 나무들이 빼곡하게 들어서 있는 숲을 정리하여 터를 만들고 그 위에 부지런히 쉬지 않고 건물을 지었다. 그리고 각자 자신들의 거처를 짓기 시작했다. 주요 건물들이 어느 정도 마무리되어 가던 어느 날, 몽스는 갑자기 프랑스로 돌아가기로 결정했다. 북아메리카에 뉴프랑스 식민지를 건설할 목적으로 왕으로부터 모피 교역 독점권을 받은 몽스의 회사를 처음부터 인정하려 들지 않던 바스크인 상인들과 브레튼 지방의 상인들이 문제를 일으켜 몽스의 회사가 재정적 궁핍에 놓여 있다는 보고를 받았기 때문이었다. 몽스는 프랑스로 떠나기 전 앙리 4세와 훗날 루이 13세가 되는 왕자에게 보여 주기 위해 엘크, 비버, 너구리 등 살아 있는 여러 종의 동물과 원주민들의 카누를 준비했다. 그리고 프랑스에 도착한 몽스는 세느강에서 왕을 비롯한 군중들이 지켜보는 가운데 카누 타는 시범을 보이게 된다.

포트 로얄을 퐁그라브에게 맡기고 몽스가 프랑스로 떠난 후 포트 로얄에 남은 40여 명의 대원들은 밭을 일구기 시작했다. 더 많은 탐사를

샹플랭이 그린 포트 로얄 요새(상)
복원된 현재의 모습(하)

위해 프랑스로 돌아가지 않은 샹플랭도 자신의 밭을 일구었다. 밭가에는 도랑을 파 물을 가득 채웠다. 그리고 그곳에 송어를 잡아다 풀어 놓았다. 또한 바다와 연결된 방수로를 만들어 물을 뺄 수 있도록 했다. 이곳은 초지로 둘러싸여 있었다. 샹플랭은 시원한 바람을 맞으며 쉴 수 있는 휴식 공간을 지었다. 휴식 시간이 되면 탐사대원들도 그곳으로 몰려와 시간을 보내곤 했다. 그리고 그 주변에 조그만 연못을 만들어 바닷물고기를 잡아다 놓고 기르면서 원할 때는 언제고 잡아서 요리할 수 있도록 했다. 밭에 뿌린 씨앗은 발아하여 잘 자랐고 샹플랭이 만든 휴식처에는 많은 새들이 날아들어 지저귀며 샹플랭의 귀를 즐겁게 했다.

포트 로얄에는 길이 18미터, 폭 15미터로 둘레 약 66미터 정도 규모의 요새가 완성되었다. 동쪽에는 2미터 정도 깊이로 땅을 파고 만든 식품 저장소가 있었고, 북쪽에는 잘 지어진 봉스의 거처가 자리했다. 요새의 뒷마당 쪽으로는 노동자들이 거처할 공간을 준비했다. 서쪽 코너에는 4대의 대포를 설치할 수 있는 플랫폼을 만들고 반대편 동쪽 코너에는 플랫폼 형태의 통나무들을 이용한 탄탄한 방책을 세웠다.

요새가 완공되자 샹플랭은 앙리 4세가 지시한 순동을 찾기 위해 기지 주변의 근거리 항해 탐사를 시작했다. 그러나 펀디 만을 건너 원주민의 안내를 받으면서 세인트존강 주변을 샅샅이 살펴보았지만 미량이 함유된 곳만 있었을 뿐 어디에도 순동은 없었다. 그런데 순동을 찾는 탐사를 마친 뒤 샹플랭이 포트 로얄의 요새로 돌아와 보니 또다시 괴혈병을 앓는 대원들이 생겨나 있었다. 이번에는 세인트크로이섬에서처럼 심각한 상황은 아니었지만 겨우내 적지 않은 대원들이 또다시 괴혈병으로 사망했다. 봄이 올 때까지 45명의 대원들 중 12명이 사망하고 5명이 병을 앓고 있었다. 옹플뢰르(Honfleur) 출신의 유능한 의사인 디샹이 사망 원인을 알아내기 위하여 사망한 이들을 부검하여 살펴보자 그들의 상태가 세인트크로이섬에서와 같았다. 그러나 이번에도 역시 원인과 치료법을 알아낼 수 없었다.

1605년 12월 중순이 지나자 눈이 내리기 시작했고 요새 앞 강물에는 얼음이 물살을 따라 이동하고 있었다. 그러나 다행히도 이곳의 겨울은 세인트크로이섬보다 온화했으며 눈도 많이 내리지 않았고 기간도 짧았다. 그런데 해가 바뀐 다음해 2월 20일, 거목을 쓰러트리는 세찬 바람이 불어서 나무들이 뿌리를 드러내며 쓰러지는 기상 현상이 있었다. 샹플랭은 이날 강풍으로 벌어진 일에 대해 "놀라운 광경이었다."라고 기록했다. 그러나 세인트크로이섬에서 불과 140킬로미터 정도 떨어진 이곳은 날씨가 비교적 온화했고 눈 대신 비가 자주 내리는 곳이었다.

1606년 봄이 되자 퐁그라브의 지휘 아래 두 번에 걸친 탐사를 실시했다. 탐사대를 꾸려서 3월과 4월, 두 번 출항했는데 두 번 다 펀디 만에서 생각지 않게 흐르는 강한 조수와 거친 파도를 만나 배가 부서지면서 모두 탐사에 실패했다. 3월에 떠난 항해에서는 그나마 배의 손상이 크지 않았지만 4월에 두 번째 떠난 항해에서는 배가 난파되면서 절체절명의 위기에 처하기도 했다. 세인트크로이강 어귀에서 큰 파도와 조수에 밀리면서 빠른 속도로 물살에 휩쓸리던 배가 암초에 부딪히면서 키가 손상되었고 통제력을 잃고 여기저기 부서지면서 해안으로 밀렸다. 조수와 함께 밀려드는 성난 파도에 선원들은 공포에 휩싸여 어서 빨리 배가 해안에 닿기만을 기다렸다. 모두가 바닷물 속으로 빠져 목숨을 잃을 것 같았을 때 다행히 물때가 바뀌었고 조수가 밀려가면서 해수면이 낮아졌다. 선원들은 풍랑 속에서 해안가에 가까스로 도착해 배에 실려 있는 식량과 물품들을 일부 구할 수 있었다. 이때 프랑스인들을 도와준 것은 이 주변에 거주하는 세콘돈 추장과 그의 주민들이었다. 그들은 프랑스인들의 배가 풍랑에 휩쓸리는 것을 보자 곧바로 카누를 타고 거친 바다로 나와서 프랑스인들을 도왔던 것이다. 배를 잃어서 이제는 자력으로 프랑스로 돌아갈 수조차 없게 되었지만 모두 살아 있다는 사실만으로도 감사하면서 원주민들의 카누에 몸을 싣고 포트 로얄의 요새로 돌아왔다. 그리고 함께 포트 로얄로 온 원주민들은 한동안 프랑스인들과 함께 지내면서 친분을 쌓았고 다양한 교류를 하게 된다.

배 1척을 잃었다는 사실에 프랑스 탐사대의 상실감은 이만저만이 아니었다. 스페인 제국이 중앙아메리카에서 국부를 쌓은 것처럼 북아메리카에서 성과를 거두기 위한 탐사 항해와 영구 정착지를 찾아서 식민지를 건설하라는 프랑스 왕으로부터 받은 임무를 더 이상 수행할 수 없었기 때문이었다. 사실 배 1척을 조립할 수 있는 재료는 있었지만 그것을 완성시키려면 많은 시간과 노력을 필요로 했다. 게다가 기다리는 프랑스로부터 오기로 되어 있는 보급품을 실은 배는 오지 않고 있었나. 사고 직후, 판단 착오로 무모한 출항을 시도해서 사고를 유발한 책임을 물어 샹프도어 선장을 구속했었다. 그러나 일이 우선이라고 판단한 퐁그라브는 선장의 수갑을 풀어주고 하루빨리 배를 완성하라고 지시했다. 샹프도어 선장은 숙련된 기술과 성실함으로 신속하게 선박을 조립했고 배를 한 달 만에 완성해서 자신의 실수를 만회했다.

7월 중순이 되어도 프랑스로부터 아무 소식도 없자 퐁그라브는 어업활동이나 모피 교역을 하는 배가 간혹 유럽을 오가는 동북방의 카파 브레튼이나 칸소로 가서 그곳에서 프랑스로 갈 방법을 찾기로 결정했다. 대원 두 명은 남아서 포트 로얄의 요새를 돌보기로 했는데 퐁그라브는 그들에게 각각 50크라운을 지불하면서 일 년 후 다시 돌아와 50크라운을 더 주겠다고 약속했다. 퐁그라브는 그동안 친숙해진 원주민들에게도 이 두 사람을 잘 지켜 줄 것을 부탁했고 그들은 자신들의 자녀처럼 잘 돌보아 주겠다고 약속했다.

    7월 17일, 기지에 남게 된 두 사람을 제외한 탐사대는 18톤과 17톤급의 2척의 선박에 나누어 승선하고 항해를 시작했다. 그런데 롱아일랜드 해안을 따라 항해하던 중 산채 높이의 파도가 그들을 덮쳤다. 사나운 비바람은 배를 바닷물 속으로 삼켜 버릴 듯했다. 샹플랭이 이제 더 이상 땅을 밟지 못하고 세상에서 사라질 것 같다는 생각을 하고 있을 때 다시 구속되어 수갑을 차고 있던 샹프도어 선장이 허락한다면 자신이 배를 조종해 보겠다고 말했다. 퐁그라브는 그의 제안을 받아들였고 채워져 있던 수갑이 다시 풀렸다. 자신의 두 손을 묶고 있던 수갑이 풀리자마자 샹프도어 선장은 신속하고 숙련된 솜씨로 밧줄을 잘라 조타키에 단단히 묶고 키를 잡아 돌려 거친 바람과 파도를 타면서 원하는 방향으로 순조롭게 배의 방향을 잡기 시작했다. 이로써 샹프도어는 자신의 실수를 다시 한 번 만회하게 되었다. 폭풍 속을 무사히 지나자 모두 퐁그라브에게 선장의 죄를 이제 사면해 달라고 간청하니 퐁그라브는 마지못해 모든 이들의 간청에 동의해 주었다.

    7월 24일, 탐사대가 노바스코샤의 동쪽 코모란트섬 가까이 항해하고 있을 때 그들은 카파 세이블 방향으로부터 다가오고 있는 작은 배 1척을 발견했다. 모두가 촉각을 세우고 배의 정체를 추측해댔다. 그렇게 가까이 다가가던 퐁그라브의 선원들은 그들이 프랑스인들인 것을 알게 되자 일제히 환호했다. 그리고 그 배가 퐁그라브의 배 가까이 접근해 오자 몽스의 비서 랠리유 경의 배임을 알 수 있었다. 동료들의 배라는 것이 확인되자 포트 로얄 탐사대의 기쁨은 조금 전보다 두 배는 더했다. 그러고는 랠리유 경으로부터 프랑스 본국과 몽스의 소식을 접하게 되어 궁금증이 모두 풀리게 되었다.

몽스의 지시로 120톤급 함선에 50명의 선원과 함께 출발한 푸트랭쿠르가 지금 노바스코샤의 북동쪽 지역인 칸소에 상륙해 있고 포트 로얄을 떠나 어딘가에서 항해하고 있을지도 모를 퐁그라브의 탐사대를 찾아오고 있다는 소식을 알게 되었다. 그리고 그는 몽스의 하관으로 이곳 포트 로얄을 맡게 된다는 소식도 함께 전해 주었다. 기쁜 소식을 접한 퐁그라브와 샹플랭은 배를 돌려 다시 포트 로얄로 향했다. 7월 31일 포트 로얄에 도착해 보니 푸트랭쿠르의 배가 많은 식량과 보급품 그리고 50명의 새로운 이주자와 함께 이미 도착해 있었다. 푸트랭쿠르는 계속되는 좋지 않은 날씨와 불의의 사고들 때문에 이렇게 늦게 왔다고 설명했다.

프랑스로 돌아간 몽스는 일단 모피 교역 독점권에 대한 반발에 대처하면서 프랑스에 남아 뉴프랑스 건설을 계속하기 위한 자금을 확보해야 했다. 사업을 이해하고 거액을 투자하거나 후원할 수 있는 사람들을 물색하고 접촉하는 바쁜 나날을 보내야 했기에 자신을 대신하여 신대륙에 갈 수 있는 친구인 푸트랭쿠르를 자신을 대신한 현지 부총독으로 임명한 것이었다. 1604년에 푸트랭쿠르가 처음 북아메리카 탐사대에 합류한 것은 미지 세계에 대한 순수한 호기심이었지만 이번에는 프랑스 국익을 위한 국책사업에 책임자로 참여하게 되었다.

푸트랭쿠르는 귀족, 의사, 약제사, 기술자, 그리고 일반 노동자들까지 사회적 계층이 다양한 사람들로 이주자들을 구성하여 포트 로얄로 돌아왔다. 50명의 새로운 이주자들은 푸트랭쿠르의 설득으로 대서양을 건넌 사람들이었다. 이때 도착한 사람들 중에는 뉴프랑스 역사에 이름을 남기게 되는 사람들이 있었다. 1604년 탐사대 참가에 이어 두 번째로 대서양을 건넌 약제사 루이 에베르는 이후 뉴프랑스 건설에 큰 족적을 남기게 되고, 처음으로 대서양을 건넌 변호사이자 작가인 마크 레스카르보는 초기 뉴프랑스와 캐나다 탐사에 대한 귀한 기록을 남기게 된다.

장 푸트랭쿠르
Jean de Biencourt de Poutrincourt

뉴프랑스의 책임자로 임명된 장 푸트랭쿠르는 지난 종교전쟁에서 앙리 4세의 충직한 부하로 인정을 받은 사람이었다. 프랑스 북부 피카디 지방의 오랜 전통을 지니고 있는 귀족집안의 넷째 아들로 태어났고 프랑스 내란에서 처음에는 앙리 4세의 반대편에서 싸웠지만 앙리 4세가 가톨릭으로 개종하면서 왕의 신하가 되어 많은 활약을 한 사람이었다.

몽스는 신대륙에 자신의 가족과 함께 정착할 수 있는 땅을 지정해 달라는 푸트랭쿠르의 요청을 흔쾌히 받아들이고 왕에게 보고했고 앙리 4세는 1606년 2월 25일, 포트 로얄과 그 주변 일대의 영지를 푸트랭쿠르에게 공식적으로 부여했다. 대신 2년 안에 뉴프랑스 식민지를 성공적으로 건설하라는 책임을 맡게 되었다.

이때 푸트랭쿠르가 프랑스 왕으로부터 받은 이 영지가 북아메리카 토지에 대한 최초의 소유권 선언이었다. 그런데 이 땅에는 오랜 세월 이곳에서 살아온 원주민들이 있었다. 먹잇감을 따라 시베리아에서 베링 해협을 건너 이 땅에 들어와서 1만 년 이상의 세월을 살아온 원주민들의 동의 없이 유럽의 프랑스 왕이 푸트랭쿠르에게 일방적으로 토지 소유권을 부여한 역사적인 사건이었다. 그러나 한 가지 분명한 것은 이 시기에 뉴프랑스 건설을 진행하면서 프랑스인들은 그때그때 필요한 토지를 점유했지만 모든 곳에서 무력행사나 원주민들과의 충돌 없이 평화적으로 진행되었다는 점이다. 원주민들의 동의를 받지 않고도 프랑스 왕의 권한으로 땅을 부여할 수 있었던 것은 원주민들의 땅에 대한 소유 개념이 유럽인들과 달랐기 때문이었다. 이 시기의 원주민들은 자연을 소유하거나 팔고 사는 개념을 갖고 있지 않았다. 토지도 공기나 물처럼 그저 풍부한 자연 자원이어서 누구나 원하면 사용할 수 있었고 얼마든지 있는 무한 자원으로 느꼈기 때문에 아무런 갈등이 없었던 것이다.

포트 로얄을 맡아 부임해 온 푸트랭쿠르는 겨울이 오기까지 4개월도 남지 않았기 때문에 더 나은 거처를 준비하는 데 주력했다. 그는 대원들이 거처로 가장 적당한 장소로 생각한 포트 로얄 요새에서 약 8킬로미터 떨어진 지금의 애나폴리스 지역에 노동자들을 보내 밀, 호밀, 대마를 비롯한 여러 가지 씨앗들을 뿌려서 성장 상태를 실험해 보기로 했다.

8월 하순이 다가오던 어느 날, 작은 범선이 포트 로얄의 요새에 도착했다. 고기잡이가 본업인 생말로 출신의 디 앤톤이 본국에서 보내는 보급품을 가지고 온 것이었다. 그는 오는 길에 칸소에서 고기잡이를 하면서 모피 교역을 하는 불법 교역선들을 보았는데 그들을 잡아 프랑스로 돌려보내는 게 좋겠다고 말했다. 퐁그라브와 지난겨울 이곳 포트 로얄에서 함께 지낸 대원들이 그 임무를 맡았다. 샹플랭은 지금까지 탐사한 해안선과 주변지역들에 대한 지도를 그리기 위해 푸트랭쿠르와 포트 로얄에 남기로 했다. 8월 29일, 퐁그라브는 디 앤톤과 함께 불법 모피 교역을 하고 있는 상인들을 잡기 위해 출항하고 샹플랭은 푸트랭쿠르와 함께 탐사 항해를 시작했다.

푸트랭쿠르의
탐사

9월 5일, 포트 로얄을 떠난 푸트랭쿠르와 샹플랭은 펀디 만을 건너 이틀 후, 세인트크로이강 어귀에서 세컨돈 추장과 메싸무에 추장을 만나 하룻밤을 보냈다. 이들은 지난번 배가 좌초해서 위험해 처한 프랑스 탐사대를 무사히 포트 로얄까지 데려다 준 원주민들이었다. 프랑스 탐사대는 벌써 일부 원주민들과는 서로를 신뢰하는 깊은 우호관계를 형성하게 되었다.

다음 날 대형 범선은 강어귀에 정박해 놓고 셀롭이라 불리는 작은 배를 타고 세인트크로이섬에 도착했다. 지난 해 섬에 머무르는 동안 뿌린 밀을 비롯한 여러 씨앗들의 상태를 확인하기 위해서였다. 탐사대는 땅에 떨어진 많은 양의 밀 이삭을 발견했고 채소들도 잘 자라고 있는 것을 확인했다. 샹플랭은 이 땅의 토양이 농사짓기에 좋다는 것을 알게 되어 크게 만족했다고 기록했다.

세인트크로이섬을 떠난 푸트랭쿠르의 탐사대는 강어귀에 정박해 놓은 범선으로 돌아와 세컨돈과 메싸무에 추장에게 탐사에 합류해 줄 것을 부탁했다. 이 두 추장은 프랑스의 작은 범선으로 너셋 항구까지 가 본 경험이 있는데다 그곳의 원주민들과 동맹을 맺는데 있어 도움을 받을 수 있을 거라고 생각했기 때문이었다.

9월 12일에 세인트크로이강을 떠난 탐사대는 남쪽으로 항해해서 9일 후, 사코에 도착했다. 지금의 포틀랜드 부근인 사코 지역에 도착해 보니 오네메친과 마친 추장이 옥수수 수확을 마치고 있었다. 샹플랭은 사코 만 주변의 바쿠스섬을 돌아보았다. 이곳 저곳에 포도가 익어 가고 있었는데 프랑스의 포도 맛과 비슷하게 맛이 아주 좋았다.

이곳에서 메싸무에 추장은 이 지역의 오네메친 추장에게 주전자, 손도끼, 칼, 그리고 여러 생활용품들을 선물로 주었다. 오네메친 추장은 답례로 자신이 농사지어 수확한 옥수수, 호박, 그리고 콩을 메싸무에 추장에게 선물했다. 그러자 메싸무에 추장은 오네메친 추장이 자신의 선물을 제대로 알아주지 않는다고 크게 화를 내면서 조만간 전쟁을 일으키겠다고 엄포를 놓는 해프닝이 일어나기도 했다.

다시 남쪽으로 항해를 계속하던 푸트랭쿠르는 다음 날 글러세스터 항구에 도착했다. 푸트랭쿠르와 샹플랭은 열 명 정도의 대원들과 함께 상륙해서 원주민 마을로 들어갔다. 원주민들은 잡다한 생활용품을 선물로 준 프랑스 탐사대에게 자신들이 생산한 농산물을 선물로 주었다. 원주민들이 농사지어 추수한 포도, 완두콩, 호박, 그리고 이름을 알 수 없는 뿌리가 튼실한 야채들이었다. 이곳은 약 200여 명의 원주민들이 살고 있는 큰 마을이었다. 주변에는 호두나무, 떡갈나무, 적삼목, 녹나무, 물푸레나무, 너도밤나무 등의 울창한 숲으로 이루어져 있어서 자연환경이 좋아 보이는 곳이었다.

푸트랭쿠르와 샹플랭은 이 마을의 추장과 이웃 마을 추장을 사코 지역에서 따라온 오네메친 추장과 함께 만날 수 있었다. 그리고 발에 부상을 당하여 많은 피를 흘리며 실신한 채 누워 있는 한 원주민을 보게 되었는데, 그를 둘러싼 많은 원주민들이 노래를 한 곡절씩 부르고는 자신들의 손을 누워 있는 사람에게 갖다 대었다. 그런 다음 그들은 발과 손으로 어떤 동작을 만들며 고개를 흔들기도 하며 그를 향해 입김을 불었다. 그러자 곧 그가 정신을 차렸다. 의식을 지켜보고서 함께 간 프랑스인 의사가 더 이상의 출혈을 방지하기 위해 그의 상처 부위를 천으로 감싸주었다. 그리고 한 두 시간쯤 지난 후 그 남자는 발의 상처 부위를 감싸고 있던 천 조각을 머리 장식으로 두르고 신명나게 춤을 추고 있었다. 현대인의 시각으로 보면 우스꽝스러운 이 장면은 프랑스의 변호사이자 작가로 알려진 마크 레스카르보(Marc Lescarbot)의 책에 소개되고 있다. 레스카르보는 그날 탐사대에 합류하지는 않았지만 아마도 대원들로부터 이야기를 전해 듣고 자신의 책에 쓴 것으로 보인다.

레스카르보는 지난 7월 말, 푸트랭쿠르와 함께 대서양을 건너 샹플랭이 있는 포트 로얄에 도착해 다음 해인 1607년 여름까지 탐사대와 함께 지내면서 샹플랭을 직접 목격한 인물이었다. 1609년에 '뉴프랑스의 역사'라는 글을 써서 샹플랭이 남긴 여러 기록들의 신뢰성과 정확성을 구체적으로 입증해 주었고 샹플랭의 리더십과 역량, 그리고 그의 인간다운 모습도 전해 주었다. 그는 북아메리카 원주민을 존중하는 마음으로 글을 썼으며 뉴프랑스 건설이라는 샹플랭의 위대한 설계에 대해 기록했다. 샹플랭은 진지한 성격의 소유자인 반면 레스카르보는 명랑하고 유쾌한 성격으로 상반되는 성격을 지니고 있었지만 두 사람 모두 인본주의적 가치를 공유하는 남자들이었다. 특히 원주민에 대해서 유럽인들보다 열등하지도 미개하지도 않다는 생각으로 원주민들을 대하고 서술하는 공통점이 있다.

다음 날 모든 대원들이 범선의 틈이나 균열이 간 부분들을 수선하고 있는 동안 숲속에 있던 푸트랭쿠르는 개울물에서 빨래를 하고 있는 대원들에게로 향하는 원주민들을 보았는데 그들이 무슨 안 좋은 일을 벌일 것만 같다고 샹플랭에게 말했다. 이에 샹플랭은 동태를 살피기 위해 홀로 개울가를 따라 걸었다. 이때 원주민들이 먼저 샹플랭을 발견하고는 반색을 표하며 춤을 추면서 샹플랭에게로 다가왔다. 그들의 손에는 활과 화살, 화살 통, 그리고 다른 무기들이 들려 있었다. 원주민들과 샹플랭 사이에는 낮은 풀밭이 가로 놓여 있었다. 샹플랭은 그들에게 다시 춤을 추라는 신호를 보냈다. 그러자 그들은 둥그렇게 원을 만들더니 그들의 무기를 원 중앙 땅바닥에 모두 내려놓았다.

그런데 그들이 막 춤을 추려고 할 때였다. 푸트랭쿠르가 8명의 총을 든 대원들과 함께 원주민들을 향하여 다가오고 있었다. 겁을 먹었음에도 원주민들은 춤을 멈추지 않고 끝까지 춤을 추었다. 그러고는 자신들에게 어떤 좋지 않은 일이 닥칠지도 모른다는 생각에선지 모두 사방으로 흩어져 재빠르게 깊은 숲속으로 들어가 버렸다. 총을 들고 원주민 마을에 나타난 푸트랭쿠르와 일행의 모습은 그 자체만으로도 원주민들에게 위협이 되었을 것이다. 반면 샹플랭은 원주민들에게 다가갈 때는 어떤 무기도 들지 않았다. 그리고 그의 친화하는 특별한 능력과 용기는 원주민들의 마음을 얻기에 충분했다.

항구 주변의 원주민들은 다른 곳에 거주하는 2,000명의 원주민들이 샹플랭의 일행을 보기 위해 오고 있으니 하루 더 머물다 갈 것을 간청했지만 정해진 탐사 일정상 더 이상 이곳에서 시간을 지체할 수 없었기에 다시 항해를 시작했다.

글러세스터를 출발한 탐사대는 계속해서 남쪽을 향해 나아갔다. 이번 항해는 순조롭지 못했다. 악천후로 인한 고생도 이만저만이 아니었지만 포구로 들어가서는 수심이 얕아 배를 원하는 곳에 정박할 수 없는 곳이 많았으며 설상가상으로 배를 조정하는 키가 고장 나는 일도 있었다. 그러나 그들은 멈추지 않고 배를 수선하고 악천후와 싸워 가며 더 나은 영구 정착지를 찾기 위한 탐사를 이어 갔다. 다행히 힘든 일 만 있는 것은 아니었다. 너셋 항구에 도착했을 때는 150여 명의 남녀 원주민들이 해변으로 다가가는 탐사대 일행들을 춤과 노래로 환영을 해 주기도 했다. 그러나 이때도 여느 때와 다름없이 푸트랭쿠르는 뭍으로 갈 때는 총을 든 10명의 부하들과 함께였다.

그러던 중 탐사대는 작은 집들이 옹기종기 모여 있는 어느 꽤 큰 원주민 마을에 도착했다. 늘 하는 방식대로 푸트랭쿠르는 배에서 내려 원주민 마을로 다가갔다. 이때 샹플랭의 눈에 들어온 것은 자신들의 오두막집을 해체한 후 아녀자들 손에 식량과 다른 필요한 물건들을 들려 숲속으로 서둘러 피신시키는 원주민들의 모습이었다. 이것은 어떤 좋지 않은 조짐으로 느껴졌다. 원주민들의 불온한 움직임을 감지했지만 푸트랭쿠르는 늘 그렇듯 이곳에서도 총기를 든 대원들과 함께 이 마을의 이곳저곳을 돌아 다녔다. 그러던 어느 날, 여러 채의 원주민 오두막집이 모여 있는 곳을 지나게 되었는데 그곳에는 상당히 많은 원주민 여인들과 노인들이 모여 있었다. 프랑스 탐사대는 총기를 들고 자신들 앞에 나타난 이방인들의 출현으로 공포에 떨고 있는 그들에게 팔찌와 반지 등을 선물하여 그들을 안심시키려 했다. 그리고 노인들에게는 각자 원하는 대로 손도끼, 칼, 그리고 잡다한 생활용품을 선물로 주며 그들의 두려움을 해소시켜 주었다. 선물을 받아든 원주민 여인들과 노인들은 프랑스인들이 전혀 알아들을 수 없는 말을 떠들어대며 신명나는 춤으로 선물에 대한 답례를 했다. 그들과 헤어진 후에도 푸트랭쿠르는 계속해서 총기를 소지한 대원들과 함께 이곳저곳을 돌아다니고 있었다. 이런 행태는 원주민들에게 위협적인 행동이 아닐 수 없었다.

어느 날 범선으로 돌아가던 푸트랭쿠르 일행은 각종 무기를 모으고 있는 한 무리의 원주민들을 목격하게 되었는데, 그들은 예상치 못한 프랑스 이방인들이 자신들의 영토 깊숙이 들어와 있는 것을 보고 크게 놀랐다. 그리고 푸트랭쿠르 일행이 지나쳐 갈 때는 혹시라도 이방인들이 자신들에게 해를 가하지 않을까 하는 두려움을 느끼는 모습이 역력했다. 그들의 불안과 적대적인 태도를 알고 있었지만 푸트랭쿠르 일행은 모른 척 그들과 헤어져 선원들이 일하고 있는 해안가로 돌아와 혹시 있을 수도 있는 원주민들의 공격에 신속하게 대응할 수 있도록 준비하라고 일렀다. 그러고는 빵을 구울 선원과 그와 함께 있을 두 사람만 제외하고 모두 물건들을 챙겨 범선에 오르도록 명령했다.

밤이 되자 푸트랭쿠르는 해안에 남아 있는 선원들을 모두 데려오도록 지시했다. 그러나 세 사람은 명령에 신속히 따르지 않았다. 이들뿐만 아니라 심부름 갔던 선원들 중 두 사람도 구워 놓은 케이크와 빵을 먹겠다고 함께 남아서 푸트랭쿠르의 하인 한 명만이 다시 범선으로 돌아왔다. 모두가 범선으로 돌아온 것으로 판단하고 휴식에 들어 간 푸트랭쿠르에게 이 다섯 명의 불복종에 대한 일은 보고되지 않았다.

다음 날인 10월 15일 이른 아침, 원주민들이 해안가의 백인 이방인들의 동태를 살피기 위해 나타났다. 네 명의 프랑스 선원들은 잠을 자고 있었고 한 명은 일어나 불을 쬐고 있었다. 이방인들이 무방비 상태인 것을 알게 되자 400여 명의 원주민들이 쥐도 새도 모르게 완만한 지형의 작은 언덕으로 올라와 해안가에서 무방비 상태로 쉬고 있던 이방인들을 향해 빗발치듯 활을 쏘아대기 시작했다. 목숨이 경각에 이른 것을 알게 된 프랑스 선원들은 도와 달라고 외치면서 동료들이 있는 범선을 향해 물로 뛰어 들었다. 그러나 물로 뛰어들자마자 한 선원은 그대로 목숨을 잃었고 온몸에 화살이 꽂힌 채 동료들이 있는 곳으로 온 힘을 다해 다가가고 있던 네 명 중의 한 사람도 곧이어 목숨이 끊어졌다. 프랑스 선원들의 비참한 모습을 언덕 위에서 지켜보고 있던 400여 명의 원주민들은 프랑스인들을 조롱이라도 하듯 떠들썩한 소음을 만들며 소리를 질러댔다.

원주민들이 포효하는 소리를 듣고 있던 보초 한 명이 "무기를 들어라! 저들이 우리 동료들을 죽인다!"라고 외치자 15명의 프랑스인들이 일제히 무기를 챙겨 작은 배로 옮겨 타고 뭍으로 향했다. 양측의 거리가 총기 사정거리로 좁혀지자 400여 명의 원주민들은 어디론가 도망쳐 버렸다. 프랑스인들이 원주민들을 뒤쫓아 갔지만 그들의 이동 속도가 엄청나게 빨라서 추격은 소용없는 일이었다. 프랑스인들이 할 수 있는 것은 죽은 동료들의 시체를 운반해서 하루 전 십자가를 세워 둔 곳에 그들을 묻어 주는 일 뿐이었다. 그러곤 한 번 더 원주민들을 찾아 나서 보았지만 어디서도 그들을 찾을 수는 없었다. 시간 낭비라는 것을 안 푸트랭쿠르 일행은 모두 범선으로 돌아갔다. 세 시간쯤 지나자 원주민들이 다시 해안가에 나타났다. 프랑스 선원들이 그들을 향해 작은 대포를 쏘자 굉음을 들은 원주민들은 땅에 납작하게 엎드려 위험을 피했다. 그러고는 다시 일어나 프랑스인들이 세워 놓은 십자가를 밟아 무너뜨리고 묻혀 있는 죽은 선원들의 시체를 파헤쳐 여기저기 덤불숲에 던져 놓고는 시체에 불을 질렀다. 경악할 원주민들의 행태를 지켜보던 푸트랭쿠르 일행은 다시 한 번 그들을 잡으려 시도했지만 이번에도 그들은 재빠르게 어디론가로 도망쳐 버렸다. 프랑스인들은 속수무책이어서 아무것도 하지 못하고 다시 범선으로 귀환해야 했다.

이날 사고로 4명의 선원들이 목숨을 잃었다. 사건 당일에는 목숨을 잃진 않았지만 온몸에 화살을 맞은 다른 두 명의 선원도 포트 로얄에서 몇 달 후 사망한다. 유일하게 살아남은 사람은 뒤발(Du Val)이라는 선원인데 그는 훗날 불법 교역상들과 공모하여 샹플랭을 죽이려는 음모에 가담하다 발각되어 교수형에 처해지게 된다.

지금까지 샹플랭, 몽스, 푸트랭쿠르가 지휘하는 프랑스 탐사대의 활동을 살펴보면서 세 남자의 각기 다른 면모와 분위기를 엿볼 수 있다. 우선 몽스는 개신교도면서 가톨릭교 여인과 결혼할 만큼 종파에 대한 편견이 없는 사람이었다. 또한 뉴프랑스 건설에 대한 원대한 꿈을 10살 이상 나이 어린 평민 출신의 샹플랭과 공유할 만큼 타인에 대한 편견 또한 지니고 있지 않은 사람이었다. 항해를 계속하는 동안에도 그는 자신의 통솔력에 큰 타격을 입는 일이 없었다. 원주민들을 만나서는 그들에게 프랑스로부터 가져온 선물을 주며 그들과 우호적 관계 형성을 꾀했다. 그러나 그는 이방인들을 환영한다는 뜻으로 연기를 피어오르게 하는 원주민 마을 해안 가까이에 배를 정박해 놓고 있음에도 단 한번을 제외하고는 배에서 내려 원주민 마을로 가서 원주민들과 대화를 나누거나 시간을 보내는 일은 하지 않았다. 단지 탐사대를 환영하기 위해 다가오는 원주민들에게 선물만을 건넸을 뿐이다. 원주민들과 거리감을 두는 모습이었다. 그래서일까? 원주민들은 자신들의 거처로 초대해 돌아가며 담배를 피우며 방문객을 환영하는 의식을 그에게는 한 번도 베풀지 않았다. 몽스가 보이는 원주민들에 대한 거리감은 어쩌면 거만함과 불신으로 보였을 수도 있었을 것이다. 따라서 그는 원주민들과의 진정한 동맹을 이루지 못했다고 볼 수 있다.

　푸트랭쿠르의 경우는 몽스보다 훨씬 더 원주민들에게 환영받지 못했다. 그는 원주민 마을로 들어 갈 때는 늘 열 명 정도의 총으로 무장한 부하들을 대동하고 다녔다. 그리고 원주민들의 동의도 없이 여기저기 십자가를 세워서 마치 영역표시를 하는듯한 인상을 주었다. 그의 이러한 행태는 원주민들에게는 위압적이었고 그들의 불편한 심기를 자극하기에 충분했을 것이다. 그리고 그는 탐사대원들을 통솔하는 데도 실패했다. 이 사건의 결과를 살펴보면 그의 선원들은 완벽하게 통솔자의 명령을 따르지 않았다. 사건 발생 직전 원주민들에게 총을 발사토록 한 것이 그의 지시였는지 알 수는 없지만 이 발포사건 또한 지휘관의 명령에 따라 하나로 통제된 행동이라고 볼 수 없기 때문에 그의 통솔력을 의심할 수밖에 없는 대목이다.

　그렇다면 샹플랭의 모습은 어땠을까! 그는 위에 언급한 두 사람보다 나이가 열 살 이상 어렸고 이곳 북아메리카 탐사대에 어떤 직책이나 지위를 지니고 온 사람이 아니었다. 그의 임무는 북아메리카 지도를 그리고 탐사에 대한 모든 것을 왕에게 보고하는 것이었다. 그는 뉴프랑스 건설이라는 직접적인 임무를 띠고 있는 사람이 아니었음에도 불구하고 탐사에 대하여는 진지한 태도로 일관하면서 원주민들과는 대단히 우호적이었다. 그는 원주민들에게 다가 갈 때는 만일을 대비하면서 신중함을 보이기는 했지만 무기를 들고 다가가는 위협적인 모습은 절대 만들지 않았다. 글라스터 항구에서 샹플랭을 본 원주민들이 반색을 하며 무기를 내려놓고 춤을 춘 반면 푸트랭쿠르가 나타나자 무기를 챙겨 들고 어디론가 도망가는 모습은 두 사람을 대하는 분명한 차이를 보여 주었다.

샹플랭은 원주민들을 만날 때는 항상 그들의 삶이 어떤지 관찰하고 그들을 이해하기 위해 종교, 문화, 법규 등을 자세히 관찰했다. 그는 1603년 지금의 캐나다 타두삭 주변의 원주민들과 우호적인 관계를 형성했듯이, 미국 메인주 해안 일대를 탐험할 때도 원주민들을 존중하며 친화적인 모습으로 다가갔다. 따라서 샹플랭이 통솔한 탐사에서 만나는 원주민들은 그를 환영하며 '타바지' 의식을 행함으로써 그를 향한 믿음과 열린 마음을 보여 주었던 것이다. 이 시기 원주민들에게 다가온 샹플랭에 대한 이야기는 이미 북아메리카 전역의 원주민 마을로 서서히 퍼져 나가고 있었다.

최초의
연극 상연

10월 16일, 푸트랭쿠르의 탐사대는 불행한 사건을 뒤로하고 포트 퍼츈(Port Fortune, 현 Stage Harbor)을 떠났다. 이곳에서 불행한 사건을 겪은 이유로 '불운'을 의미하는 포

유럽인들의 최초 연극 상연

트 포천이라 이름 지었다고 샹플랭은 기록했다. 푸트랭쿠르가 지휘한 이 탐사대는 남쪽으로 어느 정도 더 항해를 하다가 다시 북쪽으로 항로를 바꾸어 한 달 후 11월 중순에 포트 로얄에 귀환하게 된다. 불행한 사건이 일어난 스테이지 항구에서 포트 로얄로 돌아오는 약 한 달여 기간 동안 탐사를 했다. 겨울도 다가오고 있었지만 식량이 그 바닥을 드러내는데다 부상당한 환자들의 건강이 점점 악화되자 푸트랭쿠르는 포트 로얄로 귀환을 결정했던 것이다. 돌아오는 한 달 동안도 탐사대의 항해는 그리 순탄치 않았다. 역풍뿐만 아니라 거센 풍랑과 싸워야 했으며 조타키가 고장 나는 등, 배에 이상이 생겨 수리도 해야 했고 매복해 있던 원주민들과 우연히 마주치는 일도 있었다. 현재 미국 매사추세츠주의 갈고리 모양의 케이프 코드(Cape Cod)에서는 원주민들의 공격으로 선원들이 부상을 당하는 일도 있었지만 모두 무사히 포트 로얄에 도착할 수 있었다.

 탐사대가 당도하자 탐사대원들을 위해 레스카르보가 연극을 상연하여 환영해 주었다. 유럽인들이 북아메리카에서 처음으로 상연한 연극으로 기록된 이날의 연극 제목은 '해신'이었다. 연극은 해안가 바다에 정박된 배에서 상연되었다. 연극을 위해 요새는 치장되어 있었고 원주민들도 연극을 보기 위해 모여들었다. 어떤 원주민들은 카누를 타고 어떤 이들은 해변에 서서 연극이 상연되기를 기다렸다. 그들 중에는 유럽인들과의 교역을 통해 얻은 유럽인들의 의복을 입은 원주민들도 있었다. 11명이 등장하는 연극은 음악과 시가 어우러져 상연되었다. 바다의 제왕을 의미하는 듯 푸른 옷을 걸치고 머리에는 왕관을 쓰고 손에는 삼지창을 든 해신이 나무껍질을 타고 나타나 객석에 앉아 있는 푸트랭쿠르와 샹플랭, 그리고 탐사를 다녀온 사람들에게 인사를 하며 그들의 용감함을 찬양했다. 이어서 해신에게 감사한 마음을 표하는 프랑스인들과 원주민들이 그를 에워쌌다. 그리고 프랑스 왕을 찬양하는 노래와 함께 트럼펫이 연주되고 포가 쏘아 올려졌다. 이어 네 명의 원주민들이 프랑스 국기에 예를 표한 뒤 푸트랭쿠르와 샹플랭, 그리고 모든 프랑스인들에게 환영인사를 했다. 원주민의 환영사가 끝나자 이번에는 프랑스인들이 원주민을 환영하며 빵을 잘라 서로 나누어 먹었다. 북아메리카 원주민들과 유럽인들이 평화롭게 함께 거주한다는 의미를 나타내는 연극이었다.

 거친 남자들만 사는 포트 로얄이었지만 푸트랭쿠르의 음악적 재질 덕분에 아름다운 선율이 흘렀으며 식민지 건설의 노곤한 몸과 마을을 풀어줄 연회도 자주 열렸다. 푸트랭쿠르는 종교석 음악과 세속석인 음악 모두를 작사 작곡하여 거친 사내들만 있는 식민지의 분위기를 한층 부드럽게 만드는 데 기여했다. 푸트랭쿠르는 재미있는 사람임에 틀림없었다. 낯선 원주민들 앞에 나아갈 때는 무장을 한 여러 명의 부하들을 데리고 나타나 원주민들에게 공포감을 조성하던 사람이 이곳 포트 로얄에서는 음악적 재능으로 딱딱하고 거친 분위기를 부드럽게 녹여 주었으니 말이다.

샹플랭은 이번 겨울의 '게으름을 떨쳐내기 위해' 숲속의 송어가 사는 개울을 따라 강으로 이어지는 오솔길을 내고 그 이름을 '트라우트 브룩(Trout Brook, 송어 개울)'이라 지었다. 샹플랭의 요청에 따라 푸트랭쿠르가 두서너 명의 노동자들을 붙여 주어 큰 무리 없이 작업이 완료되었다.

진수성찬을 위한 순서
The Order of Good Cheer

이곳 포트 로얄에도 겨울은 어김없이 찾아왔다. 이곳의 겨울은 다음 해인 1607년의 6월 중순까지 지속되었다. 5월에도 자주 눈이 내렸고 특히 그해 5월 10일에는 밤부터 내리기 시작한 눈이 밤새도록 내려 쌓였다. 그렇게 자주 내리는 눈은 5월 말에나 그쳤다. 그리고 섭씨 영도 이하의 냉각된 표면에서 형성되는 하얀 가루 같은 서리, 즉 백상이 6월 중순까지 이어졌다. 그러나 이곳의 겨울은 지난 해보다는 춥지 않았으며 눈도 비교적 덜 내렸다. 대신 비가 자주 내렸다. 그러나 눈이 많이 내리지 않는 것은 동물들의 발자국을 따라 사냥을 하는 원주민들에게는 반가운 일이 아니었다. 이 해 겨울 프랑스 탐사대는 요새 주변에 거주하고 있는 원주민들이 굶지 않도록 도와주었다.

샹플랭은 이 겨울 '진수성찬을 위한 순서(The Order of Good Cheer)'라 이름붙인 생활 규칙을 고안했는데 이 덕분에 프랑스인들과 주변의 원주민들은 매우 건강하고 즐거운 겨울을 날 수 있었다. 샹플랭은 그가

만든 생활규칙이 그 어떤 약보다도 효과가 좋았다고 기록했다. 그가 고안한 생활 규칙이란 날마다 당번을 정하여 돌아가며 요새 밖으로 나가 물고기나 동물들을 잡아 와 동료들에게 일용할 양식을 제공하는 것이었다. 당번으로 정해진 사람에게는 작은 의식과 함께 목걸이도 걸어 주었다. 자신의 차례가 된 당번은 식사 시간이 되면 어깨에 냅킨을 얹고 손에는 지휘봉을 그리고 목에는 당번을 상징하는 목걸이를 걸고 제일 앞에서 요리된 음식이 놓인 곳으로 향했다. 그 뒤로는 나머지 사람들이 각자 접시를 들고 그를 따랐다. 후식 시간에도 같은 의식이 이루어졌다. 20~30명의 원주민들도 프랑스인들의 즐거운 저녁식사 시간을 지켜보며 함께 식사를 했다. 다음 날도 그리고 그다음 날도 당번은 매일 지정되었으며 서로서로 다른 당번들보다 더 좋고 많은 양식을 구해오기 위해 선의의 경쟁을 벌이기도 했다. 그렇게 마련된 식탁에는 풍부한 육류와 생선으로 진수성찬을 이루었으며 프랑스인들뿐 아니라 원주민들에게도 기다려지는 즐거운 시간이 되었다. 원주민들도 철갑상어를 잡아와 프랑스인들에게 주기도 했으며 때로는 빵과 바꾸어 가기도 했다. 샹플랭이 '진수성찬을 위한 순서'를 대원들의 건강한 신체만을 고려해 고안한 것은 아니었다. 그는 신선한 어류와 육류를 충분히 섭취하면 괴혈병 발현을 방지할 수 있을 것이라 믿었다. 그리고 건강을 유지하는 방법은 충분한 음식을 섭취하고 운동과 즐거운 연회를 통해서 얻을 수 있다고 믿었던 것이다. 충분한 음식과 매일 이루어지는 즐거운 잔치 같은 분위기는 대원들 간의 관계뿐만 아니라 원주민들과의 친숙함도 조성할 수 있기 때문이었다. 샹플랭의 이 착안 덕분에 포트 로얄의 프랑스인들과 이곳의 원주민들은 건강하고 즐거운 겨울을 날 수 있었다.

그럼에도 불구하고 괴혈병은 여지없이 찾아왔다. 이 겨울 환자의 숫자는 지난 해보다 적었지만 7명이 괴혈병으로 죽었으며 포트 퍼츈에서 원주민들의 화살 공격으로 고통을 받고 있던 두 명의 대원이 사망했다. 이번에도 의사들이 부검을 해 보니 거의 모든 장기 부위가 손상되어 있었다. 괴혈병으로 고통받고 있던 10명 정도의 나머지 대원들은 봄이 되자 다행히 모두 회복되었다.

1607년 삼사월의 봄이 되자 대원들은 씨앗을 뿌리기 위해 땅을 일구기 시작했다. 4월에 뿌린 씨앗은 아무 반응도 없다가 5월에 뿌린 씨앗과 함께 싹을 틔우기 시작했다. 그러나 이마저 된서리가 내리자 많은 싹들이 동상을 입게 되었고 살려 보려고 노력하는 대원들의 노고는 이만저만이 아니었다.

식민지 건설을 중단하라

1607년 5월 24일, 7톤급의 배 1척이 포트 로얄 항구에 도착했다. 슈발리에라는 생말로에서 온 젊은이가 몽스가 보내온 편지 한 통을 전해 주었다. 편지의 내용은 앙리 4세의 두 번째 왕자가 태어났다는 경사스런 소식과 함께 아카디아 식민지를 정리하고 모두 프랑스로 돌아오라는 명령이었다. 샹플랭을 비롯하여 이주를 결심하고 대서양을 건넌 사람들에게 철수 명령은 다소 충격적인 소식이었지만 두 번째 왕

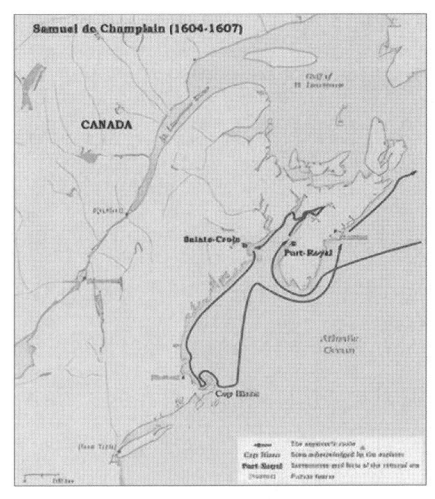

샹플랭의 탐사 루트(1604-1607)

자 탄생소식은 기쁜 소식이었으므로 포트 로얄의 프랑스인들은 우선 모닥불을 피워 놓고 축하의 노래를 불렀다.

    2년 전 포트 로얄 기지 건설 중에 모피 교역 독점권 유지와 회사 재정 문제를 해결하러 급히 귀국했던 몽스가 철수 명령을 보내온 것으로 보아 그동안 문제를 해결하지 못한 것으로 푸트랭쿠르와 샹플랭은 짐작했다. 그래서 즉시 프랑스로 돌아오라는 몽스의 지시를 따르더라도 혹시 국왕을 비롯한 정부 관계자나 투자자들을 설득할 수 있는 증빙자료들을 챙겨 가고 싶었다. 그래서 샹플랭을 비롯한 몇몇 사람들은 몇 달 더 머무를 수 있기를 희망하면서 각자 하던 일을 마무리하게 되었다. 세인트크로이섬과는 달리 이곳 포트 로얄에서의 정착은 큰 무리 없이 잘 진행되고 있었다. 그동안 개척민들은 식민지에 뿌리 내리기 위해 땅을 개간해서 농사를 짓고 모피 교역을 하면서 원주민들과도 잘 지내는 등 초기 식민지 발판을 잘 닦아 가고 있었다. 샹플랭도 당초 임무였던 탐사 항해를 이어 가면서 지도를 그리는 일을 서두르고 있었다. 그러

4장 식민지의 태동   139

던 7월 12일, 몽스의 비서 랠리유 경이 포트 로얄에 도착해서 동쪽으로 800킬로미터 정도 떨어진 칸소에 모든 식민지 개척민들을 프랑스로 데려가기 위한 어선 1척이 그들을 기다리고 있다고 전해 주었다.

    어쩔 수 없이 포트 로얄의 정착민들은 프랑스로 돌아갈 채비를 시작했다. 7월 30일이 되어 채비가 끝나자 푸트랭쿠르는 대부분의 사람들을 배가 기다리고 있는 곳으로 먼저 보내고 자신은 샹플랭을 비롯한 몇 사람과 그동안 키워온 곡식을 추수해서 프랑스로 가져가기 위해 더 머물기로 했다. 이번에 처음으로 추수하는 곡식은 뉴프랑스의 가능성을 국왕과 본국 국민들에게 보여 줄 수 있는 소중한 증거였고 남쪽으로 전쟁을 나간 멤버토우 추장을 비롯한 이곳의 원주민들과도 작별 인사를 나눈 뒤 떠나고 싶었던 것이었다. 프랑스로 가져갈 곡식을 거두어 배에 선적하면서 추장 일행을 기다리고 있던 8월 10일, 남쪽의 너셋 항구 인근 원주민들을 공격하는 전쟁에 나섰던 멤버토우 추장이 승리를 거두고 무사들과 함께 돌아왔다. 그는 400여 명의 원주민 사회에서 영향력 있는 대추장이었으며 이 당시 40살의 아들을 둔 노인이었다. 그러나 그의 외모는 프랑스인들 눈에 50살 즈음으로 보였으며 다른 원주민들에 비해 팔다리가 긴 건장한 체격의 소유자였다. 그는 프랑스인들처럼 수염을 기르고 있었다. 그의 모습은 위엄이 있었으며 수령, 예언자, 주술가, 전령 등 원주민 사회에서 다양한 역할을 하는 사람이었다. 그뿐만 아니라 그는 사업 수완도 좋아서 유럽인들과의 교역으로 범선을 소유하고 있었으며, 그 범선을 이용하여 먼 바다로 항해하면서 유럽에서 오는 선박들을 만나 육지에서의 가격보다 더 높은 가격으로 모피를 교환할 만큼 수완이 좋았다. 또한 포트 로얄에 정착한 샹플랭을 비롯한 프랑스인들과 평화롭게 잘 지내면서 프랑스인들과 함께 와인을 곁들인 식사를 하곤 했다. 미크맥 부족인 그는 3년여 후인 1610년 6월 24일, 그의 가족과 함께 그리스도교를 받아들임으로서 북아메리카 최초의 그리스도인으로 그의 이름을 기록하게 된다.

푸트랭쿠르와 샹플랭은 그동안 깊은 우정을 나누며 희노애락을 함께했던 멤버토우 추장 이하 원주민들과 눈물의 작별을 해야 했다. 원주민들은 프랑스인들이 다시 돌아올 때까지 포트 로얄의 프랑스 기지를 잘 돌보겠다고 굳게 약속했다. 그리고 그들은 그 약속을 잘 지켰다.

8월 11일, 푸트랭쿠르와 샹플랭은 수확한 곡식을 작은 범선에 싣고 포트 로얄을 떠나 그들을 태우고 프랑스로 가는 어선이 있는 곳으로 향했다. 칸소에 정박되어 있는 배까지 가는 항해도 간단하지는 않았다. 1604년, 맨 처음 해안선을 따라 항해하며 찾아오던 해안을 반대 방향으로 칸소를 향하여 항해하면서도 푸트랭쿠르 일행은 많은 곳을 들리며 관찰했다. 그리고 샹플랭은 늘 그렇듯 열심히 지도를 그리고 기록을 써내려 갔다. 그는 해안선과 섬의 지형뿐만 아니라 원주민들의 크고 작은 부락의 위치까지 꼼꼼히 그렸다. 8월 27일, 그들은 칸소에 도착했다. 칸소에는 3척의 작은 범선으로 먼저 도착한 대원들이 레스카르보와 샹프도어 선장과 함께 그들을 맞이했다. 그리고 고기잡이를 마치고 프랑스를 향해 항해하기 좋은 날씨를 기다리고 있는 어선을 만났다. 프랑스인들은 며칠 동안 이곳에서 지천에 깔린 빨갛게 잘 익은 라즈베리를 따 먹으며 즐거운 시간을 보냈다.

9월 3일, 프랑스 개척단을 태운 배는 칸소를 출발해 4일에는 세이블 섬을 지나고 6일에는 지금의 뉴펀들랜드 앞바다를 지났다. 그리고 같은 달 26일에는 프랑스 브르타뉴 지방과 영국 해협의 해안으로 가까이 들어가 28일에는 로스코프에서 닻을 내렸다. 나쁜 일기로 인하여 항해가 어려웠기 때문이었다. 9월의 마지막 날, 항해하기 좋은 날씨로 바뀌자 그들은 로스코프를 출발해 생말로에 도착했다. 무사히 대서양을 건너 고국에 도착한 그들은 신께 감사했다.

한편 1606년 12월 6일, 영국의 처녀 여왕 엘리자베스 1세를 따라 이름 지은 버지니아사(Virginia Company) 소속의 배 3척이 성인 남자와 어린 소년들로 구성된 104명을 태우고 현 버지니아주에 도착했다. 그들은 프랑스가 뉴프랑스 식민지를 철회하고 포트 로얄을 떠나기 3개월 전인 1607년 5월 13일, 정착할 곳을 정하고 그 이튿날인 14일, 식민지 건설을 선포했다. 그리고 그곳의 이름을 자신들의 왕의 이름을 따서 '제임스타운'이라 했다. 영국 식민지, 즉 뉴잉글랜드의 태동이었다.

5장
뉴프랑스, 퀘벡

두 남자의
꺾이지 않는 의지

1607년 9월 31일, 생말로 항구에 도착한 푸트랭쿠르는 레스카르보와 함께 궁으로 갔다. 앙리 4세를 알현하고 포트 로얄에서 수확한 옥수수, 밀, 호밀 같은 곡물을 왕에게 보여 주었다. 포트 로얄에서의 정착 성공을 왕에게 알리고 몽스가 상실한 모피 교역전매권을 되찾는 데 도움이 되기 위해서였다. 그리고 자신이 키워 온 다섯 마리의 캐나다 오리를 앙리 4세에게 선물로 바쳤다. 그 오리들은 퐁텐블로 궁전의 연못에서 노닐며 그 생명력을 뽐냈다. 그러나 퐁텐블로에 잘 안착한 오리들과 달리 몽스의 뉴프랑스 개척단은 자신들의 잘못이 아닌 다른 누군가의 방해로 인해 그 꿈이 물거품이 되어 모두 제자리로 돌아오게 되었으니 답답한 노릇이었다.

한편 샹플랭은 궁으로 먼저 가지 않고 곧장 몽스에게로 향했다. 한창 진행 중이던 포트 로얄의 식민지 건설을 4년도 안 되어 중단하게 된 몽스가 처한 상황을 자세히 알고 싶어서였을 것이다. 몽스를 만난 샹플랭은 먼저 자신이 경험한 주요 사항들을 보고하고 아카디아의 해안과 항구 그리고 원주민 마을의 위치까지 그려 넣은 지도와 그림들을 보여 주었다. 몽스는 샹플랭이 그린 지도와 북아메리카의 아름다운 해안과 항구를 스케치한 그림들을 자세히 살펴보며 샹플랭의 안타까운 마음에 공감하면서 많은 이야기를 나누었다.

몽스의 설명에 따르면 포트 로얄로 기지 이전 작업을 지휘하던 몽스가 황급히 계획에 없던 프랑스로의 귀환을 결정하게 된 것은 결국 빠르게 변화하는 파리의 모자 패션 때문이라고 할 수가 있었다. 당시 프랑스 파리에서는 깃털로 모자를 장식하던 패션이 점점 사라지고 그 자리를 비버 모피가 차지하기 시작했다. 북아메리카의 위도가 높은 추운 지방에 서식하는 광택이 좋고 품질 좋은 비버뿐만 아니라 수달, 담비, 살쾡이, 흰여우 등 모피의 인기가 날로 높아져 가자 그 가격 또한 천정부지로 높아지고 있었다. 상인들은 너도나도 할 것 없이 이 수익성 좋은 모피산업에 뛰어들기 시작했고 자신들의 사업에 방해가 되는 몽스의 교역 독점권을 철회시키기 위해 이해관계에 따라 자연스럽게 여론을 모으고 갖은 술수를 부리기 시작했다. 주로 프랑스 해안 지방의 재력 있는 상인들이 몽스의 전매권에 대해 불평불만을 쏟아내면서 자신들의 이익을 대변해 줄 인물들에게 줄을 대기 시작했고 파리에 있는 꽤 영향력 있는 한 모자회사도 이들에게 합류했다. 이들 이익 집단과 손을 잡은 중심인물은 프랑스에서 앙리 4세 다음으로 정치적 영향력이 큰 쉴리 재상이었다. 샹플랭은 북아메리카로 가기 전 루브르 궁 연구소에서 뉴프랑스 건설에 실패한 원인을 조사하고 있을 때부터 이미 쉴리 재상이 상인들과 유착되어 있었고 상인들의 이익을 대변하면서 북아메리카 개척에 국고 사용을 반대하고 있었음을 익히 알고 있었다. 몽스도 이런 이해관계와 정치적 상황에 대해서 자세히 인지하고 조기에 귀국해서 문제를 해결해 보려고 노력하고 있었다. 당시 뉴프랑스 건설 반대론자들의 주장은 북아메리카 개척으로 프랑스가 얻을 것이 아무것도 없기 때문에 국고를 쓸 수 없다는 논리였고, 역시 불필요한 뉴프랑스 건설 투자를 위한 독점 교역권도 철회해야 한다는 것이었다. 앙리 4세의 의지와 몽스의 노력에도 불구하고 지난 7월에 의회는 4년도 채 되지 않은 몽스의 전매권을 철회시키고 말았다. 파리의 새로운 모피 패션과 함께 번창하는 모피 교역 회사들과 쉴리 재상이 뒤를 봐주고 있는 모자 회사의 로비가 앙리 4세와 몽스의 노력을 꺾어 버린 것이었다.

몽스는 의회가 로비에 흔들리지 않고 올바른 결정을 내리도록 유도하기 위한 정치적 노력 외에도 법정에서 소송을 수행하느라 힘들어 했다. 몽스는 세인트크로이섬에 이어 포트 로얄에 전초기지를 세우는 한편 세인트로렌스강 유역으로 교역선들을 보내 그곳에서 모피 교역을 하도록 했다. 프랑스 정부의 재정적 도움 없이 식민지를 건설하기 위해서는 모피 교역은 불가피한 일이었다. 식민지 건설의 개척민들을 지원하고 그들을 보호하기 위해서는 어디에선가 수익을 내야만 했다. 사적인 이익을 챙기는 상인들과는 다른 일종의 공기업 운영이었다. 그러나 그곳에는 프랑스 소속의 선박들과 일부 프랑스 선장을 고용한 네덜란드 배들이 불법으로 활발히 교역하고 있었다. 몽스는 면허 없이 불법 교역을 하고 있는 상인들을 발견하면 모두 붙잡아 프랑스로 압송했다. 모든 걸 압수당한 그들은 프랑스에 도착하면 몽스를 상대로 소송을 걸었다. 게다가 뉴프랑스 건설을 위해 설립한 몽스 회사의 투자가들이 하나 둘씩 떠났기 때문에 재정적 난관에 부딪히게 되었다. 애초에 약속한 배당금을 제때 주지 못하면서 식민지 건설에 추가로 들어가는 자금을 만들기가 점점 어려워졌다. 몽스도 이 식민지 건설 기획에 10만 리브르의 막대한 자금을 쏟아부은 투자가였지만 다른 투자가들은 자신들의 투자금이 더 소중했다. 일부 투자가들은 몽스의 전매권을 무시하고 자신들의 교역선을 아카디아로 보내 사적인 수익을 올리고 있었다. 게다가 몽스가 의무조건을 이행하지 못했으니 그의 전매권을 철회해야 한다는 주장을 의회에 제출하기도 했다. 다행히 의회는 몽스의 안타까운 상황을 인정하여 그동안 몽스가 쓴 비용에 대한 보상으로 그에게 6,000리브르를 현금으로 지불하도록 했다. 그러나 생말로 지방을 비롯한 다른 지방 의회는 이 핑계 저 핑계를 대며 차일피일 미루어 국회가 결정한 몽스의 보상금을 지불하지 않았다. 이러한 모든 요인이 합쳐져서 몽스의 회사는 파산 위기로 몰렸고, 샹플랭, 몽스, 푸트랭쿠르, 퐁그라브, 그리고 그 외에 많은 사람들은 괴혈병으로 죽어 가는 것을 속수무책 바라보면

5장 뉴프랑스, 퀘벡

서 극한의 추위를 견디며 꿈꾸었던 뉴프랑스 건설을 거의 포기해야 하는 상태에 이르게 된 것이었다.

그러나 몽스와 샹플랭은 계속해서 논의를 이어 갔다. 그리고 몽스는 다시 한번 대서양 건너 신대륙에 뉴프랑스 건설을 추진해 보기로 결심했다. 몽스의 회사는 해체되고 그의 모피 교역 독점권은 상실 되었지만 아직 뉴프랑스 건설에 대한 그의 총지휘자 직위와 해군중장의 직위도 유지되고 있었다. 왕으로부터 임명받은 정치적·군사적 권한을 발판으로 다시 한 번 시도하려는 의욕이 일어나고 있었다. 그의 옆에는 믿고 의지할 수 있는 든든한 샹플랭이 있었고 왕은 여전히 몽스를 두텁게 신임하고 있었다.

몽스와 샹플랭은 왕을 설득하는 데 성공했다. 1608년 1월 7일, 앙리 4세는 뉴프랑스에서 자급자족이 가능한 농사를 지을 수 있다는 사실과 원주민들을 개종할 수 있다는 사실에 마음이 더욱 움직였다. 그는 다시 뉴프랑스 건설을 재개하겠다고 공표했다. 그 내용에는 북아메리카에서 불법 교역활동을 금지하며 발각 시에는 사법적으로 처리될 것도 명시되어 있었다. 그러나 그 비용은 다시 한 번 국고가 아닌 몽스가 조달하는 조건이었으며 전매권 기간도 단 일 년에 불과했다. 그러나 몽스와 샹플랭은 일 년 동안 주어진 전매권을 발판으로 삼아 뉴프랑스 건설에 성공할 수 있다는 확신을 갖고 계획을 세운 뒤 즉각 행동으로 옮기기로 했다.

몽스 자신은 뉴프랑스 건설에 대한 전반적인 지원을 위해 프랑스에 남기로 하고 대신 샹플랭에게 자신의 직속 부관 권한으로 뉴프랑스를 건설해 줄 것을 부탁했다. 몽스가 파리에 남기로 결정한 가장 큰 이유 중에는 조석으로 변하는 궁 주변의 정치상황을 예의주시하고 대처해야 했기 때문이었다. 그리고 2척의 선박을 준비해서 그중 하나는 퐁그라브가 지휘하여 원주민들과 교역한 모피들을 프랑스로 실어 나르도록 했다. 그리고 자신의 법적 대리인을 고용하여 북아메리카에서 불법 교역활동을 하는 사람들의 사법처리에 대한 권한을 일임했다. 마침 이때 몽스는 일부 상인들과의 법적다툼에서도 승소하여 자신의 권한을 십분 발휘할 수 있게 되었다. 또한 몽스는 대서양 해안의 항구도시들 및 파리의 상인들과 투자 및 사업에 관해 제휴하고 합의서를 만들어 서명했다. 바스크 지방의 작은 상인단체는 수익금의 4분의 1을 몽스의 회사에 제공한다는 조건으로 면허를 취득하여 대형 선박을 아카디아로 보내기로 했다.

다음으로 결정할 문제는 식민지를 어디에 세우는가였다. 몽스와 샹플랭은 생각이 일치하는 점이 많았지만 식민지 건설 지역에 대한 생각은 4년 전과 마찬가지로 이때도 일치하지 않았다. 몽스는 좀 더 따뜻한 남쪽을, 샹플랭은 1603년에 돌아본 세인트로렌스강 유역을 원했다. 각자의 주장을 펴며 토론을 이어 가던 두 남자는 이 문제를 의회에 보고하고 그 결정에 따르기로 했다. 샹플랭은 늘 그렇듯 자신의 생각을 신중하고 논리적으로 정리하여 의회에 제출했다.

샹플랭의 첫 번째 논리는 방어를 염두에 둔 것이었다. 그는 식민지 건설의 전초기지로 지정하게 되는 퀘벡의 지형을 방어의 적지로 설명했다. 아카디아의 대서양 연안은 방어하기에 너무 광범위하지만 퀘벡은 강폭이 좁아 드나드는 선박들을 통제하기가 용이하다는 점을 강조했다. 그리고 요새를 짓게 되는 곳은 강에서 100미터 이상 깎아지른 언덕위에 있기 때문에 적을 방어하기가 또한 유리하다고 설명했다. 샹플랭이 생각하는 적은 숲속에 거주하는 원주민들이 아니었다. 그가 생각하는 방어해야 할 적은 신대륙으로 그 세력을 확대해 가고자 하는 유럽의 다른 국가들이었다.

그의 두 번째 주장은 교역에 관한 것이었다. 그는 1603년, 타두삭을 시작으로 몬트리올까지 탐사하는 과정에서 세인트로렌스강 유역에서 이루어지고 있는 모피 교역의 현황을 관찰했다. 그곳에는 이미 오래전부터 유럽인과 원주민 사이의 교역망이 구축되어 있다는 것을 알 수 있었다. 그리고 세인트로렌스 밸리 유역의 원주민 인구는 아카디아 지역보다 그 숫자가 더 많았고 모피 교역도 더 활발하게 이루어지고 있었으며 앞으로 발전 가능성도 훨씬 더 크다고 설명했다.

그리고 마지막 이유로는 앙리 4세가 염원하는 동방으로 가는 길을 찾기 위해서였다. 그동안 유럽의 여러 국가들은 오스만제국에 의해 동방으로 가는 동쪽길이 막히자 금은보화와 값비싼 향신료를 찾기 위한 북서항로를 대신 개척하려 했지만 성공하지 못했다. 샹플랭은 세인트로렌스강을 따라 서쪽 내륙으로 깊이 들어가다 보면 중국을 비롯한 동방이 나온다고 믿었다. 그리고 세인트로렌스강 유역은 샹플랭이 보기에 정착하기에 아주 좋은 조건의 지형과 토양을 가지고 있었다는 점을 강조했다.

몽스도 자신의 생각을 의회에 제출했다. 두 사람의 보고서를 살펴본 의회는 두 사람의 의견을 종합하기로 결정했다. 2척의 선박은 샹플랭의 의견에 따라 세인트로렌스강으로 보내고, 1척의 배는 아카디아의 포트 로얄로 보내어 잠시 중단되었던 식민지 개척을 계속 이어 나가기로 했다. 포트 로얄에는 신세계에서 봉건 유토피아를 꿈꾸는 푸트랭쿠르를 보내기로 했다. 퐁그라브는 모피 교역에 대한 업무를 맡게 되었고 샹플랭은 세인트로렌스강 유역에 영구 식민지를 건설하는 일을 맡게 되었다.

다음 단계는 사람들을 모집하는 일이었다. 이번에도 함께 항해를 시작할 사람들은 1604년의 항해와 별반 다르지 않게 전문 기술자들, 일반 노동자, 그리고 의사가 모집되었는데 이번에는 정원사도 한 명 고용했다. 이들 모두의 계약 기간은 2년이었다. 10대 후반의 청소년들도 있었다. 이 소년들은 원주민 부락에서 생활하며 원주민들의 언어와 문화를 익혀 샹플랭의 통역사로 키워질 뿐 아니라 북아메리카 내륙 깊숙이 탐사를 이어 가며 원주민들과 교역을 하게 된다.

이번 항해에도 지난번과 마찬가지로 여전히 여인들은 존재하지 않았다. 그리고 지난번에는 함께했던 스위스 용병과 가톨릭과 개신교 성직자들이 이번에는 빠졌다. 용병을 뺀 것은 아마도 경제적인 문제로 인한 결정일 수도 있지만 뉴프랑스 건설 목적 중에 북아메리카 원주민들을 그리스도교로 개종하는 것이 큰 목표인 만큼 성직자들은 꼭 필요한 존재였다. 그럼에도 불구하고 성직자들이 빠진 이유는 두 종교 간의 분쟁 때문이었다. 샹플랭의 항해일지에는 지난 탐사 내내 성직자들은 끊임없이 분쟁을 일으켰다고 기록하고 있다. 앙리 4세는 선교활동 자금으로 2,000리브르의 자금을 후원하겠다고 제안하면서 성직자들의 인격적 평판이 좋은 로마교황청 직속의 예수회 성직자를 섭외하기 위해 노력했다. 그러나 예수회의 거부로 성직자 섭외는 실패했고 결국 몽스와 샹플랭은 성직자 없이 출발하기로 결정했다.

암살 음모로 시작한 식민지 건설

1608년 봄, 여러 항구에서 20여 척의 교역선이 샹플랭보다 앞서 북아메리카를 향하여 출항을 시작했다. 퐁그라브는 4월 5일에 출항했고 또 1척에는 샹프도어 선장이 포트 로얄을 향하여 항해를 시작했다. 샹플랭은 식민지 건설에 필요한 사람들을 모으고 필요한 물품을 준비하느라 분주한 시간을 보냈다. 선박 임대를 비롯한 전체 비용이 만만치 않았다. 출항 준비가 예정보다 늦어져 4월 중순이 되어서야 옹플뢰르 항구를 출발할 수 있었다.

1608년 4월 13일, 샹플랭은 드디어 책임자가 되어 북아메리카로 가는 세 번째 항해를 시작했다. 1603년과 1604년 이루어졌던 두 번의 탐사에서의 그의 역할은 신대륙의 지도를 그리고 탐사기록을 왕에게 보고하는 일에 그치고 있었다. 두 번째 항해 때는 몽스의 지시로 잠시 탐사대를 지휘한 일은 있었지만 이 세 번째 항해는 모든 것이 샹플랭의 지휘 아래 이루어지게 되었다. 몽스는 앙리 4세가 부여한 사법, 행정, 그리고 정치적인 결정까지 식민지 건설에 관한 모든 권한을 40대 전후의 샹플랭에게 부여했다.

출발은 순조로웠다. 대서양을 항해하는 한 달여 기간 동안 날씨가 좋아 무난하게 5월 15일에 그랜드 뱅스(Grand Banks, Newfoundland의 주변 바다)에 도착했고 27일에는 카파 브레튼, 그리고 6월 3일에는 타두삭에 도착했다.

타두삭 외항에 배를 정박한 샹플랭은 일주일 정도 먼저 도착해 있는 퐁그라브의 안부가 궁금해서 배를 대기에 좋지 않은 기상 상황이었지만 조수 변화 시간의 세찬 바람을 무릅쓰고 작은 보트를 내려 포구로 향해 들어갔다. 잠시 후 퐁그라브의 배가 눈에 들어왔다. 그 배에는 퐁그라브의 지휘를 받는 선장과 처음 보는 바스크인들이 타고 있었다. 보트로 도착하는 샹플랭을 보자 한 바스크인이 샹플랭에게로 다가와 그동안 있었던 사건을 상세히 보고했다. 이 바스크인이 전하는 사건의 전말은 뉴프랑스 건설의 책임자로서 신대륙에서 독점 교역권을 지키고 사법권을 행사해야 하는 샹플랭으로서는 심각한 문제였다.

타두삭에 도착한 퐁그라브는 면허 없이 교역을 하고 있는 바스크인 선박을 발견하고 왕으로부터 부여받은 몽스의 교역독점권에 의거하여 면허 없이는 그 누구도 북아메리카에서 교역을 할 수 없음을 알렸다. 그럼에도 불구하고 그들은 자신들의 교역활동을 저지하는 퐁그라브를 향해 포를 발사하며 공격하여 한 명이 사망하고 퐁그라브와 그의 부하 3명이 큰 부상을 당했다. 그들은 부상을 당해 저항할 힘을 잃은 퐁그라브에게서 배와 무기를 모두 빼앗고는 왕이 내린 법령과는 상관없이 계속해서 교역을 할 것이라고 공언했다. 또 자신들의 안전을 위해 자신들이 프랑스로 돌아갈 때나 퐁그라브에게 총탄과 포를 돌려주겠다고 했다는 것이었다.

이야기를 들은 샹플랭은 매우 화가 났지만 자제력과 신중함을 잃지 않았다. 샹플랭은 사건의 전말을 이야기한 바스크인에게 왜 바스크인들이 퐁그라브의 선박에 타고 있는지 물었다. 그는 자신의 총지휘자와 동료들을 대신해 뒤이어 도착하는 샹플랭으로부터 안전을 보장받기 위해서라고 대답했다.

샹플랭은 퐁그라브를 만날 때까지는 어떤 확약도 할 수 없다고 말했다. 그러자 그는 샹플랭에게 필요한 것이 있다면 혼신을 다해서 돕겠다고 말했다. 그의 말을 들으면서 샹플랭은 바스크인들이 자신들의 잘못을 인지하고 있다는 것과 그들이 다시는 고래잡이를 할 수 없을까 두려워한다는 것을 간파할 수 있었다. 모든 상황을 전해들은 샹플랭은 퐁그라브를 만나기 위해 뭍으로 갔다. 전투에서 부상을 입은 퐁그라브의 건강 상태는 매우 좋지 않았다. 퐁그라브는 샹플랭에게 그동안 있었던 일에 대해 상세하게 들려주었다. 두 사람은 바스크인들에 대한 처분 문제에 대해 논의를 했고 샹플랭은 퐁그라브에게 바스크인들에 대한 공격이나 분쟁은 일단 멈추라고 부탁하고 그들의 사법처리 문제는 프랑스 법정에서 다루기로 했다.

다라쉐라는 선주는 샹플랭에게 자신의 배에 오를 것을 거듭 청하고는 샹플랭이 그에 배에 오르자 극진히 환대하면서 변명과 함께 향후 사건처리에 대하여 선처를 부탁했다. 긴 시간 진지하게 그들의 사정을 듣고 논의를 한 끝에 샹플랭은 퐁그라브에 대한 적대 행위가 다시는 없어야 한다는 것과 왕과 몽스가 내린 법령을 절대 어기지 않겠다는 약속을 받았다. 그가 약속을 지키지 않는다면 샹플랭이 그의 안전을 보장하는 약속은 무효라는 것을 확실히 해 두었다. 결국 다라쉐와 퐁그라브는 화해하고 샹플랭이 만든 합의서에 서명했다.

단호하면서도 상대방을 존중하는 평화적인 합의를 이끌어낸 샹플랭은 13톤급의 작은 범선을 이용하여 타두삭에서 북서쪽으로 나 있는 사그니강을 탐사한 후 6월 30일, 퀘벡을 향하여 항해를 다시 시작했다. 세인트로렌스강을 따라 여러 섬들을 지나며 도착한 곳은 만조 때가 아님에도 높은 해수면이 약한 바람만으로도 거세게 울렁이는 광경을 본 샹플랭이 이름 지은 카파 트루망트(Cap Tourmente, 소요, 혼란)였다. 대서양의 해수가 이곳부터는 민물로 바뀐다. 카파 투르망트는 오늘날 '국립 야생보호 구역(National Wildlife Area)'으로 지정되어 흰기러기를 비롯한 많은 종류의 철새 수만 마리가 이동 중 둥지를 트는 곳이다.

다음으로 도착한 곳은 오를레앙섬이었다. 타두삭에서 이 섬까지 오도록 강 양안에 보이는 것은 온통 산지였으며 매우 척박한 땅으로 이루어져 있었다. 그런데 오를레앙섬의 남쪽 강을 지나면서는 떡갈나무와 호두나무로 이루어진 울창한 숲, 그리고 강둑 숲에는 포도덩굴이 왕성하게 자라고 있었으며 한편에서는 초원으로 이루어진 대평원이 펼쳐졌다. 그렇지만 육지와 섬 사이의 강에는 뾰족한 크고 작은 바위들이 도사리고 있는 지역이어서 항해가 위험했다. 그러나 이곳부터는 비옥한 땅이 시작되고 있다고 샹플랭은 기록했다. 사실 그는 사그니강 유역을 정착지로 염두에 두고 탐사를 시작했지만 그곳의 토양은 척박했다. 그는 비옥한 땅을 찾아 농사를 지어 본국으로부터 의존하지 않고 자급자족할 수 있는 식민지를 계획하고 있었다. 오를레앙섬을 거의 지나고 있을 무렵 북쪽 육지에 가파른 언덕 위로부터 거대한 양의 물을 쏟아내고 있는 83미터 높이의 몽모랑시 폭포가 자리하고 있었다.

언제나 그렇듯이 샹플랭은 타두삭에서 현재의 퀘벡으로 오는 동안 항해하기 순조로운 강 한복판을 선택하지 않았다. 그는 바위와 낮은 수심으로 인해 발생하는 여울이 가로막는 강변 가까이를 항해하면서 크고 작은 지류를 조사하고 수심을 측량했다. 그리고 수시로 육지에 상륙하여 토양을 살피고 식물을 조사하고 수집하면서 지형을 스케치했다. 그리고 경계표가 될 만한 강이나 섬에는 이름을 붙여 주었는데 그 이름들은 캐나다와 미국에 오늘날까지 많이 남아 있다. 이러한 그의 모습을 두고 후세의 사람들은 그에게 지리학자라는 타이틀을 붙여 주었다. 1608년 7월 3일, 샹플랭과 그의 일행은 오를레앙섬에서 서쪽으로 약 6킬로미터 정도 떨어진 퀘벡에 도착했다. 이곳은 넓은 세인트로렌스강이 이곳에서 갑자기 좁아진다 하여 인디언들이 이름 붙인 케벡(Kebec)이 점차 변하여 오늘날의 퀘벡(Quebec)이 된 곳이다. 이곳은 강폭이 좁아지는 지형이라 오가는 선박들을 통제하기 쉬운 곳이어서 샹플랭의 판단으로는 이곳보다 더 나은 장소는 없어 보였다.

퀘벡의 언덕 아래 지역 로어타운(Lower Town, 2016년 방영된 드라마 '도깨비'의 빨강 문이 나오는 곳)에 거주할 공간을 만들기 위해 우거진 호두나무 숲의 나무들을 자르게 하여 숲을 정리하고 한쪽에서는 집을 지을 목재를 만들게 했다. 그리고 한쪽에서는 와인 같은 음료가 얼지 않도록 보관하는 지하 공간을 깊게 파도록 했다. 제일 먼저 짓기 시작한 건물은 지하 공간이 있는 식료품과 보급품 창고였다. 모두가 부지런히 움직인 덕분에 창고가 빠른 시일 내에 완성되어 가자 샹플랭은 타두삭에 있는 보급품들을 실어 오도록 했다. 대서양을 건너올 때는 대형 범선을 이용했으나 강을 항해할 때는 작은 범선으로 이동했는데, 이때 대부분의 보급품이 타두삭에 정박해 있는 대형 범선에 실려 있었기 때문이었다.

그러나 퀘벡의 뉴프랑스 식민지 건설 현장에서는 어리석은 탐욕이 초래한 살인음모가 시작되고 있었다. 타두삭에 있는 보급품들을 퀘벡으로 실어 오기 위해 일부 대원들이 떠난 며칠 후, 퀘벡에 남은 대원들 사이에서 샹플랭의 목숨을 노리는 음모가 확산되고 있었다. 주동자는 지난 해 지금의 매사추세츠의 너셋 항구 탐사에서 푸트랭쿠르의 명을 어기고 해변에서 밤을 지내다 원주민들의 공격을 받은 다섯 명 중 유일하게 살아남은 자물쇠 기술자 장 뒤발이었다. 그는 샹플랭을 살해하고 요새를 바스크인들이나 스페인 사람들에게 넘겨서 큰돈을 벌 계획을 세웠다. 그는 자신의 계획을 성공시키기 위해 세 명의 단순하고 거친 남자들에게 다가가 자신의 음모에 가담하면 엄청난 부를 얻을 수 있다는 거짓말을 늘어놓아 그들을 매수하는 데 성공했다. 뒤발에게 매수된 세 명의 남자들은 또 다른 대원들에게 다가가 그들도 음모에 동참하라고 꼬드겼다. 이 당시의 상황에 대해 샹플랭은 "내가 신뢰할 수 있는 대원들은 모두 타두삭으로 식량과 보급품을 실어 오기 위해 떠난 상태라 한동안 나는 신뢰할 수 있는 사람이 아무도 없었다."고 후일 당시 상황을 회상하는 글을 남겼다.

음모를 주도한 남자들은 지킬 수도 없는 허위 약속을 늘어놓아 심지어 샹플랭의 개인 하인까지 꼬드기는 데 성공했다. 퀘벡에 남아 있던 모든 대원들을 포섭하자 뒤발은 공모자들과 함께 샹플랭을 죽일 여러 가지 방법을 계획하기 시작했다. 샹플랭이 무기를 지니고 있지 않을 때 피살하는 방법, 또는 잠을 자고 있는 한밤중에 경보음을 울려 문밖으로 나오는 샹플랭에게 총을 쏘는 방법이었다. 계획이 정해지자 그들은 이 모든 음모에 대하여 함구해야 하며 발설하는 자가 있다면 칼에 찔려 죽게 될 것이라 이야기하며 비밀을 굳게 지킬 것을 서로 맹세했다. 그리고 그들은 타두삭으로 간 범선이 돌아오기 전 사흘 안에 계획을 실행하기로 결정했다.

그런데 바로 그날, 테스투 선장이 지휘하는 배가 보급품을 싣고 퀘벡에 도착했다. 그가 하역 작업을 마치고 타두삭으로 돌아가기 위한 준비를 하고 있을 때 자물쇠 숙련 기술자인 젊은 청년 나텔이 그에게로 다가왔다. 그리고 조심스럽게 암살음모에 대하여 테스투 선장에게 알렸다. 그리고 자신도 다른 사람들처럼 음모에 합류하겠다고 약속은 했지만 이 음모가 행해지기를 바라지 않고 이 일을 발설했다 하여 칼로 찔려 죽는 것 또한 바라지 않는다고 말했다.

나텔은 선장에게 자신이 발설한 것을 동료들이 알게 된다면 자신은 바로 죽게 될 것이라며 자신을 보호해 달라고 요청했다. 선장은 그의 안전을 보장한다고 약속하고 음모 주동자들에 대한 정보를 물었다. 나텔은 상세하게 주요 음모자들에 대한 정보를 선장에게 알려 주었고 테스투 선장은 나텔이 정직하고 바른 사람이라고 칭찬했다. 그리고 이 일은 당연히 샹플랭도 알아야 하며 그들에 대한 사법처리 문제는 샹플랭이 처리할 것이라고 말했다. 그리고 선장은 나텔에 대해서는 선처를 부탁하겠다고 약속했다. 선장은 나텔에게 동료들에게 돌아가서 의심받을 행동을 하지 않도록 당부하고 신중하게 행동하면서 계속 그들의 동태를 살피도록 했다.

테스투 선장은 나텔을 동료들에게로 돌려보낸 후 자신을 향한 음모가 있는 줄도 모른 채 열심히 밭을 일구고 있던 샹플랭에게로 가서 조용히 나눌 이야기가 있다고 말했다. 샹플랭은 바쁘게 움직이던 손을 멈추고 테스투 선장을 따라 숲속으로 들어갔다. 테스투 선장은 나텔에게 들은 살해 음모를 샹플랭에게 전했다. 그리고 나텔의 선처를 부탁하며 샹플랭이 그를 벌줄까 걱정된다고 말했다. 샹플랭은 이런 일에 대하여 자신을 잘 통제할 수 있으니 걱정 말라면서 나텔에게서 직접 듣고 싶으니 자신에게 데려오라고 했다.

잠시 후 샹플랭 앞에 나타난 나텔은 겁에 질려 떨고 있었다. 샹플랭은 나텔을 안심시키며 대원들이 뒤발의 음모에 동참하게 된 동기가 무엇인지 그리고 뒤발과 3명의 공모자들이 모든 대원들에게 음모에 가담할 것을 강요했는지 물었다. 그러자 나텔은 강압적인 것은 없었다고 하면서 모두 바스크인이나 스페인 사람들에게 퀘벡을 넘겨주면 많은 돈을 벌 수 있다고 생각해서 가담했다고 했다. 그리고 모든 대원들은 프랑스로 돌아가고 싶어 하지 않는다고도 말했다. 나텔을 통해서 음모 정황과 함께 대원들의 생각과 정서를 정확히 파악하게 된 샹플랭은 주모자 몇 명만 처벌하면 될 일로 판단했다. 샹플랭은 테스투 선장에게 와인을 가져오라 하여 두 병의 와인을 나텔에게 주었다. 그리고 나텔에게 그 와인을 주동자들에게 갖다 주면서 타두삭에 있는 나텔의 친구들이 보내 온 것이라고 하고 그들과 함께 마시고 싶다고 이야기하라고 지시했다. 그날 저녁, 음모 주동자들은 나텔의 초대를 받아들여 작은 범선에 올라 흥겹게 와인을 즐기기 시작했고 잠시 후 샹플랭은 그들을 덮쳐서 붙잡아 쇠사슬로 포박했다.

이때가 밤 10시경이었다. 샹플랭은 전 대원들을 한곳에 모이도록 하고 하나도 숨김없이 모든 정황을 이야기한다면 모두 용서하겠다고 말했다. 처음에는 머뭇거리던 대원들이 어느새 하나둘 숨김없이 털어놓는 분위기가 되면서 후회와 반성의 한마당이 되었다. 샹플랭은 뒤발과 세 명의 주동자들을 제외한 모든 대원들에게 각자 그들의 거처로 돌아가도록 지시했다.

다음 날 아침, 샹플랭은 대원들을 모아 놓고 테스투 선장과 그의 선원들 앞에서 음모에 가담하고 묵인했던 사람들의 진술을 들으며 기록했다. 모두 서로를 두려워했다고 하면서 특히 주모자들에 대한 공포감으로 가담할 수밖에 없었지만 이제 모든 것을 털어놓게 되어 홀가분하다고 말했다. 그리고 샹플랭의 선처에 감사하면서 이제 편안한 마음으로 살 수 있게 되어 기쁘다고 말했다.

같은 날, 샹플랭은 음모를 꾸민 네 명을 배에 태우고 타두삭으로 갔다. 퀘벡에는 아직 그들을 가두어 둘 만한 공간이 없어서 퐁그라브에게 이들을 맡기고 사건 처리에 대해 논의하기 위해서였다. 논의 끝에 타두삭에서 우선 처리해야 할 일을 마무리한 후에 퐁그라브가 그들을 다시 퀘벡으로 데리고 가서 사법처리 하기로 했다. 증인들이 있는 퀘벡에서 재판을 열어 공개적으로 처리하는 것이 좋겠다는 생각이었다.

샹플랭은 다음 날 퀘벡에서 짓고 있는 식량 보관창고를 완성하기 위해 퀘벡으로 향했다. 그리고 며칠 후 퐁그라브도 죄수들을 데리고 퀘벡으로 향했다. 그들이 퀘벡에 도착하자 대원들은 혹시나 샹플랭이 범죄자들의 죄를 사면하여 석방해서 자신들이 그들의 사악한 음모를 발설한 이유로 보복을 당할까 두려워했다. 샹플랭은 공개 재판을 열었다. 테스투 선장을 비롯한 모든 사람이 이미 그들로부터 자백을 받은 터였고 증인들도 있었기 때문에 재판을 오래 끌 필요는 없었다. 샹플랭은 뒤발 이외의 3명의 공모자들은 프랑스로 보내 몽스의 판결에 맡기기로 하고 주모자 뒤발은 즉시 교수형에 처하여 시신을 장대 끝에 매달아 모든 대원들에게 엄중한 경고의 본보기로 삼도록 했다. 이후 샹플랭이 이끄는 뉴프랑스 개척 사업 현장에서 이런 유형의 사건은 다시는 일어나지 않았다. 샹플랭에게 있어서는 최초이자 마지막 반란음모이자 교수형이었다.

퀘벡 원주민들의
삶과 그 겨울

살인음모 사건이 모두 마무리된 9월 18일, 퐁그라브는 죄수들을 프랑스로 데려가기 위해 퀘벡을 떠났다. 그가 떠난 후 퀘벡의 일상은 다시 제자리를 잡아 가기 시작했고 대원들은 맡은 바 임무를 위해 부지런히 식민지 건설의 기반을 닦아 나갔다.

퀘벡의 초기 식민지 기지는 세 동의 2층 건물로 만들어졌다. 각 건물의 길이는 5.5미터, 그리고 너비는 4.5미터로 지어졌으며, 식료품 창고는 와인을 보관하는 2미터 깊이의 지하 공간이 딸린 11미터 x 5.5미터로 가장 크게 지어졌다. 건물의 2층 전 사면에는 발코니를 만들었으며 건물 밖 사방으로는 깊이가 2미터, 그리고 너비는 28미터가량의 해자를 팠다. 도랑 밖 건물을 둘러싼 여러 곳에 돌출부를 만들어 포를 배치했다. 요새 앞 강둑이 내려다보이는 곳에는 길이가 7.5미터, 그리고 너비가 2미터 정도 크기의 전망대를 만들었다. 그리고 요새의 북쪽으로는 땅을 개간하여 농사를 지을 수 있는 숲으로 이루어진 울창한 평원이 광대하게 펼쳐져 있었다.

낯선 무법천지의 이 땅에는 적인지 친구인지 아직은 알 수 없는 여러 부족의 원주민들과 호시탐탐 교역전매권을 노리는 프랑스 상인들이 있었다. 이런 상황이기에 샹플랭이 사방을 방어할 수 있도록 거주 공간을 요새화한 것은 당연한 일이었다. 그러나 그가 가장 우려하면서 방어 시설을 준비한 이유는 프랑스의 이웃 나라들 때문이었다. 그러한 샹플랭의 우려는 그의 살아생전에 현실화하게 된다.

목수들이 집을 짓기 위한 판자를 만드는 동안 샹플랭은 다른 모든 대원들에게는 씨앗을 뿌려 농작물이 자라는 상태를 확인할 땅을 개간하도록 했다. 그러던 9월의 어느 날 많은 수의 몽타냐이 원주민들이 샹플랭과 그의 대원들이 정착한 곳 가까이로 와서 거처를 정했다. 9월 중순쯤 이곳의 강으로 몰려와 10월 중순쯤 사라지는 뱀장어를 잡기 위해서였다. 뱀장어는 이 기간 동안 원주민들의 주요 식량원이었을 뿐만 아니라 먹고 남는 것은 말려 그 이듬해 2월까지 원주민들이 생존할 수 있게 해 주는 주요 영양 공급원이었다. 80~90센티미터의 눈이 쌓이는 겨울이 오자 원주민들은 비버 사냥에 나섰다. 더 깊은 숲속으로 비버 사냥을 떠날 때 원주민들은 자신들이 건조해 놓은 장어 등 먹을거리와 그들의 살림살이를 샹플랭과 그의 대원들에게 가지고 와 맡기면서 잘 보관해 달라고 부탁했다. 그들은 12월 중순에 사냥에서 돌아왔는데 비버 사냥은 큰 성공을 거두지는 못했다. 강이 범람해서 비버 서식지로 가는 이동이 불가능해졌기 때문이었다. 그런데 샹플랭이 보관하고 있다 돌려준 장어는 1월 20일경이 되자 모두 소진되었다. 건조해 둔 장어가 다 떨어지자 조가비를 채취하고 자신들이 기르던 개를 잡아먹거나 추위를 막기 위해 의복으로 걸쳤던 동물 가죽을 씹어 먹기도 했다. 원주민들은 봄까지 엘크를 비롯한 동물을 사냥하기도 하고 프랑스인들의 요새에서 나누어 주는 식재료로 근근이 겨울을 버텼다. 샹플랭은 이들에게 농작물을 경작하는 방법을 알려 준다면 저 아래 남쪽 지방의 원주민들처럼 좀 더 나은 생활을 할 수 있지 않을까 생각했다.

샹플랭은 인디언들의 종교, 법, 관습, 신체, 결혼 풍습, 식량원, 의복, 등 많은 분야에 걸쳐 관심을 가지고 관찰하여 기록으로 남겼다. 샹플랭은 원주민 사회에는 법이 존재하지 않는데 그 이유는 신을 섬기지 않고 미신을 섬기기 때문이라고 결론짓기도 했다.

특히 샹플랭의 눈길을 끈 물건은 원주민들이 눈 위를 걸을 때 신는 사람의 발보다 길고 넓은 신이었다. 남쪽의 원주민들에게서 이미 본 적이 있는 신이었지만 샹플랭은 퀘벡 원주민들이 사용하는 이 눈신을 다시 상세하게 기록했다. 아마 그 시대의 샹플랭에게는 매우 신선하고 호기심을 불러일으키는 물건이었던 듯하다. 원주민들이 눈 위를 걸을 때 신는 샹플랭이 본 신은 70~80센티미터의 많은 눈이 내리는 퀘벡 지역에서 사냥이나 이동 시에 필수품이었다.

또한 샹플랭이 흥미롭게 본 풍습은 이곳 원주민들의 결혼이었다. 소녀들이 14~15살 정도가 되면 마음에 드는 여러 구혼자들을 선택하여 몇 년간 자유롭게 사귀는데 5~6년이 지나면 그중 제일 마음에 드는 남성과 결혼을 한다. 그리고 일단 결혼하고 나면 여인들은 결혼한 남편에 대해 정조를 지켰다. 따라서 미혼 여성들은 기혼 여성들보다 더 많은 자유를 누렸다. 반면 남성들은 몇 년을 살아도 아내에게서 아이가 태어나지 않으면 아내를 떠나 다른 여성과 결혼할 수 있었다.

샹플랭은 이 외에도 원주민들의 장례문화도 자세히 관찰했다. 이들은 누군가가 죽으면 땅을 깊게 파고 시신을 매장할 때 망자가 생전에 사용하던 주전자, 모피, 도끼, 활, 화살, 그리고 의복들을 시신과 함께 놓은 다음 그 위에 흙을 덮었다. 그리고 무덤의 맨 위에는 커다랗게 자른 많은 나무를 올려놓았다. 그런 다음 나무 하나의 상단 부분을 빨갛게 칠하고 곧게 세웠다. 원주민들은 샹플랭에게 그들은 영혼의 불멸을 믿으며 이미 죽어 다른 곳에 가 있는 가족과 친척을 보게 되기 때문에 행복하다고 말했다. 부족의 추장이나 뛰어난 인물이 죽으면 일 년에 세 번 무덤가에서 노래와 춤을 추며 죽은 사람을 기렸다.

원주민들은 이 겨울 동안 퀘벡의 프랑스인들 가까이에서 함께 생활했다. 그런데 그들의 무서운 적, 이로쿼이 인디언들에 대한 꿈을 꿀 때면 아이들과 아내를 프랑스인들의 요새로 데리고 와서 안전을 위해 요새에 맡기기도 했는데 그럴 때면 샹플랭은 그들을 받아주고 그들의 동요를 잠재우기 위해 대원들을 밖으로 내보내 숲속 동태를 살피도록 했다. 샹플랭이 본 몽타냐이 원주민들은 순하고 겁이 많은 사람이었고 이로쿼이 원주민들을 매우 두려워하고 있었다. 샹플랭은 이로쿼이 원주민들의 기습이 두려워 밤마다 잠을 설친다는 그들을 계속해서 안심시켜야 했다. 그리고 프랑스인들처럼 돌아가며 보초를 서도록 권유했다. 샹플랭이 꿈은 현실에서 거의 일어나지 않으니 너무 연연하지 말라고 원주민들에게 거듭 당부했지만 거의 소용없는 일이었다. 보초를 서는 방법은 자신들보다 프랑스인들이 더 잘 알고 있는 것 같다며 계속 함께 지내면 배울 수 있을 거 같다고 말하기도 했다.

가을에 뿌린 호밀과 밀은 싹을 틔워 잘 자라고 있었고 이곳에서 자라는 포도 덩굴도 재배를 시작해 보니 매우 잘 자랐다. 프랑스 개척민의 요새도 별 무리 없이 잘 진행되어 갔다. 비가 유난히 많이 내렸던 가을은 어느덧 11월의 겨울로 접어들었다. 11월 18일이 되자 퀘벡에는 폭설이 내렸다. 그리고 이틀 뒤에는 강풍이 휘몰아치면서 퀘벡엔 다시 한 번 눈발이 세찬 바람을 따라 휘날렸다. 이런 극심한 추위 속에 선원 한 명과 자물쇠 기술자 대원 한 명이 이질로 목숨을 잃었다. 원주민들도 여러 명이 목숨을 잃었는데 샹플랭은 잘못 요리된 뱀장어가 원인일 것이라고 분석했다.

해가 바뀌어 1609년의 2월이 되었다. 2월 5일이 되자 퀘벡에는 다시 한 번 강풍을 동반한 대폭설이 이틀 동안 내렸다. 2월 20일, 한 무리의 원주민들이 요새 강 건너편에 나타나 자신들이 강을 건널 수 있도록 도와달라고 외쳤다. 그러나 샹플랭을 비롯한 프랑스인들은 강물을 따라 흐르는 크고 작은 무수히 많은 얼음덩이들 때문에 배를 띄울 수 없어 속수무책 손을 놓을 수밖에 없었다. 그런데 굶주림에 생명을 위협받는 강 건너의 원주민 부락민들은 죽든 살든 강을 건너 샹플랭에게 도움을 요청하기로 결심했는지 아이들을 카누에 태우고 물살을 따라 흐르는 얼음덩이들을 피하면서 강을 건너기 시작했다.

그런데 카누가 간신히 강 중간 지점쯤 도착했을 때 이동하고 있던 커다란 얼음판이 그들의 카누와 부딪히면서 카누가 부서지기 시작했다. 그러나 원주민들의 행동은 매우 민첩했다. 사고가 나자 여인들은 아이들을 등에 둘러업고는 재빠르게 움직여 이동하고 있던 다른 큰 얼음 위로 옮겨 탔다. 위험천만한 상황에서 벗어나 커다란 얼음판 위에 안전하게 안착한 원주민들의 흥분에 겨운 외침이 강 건너에서 이들의 위태로운 광경을 지켜만 보고 있을 수밖에 없는 프랑스인과 원주민들의 귀에까지 전해져 왔다. 자신들을 기다리는 것은 죽음밖에 없다고 생각한 그들에게 또 한 번의 행운이 찾아왔다. 이번에는 그들이 타고 있던 얼음을 또 다른 얼음이 다가와 충돌하면서 그들이 탄 얼음판을 강변으로 밀리게 만든 것이었다. 샹플랭과 동료들이 모두 지켜보는 가운데 그들은 살아 있다는 것에 흥분을 감추지 못하면서 강변에 도착했다. 샹플랭의 요새에 도착한 강을 건너온 원주민들의 모습은 비참함 그 자체였다. 오랫동안 굶주렸는지 깡말라 있었고 초췌한 그들의 모습은 꼭 해골 같았으며 대부분의 사람들이 거의 몸을 제대로 가누지 못했다. 샹플랭은 그들에게 음식을 제공하라고 지시했다. 굶주림에 지친 그들은 음식이 제대로 요리되기도 전에 먹어치웠다. 샹플랭은 이곳의 원주민들에게 받은 나무껍질을 주어 그들이 거처할 곳의 지붕을 덮도록 했다. 그들이 자신들의 거처를 만들고 있는 동안 그들은 썩어가고 있는 동물을 발견했다. 그것은 두어 달 전 샹플랭이 고급 모피감인 이곳의 여우를 유인하기 위하여 미끼로 놓아두었던 암퇘지와 개의 사체였다. 죽어 부패한 동물은 날씨가 따스한 날에는 그 냄새가 지독해서 가까이 접근할 수 없을 지경이었다. 그러나 굶주린 원주민들은 썩어 가고 있는 암퇘지와 개를 자신들의 거처로 가져가 반쯤 만 익힌 뒤 게걸스럽게 먹어댔다. 그들에게는 지금껏 먹어 본 그 어떤 고기보다도 맛이 좋은 듯이 보였다. 샹플랭은 대원들을 보내서 죽고 싶지 않다면 썩은 고기를 먹지 말라고 충고했다. 대원들이 원주민들의 거처로 가까이 가자 부패한 동물의 냄새가 코를 찔렀고 원주민들의 손에는 이미 반쯤 구운 썩은 고깃덩어리들이 들려 있었다. 비참한 기아를 겪은 그들은 먹지 말라는 대원들의 말을 전혀 들으려 하지 않았고 결국 썩은 고기로 식사를 마쳤다. 샹플랭은 계속해서 그들에게 먹을 것을 제공했지만 사람들의 수가 많아서 한 사람에게 분배되는 양은 충분하지 않았다. 한 달이 지나자 프랑스인들의 식료품 저장고는 바닥을 드러내고 있었다. 샹플랭은 그들을 '대식가'라고 표현했는데 그 이유는 굶주림으로 인하여 죽음의 문턱까지 갔던 원주민들이 먹을 것이 보이면 밤이고 낮이고 쉬지 않고 계속해서 먹어댔기 때문이었다. 그들의 식욕이 샹플랭은 정말로 놀라웠다. 맹금류를 유인하기 위해서 담비사냥을 하다가 물려 죽은 개를 나무꼭대기에 걸쳐 놓았는데 강을 건너온 원주민들이 와서는 나무에 오를 힘이 없자 아예 그 나무를 베어 버리고 뼈와 가죽만 남은 죽은 개를 가지고 가서는 그 또한 먹어치우는 것이었다.

샹플랭이 본 원주민들의 겨울을 지내는 모습은 이렇듯 굶주림으로 고통받는 삶이었다. 따뜻한 계절이 오면 원주민들은 강에서 물고기를 잡고 숲에서는 새와 동물을 사냥하면서 풍부한 먹거리를 얻을 수 있지만 강의 얼음이 얼어붙는 긴 겨울이 오면 그들은 반복해서 굶주린 겨울

5장 뉴프랑스, 퀘벡

을 살아 내야 했다. 샹플랭이 살펴본 이곳의 토양은 매우 비옥했다. 원주민들이 옥수수 농사를 짓는다면 겨울철에 극심한 굶주림의 고통을 받지 않고 저 아래 남쪽의 인디언들처럼 행복하게 살아갈 수 있을 것이라고 생각했다.

극심한 굶주림으로 고통받는 원주민들과 달리 프랑스인들은 이곳에서도 질병으로 고생하고 있었다. 괴혈병의 공격으로 18명의 대원들이 고통을 받다가 그중 열 명이 사망했고, 다섯 명의 대원은 이질로 사망했다. 이곳에서도 부검을 실시해 보니 세인트크로이와 포트 로얄에서의 부검 결과와 똑같았다. 얼마 후 부검을 실시했던 의사도 사망하자 괴혈병으로 고통받고 있는 환자들을 보살피는 일도 꺼리게 되는 지경이었다. 샹플랭은 괴혈병과 이질로 고통받고 생명을 잃는 대원들을 보면서 이 병에 대한 자신의 생각을 일지에 남겼다. 해마다 겨울이 오면 또 다른 대원들을 잃는 고통이 그를 많이 괴롭혔을 것이다. 샹플랭의 예리하고 진지한 관찰력은 이 부분에서도 여지없이 보인다. 우선 샹플랭은 이 병은 과도하게 염장 처리된 음식이 체내에 들어가 혈액의 온도를 높이면서 내부 장기에 손상을 입힌다고 생각했다. 그뿐만 아니라 그는 땅을 개간할 때 땅속으로부터 증발하는 어떤 기체, 겨울의 기온, 땅을 개간하기 전과 후에 달라지는 공기, 숲속에서 각종 열매를 구할 수 있는 계절과 그렇지 못한 겨울의 차이, 섭취할 수 있는 식물과 그것들의 뿌리, 물고기를 잡을 수 있는 계절과 그렇지 못한 계절 등이 괴혈병의 발병과 연관성이 있다고 보았다.

또 한 가지 그의 관심을 끄는 것은 대원들의 생활 상태였다. 평소에 몸을 사리고 동료들 사이에서 괴혈병이 발생하면 더욱 조심하고 꺼리는 사람들에게 괴혈병이 먼저 찾아왔다. 샹플랭은 처음엔 바깥 활동을 하는 노동자들이 먼저 괴혈병으로부터 공격을 받을 것이라고 생각했지만 그렇지 않았다. 이 시대는 동인도와 다른 여러 지역으로 긴 항해가 많았다. 프랑스인뿐만 아니라 독일인, 영국인 그리고 동인도를 드나들던 네덜란드인들도 괴혈병에 노출된다는 것을 샹플랭은 소문으로 듣고 알고 있었다. 그리고 네덜란드 인들이 괴혈병 치료제를 발견했다는 소식을 들었지만 그 이상한 치료제가 무엇인지 알고자 했으나 알아내지 못했다고 기록했다. 그러나 샹플랭은 좋은 빵과 신선한 육류와 생선을 섭취하면 이 질병에 노출되지 않을 것임을 확신한다고 기록했다. 생물학과 의학의 발전으로 괴혈병이 어떤 병인지 알게 된 지금 돌아보면 샹플랭은 세밀한 관찰과 기록을 통해 병의 원인과 해법을 정확히 짚어냈었던 것이다.

4월 초가 되자 산천을 덮고 있던 흰 눈은 사라졌고, 5월이 되자 연초록의 나뭇잎들이 돋아나기 시작했다. 여전히 바람은 차가웠지만 괴혈병을 앓고 있던 환자들은 회복되기 시작했다. 그런데 지난겨울 샹플랭과 함께 생활하며 프랑스인들의 염장처리 된 음식으로 식습관을 바꾼 한 원주민이 샹플랭의 대원들과 같은 증세로 사망했다. 프랑스인과 같은 것을 먹으니 원주민도 괴혈병에 걸려 사망한 것이다.

샹플랭의 첫 번째 원정: 1609~1610

1609년 6월 5일, 혹독한 겨울을 이겨 낸 8명의 프랑스인들의 요새에 퐁그라브의 사위인 클로드 마레츠가 도착해 퐁그라브가 지난 달 28일에 프랑스에서 돌아와 현재 타두삭에 와 있다는 소식을 알려 주었다. 프랑스를 떠나올 때 구성한 28명의 식민지 개척대원들 중 이제 퀘벡에 있는 사람들은 겨우 8명이었다. 샹플랭을 죽이려는 음모를 꾸민 주범은 사형되었고 나머지 3명의 공범자들은 프랑스로 이송되었다. 그리고 의사를 비롯한 16명의 대원들이 이질과 괴혈병으로 사망했다. 이렇게 힘겨운 겨울을 지냈을 때 퐁그라브가 타두삭에 당도했다는 소식을 들은 샹플랭은 매우 반가웠다. 그는 마레츠에게 퀘벡을 부탁하고 바로 다음 날 타두삭으로 향했다.

퐁그라브를 만난 샹플랭은 지난겨울 퀘벡의 상황을 전하고 이 지역 원주민들과 약속한 사항을 이행하기 위한 논의를 했다. 샹플랭은 20명의 대원들과 작은 범선을 이용해 탐사를 시작하고 퐁그라브는 퀘벡의 식민지를 돌보며 타두삭에서 겨울을 나기로 결정했다. 겨울이 오기 전 프랑스로 돌아와 식민지 건설과 탐사 현황을 보고하라는 몽스의 명령이 있었기에 이 탐사 결정은 샹플랭으로서는 시의적절하고 요긴한 것이었다. 퐁그라브와 만남을 뒤로하고 샹플랭은 몽타냐이 원주민들과 함께 그들의 적인 이로쿼이 부족의 거주 지역으로 탐사를 가기 위해 부지런히 퀘벡으로 출발했다.

6월 18일, 거의 2주간의 탐사 준비를 마친 샹플랭은 20명의 대원들과 함께 몽타냐이 부족의 적인 이로쿼이 원주민을 만나기 위해 강줄기를 따라 탐사를 시작했다. 전에 이 지역의 원주민들과 약속한 대로 퀘벡 지역 원주민들의 공동의 적인 이로쿼이 부족을 정벌하고 그 거주 지역을 탐사하려는 계획이었다. 아무리 동맹을 맺은 몽타냐이 부족들이 함께한다고는 하나 잔학하다고 소문난 몇 백 명이 될지도 모르는 이로쿼이 원주민들의 거주 지역으로 들어가는 그의 계획은 매우 무모해 보일 수 있는 일이었다.

강을 따라 내륙으로 들어갈수록 풍치는 더 아름다웠다. 강바닥에 뿌리박고 있는 크고 작은 바위들로 항해는 위험했지만 강에는 다양한 물고기들이 노닐고 있었고 강변에는 포도와 호두나무가 주를 이루었다. 좌우 육지의 숲에는 거대한 나무들이 빽빽하게 들어찬 처녀림이 끝없이 울창한 숲을 이루고 있었다. 그들은 강폭이 좁아져서 카누로 이동할 수밖에 없는 지역으로 접어들어 크고 작은 강줄기를 지나면서 계속 이동했다. 퀘벡에서 133킬로미터 정도 떨어진 곳에 북쪽으로부터 흐르는 강의 이름을 세인트메리강(St. Mary's River, 현 Sainte Anne River)라 지었다. 이 강을 따라 계속 올라가던 탐사대가 세인트엘로이라 불리는 작은 섬에 도착하니 그곳에는 막사를 지어놓고 있는 200~300명은 족히 될 것으로 보이는 원주민들이 모여 있었다. 탐사대가 조심스럽게 살펴보니 그들은 자신들의 최대적인 이로쿼이 원주민들이 거주하는 지역으로 가는 샹플랭을 돕기 위해 퀘벡으로 이동 중이던 알곤킨과 휴론 원주민들이었다. 샹플랭은 각 부족의 두 추장의 정중한 환대를 받으며 그들의 막사로 들어갔다. 막사 안에서는 샹플랭을 환영하며 우정을 다지는 타바지 의식이 거행되었다. 담배를 돌아가며 피우는 타바지 의식이 진행되는 동안 샹플랭이 자신의 탐사 목적을 말하자 그들은 매우 기뻐했다.

그들과 대화를 마치고 범선으로 돌아온 샹플랭에게 얼마 후 원주민들이 찾아와 그에게 동물의 생가죽을 선물하며 자신들의 즐거운 마음을 충분히 표하고 돌아갔다. 다음 날이 되자 두 추장이 샹플랭을 찾아왔다. 그러나 그들은 아무 말도 하지 않고 한 참 명상을 하며 담배만을 피우더니 일어나 강변에 무기를 들고 있는 원주민 무사들을 향하여 장황하게 큰 소리로 말했다. 강가에 있는 그들은 추장의 말을 귀 기울여 듣고 있었다. 그들의 이야기인즉슨 달이 거의 열 번 뜨기 전 어느 날, 두 추장 중 한 사람의 아들이 샹플랭을 만난 적이 있는데, 그때 자신은 샹플랭으로부터 극진한 대접을 받았으며 퐁그라브와 샹플랭이 자신에게 약속하기를 자신들을 오랫동안 괴롭혀 온 다른 부족들과 치르는 전쟁에 도움을 준다는 약속을 했다는 것이었다. 오랜 기간 잔인하게 자신들을 괴롭혀 온 이로쿼이를 상대로 이들은 복수를 하고 싶었던 것이다. 두 추장은 백인을 처음 보는 원주민들을 포함하여 강가에 서 있는 사람들에게 모두 샹플랭에게로 와서 동맹을 맺고 친구가 되라고 권했다.

샹플랭은 그들의 청을 받아들이기로 결정했다. 두 추장은 샹플랭에게 자신들도 프랑스인들의 거처를 보고 싶다며 퀘벡으로 가자고 청했다. 그리고 퀘벡에서 삼일 후에 이곳으로 다시 돌아와 이로쿼이 지방으로 가자고 말했다. 이날 이루어진 이들과의 깊은 우정과 기쁨을 표하는 의식으로 샹플랭이 화승총을 발사하자, 한 번도 유럽인들의 총기가 발사되는 소리를 들어 보지 못했던 원주민들은 놀라움을 금치 못했다. 샹플랭은 그들의 간청을 받아들이고 모두 함께 퀘벡으로 가자고 말했다.

다음 날 샹플랭은 원주민들과 함께 퀘벡에 도착하여 그들과 함께 5~6일을 보내며 춤과 노래를 곁들인 즐거운 시간을 보냈다. 될 수 있으면 하루빨리 와 달라는 샹플랭의 간절한 편지를 받고 퐁그라브도 곧장 도착했다.

6월 28일, 퐁그라브와 샹플랭은 작은 범선 2척에 각각 올라 80킬로미터 정도 서쪽 내륙으로 들어가 세인트 크로이(몽스와 첫 전초기지를 세운 섬이 아님)에 도착했다. 이곳에 도착한 퐁그라브는 돌연 무슨 이유에서인지 타두삭으로 돌아가기를 원했다. 하는 수 없이 샹플랭은 퐁그라브를 돌려보내고 자신은 미레즈와 프랑스 대원들 그리고 원주민들과 계속해서 그들과의 약속을 지키기 위해 이동하기 시작했다. 다시 80킬로미터 정도 이동하여 다음으로 그들이 도착한 곳은 오늘날의 트루아 리비에르였다. 원주민들은 이 세인트메리스강 끝에는 사냥에 매우 뛰어난 원주민들이 살고 있는데 그들은 정주형의 생활을 하고 있다고 알려 주었다.

아름다운 크고 작은 많은 호수와 강을 지나 샹플랭은 계속해서 이동하여 이로쿼이강 어귀(현 Richelieu River, 훗날 본국의 재상 리슐리외 추기경이 뉴프랑스에 관심을 갖게 하기 위해 이로쿼이강을 그의 이름으로 바꾸었다.)에 도착했다. 샹플랭과 그의 일행은 이곳에서 이틀을 머무르며 원주민들이 잡아다 주는 사슴, 새, 물고기 등으로 지친 몸을 재충전했다. 그런데 이곳에서 함께하던 원주민들 사이에 이로쿼이인들과의 전쟁에 대한 의견이 엇갈리게 되었다. 어떤 원주민들은 전쟁을 위해 계속 가던 길을 가겠다고 하고 어떤 이들은 아내와 아이들이 있고 유럽인들과의 교역을 위해 모아 놓은 모피가 있는 곳으로 돌아가고 싶다고 했다.

돌아가겠다는 원주민 무사들과 헤어진 샹플랭은 나머지 일행과 리슐리외강을 따라 남쪽으로 이동했다. 지금의 야마스카(Yamaska)를 지나 한참을 이동하던 그들은 한 호수(현 Chambly Basin)를 지나 흐르는 물은 많이 없지만 유속이 매우 빠른 급류(현 몬트리올의 Chambly Rapids)와 마주하게 되었다. 그 곳은 울퉁불퉁 수면 위로 튀어나온 크고 작은 바위들로 인하여 원주민들의 카누로도 통과하기가 어려웠다. 항해가 불가능한 급류에서 샹플랭을 비롯한 프랑스 대원들은 뭍으로 올라가 이 급류를 통과할 수 있나 확인하는 작업에 들어갔다. 그러나 5~6킬로미터를 이동하며 확인했지만 강의 수면 위로 올라온 크고 작은 바위들이 사방에 펼쳐져 있는데다 물살이 세어 도저히 카누로는 통과할 수 없어 보였다. 게다가 단지 몇 명의 샹플랭 대원들만으로는 숲을 헤쳐 나갈 수도 없었다.

샹플랭은 다시 범선이 정박되어 있는 곳으로 돌아와 그곳에서 범선을 지키고 있던 다른 대원들과 합류했다. 그리고 동맹을 맺은 원주민들과의 약속을 이행하기 위해 탐사를 계속하기로 했다. 마레츠에게는 퀘벡으로 돌아가 자신은 안전하게 퀘벡으로 곧 돌아갈 것이니 걱정하지 말라는 메시지를 요새에 있는 대원들에게 전하라고 했다. 샹플랭은 두 명의 부하들과 원주민들의 카누를 타고 다시 이동을 시작했다.

샹플랭이 휴론과 알곤킨 원주민 추장에게 범선이나 카누로 통과할 수 없는 급류가 이동을 가로막고 있다고 하여 그들에게 약속한 것을 포기하지는 않을 것이라고 말하자, 그들은 샹플랭을 걱정하며 자신들의 계획을 없었던 일로 하자고 말했다. 그러나 샹플랭은 아직 두 명의 대원이 함께 있고 또 설사 혼자 가게 되더라도 그들과의 약속을 포기하지 않을 것이라고 말했다. 샹플랭의 단호한 의지를 확인한 원주민들은 크게 기뻐하며 샹플랭이 많은 것을 탐사할 수 있도록 도와주겠다고 약속했다.

7월 12일, 격렬하고 힘차게 흐르는 급류 지점을 통과하기 위해 원주민들과 샹플랭 일행은 카누와 무기 등 짐을 챙겨 육지로 이동하기 시작했다. 급류 지점을 지나서는 카누를 타고 가다 다시 육지를 이용하기도 하며 나아가고 있었다. 그러곤 때론 선두로 가는 원주민 무사들이 뒤에 오고 있는 일행의 안녕을 확인하기도 했다. 총 60명의 무사들과 24척의 카누로 이루어진 원정대였다. 중간에 한 섬에 도착해서는 휴식을 취하며 사냥을 하기도 했다. 섬을 떠나 17킬로미터를 더 이동하다가 밤을 지내고 휴식을 취하기 위해 이동을 멈추었다. 원주민들의 작업 속도는 매우 빨랐다. 일부는 나무를 자르고 나무껍질을 벗겨 이슬을 피할 막사를 만들고 일부는 니무를 쓰러뜨려 마사 주변을 보호할 수 있도록 바리케이드를 쳤다. 이 작업에는 두 시간이 채 안 걸렸다. 혹시 무슨 일이 일어날 경우 재빠르게 카누를 타고 이동할 수 있도록 강둑 쪽으로는 바리케이드를 치지 않았다.

야영을 할 수 있는 시설이 완성되자 그들은 카누 세 척에 세 명씩 나누어 타고 정찰을 떠났다. 정찰병들은 보통 멀리 15킬로미터까지 이동하며 주위를 살피고 돌아오는 것이었다. 그리고 정찰병들의 보고에 따라 상황은 늘 달라지지만 아무 수상한 움직임이 없는 날은 모두 잠에 들었다. 샹플랭이 볼 때 원주민들의 정찰 방식은 좋은 게 아니었다. 왜냐하면 잠을 자고 있는 동안 가끔 적들에게 공격을 받아 일어나 방어를 준비하기도 전에 살해당하는 경우가 생길 수 있기 때문이었다. 이것을 인지한 샹플랭은 보초 당번을 매일 밤 세워 동료들의 안전을 꾀하는 프랑스인들의 보초 서는 방식을 그들에게 알려 주었다. 그러자 그들은 자신들은 보통 낮 동안 적을 쫓는 일로 너무 피곤하여 밤이 되면 잠들 수밖에 없다고 대답했다.

원주민 무사들 속에는 점쟁이들이 있었다. 그들 중 한 명은 자신의 거처를 자른 나뭇가지를 두르고 또 그 위를 자신의 옷으로 덮었다. 그러고는 그 안으로 들어가 아무도 자신을 볼 수 없도록 하고 막사를 지탱하고 있는 기둥을 흔들며 이상한 소리로 중얼거렸다. 그런 그의 행동으로 그의 앞에 악마가 나타나 그들이 적을 만나게 되는지 그렇다면 얼마나 많은 적을 죽이게 되는지 알려 준다는 것이었다. 그런 다음 이 점쟁이는 땅에 엎드려 미동도 하지 않고 악마와만 말을 하다 갑자기 벌떡 일어나 무어라 말을 하는데, 벌거벗은 그의 온몸에는 땀이 나고 있었다. 모든 원주민들은 이 점쟁이의 막사 주변을 둘러싸고 원숭이가 엉덩이를 땅에 대고 앉는 것처럼 앉았다. 원주민들은 거듭해서 샹플랭에게 말하기를, 점쟁이의 막사가 흔들리는 것은 모두 악마가 행하는 것이지 점쟁이가 흔드는 것이 아니라고 말했다. 그러나 샹플랭이 살펴본 바로는 그 반대였다. 그들은 또한 막사 지붕 꼭대기에서 연기가 나올 것이라고 말했지만 샹플랭은 연기라고는 볼 수가 없었다. 이 점쟁이들은 또한 목소리까지 가장하여 다른 이들이 알아들을 수 없는 말들을 지껄여댔다. 알아들을 수 없는 점쟁이들의 말을 듣고 있는 원주민들은 그 목소리는 악마의 목소리이며 앞으로 무슨 일이 일어나는지 그리고 그들은 무엇을 해야 하는지 알려 주는 것이라 말했다. 샹플랭이 그들에게 그것은 모두 가짜이니 믿지 말라고 충고했지만, 그들은 계속 점쟁이들의 말에 따라 움직이고 있었다.

야영지를 출발한 원주민 무사들과 샹플랭 일행은 이틀 후 지금의 미국 버몬트에 위치한 샹플랭 호수(Lake Champlain)로 진입하여 크라운 포인트를 지나 티콘데로가에 도착했다. 이곳부터 샹플랭과 원주민 무사들은 낮에는 숲에 숨어 휴식을 취하고 밤에만 이동하기로 했다. 원주민들은 이곳에서도 이번 전쟁의 결과가 어떨지 점을 쳐 보았다. 그리고 그들은 샹플랭에게 잠을 잘 때 꿈을 꾸는지 그리고 꿈속에서 그들의 적을 보았는지 물었다. 그는 그런 꿈을 꾸지 않았다고 대답했지만 그들의 용기와 희망을 고취해 주기 위해 계속 노력했다. 밤이 되자 그들은 다음 날 동이 틀 때까지 이동을 계속했다. 숲속 깊숙이 들어간 야영지 주변에서 잠시 산책을 마치고 잠이 든 오전 10시에서 11시경, 샹플랭은 꿈을 꾸었다. 산 가까이에 위치한 한 호수에서 익사하는 이로쿼이인들에 대한 꿈이었다. 샹플랭이 그들을 도와주어야 한다고 소리치자 원주민 아군들은 그들은 아무 쓸모없는 족속들이니 모두 죽도록 내버려 두라고 말했다. 샹플랭이 잠에서 깨어 일어나니 원주민들은 여느 때처럼 그가 꿈을 꾸었는지 또 물어보았다. 샹플랭의 꿈 내용은 그들에게 의심할 여지없이 좋은 일이 일어날 것이라는 확신을 안겨 주었다.

밤이 되자 샹플랭은 원주민 무사들과 또다시 카누를 타고 이동하기 시작했다. 그날은 7월 29일 밤 10시경, 소리 내지 않고 물 위를 미끄러지듯이 조용히 노를 저으며 나아갔다. 그때 서쪽 호숫가 가까이에 카누를 탄 사람의 형체가 샹플랭과 그의 일행의 눈에 들어왔다. 그들은 다름 아닌 그 잔혹하고 사납다는 이로쿼이인들이었다. 양쪽 모두가 전투를 벌이기 전 기세를 올리려는 듯 소리를 질러댔다. 샹플랭 일행은 육지로부터 좀 멀어지도록 후퇴를 하고 이로쿼이 무사들은 호숫가 육지로 카누를 끌며 올라갔다. 그러고는 카누를 서로서로 가까이 놓아두고는 돌도끼와 전쟁에서 획득한 것으로 보이는 쇠도끼로 나무들을 쓰러트려 바리케이드를 쳤다. 바리케이드를 치는 그들의 솜씨 또한 대단히 훌륭했다.

샹플랭 이하 모든 사람은 밤을 꼬박 새워야 했다. 샹플랭의 무사들은 카누를 서로에게서 멀어지지 않도록 모든 카누를 서로 동여매어 연결했다. 바로 연환계였다. 전투태세를 마치자 아군은 적군이 싸움을 원하는지 물어보기 위해 2척의 카누를 적군에게로 보냈다. 아군은 상대가 이날 밤이라도 싸움을 원한다면 당장이라도 결판을 지을 작정으로 보였다. 이에 대한 이로쿼이 무사들의 대답은 싸움 이외에 바라는 바가 없지만 지금은 너무 어두워 서로를 분간하기 어려우니 내일 동이 트자마자 싸움을 시작하자는 것이었다. 아군도 그들의 제의에 동의했다.

밤새도록 양측의 원주민들은 춤과 노래로 밤을 지새우며 서로를 향해 끊임없이 야유를 보내는 일도 잊지 않았다. 적군은 샹플랭의 아군을 향해 용기가 없느니 의지가 빈약하다느니, 동이 트면 자신들의 무기 맛을 보게 될 것이며 모두가 박살날 것이라고 외쳐댔다. 이에 샹플랭의 아군 무사들은 아침이 되면 적군들은 그동안 한 번도 보지 못한 무기의 맛을 보게 될 것이라며 지지 않고 그들의 빈정거림에 응수했다. 이렇게 치고받는 사이 동이 트기 시작했다. 샹플랭과 그의 두 부하는 이로쿼이 무사들 눈에 띄지 않기 위해 아군 무사들 뒤에서 조심하며 몽타냐이 무사들의 카누에 각각 옮겨 타고 육지로 나아갔다. 갑옷을 입고 화승총을 장전한 그들은 아군 무사들과 함께 뭍으로 올라갔다. 샹플랭은 족히 200명은 될 듯한 이로쿼이 무사들이 바리케이드 밖으로 나오는 모습을 볼 수 있었다. 그들은 체격이 건장하고 매우 당당해 보였다. 추장 3명과 함께 전혀 기죽지 않은 당당함과 확신에 찬 모습으로 샹플랭의 진영을 향해 천천히 다가오는 이로쿼이 무사들의 모습에 샹플랭은 감탄스러웠다. 이로쿼이를 향해 천천히 전진하던 아군 무사들은 적군 중 다른 무사들보다 높고 풍부한 깃털 머리 장식을 한 세 사람이 그들의 대장이며 샹플랭의 표적이라고 말해 주었다. 이들은 이로쿼이 연맹 중 한 부족인 모호크 원주민 무사들이었다.

상륙하자마자 아군 무사들은 200보 정도 적군을 향해 뛰었다. 적군은 아직 길을 안내해 주기 위하여 먼저 숲속으로 들어간 샹플랭의 두 부하와 그의 일부 아군 무사들을 눈치채지 못하고 있었다. 숲속으로 들어가 방향을 알리는 아군들의 외침이 들리자 샹플랭의 앞에서 전진하던 아군 무사들은 홍해가 갈라지듯 양옆으로 갈라졌다. 그리고 샹플랭의 앞에는 멀리서 점점 샹플랭의 진영을 향해 다가오는 이로쿼이 무사들만이 있을 뿐이었다. 맨 처음 이로쿼이 무사들은 샹플랭의 존재를 알아채지 못했다. 샹플랭은 20보 정도 더 나아가 적군들과의 거리가 약 30보 정도 되자 멈추어 섰다. 그때서야 이로쿼이 무사들은 전진을 멈추고 샹플랭을 응시했다. 샹플랭도 그들을 응시했다.

잠시 후 이로쿼이 원주민들이 샹플랭의 진영을 향해 활을 쏠 태세를 갖추자 샹플랭도 네 발의 총알을 장전한 화승총을 턱에 갖다 대고 세 명의 추장을 향해 총구를 겨누었다. 샹플랭이 발사한 총알에 두 명의 추장이 그대로 쓰러져 죽고 한 추장만이 살아남았으나 그도 얼마 안 되어 죽었다. 샹플랭이 사용하는 총기의 위력으로 적의 대장들이 죽는 모습을 보자 아군 무사들은 천둥이 쳐도 안들일 정도로 승리의 함성을 질러댔다. 그러는 동안 서로를 향해 쏘아 올린 화살이 빗발같이 서로의 적을 향해 날아갔다. 이로쿼이 무사들은 화살촉이 뚫지 못하도록 만든 나무로 엮어 만든 갑옷과 면직물로 만든 갑옷을 입은 두 대장이 한순간 목숨을 잃는 모습에 매우 놀라 우왕좌왕하기 시작했다. 샹플랭이 다시 화약과 탄알을 재어 넣기 시작할 때 숲속에 있던 샹플랭의 부하 한 사람이 총을 쏘자 옆에서도 터지는 굉음에 놀라 그들의 기세가 완전히 꺾여 버렸다. 사기가 바닥에 떨어져 버린 이로쿼이 무사들은 그들의 요새를 버리고 사방으로 흩어져 숲속으로 도망치기 바빴다.

유일하게 전해져 오는 샹플랭의 모습(자화상)

아군 무사들은 여러 명의 이로쿼이 무사들을 죽이고 10여 명의 포로를 잡았다. 나머지 이로쿼이 무사들은 화살에 맞은 상처를 안은 채 모두 숲속으로 숨어 버렸다. 15명 정도의 아군 무사들도 적의 화살을 맞아 상처를 입었지만 목숨이 위험할 정도로 깊은 상처는 아니었다.

전쟁에서 승리를 거둔 아군 원주민 무사들은 이로쿼이인들의 캠프에서 노획한 많은 양의 옥수수와 여러 종류의 식품, 그리고 그들이 제작한 많은 갑옷을 보고는 매우 놀랐다. 승리를 자축하는 춤과 노래는 거의 3시간이나 이어졌다. 샹플랭은 이 호수를 자신의 이름을 따 '샹플랭 호수'라 이름 지었다. 자신의 이름을 붙인 호수는 이 호수가 유일하며, 오늘날에도 같은 이름으로 불리고 있다. 이 호수는 남쪽으로는 현 미국 뉴욕주와 버몬트주 사이에 자리하고 있으며 북쪽으로는 캐나다 퀘벡주까지 뻗어 있다.

1609년 7월 30일에 치른 이 이로쿼이와의 전쟁으로 샹플랭은 이로쿼이인들의 분노를 샀다. 알곤킨, 몽타냐이, 휴론 부족들과 동맹관계로서 약속을 이행하기 위해 참전한 이 전쟁은 후세의 역사학자들 사이에서 분분한 의견을 만들게 된다. 그 결과 캐나다 학생들의 역사 교과서에는 그의 존재가 실려 있다가 한동안 사라졌다 다시 실리는 등, 논란에 따라 긍정적, 부정적 평가가 반복되어 왔다. 모두가 이로쿼이와의 전쟁 때문이었다. 그러나 샹플랭은 그의 살아생전에 이로쿼이 부족과도 평화 조약과 동맹을 맺는 데 성공한다.

그렇다면 이날의 전쟁과 앞으로 있을 전쟁에 샹플랭이 세 부족의 청을 거절하지 않고 참전한 의미는 무엇이었을까? 샹플랭은 프랑스의 내전 속에서 태어나고 자란 사람이었다. 그는 앙리 4세와 같이 전쟁을 극도로 싫어했으며 평화를 중시했다. 뉴프랑스 건설에 대한 꿈도 북아메리카의 원주민들을 억압하고 착취하여 이루려는 사람이 아니었다. 그의 꿈은 서로를 존중하고 상호이익을 창출하는 속에서 하모니를 이루고 살아가는 것이었다. 그는 또한 신의 섭리가 억압과 착취에 있다고 보지 않았다. 그런 평화주의자인 샹플랭이 세 원주민 부족의 청을 받아들이고 이로쿼이를 상대로 하는 전쟁에 끼어든 이유는 뉴프랑스 개척사를 모두 살펴보면 대강 짐작할 수 있다. 샹플랭은 '평화는 서로를 존중하는 가운데 이루어질 수 있고 서로에 대한 존중은 어느 정도 대등한 힘의 균형이 이루어져 있을 때 가능하다.'는 생각을 하고 있었던 것이다. 이로쿼이에 대한 공포로 잠도 이루지 못하는 원주민들을 지켜보면서 관할 지역의 자유로운 교역 환경을 위해 결코 바람직하지 않은 힘의 불균형을 조절하고, 프랑스인의 절대적 중재자적 역할과 능력을 보여 주려는 판단이었다고 생각된다. 탐사를 겸한 지극히 적은 인력과 최소한의 무력 개입으로 충분한 각인 효과를 거둔 것이다.

샹플랭은 이 무렵에 화승총을 쏘는 자신의 모습을 그렸는데, 이는 후세 사람들이 볼 수 있는 그의 유일한 모습이다. 머리에는 깃털 장식이 달린 투구를 쓰고 갑옷을 입고 있는 옆모습이다. 군인, 행정가, 궁정인, 작가, 건축가, 지도 제작자, 지리학자, 농학자, 인류학자 등 여러 이미지를 후세 사람들에게 심어 주었지만 화승총을 쏘는 이 작은 그림 이외에는 실제 그의 모습을 알 수 없어서 매우 아쉽다.

승리를 자축한 후 샹플랭의 일행은 다시 길을 떠나 약 50킬로미터 정도 이동했을 때 날이 저물어 가자 가던 길을 멈추었다. 원주민 무사들은 샹플랭에게 지금껏 이로쿼이인들이 자신들에게 자행한 잔인한 행위에 대해 설명하면서 그들도 똑같이 당해 봐야 한다고 열변을 토했다. 그러고는 생포한 이로쿼이 포로들을 향해 용기가 있다면 노래를 부르라고 강요했다. 포로의 노래 소리는 샹플랭에게 매우 구슬프게 들렸다.

한편 그들은 나무를 모아 불을 지핀 다음 활활 타고 있는 시뻘건 나뭇가지를 포로의 등에 갖다 대고 서서히 타들어가게 했다. 더 많은 고통을 주기 위해서였다. 그리고 잠시 멈추고는 타고 있는 등에 물을 갖다 부었다. 그뿐만이 아니었다. 그들은 포로의 손톱을 뽑은 다음 그 손가락 끝과 그의 성기에 타고 있는 나무를 갖다 대었다. 그런 다음 그들은 두피를 벗기고 그 위에 뜨거운 나무진을 붓기도 하고 나뭇가지 끝을 뾰족하게 만들어 손목 부분에 구멍을 뚫어 근육을 뜯어서 힘껏 잡아당겼다. 근육이 뜯기지 않으면 아예 도려내었다.

고통스러운 신음을 뱉어내는 불쌍한 포로들을 샹플랭은 그냥 두고 볼 수 없었다. 샹플랭은 유럽인들은 그런 잔학한 짓을 하지 않는다며 포로가 고통에서 벗어날 수 있도록 그만 총을 쏘겠다고 말했다. 그러나 승리감과 복수심에 도취한 그들은 그의 제안을 거절했다. 더 이상 잔혹한 그들의 행위를 볼 수 없는 샹플랭은 그 자리를 떴다. 그제서야 샹플랭의 불편한 심기를 눈치챈 원주민들이 그에게 다가와 포로에게 총을 쏴도 좋다고 말했다. 샹플랭은 포로를 쳐다보지 않은 채 단 한 발을 발사해 포로의 고통을 멈추어 주었다. 포로가 죽은 후에도 원주민들은 만족하지 못했다. 그들은 포로의 배를 갈라 내장을 도려내어 호수로 던졌다. 이어서 죽은 포로의 팔, 다리, 머리를 잘라 사방으로 던져 버렸다. 기괴한 이들의 행위는 그뿐만이 아니었다. 도려낸 심장을 여러 조각으로 만든 뒤 그것을 죽은 포로의 동생과 다른 포로들에게 먹도록 강요했다. 포로들이 동료의 심장을 입에까지는 가져갔으나 삼키는 것을 거부하며 뱉으려 하자 포로들을 지키고 있던 알곤킨 무사들이 그들에게 호수에 뱉으라고 지시했다.

기괴하고 잔학한 고문이 끝나자 원주민들은 포로들을 데리고 이동을 시작했다. 이로쿼이강에 도착하자 알곤킨과 휴론 무사들은 다시 한 번 샹플랭과의 상호 우호관계를 다짐하며 작별 인사를 했다. 그리고 그들은 샹플랭에게 자신들의 부락에도 방문해 줄 것을 요청하고는 각자의 포로들을 데리고 각자의 길을 찾아 떠났다.

샹플랭은 몽타냐이 무사들과 함께 퀘벡으로 향했다. 강을 따라 카누를 타고 이동하던 그들이 이로쿼이강 어귀에 도착하고 그곳에서 밤을 지내기로 했다. 그런데 잠을 자던 한 무사가 잠에서 깨서는 적이 뒤쫓아 오고 있는 꿈을 꾸었다며 공포심에 떨기 시작했다. 그의 꿈은 모든 무사들에게 공포심을 심어 주었다. 강풍과 함께 비가 세차게 내리는 칠흑 같은 어두운 밤이었음도 불구하고 적에 대한 두려움으로 세인트피터 호수의 무성한 갈대를 헤치며 엄청난 속도로 이동하는 몽타냐이 무사들을 보고 프랑스인들은 놀라지 않을 수 없었다.

이틀 후 샹플랭과 몽타냐이 무사들은 퀘벡의 샹플랭의 요새에 도착했다. 샹플랭은 그들에게 완두콩과 빵, 그리고 구슬을 나누어 주었다.

다음 날 샹플랭은 몽타냐이 원주민들의 카누를 타고 타두삭으로 향했다. 그들의 축하연회를 보기 위해서였다. 카누가 타두삭의 원주민 마을 포구로 들어서자 해변에서는 그들을 기다리던 아녀자들이 몰려나왔다. 카누의 무사들은 샹플랭이 준 구슬로 장식한 적의 목을 막대기에 매달고 해안으로 다가가며 모두 노래를 불렀다. 그러는 동안 실오라기 하나 걸치지 않은 해변에 있던 원주민 여인들이 물속으로 뛰어들어 카누로 다가와 막대 끝에 매달린 적의 머리를 떼어 무슨 값나가는 목걸이인 양 자신들의 목에 걸고 춤과 노래를 불렀다.

며칠 후, 샹플랭이 퀘벡으로 돌아가자 일부 전투에 참여하지 못했던 알곤킨 원주민들이 자신들을 도와 적을 물리친 그에게 선물을 주지 못해 후회된다면서 모피를 가져와 선물로 주었다. 퀘벡에서 며칠을 보낸 알곤킨 원주민들은 190킬로미터 정도 멀리 떨어져 있는 그들의 마을을 향하여 떠났다.

몽스의 지시로 귀국하는 샹플랭과 함께 퐁그라브도 돌아가게 되었다. 이에 그들은 유능한 디에프(Dieppe) 출신의 군인이자 항해사인 피에르 차빈에게 퀘벡을 맡기고 함께 프랑스로 돌아가기로 했다. 샹플랭은 차빈에게 퀘벡에 대한 모든 일과 15명 대원들에 대한 지휘 권한을 부여하고 9월 1일 퀘벡에서 출발해 타두삭을 거쳐 프랑스를 향해 항해를 시작했다. 다음 달 10월 13일, 샹플랭과 퐁그라브는 무사히 옹플뢰르 항구에 도착했다. 배에서 내리자마자 샹플랭은 몽스를 찾아갔다. 샹플랭은 몽스에게 퀘벡에서의 겨울, 세 원주민 부족을 도와 치룬 이로쿼이 원주민과의 전투, 그리고 앞으로 전개될 원주민들과의 우호적 관계에 대한 모든 이야기들을 상세하게 보고했다. 샹플랭은 이어서 퐁텐블로 궁전에 있는 앙리 4세를 알현했다. 샹플랭의 이야기를 들은 왕은 만족해하며 기쁨을 감추지 못했다. 원주민들이 고슴도치의 뻣뻣한 가시털로 만든 허리띠를 왕에게 선물하자 왕은 매우 예쁘다며 신기해했다. 그는 또한 검정색과 주홍색 깃털을 가진 아주 작은 풍금새 두 마리와 이로쿼이 호수에서 잡은 주둥이가 길고 두세 개의 뾰족한 이빨을 지니고 있는 물고기를 왕에게 선물했다.

왕과의 이야기가 끝난 후 몽스와 샹플랭은 이듬해 계획에 대해 논의하기 위해 공동경영자인 콜리어 경과 장드레 경을 찾아갔다. 그들은 뉴프랑스 건설을 계속해 나가는 것뿐만 아니라 세인트로렌스강 유역의 원주민들이 바라는 이로쿼이 원주민과의 전쟁에도 계속 협조하는 게 좋겠다고 말했다. 그리고 장드레는 뉴프랑스에서 필요한 물품과 식량, 배 수선 비용, 그리고 뉴프랑스로 갈 사람들을 모으고 항해에 필요한 물품들을 챙기겠다고 말했다.

그리고 퐁그라브는 타두삭에서의 교역과 함께 회사의 회계 관련 업무를 맡기로 했다. 모든 업무 계획이 정리되자 샹플랭은 그 이듬해인 1610년 2월까지 파리에 머물렀다. 샹플랭이 파리에 머무르는 동안 몽스는 새로 탐사한 지역에서의 모피 교역전매권을 받기 위해 많은 노력을 했지만 뜻대로 되지 않았다. 모피 교역전매권을 얻을 희망이 없었음에도 몽스는 그의 계획을 추진하는 일을 멈추지 않았다. 그리고 미래가 불확실한 상황이라 그런지 몽스는 샹플랭의 거취 문제에 대해 아무 말도 하지 않았다. 그러나 샹플랭이 먼저 자신의 거취 문제에 대한 이야기를 꺼내자 몽스는 샹플랭에게 "자신에게 행복한 일"을 선택하라고 말했고 샹플랭은 뉴프랑스 건설의 꿈을 이뤄 보겠다고 결심했다.

결국, 전에 비해서 좋지 않은 조건이었지만 다시 한 번 뉴프랑스 건설에 대한 책임을 맡은 샹플랭은 퀘벡에서의 활동을 지속하기 위한 준비에 들어갔다. 퐁그라브와 장드레의 도움으로 식민지에서 필요한 보급품들이 준비되었다. 그렇게 1610년 3월 7일, 샹플랭은 다시 한 번 신대륙을 향한 항해를 시작했다. 이번에는 모피 교역전매권도 없었고 겨울을 날 수 있을 정도의 최소한의 물자를 준비했지만 예상할 수 없는 혹독한 겨울 재해에는 턱없이 부족했다.

두 번째 원정

1610년 4월 26일, 샹플랭과 퐁그라브는 숙련 기술자들을 비롯한 새로운 대원들과 함께 타두삭에 도착했다. 지난겨울의 타두삭은 지난 60년 동안 처음이라는 그리 춥지 않은 날씨와 퐁그라브를 대신하여 타두삭을 돌보고 있는 파크 경의 노력 덕분에 대부분 건강했으며 몇 명의 환자들이 있었지만 증상도 미미했다. 지난겨울 동안 대원들의 식사를 과도하게 염장 처리된 음식을 가급적 피하고 신선한 육류와 생선을 많이 공급했다는 파크 경의 보고를 들은 샹플랭은 다시 한 번 과도하게 염장된 음식이 지금까지 프랑스인들에게 고통을 준 질병의 원인이라고 확신하게 되었다.

타두삭에는 몽타냐이 원주민들이 샹플랭을 학수고대하며 기다리고 있었다. 이로쿼이 원주민들과의 전쟁에 샹플랭의 도움을 받기 위해서였다. 샹플랭은 도움을 주겠다고 원주민들과 약속을 하고 4월 28일 퀘벡에 도착했다. 퀘벡의 대원들은 모두 건강했다. 그런데 퀘벡의 요새에는 바티스칸이라는 원주민 추장과 그의 무사들이 샹플랭을 기다리고 있었다. 기다리던 샹플랭이 도착하자 그들은 노래와 춤으로 샹플랭을 맞이했다. 샹플랭이 풍성한 음식과 함께 연회를 베풀어 주자 그들은 매우 만족스러워 했다. 그리고 그는 연회가 진행되고 있는 자신들의 숙소로 샹플랭과 7명의 대원들을 초대했다. 샹플랭과 7명의 프랑스인들은 연회를 즐기느라 떠들썩한 원주민들의 숙소로 우묵한 접시 하나씩을 들고 갔다. 그들은 원주민들이 접시 가득히 담아 주는 많은 양의 고기를 가지고 요새로 돌아와 동료들에게 나누어 주었다.

60명의 건장한 타두삭의 몽타냐이 무사들이 퀘벡에 도착했다. 그들은 퀘벡에서 며칠을 머물며 샹플랭의 대원들과 즐거운 시간을 보냈다. 그들은 샹플랭이 자신들과 함께 이로쿼이 전쟁에 참여한다는 약속을 이행할 것인지에 대한 질문을 자주 해댔다. 샹플랭은 그때마다 지금까지 자신이 약속을 안 지킨 적이 있냐고 반문하며 그들을 안심시켜 주었다. 샹플랭이 그들에게 약속에 대한 확신을 줄 때마다 그들은 즐거워했다.

그러던 어느 날, 원주민들은 샹플랭에게 바스크, 노르망 그리고 생말로 지방의 상인들이 함께 전쟁에 참전하겠다고 말했다고 알려 주면서 상인들의 말을 어떻게 생각하느냐며 그들이 진실을 말하고 있는지에 대해 물었다. 샹플랭은 즉시 아니라고 대답했다. 그러면서 자신은 그들에 대해 매우 잘 아는데 그들이 원하는 것은 단지 유용한 물건일 뿐이라고 대답했다. 그러자 원주민들은 샹플랭의 말이 맞다면서 그 상인들은 여자들에 지나지 않는다며, 그들이 원하는 것은 단지 모피일 뿐이라고 익살스럽게 맞장구를 쳤다.

며칠 후, 몽타냐이 무사들은 퀘벡에서 167킬로미터 정도 떨어진 트루아 리비에르로 먼저 가서 샹플랭을 기다리겠다며 퀘벡을 떠났다. 샹플랭은 준비되는 대로 그들을 따라 가겠다고 약속하고 이로쿼이강 어귀에서 자신을 기다릴 휴론 원주민들과의 모피 교역을 위해 4척의 범선을 준비하여 프랑스에서 가져온 물품들을 옮겨 싣도록 했다.

1610년 6월 14일, 샹플랭은 이로쿼이강 어귀에서 기다릴 휴론, 알곤킨, 그리고 몽타냐이 무사들을 만나기 위해 퀘벡에서 출발했다. 퀘벡으로부터 약 45킬로미터쯤 항해하고 있을 때 카누를 탄 두 명의 원주민을 만났다. 그들은 알곤킨과 휴론 무사들이 200명의 무사들과 함께 이곳에서 이틀 정도 걸리는 곳에서 샹플랭을 기다리고 있고 200명 더 오고 있다고 말하면서, 될 수 있는 한 빠른 속도로 항해해 달라고 샹플랭에게 부탁했다. 두 명의 원주민들도 샹플랭의 배에 올라 함께 약속 장소를 향해 나아갔다.

샹플랭이 트루아 리비에르에 도착하니 모피 교역을 위해 먼저 떠난 4척의 범선과 몽타냐이 무사들이 그를 기다리고 있었다. 뭍에 오른 샹플랭을 반가이 맞이하는 몽타냐이 무사들은 샹플랭이 자신들의 오래된 친구라며 다른 부족의 원주민들이 아닌 자신들의 카누로 함께 이동하자고 청했다. 샹플랭은 오늘은 항해하기 좋은 바람이니 즉시 출발하겠다고 하면서 자신의 범선이 카누보다 빠르게 갈 수 없으니 먼저 출발하고 싶다고 말했다. 그러자 몽타냐이 무사들은 내일 아침까지 기다렸다 함께 떠나자고 간청하면서 절대로 샹플랭의 범선보다 빠르게 가지 않겠다고 약속까지 했다. 이에 샹플랭이 그들의 간청을 받아들이자 그들은 매우 기뻐했다.

다음 날인 6월 19일 아침, 모두 함께 출발하여 이로쿼이강으로 진입하기 전 세인트로렌스강에 위치한 현재의 세인트이그네스(St. Ignace)섬에 도착하여 같은 날 도착하기로 한 알곤킨 무사들이 오기를 기다리기로 했다. 그렇게 몽타냐이 무사들이 춤을 추고 놀 장소와 알곤킨 무사들이 쉴 공간을 만들기 위해 나무를 베어 숲을 정리하고 있는데, 갑자기 알곤킨 무사들을 태운 카누 1척이 급하게 도착했다. 그들은 알곤킨 무사들이 이미 이로쿼이와 전투를 치르고 있는데, 이로쿼이의 바리케이드가 얼마나 튼튼한지 원군이 오지 않는다면 그들을 정복하기가 어려울 것이라는 전갈을 가지고 왔다. 그러고는 바스크인과 노르망 그리고 생말로 상인들에게도 전투에 참여해 줄 것을 부탁했다.

전투 상황을 가져온 무사의 말이 끝나기 무섭게 원주민 무사들은 무기를 챙겨 각자의 카누에 올라탔다. 그런데 떠날 채비를 매우 재빠르게 하던 것과는 달리 그들은 갑자기 서로의 진로를 방해하고 앞으로 나아가지 않았다. 잠시 후 그들은 샹플랭의 범선으로 다가와 샹플랭과 그의 대원들에게 자신들의 카누로 가자고 재촉했다. 원주민 무사들의 급한 요청에 따라 샹플랭은 네 명의 대원들과 함께 그들의 카누로 옮겨 탔다. 그리고 라로떼 선장에게 섬에 정박되어 있는 범선들을 지키라는 임무를 맡기고 네다섯 명의 대원들에게 원주민들과 함께 작은 배를 이용하여 뒤따라오라고 지시했다. 그리고 이 전투에 지원할 마음이 있는 상인들도 따라오라 했지만 티보 선장 이외에 모든 상선들은 따라나서기를 꺼려했다. 이 모습을 지켜보고 있던 원주민 무사들은 상선들을 향해 여자 같은 사람들이라며 할 수 있는 것이라고는 모피를 차지하기 위한 싸움뿐이라고 비난했다.

3킬로미터 정도 이동하던 무사들은 강을 건너 상륙한 다음 화살, 곤봉, 칼, 등 각자의 무기를 챙긴 후 카누는 그곳에 놓아둔 채 빠른 속도로 숲으로 뛰어 들어갔다. 그들의 움직임이 얼마나 재빠르던지 샹플랭을 비롯한 5명의 프랑스인들은 그들을 따라 잡을 수가 없었다. 원주민 무사들은 프랑스인들의 시야에서 멀어져 어디론가 사라졌고 그들 곁에는 안내인이 한 명도 남아 있지 않았다. 샹플랭은 그들이 남긴 흔적을 따라 이동하기 시작했다. 가끔은 앞서간 원주민들의 흔적에서 벗어나 길을 잃는 바람에 빼곡한 잡목들로 우거진 숲을 지나야 했고 때로는 무릎까지 차 올라오는 습지와 늪을 첨벙거리며 진군해야 했다. 모두 갑옷을 착용하고 창을 든 상태라 진군이 더욱 어려웠다. 이들의 진군을 방해하는 것은 이뿐만이 아니었다. 엄청난 무리의 모기떼가 달려들어 이 다섯 명의 백인들을 물어뜯기 시작했다. 그들은 숨조차 제대로 쉴 수가 없었다. 이러한 시련들을 겪으며 3킬로미터 정도를 이동한 그들은 이제 자신들이 어디에 와 있는지 전혀 감을 잡을 수가 없게 되었다.

그렇게 기진맥진하고 있는 그들 눈에 숲속을 이동하고 있는 두 원주민의 움직임이 들어왔다. 샹플랭은 소리쳐 그들을 부른 뒤 다가가 함께 해 줄 것을 부탁했다. 그리고 이로쿼이 마을로 안내해 달라고 했다. 그렇지 않으면 자신들은 숲속을 빠져 나갈 수 없을 것이라고 말하자 그들은 샹플랭의 청을 들어주었다. 그들의 안내를 받으며 이동한 지 얼마 되지 않아 샹플랭은 자신을 향해 급하게 다가오는 한 원주민이 눈에 들어왔다. 그는 샹플랭에게 빠른 이동을 재촉하며 알곤킨과 몽타냐이 무사들이 이로쿼이인들의 바리케이드를 허물고 침입하려 했으나 오히려 격퇴되어 몽타냐이의 용감한 무사들이 몇 명 죽었고, 부상을 당한 무사들도 많아 모두 공격을 멈추고 후퇴하여 샹플랭을 기다리고 있다는 것이었다. 소식을 전해 주는 무사를 따라 약 400미터 정도 이동하니 서로에게 야유를 보내는 외침 소리가 들리기 시작했다. 그리고 샹플랭을 기다리면서 약간의 교전도 치르고 있었다.

샹플랭이 다가오는 것을 본 아군 무사들은 천둥소리도 묻힐 만큼 큰 함성을 지르기 시작했다. 샹플랭은 부하들에게 자신의 뒤에 따라올 것을 명령하고 어떤 이유를 막론하고 자신 곁을 떠나지 말라고 명령했다. 샹플랭은 이로쿼이의 바리케이드를 살펴보기 위해 다가갔다. 이로쿼이의 바리케이드는 튼튼한 나무를 베어 겹겹이 방책을 두른 것으로 일반적인 둥그런 형태의 요새를 구축하고 있었다. 그리고 안에서는 외부를 볼 수 있지만 밖에서는 안을 들여다볼 수 없는 구조였다. 알곤킨과 몽타냐이 무사들도 이로쿼이의 바리케이드로 다가왔다. 샹플랭과 그의 부하들은 나무 사이로 총구를 집어넣고 총을 발사했다. 그런데 이때 샹플랭이 첫 방아쇠를 당기는 순간 어디선가 날아온 적의 화살이 그의 귀를 통과하여 그의 목에 박혀 버렸다. 샹플랭은 즉시 목에 박혀 있는 화살을 잡아당겼다. 화살촉은 돌을 뾰족하게 갈아 만든 것이었다. 그의 부하 중에 한 대원도 화살에 맞았다. 샹플랭이 다가가 그의 몸에 꽂혀 있는 화살을 빼 주었다. 심한 상처를 입었다 해서 손 놓고 있을 수 없었다. 적군이나 아군이나 모두 자신들의 임무에 충실하듯 샹플랭도 자신에 임무에 충실히 임했다. 공중에는 우박보다 더 많은 화살이 서로의 적을 향해 빗발치고 있었다. 이로쿼이 무사들은 화승총이 내는 굉음과 화살보다 잘 파고드는 총알의 괴력에 놀랐지만 가장 놀란 것은 한 발의 총상을 입고 그대로 쓰러져 죽는 동료 무사들의 모습이었다. 그 모습을 보고부터는 총소리만 나면 땅에 납작 엎드렸다. 한 번에 두세 개의 탄알이 발사되는 화승총과 치륜총(Wheellock gun)의 위력은 바리케이드를 이룬 통나무 너머의 이로쿼이 무사들에게 큰 위협이 되었다. 탄약이 거의 떨어지자 샹플랭은 원주민 무사들에게 바리케이드를 무너트리고 한꺼번에 요새 안으로 쳐들어갈 계획을 세웠다. 그리고 무사들에게 갑옷을 착용하게 하고 이로쿼이의 바리케이드로 다가가 여러 곳에 튼튼한 밧줄을 걸도록 했다. 밧줄을 잡아당겨 쓰러트리고 요새 안으로 들어갈 공간을 만들기 위함이었다. 또한 한편에서는 샹플랭의 부하들이 밧줄을 거는 무사들을 엄호하도록 하고 또 한편에서는 요새 가까이 있는 나무들을 잘라 적의 요새를 강타하도록 했다. 샹플랭의 이 모든 지시는 일사천리로 진행되었다.

한편, 샹플랭과 몇 백 명의 원주민 무사들이 벌이는 교전의 총성과 무사들의 함성은 이곳으로부터 멀리 떨어진 곳에서 모피 교역을 위해 이동하고 있던 한 프랑스 교역상들의 귀에까지 들렸다. 이들 중 생말로 지방 출신 청년인 데프리는 자신도 교전에 도움이 되겠다며 총성과 함성이 나는 방향으로 부리나케 이동하여 샹플랭과 합류했다. 샹플랭은 그를 보자 바리케이드를 허물고 있는 무사들에게 정지 명령을 내리고 데프리와 그의 동료들에게 요새 안으로 일제 사격을 하도록 지시했다. 사격이 멈추자 무사들은 일제히 다시 바리케이드로 다가가 바리케이드를 허물기 시작했고 총기를 든 프랑스인들이 요새의 측면에서 아군 무사들을 엄호하기 위해 사격을 시작했다.

원주민 무사들과 백인들의 협공 작전으로 요새 안으로 들어갈 수 있는 틈이 생기기는 했으나 요새 안으로 베어 넘어트린 큰 나무들이 큰 걸림돌이 되었다. 그러나 진입할 수 있는 공간은 충분했기에 샹플랭이 사격을 멈추라는 명령이 떨어지기가 무섭게 20~30명의 무사들과 프랑스인들이 손에 검을 들고 공격해 들어갔다. 이로쿼이 무사들은 별 저항도 하지 못한 채 도망가기 바빴지만 얼마 못가 요새 안으로 쓰러진 나무들 때문에 더 이상 도망치지 못하고 뒤따라가는 아군 무사들에게 죽음을 당하거나 포로로 잡혔다. 가까스로 장애물을 넘어 도망친 이로쿼이 무사들도 급한 나머지 강물로 뛰어들어 익사하고 말았다. 이 교전으로 15명의 이로쿼이 무사들이 포로로 잡히고 100여 명에 가까운 나머지는 총, 활 그리고 검에 의해 죽임을 당했다.

전투가 끝나자 상인들과 샹플랭의 부하들을 태운 작은 배 1척이 도착했다. 상인들은 전리품을 챙기려고 온 것 같았으나 챙겨 갈 것이라고는 피로 범벅이 된 비버 모피와 이로쿼이 무사들뿐이었다. 아군 무사들은 전투가 끝나자 도착한 상인들을 향해 조소 섞인 웃음을 보내고 있었다.

전쟁에서 승리한 아군 무사들은 그들의 관습에 따라 승리의 전리품으로 죽은 적의 목을 잘라 머리 가죽을 벗기고 나뭇가지에 동여맨 다음 카누 뱃머리에 매달았다. 그러고는 몽타냐이와 알곤킨 무사들은 50명의 부상자와 3명의 죽은 동료, 그리고 15명의 포로들을 데리고 이로쿼이강에 정박해 있는 샹플랭의 선박들이 있는 곳으로 이동했다. 샹플랭은 그의 부하들과 배에 올라 자신의 상처를 치료했다.

다음 날 샹플랭은 원주민 무사들에게 포로들 중 한 명을 자신이 데려가겠다고 요청했다. 그들은 흔쾌히 포로 한 명을 샹플랭이 데려가는 데 동의했다. 샹플랭은 포로들 중 한 명이라도 손톱이 뜯기고 손가락이 잘려 나가고 몸의 여기저기가 불에 태워지는 고문으로부터 벗어나게 해 주고 싶었다. 그러나 그 이로쿼이 포로는 퀘벡에서 샹플랭과 지내던 7월의 어느 날, 그에게 많은 자유를 주며 잘 대해 준 샹플랭을 뒤로하고 공포심을 떨쳐 내지 못해 경계가 소홀한 틈을 타 도망치게 된다.

그날 이로쿼이 포로들은 강가 나무에 거꾸로 매달린 채 횃불로 지지다 물을 끼얹고 다시 불로 지지다 다시 물을 끼얹는 방식으로 고문을 당했다. 포로들이 오랫동안 고통을 느끼게 하기 위한 승리자들의 고문 방식이었다. 포로들의 몸에서는 살덩어리들이 떨어지고 있었다. 승리에 도취한 무사들이 큰 소리로 노래를 부르며 춤을 추는 사이 포로들의 목숨은 서서히 끊어졌다. 일부 이로쿼이 포로들은 여인과 아이들에게 고문을 당했다. 샹플랭이 본 이 여인들의 고문 방식은 남자들의 잔혹함을 능가하고 있었다. 샹플랭은 계속되는 그들의 잔인하기 짝이 없는 비인간석인 고문 방식에 경악을 금치 못했다.

이때 샹플랭 일행에는 훗날 유럽인으로는 최초로 서쪽의 오대호(Superior, Michigan, Huron, Erie, Ontario Lake) 중 가장 서쪽 내륙에 위치한 슈피리어호까지, 그리고 남쪽으로는 미국 뉴욕주 중부에서 남쪽으로 흐르는 서스퀘해너 밸리(Susquehanna Valley) 너머까지 탐험하게 되는 18세의 젊은 청년 에티엔 브륄이 있었다. 그는 1608년, 16세 때 샹플랭의 식민지 개척 구성원 중 한 명으로 합류한 청년이다. 이로쿼이와의 전쟁이 끝나고 퀘벡으로 돌아가던 중 이 청년은 샹플랭에게 알곤킨 인디언 부락으로 가 그들의 언어를 배우고 싶다고 말했다. 샹플랭은 그가 원주민 사회로 들어가 언어와 문화를 익히고 오대호 너머까지 탐험을 하면서 여러 곳에 살고 있는 원주민 부족들을 만나고 광산을 발견하고 돌아와 자신에게 알려 주면 좋겠다고 생각했다.

    샹플랭은 그에게 정말 가고 싶은지를 물었다. 그의 물음에 브륄은 전혀 망설임 없이 가고 싶다고 대답했다. 샹플랭은 자신을 매우 좋아하는 알곤킨 추장인 이로퀘에게 이번 겨울 동안 한 청년을 데리고 가 함께 지내다 다음 해 봄에 돌려보내 주지 않겠냐고 의향을 물어보았다. 이로케 추장은 흔쾌히 그렇게 하겠다고 대답하며 자신의 아이들처럼 대하겠다고 대답했다. 그러곤 부락민들의 의견도 물어보겠다고 말했다. 그러나 그의 부락민들은 혹시라도 달라진 음식으로 인하여 젊은 청년에게 무슨 일이 생기면 자신들과 샹플랭의 좋은 관계가 틀어질까 염려가 된다며 추장의 의견을 반가워하지 않았다. 샹플랭은 이로퀘 추장에게 브륄이 새로운 음식이나 환경에 잘 적응할 것이라고 말하며 혹시라도 그런 일로 청년에게 안 좋은 일이 생겨도 알곤킨과의 맺은 동맹은 절대로 깨지지 않을 것이라고 말했다. 그러나 원주민들이 청년에게 함부로 대하여 그들의 잘못으로 그에게 좋지 않은 일이 일어난다면 그것은 다른 이야기가 되겠지만 그런 일은 없을 것으로 믿는다고 말했다.

    알곤킨들은 샹플랭이 바라는 대로 백인 청년을 자신들의 부락으로 데리고 가 자신들을 대하듯 하겠다고 약속하며 대신 자신들의 청년 한 명을 프랑스로 데려가 줄 것을 요청했다. 그들은 그 청년을 통하여 프랑스의 아름다운 모습을 전해 듣고 싶다고 말했다. 이에 샹플랭은 그들의 요청을 흔쾌히 수락했다. 원주민 청년은 샹플랭과 함께 가는 것을 매우 즐거워했다. 알곤킨들과 샹플랭 일행은 몇 번이고 굳은 우정을 나누는 시간을 함께 보내고 다음 해 6월에 다시 만나기로 약속하고 헤어졌다.

이로쿼이와의 전쟁을 마치고 퀘벡으로 돌아온 샹플랭은 요새를 더 견고히 하기 위한 작업과 모피 교역에 대한 업무로 바쁜 나날을 보내고 있었다. 그러던 7월의 어느 날, 그는 타두삭에서 모피 교역에 대한 일로 퐁그라브와 논의를 하고 있었다. 이때 퐁그라브의 요청으로 퀘벡으로 갔던 피에르 차빈이 가져온 소식에 샹플랭은 비탄에 빠졌다. 바로 앙리 4세가 가톨릭 극단론자의 칼에 찔려 사망했다는 소식이었다. 샹플랭은 그들이 가져온 이 슬픈 소식을 믿을 수가 없었다. 다 진실이 아닌 것 같았다. 비통한 그날의 사건에 대해 듣는 것이 샹플랭에게는 고통이었다.

타두삭에서 며칠 더 머무르는 동안 샹플랭은 원주민들과의 모피 교역을 위해 배 가득 교역품을 싣고 타두삭에 도착했지만, 모피의 수량이 많지 않아 큰 수익을 보지 못하는 많은 교역선을 볼 수 있었다.

샹플랭은 프랑스로 돌아가기 위해 타두삭에 머물고 있던 파크 경을 퀘벡으로 데려왔다. 차빈과 함께 퀘벡의 겨울을 경험한 적이 있는 파크 경은 믿을 만한 사람이었다. 그리고 차빈은 프랑스에서 처리할 일을 위해 그와 함께 프랑스로 가기로 했다. 샹플랭은 16명의 개척대원을 귀족 출신의 매우 유능한 파크 경의 지휘에 맡겼다. 대원들은 신을 두려워하며 술을 멀리하여 깨어 있는 정신으로 파크 경의 명령에 복종할 뿐 아니라 모두 서로 평화롭게 지내겠다고 샹플랭에게 약속했다.

그리고 힘들게 개간하여 씨앗을 뿌린 농장에서 얻은 옥수수, 밀 호미, 보리 그리고 다양한 야채들이 식탁에 올라왔다. 퀘벡의 작은 뉴프랑스는 단 16명의 대원들과 한 명의 지휘관이 남는 아주 작은 식민지였지만 모든 것이 샹플랭의 계획대로 순조롭게 진행되고 있었다. 모든 단속을 마친 샹플랭은 8월 8일, 타두삭에서 프랑스로 가는 배를 채비하기 위해 퀘벡에서 출발했다.

앙리 4세가 없는 파리

8월 13일, 타두삭에서 출발한 샹플랭은 9월 27일에 프랑스의 옹플뢰르 항구에 도착했다. 뉴펀들랜드 주변 바다(Grand Banks)를 지날 때는 잠자던 고래와 충돌하여 고래가 다치는 사고가 있었는가 하면 20척의 네덜란드 배와 마주치기도 했다. 그러나 아무 일 없이 무사히 샹플랭은 본국 프랑스에 도착했다. 그러나 이제 그의 이야기를 즐겨 듣던 앙리 4세는 죽고 없었다.

파리에 도착한 샹플랭은 앙리 4세의 죽음이 사실임을 알게 되었다. 끊임없이 일어나고 있는 내란을 종식시키기 위해 앙리 4세가 가톨릭을 국교로 하되 개신교도 인정한다는 종교정책으로서 공표한 낭트 칙령에 불만을 품은 한 극단론자의 소행이었다. 앙리 4세 시해 사건은 1610년 5월 14일, 샹플랭이 퀘벡에 있을 때 일어났다. 신성 로마 제국의 황제인 루돌프 2세가 개신교와 갈등을 일으키자 앙리 4세는 개신교를 도와 합스부르크 세력을 약화시키는 문제를 쉴리 재상과 논의하기 위해 길을 나섰다가 왕을 반기는 군중들 때문에 잠시 멈춘 사이 한 가톨릭 극단론자가 그에게 달려들어 칼로 찌른 것이었다. 앙리 4세가 죽고 없는 궁정에는 아홉 살 어린 루이 13세를 대신하여 앙리 4세의 아내인 37세의 젊은 마리 디 메디치 태후가 섭정을 맡아 나라를 통치하고 있었다.

섭정 마리 태후의 친정은 금융업으로 많은 부를 축적한 가문이었다. 15세기에서 18세기까지 이탈리아의 피렌체 도시국가를 통치했으며 르네상스 예술의 많은 후원을 한 가문으로 『군주론』으로 유명한 마키아벨리를 통해 우리나라 사람들에게도 익숙한 가문이다. 그녀는 친정에 대한 자부심이 매우 강했다. 그리고 그녀의 어머니는 신성로마 제국의 합스부르크(오스트리아) 왕가의 공주 요한나였다. 그러나 뭐 하나

부족할 게 없어 보이는 그녀는 남편인 앙리 4세와는 부부금실이 좋지 않았다. 그래서 그랬는지 그녀는 앙리 4세가 추진하던 국내외 국가정책을 온전히 따르지 않았다. 종교에 대한 자유를 주장하고, 편협한 종파주의를 타파하고자 했던 남편 앙리 4세와는 달리 친가톨릭 정책을 폈다. 그리고 앙리 4세를 오랫동안 섬겼던 쉴리 재상을 밀어내고 자신의 양언니인 레오노라의 남편, 콘치노 콘치니를 장관자리에 앉혔다. 그녀는 친정사람들과 이탈리아인들에게 둘러싸여 있었다. 이러한 막강한 권력을 휘두른 태후의 측근 정치는 우리나라 조선시대 중종의 계비이며 명종의 모후인 문정왕후(1501~1565)의 수렴청정에서도 그랬듯이 백성들의 원성을 사게 마련이다.

콘치니의 아내 레오노라는 파리의 이름난 요부로 알려져 있었고 그의 남편 콘치니 또한 바람둥이로 소문난 인물이었다. 그는 어린 루이 13세를 대놓고 무시하는 등 왕에 대한 예를 갖추지 않았고 프랑스에 대한 애정이나 존중심도 전혀 없는 매우 교활한 기회주의자였다. 이제 프랑스 궁전은 자신들의 이익만을 쫓는 당파의 수장들과 이해관계를 따져 파벌을 형성하는 신하들로 우글거리게 되었다.

게다가 섭정 마리는 앙리 4세가 꿈꾸던 강한 프랑스나 신세계로 그 힘을 확대하고자 했던 남편의 원대한 꿈같은 데는 거의 관심이 없었다. 남편이 죽은 해인 1610년, 섭정 마리는 뉴프랑스의 총독 역할을 맡고 있던 몽스의 방문을 허용하지 않았다. 그가 개신교도였기 때문이었다. 이런 급변한 새로운 정국을 맞이하게 된 샹플랭은 일단 태후를 만나기 위해 궁으로 갔다. 그러나 태후는 샹플랭 또한 만나 주지 않았다. 앙리 4세가 살아 있을 때, 샹플랭이 아무 제제도 받지 않고 자유롭게 궁을 드나들 때와는 상황이 완전히 달라져 있었다. 게다가 누구의 장난이었는지 그동안 받아 오던 연금도 끊겼다. 이 같은 마리 태후의 조치는 샹플랭이 앙리 4세의 혼외자일 수도 있다는 소문에 더 힘을 보태 주게 된다.

샹플랭은 상황이 이렇다 하여 위축되거나 자신의 꿈이기도 한 뉴프랑스 건설을 포기하는 남자는 아니었다. 그는 마리 태후를 설득하는 대신 파리 궁정에서 영향력이 큰 세 명의 재상들을 찾아갔다. 첫 번째 인물은 앙리 4세가 발탁한 브리삭(Charles de Crosse, de Brissac)이었다. 그는 1594년 소위 '세 앙리의 전쟁'에서 앙리 4세를 위해 파리의 성문을 열어 준 사람이었고 프랑스의 육군 원수로 임명된 인물이었다. 두 번째는 1595년부터 앙리 4세를 섬겨 온 피에르 장냉(Pierre Jeannin)이었다. 그는 버건디 지방 의회에서 존경받는 의장이었고 몽스와 샹플랭의 뉴프랑스 건설을 지지하는 사람이었다. 샹플랭이 세 번째로 찾아간 인물은 세 사람 중 가장 영향력이 큰 인물로 지혜와 판단력으로 정평이 나 있었고 당시의 정치인 관료사회에서 많은 사람에게 존경을 받고 있는 대법관 실레리(Lord Chancellor Nicholas Brulart, the marquis de Sillery)였다. 샹플랭은 평소 실레리 대법관에게서 많은 조언과 지지를 얻고 있었다. 이 세 사람 이외에도 그는 영향력 있는 행정가들을 부지런히 찾아다니며 이제 막 정착의 실마리를 잡은 뉴프랑스 건설 사업을 지속시키기 위해 노력하고 있었다.

노총각의 결혼

어느 날 갑자기 샹플랭의 결혼 소식이 파리에 퍼졌다. 누가 봐도 그의 결혼은 사랑으로 이루어진 결혼은 아니었다. 그렇다고 집안이나 자신의 입신양명 또는 재산 증식을 위한 정략결혼이라고 볼 수도 없었다. 당시 새신랑 샹플랭의 나이는 다수의 학자들이 주장하는 1567년생일 경우 43세이고 또 일부 주장대로 1570년에 태어났다면 40세가 된다. 샹플랭은 결혼 적령기가 지나도 한참 지난 나이였는데 그의 신부는 겨우 12살의 어린 소녀 엘렌 불레(Hélène Boullé)였다. 그녀의 아버지 니콜라 불레는 파리 궁정의 핵심 인물 중의 한 사람이었다. 군주의 행정 업무를 수행하는 집행관이라는 지위를 가진 프랑스 국가 권력의 중심인물이었고 파리의 상당한 자본가였다. 샹플랭이 그녀의 배경 때문에 결혼을 하는 게 아닐까 오해할 수도 있지만 적어도 그는 사리사욕을 위해 잔머리를 굴리는 사내는 아니었다. 그러나 이제 자신의 꿈이 되어 버린 뉴프랑스 건설을 위한 결정이었음은 분명해 보인다.

샹플랭의 사람됨은 그녀의 오라버니인 으스타쉬 불레가 잘 알고 있었을 것이다. 그는 세인트로렌스 밸리에서 지난 몇 년 동안 샹플랭과 함께 활동해 왔다. 짐작컨대 이 혼인에는 그가 많은 역할을 했을 것으로 추정된다. 누가 봐도 이 혼인은 이루어지기 힘든 요소들이 많았다. 나이 차이도 그렇지만 샹플랭은 어업으로 성공한 평민 집안의 아들이었다. 그렇다면 신부의 아버지 니콜라 불레는 자신의 어린 딸을 어떻게 귀족 출신도 아닌 그리고 자신과 10살도 채 차이 나지 않을 만큼 나이 많은 샹플랭과 혼인시킬 결정을 했을까? 평범한 사람이라면 이해하기 어려운 일이지만 지금껏 샹플랭이 살아온 모습을 지켜보았다면 이해할 수도 있는 일이었다. 그는 지금껏 언제나 어딜 가나 낭중지추였다. 그런 그의 모습은 어린 신부의 아버지에게도 보였을 것이다. 어린 신부의 의사와는 상관없이 어른들만의 결정으로 혼인 계약서가 작성되었다. 신부의 아버지는 어린 딸의 결혼 지참금으로 6,000리브르를 샹플랭에게 지급하기로 했고, 샹플랭은 신부와 함께 생활하지 못하는 기간 동안 연 생활비로 신부에게 1,800리브르를 지급하기로 결정했다. 그리고 신부의 나이가 아직 어린 관계로 그녀는 앞으로 2년 동안은 친정 부모와 지내기로 했다.

샹플랭의 혼인 서약서는 1610년 12월 27일에 성사되었고 결혼식은 3일 뒤인 12월 30일에 거행되었다. 결혼식 장소는 앙리 4세의 교구인 루브르 궁전 동쪽 끝에 위치한 생제르망록세루아 성당에서 거행되었다. 파리의 많은 유력인사뿐만 아니라 앙리 4세를 모시던 의사를 비롯한 자문관들도 참석했다. 몽스와 주요 기업인들도 참석했다. 이때 몽스는 샹플랭의 혼인 증인 역할을 했다. 두 사람의 개인적 친분관계를 알 수 있는 부분이다.

엘렌과의 결혼으로 더 많은 유력인사들의 지지를 얻게 되었지만 샹플랭은 여전히 뉴프랑스 건설 추진에 도움을 줄 사람들을 찾아다니며 조언과 지지를 얻고 있었다. 그러던 1611년 1월 26일, 두 명의 예수회 신부를 태운 1척의 배가 추운 대서양을 건너 긴 항해 끝에 지금의 미국 메인주에 있는 마운트데저트(샹플랭이 이름을 붙였다)에 도착했다. 이 두 신부를 후원하는 인물은 신앙심이 깊고 지성과 아름다움 그리고 재력을 겸비한 젊은 미망인이라 알려진 앙투아네트 퐁스였다. 앙리 4세 또한 그녀에게 매료되어 유혹하려 했으나 그녀의 재치 있는 거절로 실패한 적이 있었다. 그녀는 이 무렵 가톨릭 교회의 한 분파인 예수회 선교활동을 후원하기 시작했는데 그녀의 특별한 관심은 아메리카 원주민들을 개종시키는 일이었다. 그녀는 섭정 마리 여왕을 설득하는 데 성공하여 왕실의 공주들과 귀족들에게서 모은 2,000크라운을 두 선교사에게 건네주었다. 그뿐만 아니라 5,700리브르의 거금을 들여 선교활동에 필요한 물품과 선박을 준비해 주었다. 그리고 지속적인 예수회 선교활동의 자금 조달을 위해 성직자들이 모피 교역을 할 수 있는 허가도 받아내었다.

그녀는 또한 포트 로얄을 책임지고 있는 푸트랭쿠르와도 함께 일을 하려고 시도했지만 토지 소유권에 대한 갈등으로 끝까지 함께하지는 못했다. 그녀는 프랑스로부터 북으로는 아카디아에서 남쪽으로는 플로리다에 이르는 광대한 신세계의 땅에 대한 권한을 부여받았다. 그러나 이러한 그녀의 소식은 잠자던 영국을 깨우게 되는 결과를 가져왔다. 영국은 2년 후인 1613년, 탐험가이자 해군인 새뮤얼 아가일(Samuel Argall)을 파견하여 프랑스인들을 내쫓도록 했다. 아가일은 디즈니 만화를 통하여 우리에게도 잘 알려진 추장의 딸 포카혼타스(Pocahontas)를 납치하는 인물이다. 그는 마운트데저트 해안에 프랑스 성직자들이 세운 식민지를 불태우고 그곳을 영국의 영토로 선언한다. 이에 멈추지 않고 그는 포트 로얄까지 올라와 온갖 만행을 저질러 쑥대밭으로 만들어 놓고 돌아간다.

앙투아네트의 선교활동 지원 소식을 들은 샹플랭은 코통 추기경을 몇 번이고 찾아가 아카디아의 남쪽이 아니라 세인트 밸리 유역에 예수회 식민지를 세울 것을 권유했지만 그들의 선택을 바꿀 수는 없었다. 결과적으로 앙투아네트 퐁스의 대대적인 자금과 후원은 물거품처럼 사라져 버렸고 이후 프랑스는 그곳을 다시는 되찾지 못했다.

그녀가 왜 샹플랭의 퀘벡 식민지에는 선교활동을 지원하지 않았을까 하는 의문을 갖게 되는데, 대개 마리 태후의 영향이었을 것으로 추정하고 있다. 그녀는 공식직인 태후의 시녀(lady-in-waiting)였고 미리 태후와 왕실의 공주, 그리고 귀족들로부터 선교 후원금을 받아 낼 정도로 태후와 가까운 사람이었다. 프랑스 궁에서 왕비를 모시는 시녀들은 모두 귀족 출신 여인들이었는데 그들은 태후의 동반자적 요소를 지니는 근신들이었다. 특히 앙투아네트 퐁스는 바람기 많은 앙리 4세의 유혹을 현명하고 재치 있게 거절한 이력이 있어서 마리 태후와 특별히 가까운 사이였을 것이다. 그녀가 샹플랭의 세인트 밸리 유역 권유를 거절한 것은 샹플랭을 싫어하는 마리 태후의 입김이 작용했기 때문이라고 추측하는 것이고, 태후가 샹플랭의 면접조차 거절한 이유는 앙리 4세의 혼외자설 때문이라고 추정할 수 있다.

뉴펀들랜드의
해빙기 항해

1611년 3월 1일, 대서양을 건너기에는 아직 이른 봄이었다. 3개월 전 결혼한 신랑 샹플랭은 12살의 어린 신부 엘렌을 파리 처가에 남겨두고 북아메리카로 가기 위해 다시 옹플뢰르 항구로 향했다. 대서양을 건너는 동안 일주일은 좋은 날씨 덕분에 항해가 순조로웠다. 그 후 몇 번의 강풍을 동반한 악천후로 인해 고생을 했지만 그들은 무사히 대서양을 건너 뉴펀들랜드 앞바다 그랜드 뱅스에 무사히 도착했다. 그곳에는 어선들이 조업을 하고 있었다. 그들은 어획한 물고기를 작은 배를 이용하여 해안으로 가지고 나가 건조되도록 조치해 두고 다시 어둠이 깔리기 전 본선으로 돌아와 조업을 하면서 잡은 생선이 다 건조될 때까지 바다에서 생활하는 어부들이었다.

그런데 이곳에서 60~70미터 높이, 아니 그보다 더 높아 보이는 빙산들이 즐비하게 샹플랭의 배를 가로막는 상황을 만났다. 어느 항로를 택해 진행해야 할지 분간이 안 되는 상태였다. 샹플랭은 이러다 해가 지면서 바람 방향이 바뀌어 배가 빙산 위로 튀어 올라가면 어쩌나 하는 공포감이 몰려왔다. 밤이 찾아오자 안개가 얼마나 자욱한지 범선의 길이를 가늠할 수 없을 정도로 샹플랭과 그의 일행은 어둠속에 갇혀 버렸다. 그러나 그들은 계속해서 조금씩 나아갔다. 감히 범접할 수 없어 보이는 빙산들 사이로 몇 번이고 충돌 위기를 가까스로 피해야 했고 짙은 안개, 눈, 비, 그리고 거센 풍랑과 싸워야 했다. 어둠속에 몰려오는 공포심은 낮과는 비교할 수 없었다. 샹플랭은 사지에 몰린 상황에서 "모두가 이곳에서 살아남지 못할 것이라고 스무 번은 넘게 생각했다."고 당시 그의 심정을 기록으로 남겼다. 그러나 샹플랭을 비롯한 모든 사람은 공포감을 접어 두고 빙산의 위험에서 벗어나려 안간힘을 썼다. 극심한 추위로 범선의 모든 밧줄이 얼어붙었다. 고드름과 두꺼운 얼음이 밧줄을 감싸는 바람에 어느 누구도 갑판에서 일을 할 수 없었다. 그들은 휴식도 없이 일하며 동이 트기만을 기다렸다. 그러나 아침이 되어서도 그들을 기다리는 것은 짙게 바다를 덮고 있는 안개뿐이었다. 그들의 고군분투는 아무 소용도 없어 보였다. 샹플랭과 선원들은 세차게 불어대는 바람을 막아 줄 초대형 빙산에 의지해서 항해를 하기로 결정했다. 그들의 생각은 적중했다. 초대형의 빙산을 가로막을 유빙은 없었다. 샹플랭의 범선은 그 빙산에 의지하여 안개와 다른 빙산들로부터 멀어질 수 있었다. 그들은 다시 항해 진로를 잡고 하루 종일 쉬지 않고 다음 날 아침까지 항해를 지속했다.

동이 터올랐다. 더 나은 항해를 기대하며 아침을 맞이한 그들을 기다리는 것은 드넓게 펼쳐져 있는 빙원이었다. 샹플랭의 범선을 끝없이 빙원이 둘러싸고 있었던 것이다. 샹플랭은 "마치 작은 호수 가운데 범선이 갇혀 있는 듯했다."고 기록했다. 샹플랭의 범선은 빙원에 둘러싸인 채 사방으로 빠져나갈 수 있는 곳을 조심스럽게 살폈다. 4~5일을 버티던 어느 아침 그늘은 얼음이 다른 곳보다 얇아서 통과할 수 있을 것 같은 곳을 찾을 수 있었고 그곳으로 빙원을 무사히 빠져 나왔다. 그런데 다음으로 만난 것은 해안으로부터 밀려들어온 큰 얼음덩어리들이었다. 가까이 다가오고 있는 얼음덩어리들을 피하기 위해 선원들은 나무로 만든 대형 노를 저어 얼음을 가까스로 피하며 앞으로 나아갔다. 선원들의 노력으로 범선은 얼음덩어리들을 피해 나올 수 있었지만 선체의 손상을 완벽하게 피할 수는 없었다. 그러나 다행히 항해에 무리가 있을 정도는 아니어서 위험한 상황을 무사히 빠져 나온 샹플랭과 선원들은 신께 감사 기도를 올렸다.

이후에도 위험한 고비를 넘기며 항해하던 다음 날 샹플랭이 범선의 위치를 측정하니 카파 브레튼섬으로부터 단 5~6킬로미터 정도 떨어진 곳에 와 있다는 것을 알 수 있었다. 그러나 아직 안심할 수 없었다. 캐나다 대서양 연안에는 세인트로렌스강을 타고 세인트로렌스 만으로 이동해 온 수많은 얼음덩어리들이 봄까지 도처에 있었기 때문이었다. 대자연에 압도된 샹플랭과 일행은 특히 지금의 캐벗 해협(Cabot Strait, 노바스코샤주의 카파 브레튼섬과 뉴펀들랜드주 사이)을 통과하는 것이 걱정되었지만 어쩔 수 없이 위험을 피해 범선의 진로를 수시로 바꾸어 가며 타두삭을 향해 조금씩 나아가고 있었다.

그러던 중 샹플랭은 아버지를 만나기 위해 포트 로얄로 가고 있는 푸트랭쿠르의 아들, 샤를이 타고 있는 배를 만나게 되었다. 그는 샹플랭보다 3개월 먼저 옹플뢰르 항구를 출발했는데 아직도 포트 로얄에 도착하지 못하고 이곳에서 떠돌고 있었다. 그가 포트 로얄에 도착하려면 800킬로미터를 더 항해해야 했다. 그것도 빙원이나 유빙을 피할 일이 없는 순조로운 항해일 경우에 그랬다. 샹플랭이 그에게 칸소섬을 지나왔다고 말하자 그는 매우 기뻐했다. 샹플랭이 보기에 그는 프랑스를 떠난 이래 아직 한 번도 육지를 보지 못한 것 같았다.

샤를과 헤어진 샹플랭은 4일, 세인트 폴 섬을 지나 다음 날엔 가스페를 지났다. 7일에는 북서풍에 떠밀려 거의 200킬로미터나 진로에서 벗어나는 일이 발생했지만 바람이 잦아지자 다시 진로를 바꾸어 5월 13일, 그러니까 옹플뢰르 항구를 떠난 지 두 달 반 만에 드디어 타두삭에 도착했다. 샹플랭의 평생 스물일곱 번 대서양 횡단 항해 기록 중 가장 길고 위험하고 힘든 항해를 마친 것이다.

5월 13일, 천신만고 끝에 도착한 타두삭은 아직도 흰 눈에 덮여 깊은 겨울 풍경을 연출하고 있었다. 샹플랭이 도착하자 원주민들이 물물교환을 위해 몰려들었는데 그들의 모습에서 지난겨울의 삶이 어떠했는지 금방 알 수 있을 정도로 몰골이 말이 아니었다. 그래도 이제 그들은 지난 수년간의 경험이 쌓여서 샹플랭의 교역품들을 확인 하면서 먼저 도착한 다른 교역선의 물품과 비교할 정도로 제법 노련하고 영리한 모습을 보이기도 했다.

샹플랭은 일 년 전 약속한 대로 원주민들을 만나기 위해 5월 17일 타두삭에서 출발했다. 몬트리올의 거대한 급류 지역인 라신 급류로 샹플랭이 원주민들을 만나러 가는 것을 알고 있었던 상인들이 그를 따라가기 위해 미리 작은 범선을 준비해 놓고 기다리고 있었다. 그들은 프랑스 상인들의 교역선들이었다. 그들은 동인도와 서인도를 드나들며 많은 부를 축척한 유럽의 다른 나라 상인들처럼 신대륙에서 교역으로 성공하려는 희망을 품고 있었다.

라신 급류에서 만나기로 약속한 날짜가 다가와 샹플랭은 퀘벡에 들리지 않고 곧장 가려 했지만 항해 도중 얼음에 부딪혀 파손된 범선이 물이 새서 수리를 위해 할 수 없이 퀘벡에 들려야 했다.

헨리 허드슨의 실종

빙원과 사투를 벌여야 했던 샹플랭의 항해와 5월 중순까지도 대지를 덮고 있던 눈 그리고 몰골이 처참한 원주민들의 모습을 통해 북아메리카의 지난겨울이 얼마나 춥고 혹독하고 길었는지 짐작할 수 있었던 그해 1611년의 봄, 일곱 명의 영국인들을 태운 1척의 배가 저 북쪽 현재의 허드슨 만 남쪽에 위치한 제임스 만 앞바다에서 사라졌다. 그 배의 주인공은 1610년 6월 캐나다 동부 래브라도 북쪽 끝에 위치한 허드슨 해협을 탐험하고 8월 2일에는 허드슨 만을 최초로 탐사한 헨리 허드슨이라는 영국의 항해사였다. 그는 샹플랭과 비슷한 시기에 태어난 영국의 항해사이자 탐험가였고 유럽인으로는 처음으로 허드슨 만에 도착한 사람으로 기록된 인물이다.

그는 1607년과 1608년, 영국 상인들에게 고용되어 동방의 중국으로 가는 북서항로를 찾기 위한 탐험을 시도했지만 실패했다. 1609년부터는 네덜란드의 동인도 회사에 고용되어 다시 탐험을 시작해서 허드슨강을 따라 네덜란드 식민지가 건설되는 지금의 뉴욕 일대를 탐험했다. 1609년 여름, 그는 아시아로 가는 북서항로를 찾기 위하여 반달호를 타고 훗날 자신의 이름이 붙여지게 되는 허드슨강을 따라 북쪽으로 올라가며 탐사를 했다. 이듬해에도 여전히 북서항로를 찾고 있던 허드슨은 대서양을 따라 북쪽으로 항해해서 1610년 6월 25일, 유럽인 최초로 허드슨 해협에 닿았고 계속 항해를 하여 광대한 허드슨 만에 도착했다. 허드슨 만의 남쪽에 있는 제임스 만에서 겨울을 난 허드슨은 1611년 봄이 오자 계속해서 중국이 있는 서쪽으로 항해하기 위하여 허드슨 만을 탐험하는 계획을 세웠다. 그러나 대부분의 탐사대원들은 이제 집으로 돌아가기를 원했다. 허드슨이 자신의 계획을 고집하자 집으로 돌아가기를 희망하는 선원들은 허드슨과 그의 아들, 그리고 병이 들었거나 허약한 사람 그리고 허드슨과 뜻을 같이하는 7명의 선원들을 작은 배에 태워서 바다에 띄워두고 떠나 버렸다. 그리고 그 후, 이들을 보았다는 사람은 없었다. 탐험가 허드슨은 허무하게 사라졌지만 이후 캐나다 역사는 그의 이름을 딴 허드슨 만을 중심으로 많은 이야기를 남기게 된다.

로얄 플레이스
Royal Place

퀘벡에 도착한 샹플랭이 닻을 내리고 상륙하자 지난겨울을 이곳에서 지낸 파크 경이 그를 맞이해 주었다. 16명의 대원들은 모두 건강했다. 그들은 사냥을 즐기며 생활했으며 괴혈병이나 이질의 조짐은 전혀 없었다고 했다.

5월 21일, 배 수선이 끝나자마자 퀘벡에서 출발한 샹플랭은 일주일 후인 28일에 지금의 몬트리올에 도착했다. 약속한 날이었음에도 원주민들은 보이지 않았다. 샹플랭은 프랑스로 데려갔던 원주민 청년 새비그논과 자신의 대원 한명과 함께 카누로 옮겨 탔다. 개척마을을 건설할 적당한 곳을 찾기 위해 양쪽 강가의 숲과 강변을 탐색하기 위해서였다. 탐색을 마친 샹플랭은 새비그논의 안내를 받아 광활하게 넓은 급류 지역의 강변을 따라 숲이 울창한 육지로 45킬로미터를 이동하며 세밀하게 관찰했다. 그러던 중 그는 세찬 물살이 흐르는 속에서도 강한 바람의 도움을 받으면 배가 쉽게 상류로 올라 갈 수 있는 곳을 발견할 수 있었다. 샹플랭은 이곳을 좀 지나 몽 레알 언덕에서 6킬로미터 정도 떨어진 곳을 라 플레이스 로얄(La Place Royal)이라 명명했다. 이곳의 얕은 강바닥에는 수많은 크고 작은 돌들이 차지하고 있어 매우 위험한 곳이었다. 이곳에서 조금 떨어진 곳에는 내륙으로 깊이 들어간 작은 강(현재는 몬트리올의 하수구로 이용됨)을 따라 60에이커는 넘어 보이는 평원이 펼쳐져 있었다. 땅을 개간한다면 씨를 뿌리고 농사를 지을 만한 땅으로 보였다. 이곳은 본래 원주민들이 경작하며 살고 있었던 곳인데 이곳을 중심으로 빈번하게 일어나는 원주민 부족들 간의 전쟁으로 인하여 버려진 땅이었다. 1535년 자크 카르티에가 보았던 당시 매우 번성했던 호첼리카가 바로 이곳이었다. 이곳에는 또한 목축이 가능한 목초가 즐비하게 펼쳐져 있었으며 한쪽으로는 프랑스에서 볼 수 있는 여러 종류의 나무들과 자두, 포도, 체리, 딸기 등 다양한 종류의 과일들이 자라고 있었다. 강에는 프랑스에서도 볼 수 있는 물고기들과 처음 보는 낯선 수많은 물고기들이 노닐고 있었다. 숲속에는 사슴, 순록, 토끼, 살쾡이, 곰, 비버 같은 큰 동물 이외에도 여러 종의 작은 동물들이 서식하고 있었다.

이 지역의 세밀한 탐사를 마친 샹플랭은 라 플레이스 로얄로 돌아와 집을 지을 수 있도록 나무를 베어내고 땅을 평평하게 하라는 지시를 내렸다. 샹플랭은 임시 교역소를 지으며 미래의 식민지 제국을 꿈꾸었다. 정착지 주변으로는 물이 자연스럽게 흐르도록 개울을 만들어 마을이 섬처럼 되게 했다. 이 주변의 여러 목초지는 점토 흙이어서 집을 지을 수 있는 벽돌뿐만 아니라 생활에 필요한 각종 용기를 만드는 재료로 적합했다. 샹플랭도 대원들과 함께 노동력을 보탰다. 샹플랭이 생각하기에 물이 이곳까지 차오를 것 같진 않았지만 그들은 우선 홍수나 해빙으로 범람하는 물의 흐름에 견디고 겨울을 버텨 낼 수 있는지 확인하기 위한 1.2미터 두께의 벽과 같은 높이의 작은 움막을 지었다. 이 움막 앞을 흐르는 세인트로렌스강 동쪽으로는 길이가 4킬로미터 정도 되는 긴 모양의 작은 섬이 자리하고 있는데 이 섬도 튼튼한 기지를 건설하기에 좋아 보였다. 샹플랭은 이 섬의 이름을 자신의 아내 엘렌의 이름을 따 세인트엘렌섬(Isle de Sainte Helene)이라 지었다. 아내를 생각하는 샹플랭의 마음을 아는 듯 몬트리올은 이 섬의 이름을 지금도 그대로 유지하고 있다.

샹플랭이 한 달 반가량 머무르며 교역소를 짓고 인디언들과 우정을 쌓았던 로얄 플레이스(Place Royale)에는 그로부터 30여 년 후 빌레 마리 요새(Fort Ville-Marie)가 세워지고 프랑스인들에 의해 계속 발전하게 된다. 그 후 19세기에는 그 자리에 몬트리올 최초의 세관이 세워져 운영되

다가 현재는 이곳 일대가 올드 몬트리올(Old Montreal)이라 불리면서 로얄 플레이스의 건물은 고고학 역사박물관(Pointe-a-Calliere, Montreal Museum of Archaeology and History) 건물로 사용되고 있다.

샹플랭은 8년 전인 1603년 이곳을 탐사했을 때 1535년 자크 카르티에가 만났다는 몇 천 명의 이로쿼이 인디언들을 전혀 찾을 수 없었다고 기록했다. 그 당시 샹플랭은 인디언 사이에 빈번하게 벌어지는 전쟁으로 인하여 아무도 살지 않게 되었다고 생각하고 있었다. 그것이 틀린 생각은 아니었다. 그러나 역사학자들은 그 외의 더 많은 이유가 있다고 보고 있다. 그중 가장 확실한 원인의 하나는 유럽인들과의 접촉으로 발생한 전염병이었다. 샹플랭은 1613년에는 레꼴레(Recollet) 선교사들과 함께 다시 이곳을 찾게 된다.

6월 1일, 타두삭에서는 더 이상 모피 교역으로 수익을 볼 수 없게 되자 퐁그라브가 이곳에 도착했다. 퐁그라브와 같은 사정에 놓여 있는 많은 교역선들이 그의 뒤를 따라 속속 도착했다. 그리고 6월 6일에도 타두삭에서 할 수 있는 일을 찾을 수 없게 된 4척의 범선들이 샹플랭을 찾아왔다.

이것은 자유교역으로 인한 결과였다. 앙리 4세에게 부여받은 모피교역선내권이 유지된 것은 고작 총 5년을 넘기지 못했다. 특정인이 갖게 되는 전매권이 사라지자 캐나다 대서양 연안 지방의 교역은 활발하다 못해 질서가 사라지고 수없이 많은 교역선이 드나들게 되면서 그들은 수익을 내지 못하게 된 것이었다. 타두삭 주변에서 주로 모피 교역을 하던 상인들은 이제 샹플랭이 개척하는 내륙으로 따라 들어가기 시작했다.

샹플랭은 원주민들을 기다리는 동안 숲과 초원을 개간해서 씨앗을 뿌려 발아와 생육 상태를 조사했다. 이 씨앗들은 얼마 가지 않아 건강한 싹을 틔우고 잘 자라서 이곳의 토양이 경작에 좋다는 것을 입증해 주었다. 샹플랭은 돋아난 새싹들을 살피고 주변의 강을 탐사했으며 새비그논을 비롯한 여러 명에게 오기로 되어 있는 원주민들이 어디쯤 오고 있는지 찾아보고, 그들을 만나면 서둘러 달라고 요청하라는 지시를 내렸다. 처음엔 낡은 카누로는 갈 수 없다고 떠나기를 망설였지만 그들은 6월 5일 원주민들을 찾아 나섰다. 그런데 6월 9일이 되자 심부름을 나갔던 새비그논과 대원들이 불행한 소식을 가지고 돌아왔다. 그들은 호수 너머까지 갔지만 아무도 만날 수 없었으며 너무 낡은 카누로 급류를 통과하기에는 역부족이라 그냥 돌아올 수밖에 없었다고 했다. 그리고 그들의 불행한 사고에 대해 알려 주었다.

그들이 강을 따라 나아가던 중 왜가리로 뒤덮인 작은 섬을 보게 되었는데 이때 프랑스 대원 중 루이라는 한 청년이 호기심이 발동하여 그곳에 가고 싶다고 새비그논을 조르는 바람에 모두 급류를 거슬러 올라 그 섬으로 향했다. 섬 주변으로 급류가 흐르고 수없이 많은 왜가리들이 서식하고 있는 섬에 상륙한 그들은 왜가리 뿐만 아니라 여러 종의 새들을 잡으며 신나는 시간을 가졌다.

즐거운 시간을 끝내고 그 섬을 떠나려 할 때였다. 한 몽타냐이 원주민이 1미터 가깝게 낙폭을 가진 경사가 급해 위험해 보이는 급류지점을 통과한 적이 있다고 허풍을 떨었다. 모두가 만류하는데도 불구하고 그는 그곳을 통과해 보자고 고집을 부렸다. 잡은 새들도 문제였다. 너무 많이 잡아 카누에 다 실을 수가 없었다. 일부를 놓고 가자고 했지만 이 몽타냐이 원주민은 다른 사람들의 말을 듣지 않고 정말 위험한 상황이 오면 그때 버리자고 했다. 모두 그의 고집을 꺾지 못하고 잡은 새를 카누에 싣고 노를 젓기 시작했다. 그러나 1미터 가까운 벼랑 지점으로 다가가자 모두 실었던 새들을 버려야 한다는 것을 직감했다.

하지만 빠른 물살만큼이나 순식간에 위험이 찾아왔다. 그들은 급류가 만들어 내는 소용돌이 속으로 빨려 들어가 그 속도를 알 수 없는 물살을 따라 빠르게 회전하면서 뒤집힌 카누에 매달리는 신세가 되었다. 한동안은 모두 카누를 놓치지 않았지만 점점 고통이 몰려오고 힘이 빠지기 시작하자 빠른 속도로 회전하고 있는 소용돌이 물살을 이기지 못하고 카누를 놓치는 일행이 생겼다. 한 사람은 바로 왜가리로 뒤덮인 이 섬으로 오자고 새비그논을 조른 루이였다. 게다가 그는 수영을 전혀 할 줄 몰랐다. 얼마 후 카누는 강수면 위로 올라왔다. 카누를 놓치지 않은 두 명이 카누를 따라 수면 위로 오르게 되자 바로 루이를 찾았으나 그는 이미 사라져서 보이지 않았다. 살아남은 두 명은 카누를 잡은 채 이동하여 위험 지점에서 벗어날 수 있었다. 가장 위험한 지점을 통과하자고 고집을 부려 일행들을 위험에 빠뜨린 원주민도 끝까지 카누를 잡지 못하고 놓치는 바람에 생명을 부지할 수 없었다. 새비그논은 다행히 끝까지 카누를 잡고 버텨 천천히 강가로 이동하여 살 수 있었다.

젊은 청년의 사고 소식을 들은 샹플랭은 루이를 찾을 수 있기를 바라며 다음 날 일행들과 함께 사고가 난 급류 지점으로 향했다. 사고 당시 함께 있었던 한 원주민이 사고 지점을 손으로 가리켰다. 그곳을 바라본 샹플랭은 놀라지 않을 수 없었다. 그곳은 가장 위험한 지점이었다. 그곳을 무사히 통과한다 해도 여덟 번 정도의 위험이 연속해서 도사리고 있었기에, 격렬하게 흐르는 물이 바위에 부딪히며 생기는 하얀 거품이 여기저기 강 가득히 용솟음치고 있었다. 그리고 샹플랭과 그의 일행의 귓속으로는 천둥소리보다 더 요란한 폭포 울림이 끊이지 않고 계속되었다. 샹플랭을 비롯한 모두가 사고 주변 일대의 강둑을 따라 수색 작업을 이어 갔지만 사라진 두 사람의 모습은 어디에서도 찾을 수가 없었다.

이 급류는 오늘날 많은 관광객이 찾는 관광지가 되었고 섬의 이름은 왜가리섬(Island of Herons)으로 명명되었으며 현재는 육지와 섬을 연결해 놓아 쉽게 들어갈 수 있다. 이 섬이 마주 보이는 북쪽과 남쪽의 강변은 캠핑과 산책, 자전거 타기, 그리고 급류를 보기 위해 많은 사람이 찾는 명소가 되었다. 이때로부터 400여 년이 흐른 2022년 여름에도, 이 섬 옆을 지나며 넓은 강을 흐르는 격렬한 물살은 여전히 강바닥의 크고 작은 바위들에 부딪히면서 끊임없이 포효하고 있었다.

이 급류는 서쪽 내륙 깊숙이 탐사를 꿈꾸는 유럽인들을 절망하게 하는 곳이었다. 개척시대 이후에도 편리한 수운교통을 가로막는 큰 장애물이었는데 유럽인들은 1800년대 들어와서 운하를 놓기 시작했다. 배가 주요 교통수단이 되던 옛 시절, 이곳을 시작으로 캐나다의 수도 오타와, 그리고 온타리오주의 킹스턴에 운하가 놓이고 선박의 통행이 자유로워지면서 유럽인들은 점점 내륙으로 깊숙이 이동하는 동시에 점차 산업을 발달시켜 나갔다. 그러나 이 모든 것은 샹플랭이 죽고 없는 먼 훗날, 200여 년 후의 이야기이다.

우정과 두려움의 공존: 신뢰와 불신

6월 13일이 되자 기다리던 200여 명의 휴론 인디언들이 샹플랭이 있는 플레이스 로얄에 도착했다. 그 속에는 새비그논의 동생과 샹플랭의 허락하에 원주민 마을로 가 그들과 함께 겨울을 난 브륄이 있었다. 샹플랭은 함께 있던 원주민들 그리고 대원들과 함께 오고 있는 원주민들을 맞이하기 위해 카누에 올랐다. 원주민들이 천천히 샹플랭의 일행 가까이로 다가오자 샹플랭의 대원들은 반가움의 예포를 공중을 향해 쏘았다. 총포소리가 들리자 그들은 다 함께 큰 함성을 질렀다. 곧이어 그들의 연설이 시작되었다. 각 부족의 추장은 샹플랭이 약속을 지키기 위해 이곳까지 온 것에 찬사를 아끼지 않았다. 추장들의 연설이 끝나자 원주민들의 함성 소리가 세 번 이어졌다. 그러자 이곳에 정박해 있던 13척의 다른 프랑스인들의 범선에서도 총포가 두 번 울려 퍼졌다. 그 총소리를 들은 원주민들은 샹플랭에게 이제 그만 총을 쏘라며 이곳에 함께 온 많은 동료는 대부분 유럽인들을 처음 볼 뿐만 아니라 천둥소리 같은 총소리를 처음 들어 보는 것이기 때문에 자신들이 해를 당할까 두려워하고 있다고 말했다.

그들은 샹플랭과 함께 프랑스에 다녀온 새비그논이 무사한 것을 보고는 샹플랭에게 감사를 전했다. 그들은 그가 사망했다는 소문을 들었다고 말했다. 이에 새비그논이 프랑스에 있는 동안 샹플랭에게 받은 대접과 그가 본 프랑스에 대해 말하자 그들은 모두 경탄해 마지않았다. 샹플랭도 원주민들의 복식을 입고 있는 브륄로부터 원주민들과 함께 보낸 지난겨울의 생활 이야기를 들었다.

다음 날 샹플랭은 원주민들이 거처할 움막을 지을 수 있는 장소를 보여 주기 위해 원주민들을 만났다. 이때 원주민들은 샹플랭에게 따로 조용히 이야기할 게 있다고 가자고 했다. 그들은 샹플랭과 긴밀한 동맹을 맺기를 간절히 바란다고 말했다. 이곳에 와 있는 다른 선박들은 단지 자신들의 이익을 따라 온 사람들이어서 그들은 원주민들이 도움을 요청하면 샹플랭이 자신들을 도왔던 것처럼 돕지 않고 거절할 것이라고 말했다. 아울러 새비그논을 잘 보살펴 주어 고맙다며 다시 한 번 찬사의 말을 꺼냈다. 또한 그들은 샹플랭의 말이 무엇이든 그대로 따르겠다고 말했다. 그러면서 샹플랭의 일행이 아닌 다른 선박의 백인들이 자신들을 해할까 두렵다고 말했다. 샹플랭은 이곳에 와 있는 다른 사람들도 샹플랭과 같은 나라에서 같은 왕을 모시는 사람들이어서 그들을 해치는 일은 없을 것이니 자신들의 마을에 있는 것처럼 마음 편안히 지내라고 안심시켜 주었다. 샹플랭과 많은 대화를 나누고 그들은 비버 모피 100장을 샹플랭에게 선물로 주었다. 이에 샹플랭도 프랑스에서 가져온 여러 물건들로 그들의 선의에 답례했다.

샹플랭은 인디언들로부터 세인트로렌스강의 발원지와 그들이 살고 있는 지방에 대하여 많은 이야기를 들었다. 원주민들은 샹플랭에게 그들이 본 강, 호수, 폭포, 그리고 육지에 대한 상세한 정보를 주었다. 그들 중 네 명의 원주민들이 자신들의 마을로부터 아주 먼 곳에 있는 바다에 가 본 적이 있는데 거기까지 가기는 매우 힘들다고 말했다. 그 이유를 묻는 샹플랭에게 그들은 적대적인 이로쿼이와의 충돌뿐만 아니라 끝없이 펼쳐지는 울창한 숲과, 지류, 습지 등의 자연 환경 때문이라고 말했다. 그들은 샹플랭에게 자신들이 가 본 곳을 그림을 그려 가며 자세하게 설명해 주었고 샹플랭은 지칠 줄 모르고 그들의 말에 귀를 기울였다.

다음 날 물물교환이 끝나고 원주민들은 자신들이 거처할 공간을 만들기 시작했다. 거처 공간 주변으로는 적의 기습을 고려한 방책을 만들었다. 그날 밤 원주민들은 샹플랭에게 자신들의 거처로 와 줄 것을 요청했다. 샹플랭이 그들의 거처로 들어가자 그들은 회의라도 하는 듯 모두 앉아 있었다. 자신들 가까이에 앉으라는 그들의 권유에 따라 샹플랭도 앉았다. 그들은 고려할 문제가 있을 때는 여러 가지로 방해받을 수 있는 낮이 아닌 밤에 논의하는 것이 자신들의 관례라고 말했다.

샹플랭은 그들의 모습에서 그들이 무언가 샹플랭에게 은밀하게 말할 것이 있다는 것을 직감했다. 그들은 샹플랭의 대원들이 아닌 다른 배에 타고 있는 교역상들이 두렵고 너무 많은 프랑스인을 보는 것이 불편하여 샹플랭을 따로 보기를 원했다고 말했다. 그들은 샹플랭에 대한 마음이 자신들의 자식을 보는 마음과 같다며 샹플랭에 대하여 두터운 믿음을 지니고 있다고 말했다. 다른 프랑스인들에게 구타당한 원주민들도 있다고 전해 주면서 자신들은 샹플랭이 말하는 것은 무엇이든 다 따를 것이지만 다른 사람들은 믿을 수가 없다고 덧붙였다. 원주민들은 다시 한 번 영원한 친구가 되기를 간절히 바라며 결코 자신들에 대한 샹플랭의 마음이 변치 않기를 희망한다고 말했다. 그들은 또한 샹플랭이 자신들의 거주 지역을 살펴보고 싶어 하는 것을 알고 있다면서 언제든 샹플랭이 방문해 준다면 위험을 감수하고라도 많은 인원을 지원하여 모든 곳을 안내해 주겠다고 말했다.

말을 마치자 그들은 비버 모피 50장과 유럽인들에게는 금목걸이와 같은 가치를 갖는 구슬을 꿰어 만든 네 개의 목걸이를 샹플랭에게 선물로 건네면서 퐁그라브에게도 좀 전해 달라고 했다. 그리고 이 선물들은 이곳에 오지 못한 한 추장이 샹플랭과 영원한 친구가 되기를 바라는 마음으로 보내는 것이라고 했다. 게다가 그의 샹플랭에 대한 마음 또한 자신들의 마음과 같다며 언제고 도움이 필요하면 협조하겠다고 했다는 것이었다. 샹플랭은 그들의 호의에 감사하며 빠른 시일 내에 그들의 부락에 가 보고 싶으니 탐사할 준비가 되는 대로 통보해 주겠다고 말했다.

이곳에 머무르는 동안 원주민들은 몇 번이고 샹플랭과의 영원한 화친을 확인하고 또 확인했으며 이곳에 와 있는 상인들에 대한 두려움과 불만을 쏟아내기도 했다. 그럴 때마다 샹플랭은 이곳에는 누구의 적도 없다며 그들을 안심시켜 주어야 했다. 대화를 마치고 자신의 거처가 있는 플레이스 로얄로 돌아가기 위해 샹플랭은 인디언들에게 자신에 배가 있는 곳까지 데려다 달라고 부탁했다. 급류를 통과하기 위하여 원주민들은 8척의 카누를 강가로 옮기고는 옷을 다 벗으며 샹플랭에게는 상의를 단단히 입으라고 지시했다. 급류에 휩쓸려 옷을 다 잃어버릴 수 있기 때문이었다. 그들은 카누가 뒤집혀 누군가 위험한 상황에 빠질 것을 대비해 신속하게 도울 수 있도록 서로 가까이에서 이동했다. 원주민들은 수영을 할 줄 모르는 샹플랭에게 카누가 뒤집히더라도 절대로 카누를 놓치지 말라고 신신당부하며, 카누 중심부에 있는 부분을 꼭 잡고 있으면 자신들이 신속하게 샹플랭을 구할 것이라고 말했다. 샹플랭이 판단컨대 아무리 침착하고 냉정한 사람이라 하더라도 이곳을 통과하는 데는 엄청난 두려움이 따를 듯했다. 그러나 원주민들은 아주 노련하게 거센 물줄기의 이 급류 지점을 통과했다. 샹플랭은 처음으로 그리고 지난 번 이곳을 통과하다 목숨을 잃은 루이 이외에는 그 어느 유럽인들도 아직 통과한 적이 없는 이 급류를 원주민들 덕분에 무사히 통과할 수 있었다.

7월 12일, 알곤킨 원주민 300명이 도착했다. 그들은 샹플랭과 모든 교역선의 선장 각각에게 10개의 비버 모피를 선물하면서 가진 게 이것밖에 없어서 미안하다고 말했다. 새로 도착한 알곤킨 원주민들과 프랑스인들은 화친을 확인하는 시간을 가졌다. 다음 날이 되자 그들은 상인들에게는 없다고 했던 비버 모피를 40장이나 더 가져와 다시 한 번 샹플랭과의 친선관계임을 확인했다. 이뿐 아니라 그들은 며칠 후 또 30장의 비버 모피를 샹플랭에게 선물로 주며 자신들에 대한 선의를 계속해 줄 것을 부탁했다. 샹플랭은 그렇게 하겠다고 약속했다.

6일 후, 모든 원주민들은 다시 만날 것을 약속하며 세 갈래로 나누어 모두 이곳을 떠났다. 샹플랭이 이곳에 도착한 지도 어느덧 한 달 반이 지나 있었다. 그도 원주민들이 떠난 날 이곳에서 출발하여 다음 날 퀘벡에 도착했다. 퀘벡에 도착한 샹플랭은 요새의 이곳저곳을 살피고 수리에 들어갔다. 또한 만들어 놓았던 장미 정원을 손질했다. 그리고 프랑스로 가져가 창틀과 벽의 테두리 장식으로 적합한지 시험해 보기 위해 떡갈나무 판자를 만들었다. 샹플랭은 비버 모피뿐만 아니라 북아메리카의 좋은 목재를 프랑스로 가져가 수익성을 검토해 볼 생각이었다. 퀘벡 요새를 두루 살핀 후 모든 것이 잘 진행되는 것에 안심한 샹플랭은 다시 프랑스로 향했다.

6장
북해 탐사

상인들의 반기를
누르다

1611년 9월 10일, 라로셸에 도착한 샹플랭은 생통주 퐁 지방의 지방장관으로 있는 몽스를 찾았다. 몽스를 만난 샹플랭은 그동안 뉴프랑스에서 있었던 모든 탐사와 휴론과 알곤킨이 이로쿼이와의 전쟁에 참전해 줄 것을 요청한다는 것을 그에게 보고했다. 샹플랭의 모든 보고를 들은 몽스는 궁으로 가겠다고 결심했다. 샹플랭은 몽스보다 먼저 퐁텐블로 궁전으로 향했는데 도중에 말에서 떨어져 거의 목숨을 잃을 뻔한 사고가 일어나는 바람에 예정보다 늦게 퐁텐블로에 도착했다. 그사이 몽스는 이미 그의 투자가들과 논의가 끝난 상태였다. 몽스는 투자가들이 더 이상 새로운 탐사와 퀘벡 식민지를 후원할 수가 없다고 하여 퀘벡에 무엇이 있든 그것을 처분하여 그들의 몫을 나누어 주겠다는 결정을 했다고 말했다. 그리고 또한 왕으로부터 특허권을 받을 수 있는 지 알아보도록 사람들을 보냈다는 것이었다. 그러나 얼마 후 몽스는 법원에서 급하게 처리해야 할 일이 생겨 뉴프랑스에 대한 모든 업무를 샹플랭에게 일임하게 되었다.

개신교도였던 몽스의 뉴프랑스 식민지 지휘권은 1610년 앙리 4세가 사망한 후 가톨릭 교회에 많은 힘을 실어 주는 마리 태후에 의해 점차 그 힘을 잃고 있었다. 어떤 학자들은 이때 몽스가 마리 여왕의 의해 해임되었다고 보기도 하고 또 한편에서는 1612년에 뉴프랑스 총독에서 스스로 물러났다고도 하는데, 샹플랭의 기록은 "법정에서 처리할 문제로 뉴프랑스에 대한 모든 업무를 나에게 일임했다."고 하는 것으로 보아 후자가 맞을 것으로 보인다. 그러나 그의 지위와 직책이 무엇이었든 몽스는 자리에 연연하지 않고 죽을 때까지 샹플랭뿐만 아니라 뉴프랑스로 이주하여 정착하기를 원하는 사람들에게 충실한 후원자 역할을 했다. 샹플랭이 많은 기록을 남긴 반면 그는 기록을 전혀 남기지 않아 초기 캐나다 역사에서 그의 역할은 상당 부분 가려져 있지만 후세의 프랑스와 캐나다 사람들은 캐나다 개척에 공헌한 몽스의 업적을 샹플랭과 함께 높이 기리고 있다.

　샹플랭에게는 뉴프랑스 건설에 성공하기 위해서 풀어야 할 난제들이 많았다. 먼저 국고 지원이 없는 상황에서 식민지 건설사업을 지속하기 위해서는 수익구조를 만들어 내야 했고 조국 프랑스의 이름을 드높이는 동시에 북아메리카 원주민들을 그리스도로 인도해야 했다. 이 모든 것을 성취하기 위해서는 법으로 보장받는 규범이 필요했다. 왜냐하면 상인들은 샹플랭의 노력으로 만든 결실에 뭐 하나 더하는 것 없이 열매만 따 먹으려 하고 있었기 때문이었다. 질서 없는 자유무역은 탐욕으로 인하여 과잉경쟁을 유발하고 그 결과는 상인들 스스로 자멸의 길로 가는 것이었다. 과잉경쟁으로 인하여 서로서로 비밀리에 원주민들과 거래를 하다 보니 상인들은 필요 이상의 많은 교역품으로 모피를 구하고 있었다. 이런 현상을 두고 샹플랭은 그들은 최악의 상거래를 하고 있는 것이며 같은 일에 종사하는 다른 상인을 기만하는 것은 곧 자신을 기만하는 것이라고 기록했다. 사실 이러한 문제들을 몽스에게 보고하고 해결하기 위해 프랑스로 돌아온 것이었다.

　샹플랭은 뉴프랑스의 문제들을 해결하기 위한 보고서를 만들어 변호사이자 의회의 의장인 피에르 장냉을 찾아갔다. 그는 샹플랭이 착수한 뉴프랑스 건설의 번영을 보고자 하는 인물이었다. 의장은 샹플랭이 작성한 해결 방안에 대해 칭찬을 아끼지 않으며 그대로 진행하라고 찬성하며 샹플랭을 격려했다. 그러나 샹플랭은 그 어떤 규제도 북아메리카에서 부를 구하는 많은 상인들에 의해 좌절될 것이라는 것을 잘 알고 있었다. 따라서 시기심으로 뭉쳐 있는 상인들을 누르려면 권한을 강력하게 행사할 누군가가 필요했다.

샹플랭의 머릿속에 한 사람이 떠올랐다. 왕가의 핏줄이고 견실한 신앙심을 지니고 있는 샤를 수아송 왕자였다. 그는 노르망디와 도피네 지방의 총독을 맡고 있었다. 샹플랭은 의원이며 왕실 물품 관리자인 볼유를 통하여 수아송 왕자와 만났다. 수아송 왕자를 만난 샹플랭은 뉴프랑스 식민지 건설의 중요성, 왜 규제가 왜 필요한지를 설명했다. 그리고 질서를 방해하여 모두의 교역에 해를 끼치고 조국 프랑스에 먹칠을 하는 상인들에 대한 엄중한 처벌 규정을 둘 것을 주장하며 그에게 뉴프랑스 건설을 위해 일해 줄 것을 정중히 부탁했다. 샹플랭이 들려준 많은 정보와 그가 그린 지도 등을 살펴본 수와송 왕자는 샹플랭의 제의를 흔쾌히 수락하고 왕이 재가해 준다면 자신이 이 일을 맡아보겠다고 말했다. 샹플랭은 즉시 왕과 의회에 뉴프랑스에 관한 제안서를 제출했다. 얼마 후, 1612년 10월 8일, 열한 살 소년인 루이 13세 국왕은 수아송 왕자에게 뉴프랑스에 대한 모든 권한을 부여하는 임명장을 내렸다. 그리고 수아송 왕자는 즉시 샹플랭을 자신의 직속 대리인 즉 부총독으로 임명했는데 그의 군대 계급으로는 중장(Lieutenant General)급 계급에 해당한다.

그러나 샹플랭이 프랑스 서부의 모든 항구에 통보할 왕이 내린 수와송의 직권을 공표하는 문서를 준비하고 있을 때 수아송이 사망했다는 비보가 샹플랭에게 날아들었다. 임명된 지 사흘 만에 일어난 그의 사망은 이제 새로운 발판을 마련한 샹플랭에게 비탄스러운 소식이었다. 수와송 총독이 사망하자 루이 13세는 곧바로 자신의 사촌이며 사망한 수아송 왕자의 조카인 24살의 콩데(Henri de Bourbon Prince de Conde) 왕자를 뉴프랑스의 총독으로 임명하고 그에게 12년의 모피 교역전매권을 부여했다. 뉴프랑스의 총독이 된 콩데 왕자는 즉시 샹플랭을 뉴프랑스 부총독으로 임명하고 자신의 직권을 각 항구의 상인들에게 공표하도록 했다. 이 소식을 듣자마자 교역상들이 반기를 들고 일어났다. 그들은 전매권을 취소하라고 왕과 콩데 왕자를 끈질기게 괴롭히기 시작했다. 그러나 그들의 반발은 교역을 원하는 자는 자신의 회사와 연합하는 길 이외에는 없으며 원하는 자는 모두 수락하겠다며 단호하게 처신한 콩데 왕자 앞에 모두 무마되고 말았다.

이러한 격론이 일어나는 동안 샹플랭이 뉴프랑스로 돌아가야 하는 시간이 다가오고 있었다. 식민지를 확장하고 원주민들에게 약속한 전쟁에 참전하려면 더 많은 인원과 물자가 필요했다. 이미 출항 준비를 마친 4척의 범선에는 콩데 왕자의 허가증이 발급되었다. 3척의 범선은 루아양에서 1척은 생말로에서 출발하기로 했으며 모든 배에는 각각 샹플랭의 탐사와 휴론 원주민들의 전쟁을 수행할 대원들을 네 명씩 승선토록 했다.

그런데 출항 준비를 하고 있는 샹플랭을 당황스럽게 하는 일이 다시 한 번 벌어졌다. 루아양 지방의 의회에서 왕이 내린 임명장 발행을 허락하지 않은 것이었다. 이유는 콩데 회사의 전매권에 대하여 왕이 확실한 의사표명을 하지 않았기 때문에 단독으로 처리하기에는 문제 소지가 많으며 생말로 의회에서도 반대하고 있다는 것이다. 이 문제로 샹플랭은 왕의 명령을 전달하기 위해 파리에서 136킬로미터나 되는 루아양 의회에 세 번이나 말을 달려 왕래해야 했다. 왕의 명령장은 루아양 의회에서 행하는 반대 조치를 즉시 중단할 것이며 왕의 명령에 반기를 드는 사람에게는 엄중한 처벌을 내릴 것이라는 내용이었다. 이로써 두 지방의 의회는 반기를 멈추었고 노르망디 전 지역 항구에 콩데의 직권과 전매권에 대한 문서가 배포되었다. 샹플랭의 끈질긴 노력으로 자칫 좌초될 위기의 뉴프랑스 건설을 다시 한 번 시도할 수 있게 된 것이다.

전쟁이 만연한
원주민 사회

샹플랭이 뉴프랑스와 인연을 맺게 된 지 어느덧 10년의 세월이 흐른 1613년 3월 6일, 샹플랭은 옹플뢰르 항구에서 출발하여 4월 29일, 무사히 북아메리카에 도착했다. 그리고 타두삭 항구에서 멀지 않은 푸앙트 바쉬에 위치한 원주민 부락을 지나려 하고 있을 때였다. 샹플랭의 범선임을 알아본 원주민들이 모두 재빠르게 카누에 몸을 싣고는 빠른 속도로 샹플랭의 범선으로 몰려들었다. 그런데 그들의 모습은 비참하기 짝이 없었다. 앙상한 뼈만 남아 있는 그들의 모습은 흉측하다 못해 섬뜩해 샹플랭은 누가 누군지 분간할 수 없을 정도였다. 그들은 배고파 죽을 지경이라며 빵을 달라고 아우성쳤다. 이 처참한 광경을 보면서 샹플랭은 지난겨울에 날씨가 혹독하지 않았고 눈이 적게 내려 원주민들이 사냥을 제대로 할 수 없었다는 것을 알 수 있었다. 원주민들은 겨울이 되면 눈에 난 동물의 발자국을 추적해 사냥을 하는데 눈이 많이 내리지 않으면 동물의 자취를 찾기가 힘들어 굶주리게 되는 것이었다.

샹플랭의 범선에 오른 원주민들은 모든 선원들의 얼굴을 자세히 살피고는 샹플랭이 보이지 않자 샹플랭이 어디 있는지 물었다. 선원들이 샹플랭은 프랑스에 있다고 대답하자 원주민들은 그들의 말을 믿지 않는다고 말했다. 샹플랭과 선원들이 원주민들을 놀려주려고 장난을 친 것인데 그중 연로한 한 원주민이 그들의 눈에 띄지 않게 한 구석에서 서성이고 있는 샹플랭에게 다가와서는 그의 귀를 잡고 지난 번 이로쿼이와의 전쟁에서 화살에 맞은 상처 자국을 확인했다. 샹플랭임을 확인한 그가 기쁨의 환호성을 지르자 모두 노인과 샹플랭에게로 우르르 몰려와서는 기뻐 어쩔 줄 몰랐다. 그리고 다른 프랑스인들이 타두삭에서 샹플랭을 기다리고 있다는 소식도 함께 전해 주었다.

같은 날 샹플랭은 타두삭에 도착했다. 닻을 내리자 프랑스인들이 다가와 새 세 마리와 두 마리 토끼의 내장을 배 안으로 던져 주었다. 그러자 원주민들은 달려들어 굶주린 야수들처럼 그것들을 먹어 치웠다. 또한 배를 보호하기 위해 칠해 놓은 수지양초를 손톱으로 긁어내어 훌륭한 진미인 양 게걸스럽게 먹어댔다.

다음 날 콩데회사에 관한 왕의 명령이 전파되기 전 생말로 항구를 출발한 상선 2척이 도착했다. 샹플랭은 그 배에 올라 두 선장에게 왕의 명령장과 명령장을 위반할 시 어떤 처벌이 내려지는지에 대한 항목을 읽어 내려갔다. 그들은 왕의 충직한 신하로서 왕의 명을 따르겠다고 대답했다. 샹플랭은 왕의 문장이 새겨진 명령장, 그리고 위반에 대한 처벌 내용을 항구에 붙여 놓았다. 특허권에 대한 사실을 몰랐다고 발뺌할 수 없도록 하는 조치였다.

5월 7일, 타두삭에서 퀘벡으로 가는 동안 거센 바람 때문에 돛대가 부러지는 일이 발생했지만 모두 무사히 퀘벡에 도착했다. 퀘벡 기지의 대원들은 모두 건강하게 겨울을 났고, 지난겨울은 강물도 얼어붙지 않을 정도로 그리 춥지 않았다고 말했다. 봄은 예년보다 일찍 찾아와 나무들이 잎을 틔웠고, 들판에는 꽃들이 피어나고 있었다.

퀘벡에서 일주일을 머무른 샹플랭은 5월 13일 원주민들을 만나기로 한 몬트리올의 라신 급류를 향하여 출발해서 21일에 도착했다. 그곳에는 이로쿼이와 전쟁을 마치고 돌아온 소규모의 알곤킨 원주민들과 약간의 물물교환을 하고 있는 프랑스 범선이 있었다. 샹플랭은 물물교환을 하고 있는 원주민들에게 자신은 과거에 그들에게 약속한 이로쿼이와의 전쟁에 합류하기 위해 대원들과 이곳에 왔으며 그들의 이웃 부락들에 방문하여 동맹을 맺기를 희망한다고 말하자 그들은 매우 기뻐했다. 그들은 하루빨리 가족과 친구가 있는 자신들의 마을로 돌아가 자신들의 승리를 알리고 다시 전쟁을 치르기 위한 화살이나 엘크 가죽 갑옷 등은 첫 번째 만월이 지기 전에 준비될 것 같다고 말하고 샹플랭과 헤어졌다.

3일 후, 알곤킨 원주민을 태운 3척의 카누가 프랑스 상인들과 물물교환을 하기 위하여 내륙으로부터 도착했다. 이 원주민들이 전해 주는 소식은 샹플랭 일행을 답답하게 했다. 지난 해 프랑스 상인들로부터 좋지 않은 일을 당한 원주민들이 많아서 교역을 위해 이곳으로 오기를 주저하는 사람들이 많다는 것이었다. 또, 이제 샹플랭은 오지 않을 것이라고 소문이 돌고 프랑스인들의 도움을 받을 수 도 없다고 판단하게 되어 120명의 무사들이 스스로의 힘으로 이로쿼이 부족과 싸우기 위해 벌써 원정을 떠났다는 소식을 전해 주었다.

이들이 전하는 소식은 원주민들과 물물교환을 하기 위해 많은 교역품을 싣고 온 프랑스 상인들의 기대에 찬물을 끼얹는 일이었다. 샹플랭은 풀이 죽어 있는 프랑스 상인들의 교역을 위해, 그리고 이로쿼이 부족과 고통스러운 전쟁을 치르고 있는 세인트로렌스 유역의 많은 원주민 부족들을 돕기 위해 적극적으로 나서기로 결정했다. 샹플랭은 북부 지역의 많은 원주민 부족들을 두루 만나고 허드슨이 사라진 북해로 가는 길을 찾아 나서기 위해서 원주민들에게 3척의 카누와 길잡이가 되어 줄 3명의 안내 요원을 요청했다. 하지만 단지 2척의 카누와 한 명의 길잡이만을 구할 수 있었는데 그것도 많은 선물을 주고서야 확보할 수 있었다.

북해를 향하여

2척의 카누로 이동할 수밖에 없어 4명의 대원만 샹플랭과 동행할 수 있었고, 그중에는 니콜라 비뇨라는 청년이 있었다. 비뇨는 원주민들과 함께 생활하며 그들의 언어와 문화를 익히고 그들을 따라 많은 곳을 탐사하도록 하기 위한 일환으로 샹플랭이 원주민 마을로 보낸 여러 청년들 중 하나였다. 그는 샹플랭이 키운 뉴프랑스 건설 꿈나무 중 한 사람이었지만 후일 그에 대한 샹플랭의 평가가 "가장 뻔뻔스러운 거짓말쟁이"였을 만큼 큰 실망감으로 남게 되는 인물이다.

지난해인 1612년, 샹플랭이 파리에서 몽스가 포기한 뉴프랑스 건설을 재개하기 위해 프랑스 조야의 유력인사들에게 접촉하면서 애를 쓰고 있을 때였다. 어느 날 마침 파리로 돌아온 비뇨가 샹플랭을 찾아와서는 17일이면 라신 급류에서 출발해 북해(영국의 헨리 허드슨이 최초로 발견한 허드슨 만을 가리킴)에 다녀올 수 있다고 말했다. 자신은 그곳에 가서 영국인들의 파손된 선박의 잔류도 보았다고 말했다. 80명의 영국인들이 북해 해안에 거주하고 있는 알곤킨 원주민들의 옥수수와 생활용품들을 약탈하자 원주민들이 앙갚음으로 영국인들을 잡아 자신들의 관례에 따라 그들을 죽였다면서 그들의 머리 가죽을 자신에게 보여주기도 했고 어린 포로 한명을 자신에게 주겠다고 제의하기도 했다는 것이었다.

그의 말을 들은 샹플랭은 오랫동안 찾았던 북해로 가는 길을 찾았다는 생각에 환호했지만 한편으로는 믿기 힘들었다. 샹플랭은 이 모든 이야기가 진실이라면 큰 상을 받을 것이지만 거짓말일 경우에는 밧줄에 그의 목을 매달게 될 것이라고 경고했다. 비뇨의 말이 사실이라면 허드슨이 실행하지 못한 북서 항로를 이용해 동방으로 가는 길에 다시 한

번 도전해 볼 수도 있는 일이라서 탐험가로서 고무되지 않을 수 없었다. 비뇨는 다시 한 번 자신의 이야기가 진실임을 인정받기 위해 북해 지방에 대한 상세한 이야기를 늘어놓았다. 그는 또한 파손되어 버려진 영국인들의 배와 래브라도까지 항해한 영국인들과 관련된 이야기를 늘어놓는 것이 마치 진실인 것 같았다. 비뇨는 라 로셀 지방의 두 공증인 앞에서 진술서에 선서도 했다. 그가 들려주는 모든 상황들이 진실이라고 확신한 샹플랭은 보고서를 만들어 평소 샹플랭을 지지해 주고 조언을 아끼지 않는 브리삭, 실레리, 제닌 등 세 명의 재상과 조야의 많은 사람에게 보고했다. 보고를 들은 사람들은 하루빨리 샹플랭이 직접 그곳을 탐사하는 것이 좋겠다고 동일한 조언을 했다.

1613년 5월 26일, 2척의 카누로 탐사를 떠나는 샹플랭은 탐사대원들이 보는 앞에서 비뇨의 이야기에 대한 진실 여부를 다시 한 번 확인했다. 이에 비뇨는 자신이 말한 모든 것에 목숨을 걸겠다고 단호하게 말했다. 비뇨에게 다시 한 번 확신을 얻은 샹플랭은 식량, 무기, 그리고 원주민들에게 줄 선물을 카누에 가득 실었다. 다음 날인 27일, 샹플랭은 비뇨와 통역사를 비롯한 4명의 프랑스인 그리고 알곤퀸 원주민 1명과 함께 배에 올라 세인트엘렌섬에서 출발했다. 라신 급류에 도착해서는 일기가 좋지 않아 이틀을 기다려 다시 출발했다. 급류를 지날 때 그들은 때로는 육지로, 때로는 강을 이용했다. 육지를 이용할 때는 카누, 옷, 식량, 그리고 무기들을 어깨에 둘러메고 움직여야 했는데 그것은 쉬운 일이 아니었다. 또한 야영할 때는 바리케이드를 치고 밤새 보초를 서야했다. 이로쿼이 원주민들의 기습을 염려했기 때문이었다. 5월의 마지막 날 그들은 오타와강과 연결되는 지점인 레이크 오브 투 마운틴스(Lake of Two Mountains)를 지나 온통 돌과 바위로 이루어진 급류지점에 도착했다. 이곳부터는 육지로 이동할 수가 없어 강을 이용해야 했지만 그 흐르는 물의 속도가 엄청나게 빨랐다. 그렇지만 다른 방도도 없었다. 그들은 밧줄을 카누에 단단히 동여맨 후 끌면서 강가를 따라 이동했다. 그렇게 3킬로미터 정도 나아가다 보니 또 다른 급류가 나왔다. 여기는 카누의 노를 저어 지났는데 모든 대원들이 땀으로 흠뻑 젖었다. 이러한 급류를 지날 때는 여기저기 발생하는 소용돌이와 빠른 물살, 바위가 만드는 파도와 같은 거친 물결을 피해야 하기 때문에 노련한 기술을 요했다. 그러나 원주민 안내인은 위험한 곳과 통과하기 쉬운 곳을 한 눈에 간파해서 놀라운 솜씨로 급류를 벗어나는 것이었다.

다음 날도 두 곳의 급류를 지났다. 첫 번째 급류는 3킬로미터 정도였으나 두 번째 만난 급류는 5~6킬로미터 정도로 길었다. 급류는 굉장한 소리를 내면서 흐르고 강 가득 일어나는 하얀 물거품에 강물을 전혀 볼 수가 없었다. 이 급류가 흐르는 강에는 수많은 바위가 여기저기 어지러이 흩어져 있고 중간중간 소나무와 흰 편백나무가 자라는 작은 섬들이 있었다. 빽빽한 숲으로 이루어진 육지로는 이동할 수 없었던 샹플랭 일행은 급류가 흐르는 강물로 들어가 무거운 짐이 실린 카누를 밧줄로 동여매여 거칠게 흐르는 물살을 거스르며 끌고 가야 했다. 이때 그만 소용돌이 속으로 샹플랭의 몸이 빨려 들어가면서 넘어져 바위틈에 끼이는 사고가 발생했다. 샹플랭이 잡고 있던 카누는 세찬 물살에 이끌려 오히려 샹플랭을 세게 잡아당기게 되었다. 카누가 거친 물살의 힘을 받으면서 샹플랭의 손을 칭칭 감고 있는 밧줄은 그의 손을 더욱 옥죄이며 손이 잘릴 것만 같은 통증을 유발했다. 고통스러운 상황에 처한 샹플랭이 하느님을 외치며 있는 힘껏 밧줄을 잡아당겨서 카누를 끌어당겼다. 순간적인 엄청난 고통을 이겨 낸 덕분에 다행히 샹플랭은 대원들의 양식을 보존할 수 있었다. 다른 대원들도 몇 번 위험한 고비를 넘겼지만 모두 피해 없이 급류를 벗어날 수 있었다. 샹플랭 일행은 모두 자신들을 보호해 준 신께 각자 감사 기도를 올렸다. 기진맥진해진 그들은 이날 더 이상 이동할 수 없었다.

다음 날 다시 이동하던 샹플랭은 15척의 카누로 이동 중인 알곤킨 원주민들과 우연히 만나게 되었다. 그들은 이로쿼이 원주민들과 전쟁을 치르기 위해 이동 중이라고 했다. 그러고는 단 몇 명의 프랑스인들과 한 명의 원주민 길잡이만을 데리고 이곳까지 온 샹플랭에 대해 매우 놀라워했다. 샹플랭은 알곤킨 원주민들에게 그들을 만나러 가는 길이었으며 이전에 이로쿼이들과의 전쟁에 함께하기로 한 약속을 수행하기 위하여 온 것이라고 말했다. 그리고 그들에게 자신의 계획을 말하고 구체적인 정벌계획을 통보할 때까지 이로쿼이와의 전투를 멈추어 달라고 말하자 그들은 좋다고 동의하면서 함께 한 섬에서 야영을 했다. 샹플랭은 더 많은 지역의 원주민 부족들을 만나기를 원한다고 말하자 그들은 이동하기에 매우 좋지 않으며 자신들이 가 본 바로는 이곳부터는 아무도 없다면서 샹플랭의 계획에 반대하고 나섰다. 이에 샹플랭은 그들에게 길을 안내할 사람과 카누를 다루는 데 익숙하지 않은 프랑스인 대원들을 대신할 사람을 요청했다. 그들은 샹플랭의 청을 흔쾌히 받아주었다. 이에 샹플랭은 그들에게 선물로 보답하고 대원 한 명에게 자신의 탐사 일지를 주면서 그들과 함께 라신 급류의 본지로 돌아가도록 했다.

그들과 헤어진 샹플랭이 다시 이동을 시작하여 험난한 급류와 숲을 지나 도착한 곳은 오늘날 캐나다의 수도 오타와였다. 이곳에는 남쪽으로부터 흘러와 오타와강으로 물을 쏟아내는 11미터 높이의 마치 쌍둥이처럼 비슷한 크기의 두 폭포가 커튼을 연상시키는 모양으로 자리하고 있었다. 샹플랭은 이 호수의 이름을 '리도(Rideau, 커튼)'로 지었다. 거대한 흰색 커튼을 연상한 샹플랭의 기발하고 순박한 상상력이 재미 있다. 오늘날에는 많은 구조물들이 조성되어 있어서 폭포 가까이 다가가 바로 옆이나 위에서 쉽게 폭포를 관찰할 수 있다. 커다란 커튼이 드리워진 모습으로 굉음과 하얀 물보라를 일으키며 오색 무지개와 함께 오타와강으로 물을 쏟아내는 아름다운 자태는 400년 전 샹플랭이 바라볼 때도 지금과 똑같았으리라. 오늘날 오타와의 강, 호수뿐만 아니라 운하, 그리고 부근의 캐나다 총독 관저도 모두 샹플랭이 붙인 이름인 '리도'를 붙여 사용하고 있다.

리도 폭포를 출발해 오타와강을 따라 계속 이동하던 샹플랭과 그의 일행은 또 다른 급류(The Chaudiere Falls)를 지나야 했다. 커다란 바위 위로 그 위력을 뽐내며 내려치는 물살은 다시 한 번 샹플랭과 그의 대원들을 위축시켰다. 또 그다음 날에는 경사면의 고저차가 20미터는 되어 보이고 우렁찬 물소리가 사방을 압도하며 거칠게 물을 쏟아내는 급류(Rapids des Chats)를 만났다. 이곳을 지나기 위해서 샹플랭과 그의 대원들은 가져온 옥수수 이외 모든 식량을 버리고 최소한의 필요한 옷과 무기 그리고 밧줄만을 챙겨 짐을 줄인 다음 때로는 육지로 때로는 물길로 10킬로미터 정도의 거리를 무사히 통과할 수 있었다. 샹플랭은 이런 고된 일을 능숙하게 하면서 지칠 줄 모르는 원주민들의 모습에 경탄하면서, 이번 탐사에 두 원주민의 도움이 매우 컸다고 기록했다.

서서히 탄로 나는 거짓말

샹플랭 일행은 오늘날의 알곤킨 주립공원(Algonquin Provincial Park) 주변을 통과하면서 계속해서 급류와 우거진 숲을 지나고 있었다. 여전히 강 곳곳에는 급류와 다양한 크기의 섬들이 나타나고 있었다. 그러던 6월 6일, 원주민 안내인들은 최소한의 식량과 필수품까지 모든 짐을 내려놓아야 하는 상황이 되었다. 카누가 도저히 갈수 없는 위험한 급류 지점을 통과해야 할 때는 육지로 이동하기 때문에 몸을 가볍게 하기 위해서였다. 그런데 이곳에서 두 명의 안내인들과 비뇨 사이에 논쟁이 시작되었다. 비뇨가 이곳부터는 위험한 급류가 없다며 가던 길로 계속 가는 게 좋겠다고 말하자 원주민 안내인들은 그에게 "너 이제 다 살았나 보구나!"라고 하면서 샹플랭에게 비뇨는 거짓말을 하고 있으니 그를 믿지 말라고 말했다. 샹플랭도 이곳까지 오면서 여러 곳에서 그가 전혀 길을 모르고 있다는 것을 어느 정도 눈치 챘다. 샹플랭은 원주민들의 말에 따라 다시 이동하기 시작했는데 그것은 그에게 행운이 아닐 수 없었다.

  그들은 북서쪽으로 흐르고 있는 강의 서쪽 방향으로 강을 건넜다. 이곳의 위도를 측정해 보니 46도 40분(현 온타리오주의 알곤킨 주립공원)이었다. 이곳부터 샹플랭은 지금까지 지나온 어느 숲에서보다도 힘든 여정을 겪어야 했다. 샹플랭은 탄알이 장전된 3대의 화승총, 여러 개의 노, 그리고 필수 소품만을 지니고 이동했다. 자신보다 더 많은 짐을 지고 있는 안내인들과 대원들을 격려하며 이동했지만 무거운 짐보다 그들을 더 괴롭히는 것은 다름 아닌 모기떼였다. 네 개의 연못을 지난 후 10킬로미터쯤 더 이동하던 그들은 모기에게 뜯기고 지난 하루 동안 먹은 것이라고는 소금 없이 구운 약간의 물고기밖에 없던 터라 기진맥진한 상태가 되어 더 이상 몸을 움직여 나아갈 수가 없었다. 하는 수 없이 그들은 어느 작은 연못가에 앉아 휴식을 취하기로 했는데, 이곳에서도 헤아릴 수 없이 많은 모기떼가 끊임없이 달려들어 고통을 주었다. 샹플랭 일행은 모닥불을 피워 모기떼를 쫓으면서 연못의 물고기를 잡아 굶주린 배를 채웠다.

  다음 날 이들의 힘든 여정이 다시 시작되었다. 휴식을 취한 5~6킬로미터의 연못은 카누로 아무 어려움 없이 이동할 수 있었으나 문제는 육지로 이동하면서부터 시작되었다. 지금까지 경험한 탐사길 중 가장 최악이라 할 수 있었다. 숲속에는 쓰러진 소나무들이 서로 엉켜 있었다. 그들은 때로는 서로 엉켜 있는 나무더미 위로, 때로는 그 아래로 허리와 머리를 숙이고 통과해야 했다. 이렇게 20킬로미터 정도를 이동해서 샹플랭 일행은 많은 물고기가 노닐고 있는 한 호수(현 Muskrat Lake)에 닿았다. 호수 가까이에는 땅을 개간하여 옥수수를 경작하는 원주민 부락이 자리해 있었다. 이 부락의 니바쉬 추장이 그의 마을 사람들과 함께 샹플랭을 찾아와서는 그 위험하기 짝이 없는 많은 급류와 수풀을 헤치고 샹플랭이 자신들을 만나기 위해 왔다는 사실에 매우 놀라워했다. 추장은 관례에 따라 샹플랭에게 담배를 권하고는 마을 사람들을 향해 샹플랭은 구름에서 떨어진 게 분명하다고 말했다. 이곳에 살고 있는 자신도 통과하기 힘든 그 험난한 길을 헤치고 찾아온 의지와 결단력을 높이 평가하면서 다른 마을의 모든 원주민들이 말하는 것처럼 자신도 샹플랭을 존경한다고 말했다. 샹플랭과 그의 일행이 굶주린 것을 눈치 챈 추장은 물고기 요리를 대접했다. 식사를 마친 샹플랭이 추장과 그의 마을 사람들을 만나게 되어 매우 기쁘며 더 먼 곳까지 탐사를 떠나고 싶다고 말하자 그들은 매우 기뻐하면서 자신들이 동행하여 샹플랭을 돕겠다고 약속했다. 그들은 또한 옥수수가 자라는 자신들의 밭을 구경시켜 주었다. 이곳의 땅은 모래투성이라 농사보다는 사냥을 주로 하여 생활한다고 추장은 설명했다. 그들이 설명하는 옥수수 농법은 대서양 연안의 원주민들과 같았다. 샹플랭이 본 6월 이곳의 옥수수는 네 손가락 크기로 자라 있었다.

    1867년 어느 날, 한 소년이 자신이 살고 있는 집의 인근 숲에서 동으로 된 작고 동그란 모양의 기구를 발견했다. 천체의 고도를 측정하는 휴대용 기계 아스트롤라베(Astrolabe) 였는데 기구의 제작 연도가 1603년으로 새겨져 있었다. 1603년은 샹플랭이 북아메리카로 첫 번째 탐사를 떠난 해이고, 우연히도 이 기구가 발견된 곳은 머스크렛 호수와 인접한 오늘날 콥덴이라 불리는 온타리오주의 한 작은 마을이었다. 학자들은 샹플랭이 머스크렛 호수에 도착하기 전 엉켜 있

는 수많은 소나무 숲을 통과할 때 잃어버렸을 것으로 보고 있다. 250여 년의 세월을 건너뛰어서 샹플랭의 관측기구가 세상에 다시 나타난 것이다. 샹플랭은 이 기구를 사용하여 지구상 어디서든 자신의 위치를 확인하고 다녔다.

나는 샹플랭의 아스트롤라베를 직접 보기 위하여 퀘벡의 박물관(the Canadian Museum of Civilization)을 찾아 전시물을 모두 둘러보았지만 찾을 수 없어서 크게 실망했었는데, 오타와의 전쟁박물관(Canadian War Museum)에서 뜻밖에 실물을 보게 되어 샹플랭을 직접 만난 것처럼 반가웠다.

샹플랭이 그의 기록에서 이 기구에 대해 최초로 언급한 것은 1599년, 스페인의 보물선과 함께 서인도 제도로 가는 항해에서 놀라운 항해기술을 가진 스페인 항해사들에 대한 이야기를 기록할 때였다. 샹플랭은 호기심이 많고 관찰력이 뛰어난 사람이어서 스페인 항해사들이 사용하던 이 기구를 눈여겨보았을 것이다. 역사학자들은 이 기구를 샹플랭이 사용했던 것으로 보고 있다. 이 기구는 에드워드 리라는 소년에 의해 발견된 이후 찰스 오버맨이라는 사람이 리의 아버지에게 10달러를

주고 구입했다. 그 후 여러 경로를 거쳐 뉴욕 역사학회(New York Historical Site)가 소유하고 있었는데 1989년 캐나다 정부(the federal Department of Communication)가 나서서 당시 5만에서 10만 달러 사이에 거래되던 이 기구를 미화 25만 달러를 지불하고 캐나다로 모셔왔다고 한다. 캐나다 정부가 샹플랭을 얼마나 큰 역사적 중요 인물로 생각하고 있는지 여실히 보여 주는 대표적인 사례라고 할 수 있다.

니바쉬 추장의 안내를 받아 샹플랭은 45킬로미터 정도를 이동하여 알곤킨 부족의 테수아 추장이 살고 있다는 알루멧 호숫가(현 온타리오주의 Pembroke)에 도착했다. 샹플랭을 만난 테수아 추장은 샹플랭을 꿈속에서 보는 것 같아 자신의 눈을 믿을 수가 없다며 놀라움을 표현했다. 그와 함께 호수를 건너 그의 섬마을(현 Morrison Island)에 도착하니 나무껍질을 엉성하게 이어 만든 알곤킨 인디언들의 초라한 마을이 나왔다. 떡갈나무, 소나무, 그리고 느릅나무 등으로 울창한 숲을 이루고 있는 이들의 섬은 다른 섬들과 달리 물이 범람하는 일은 없어 보였다. 샹플랭은 이곳의 위도를 47도로 기록했다. 그러나 이곳의 위도는 정확하게 45도 48분이었다. 관측기구를 잃어버린 샹플랭이 다른 대체 수단을 써서 관측을 하고 있어서 다른 때와는 다르게 이곳에서는 정확한 관측을 할 수 없었던 것으로 보인다. 샹플랭이 이곳의 토양을 관찰해 보니 매우 척박한 땅이었다. 이에 그는 이곳의 원주민들에게 남쪽(현 라신 급류 지역)에 더 좋은 땅을 놔두고 왜 이렇게 척박한 땅을 일구며 힘들게 사냐고 물었다. 그들은 이곳이 안전하기 때문이라고 말했다. 이 지방의 거칠고 험한 자연 환경이 오히려 적으로부터 방어 역할을 해 준다고 대답했다. 그러고는 만일 샹플랭이 남쪽에 프랑스인들의 마을을 만든다면 샹플랭이 그들의 적을 막아 줄 것을 확신하므로 그때는 자신들도 남쪽으로 거처를 옮겨 샹플랭 가까이에서 살겠다고 말했다. 샹플랭은 돌아가는 대로 내년에 요새와 거처를 짓고 땅을 개간하기 위한 재목과 돌을 미리 모아 놓겠다고 말했다. 샹플랭의 말이 끝나자 샹플랭을 향한 원주민들의 박수갈채가 쏟아졌다. 협의가 끝나자 샹플랭에게 경의를 표하는 타바지(Tabagie) 의식을 제안하는 원주민들에게 그는 내일 그 자리에서 자신의 계획을 말하겠다고 했다. 그러자 그들은 인근 마을에도 이 소식을 전해 모두 참석케 하겠다고 약속했다.

샹플랭은 원주민들의 안전과 더 나은 삶을 위해 그들이 자신 옆에 와 살기를 원했다. 이러한 그의 모습은 이후에도 계속된다. 중앙아메리카에서의 원주민과 흑인 노예들에 대한 스페인 사람들의 착취, 폭행, 약탈, 그리고 훗날 원주민들을 척박하고 추운 지역으로 내모는 캐나다 일부 지도자들과는 전혀 다른 모습이었다.

다음 날이 되자 이 섬 사람들뿐만 아니라 인근 마을로부터 많은 원주민이 테수아 추장의 거처로 몰려왔다. 테수아 추장은 자신의 집을 찾은 많은 사람에게 우리의 옛 조상들이 사용하던 맷돌과 같은 형태인 두 돌 사이에 넣어 갈은 옥수수와 잘게 자른 고기와 생선을 넣어 끓인 음식을 대접했다. 테수아 추장은 그들의 관습에 따라 음식을 입에 전혀 대지 않고 이곳에 모인 원주민들과 샹플랭 일행에게 즐거운 시간을 제공해 주는 데 최선을 다했다.

회의가 진행되는 동안 문 가까이에 서 있던 젊은 원주민들이 물러가자 어른들은 각자 자신들의 곰방대에 담배를 채워 돌아가며 샹플랭에게 권했다. 이렇게 진행된 타바지 의식은 1시간 반이나 계속되었는데 그들의 관습에 따라 한마디 말도 없이 조용히 진행되었다.

타바지 의식이 끝나자 샹플랭은 자신이 이곳에 왜 왔는지에 대해 설명하면서 가장 중요한 자신의 목적은 이들과 우정을 쌓고 이들의 전쟁을 돕는 일이라고 말했다. 그리고 지난 2년여간 왜 프랑스에서 머무르게 되었는지를 이야기하고, 현재 남쪽(몬트리올의 라신 급류 부근)에 이들의 전쟁을 도울 대원들이 와 있다고 알려 주었다. 그리고 그의 또 하나의 목적은 그들의 거주 지역의 토양, 호수, 강, 그리고 그들의 거주 지역에 있다는 바다를 관찰하는 것이라고 말했다. 또 이곳에서 가는 데 6일이 걸리는 곳에 거주하는 네비세리니(지금의 Nipissings, 오대호 중 하나인 휴론호와 가까운 니피싱 호숫가에 거주하는 원주민)라 불리는 원주민들을 만나기를 희망한다고 말하며 4척의 카누와 8명의 무사들을 제공해 줄 수 있는지 물었다. 그들과 사이가 별로 좋지 않았던 알곤킨 원주민들은 샹플랭의 말에 매우 귀 기울이는 듯했다.

　샹플랭의 말이 끝나자 그들은 다시 조용히 담배를 피우기 시작하고는 매우 낮은 목소리로 샹플랭의 제안에 관한 논의에 들어갔다. 곧 모든 이들을 대신하여 테수아 추장이 말을 시작했다. 그는 지금까지 샹플랭은 다른 프랑스인들과 달리 자신들에게 호의와 친절로 대해 주었고, 그의 모습은 앞으로도 한결 같이 계속될 것이라고 확신할 수 있다고 말했다. 게다가 위험하고 험난한 여정을 거치면서 이곳까지 자신들을 만나러 왔을 뿐만 아니라 그들의 적을 상대로 전쟁에 참여하겠다는 샹플랭은 진정한 우정을 보여 주고 있다고 말했다. 지난 해 전쟁에 나갈 준비가 되어 있는 샹플랭을 만날 수 있을 것이라는 기대를 안고 2,000명의 무사들과 함께 남쪽의 급류(현 라신 급류)로 갔지만 샹플랭이 보이지 않아 죽은 줄 알고 매우 슬펐다고도 말했다.

　원주민들은 어떤 프랑스인들에게 좋지 않은 일을 당해서 다시는 그 지역으로 가지 않겠다고 결정했을 뿐 아니라 어떤 프랑스인들이 샹플랭이 이미 죽었다고 말해서 샹플랭을 더 이상 만날 수 없을 것이라고 판단하고 자신들 스스로 전쟁을 치르기로 결심했다는 것이었다. 그리고

120명의 무사들이 이미 전쟁을 치르러 갔다는 것이었다. 그들은 샹플랭을 도와줄 훌륭한 무사들이 모두 전쟁에 나가 이곳에 없으며 인근에 모든 원주민에게 샹플랭의 탐사 소식을 알려야 할 시간이 필요하니 탐사를 다음 해로 연기하는 게 좋겠다고 간절히 말했다. 또 한편 샹플랭이 만나려 하는 부족들은 주술을 부리는 사람들인데 마법과 독극물로 자신들의 부족까지도 많이 죽이는 비정한 사람들이라고 말했다. 이들이 들려주는 많은 이야기에 니피싱 원주민을 만나기를 원하는 샹플랭의 마음이 흔들렸다.

그러나 여전히 샹플랭은 니피싱 원주민들을 만나 화친을 맺고 북해로 가고자 하는 마음이 간절했다. 이에 샹플랭은 북쪽으로 가는 길은 그리 멀지 않으며 가는 길도 샹플랭이 이곳까지 올 때보다 더 험하지 않은 것으로 안다고 말했다. 그리고 니피싱 부족의 마력으로부터 신이 자신을 보호해 줄 것이며 숲속의 식물도 잘 알고 있어서 먹을 수 있는 것들을 가려낼 수 있으니 아무 걱정하지 말라고 말했다. 그리고 두 지역의 부족들이 친구가 되도록 도와주고 싶은 마음이 간절하다고 말하자 이들은 할 수 없이 4척의 카누를 제공하겠다고 말했다. 이에 샹플랭은 각고의 노력 끝에 이루어진 그들의 약속에 떨 듯이 기뻤다.

그들의 약속에 행복한 샹플랭은 호박, 콩, 그리고 완두콩이 자라는 이 지역의 밭을 둘러보고 있었다. 이때 그의 통역사인 토마스가 다가와서는 원주민들이 자신들의 약속을 번복했다는 소식을 전해 주었다. 이유는 샹플랭의 계획대로 가게 둔다면 그는 살아남지 못할 것이 분명하니 제공하기로 한 카누도 줄 수 없고 그를 안내하겠다고 나서는 무사들도 없다는 것이었다. 따라서 샹플랭이 그의 계획을 내년으로 연기한다면 그동안 많은 기량을 쌓아 그를 위험으로부터 보호하겠다고 했다.

이에 화가 난 샹플랭은 즉시 그들에게로 가 그동안 그들을 진정하고 진실한 남자들이라 생각했는데 이제 보니 모두 어린애와 거짓말쟁이 같아 약속도 안 지키며 진정한 친구의 모습을 보이지 않는다고 불평을 늘어놓으며 4척이 아니면 2척의 카누와 4명의 안내인만이라도 제공해 달라고 말했다. 그러자 원주민들은 다시 한 번 샹플랭의 여정에는 수많은 급류와 폭포가 놓여 있고 성질이 고약한 사람들이 사는 곳이라 매우 위험해 자신들은 샹플랭을 잃을까 두려워 그의 부탁을 거절하는 것이라고 말했다.

이에 샹플랭은 비뇨를 가리키며 그가 가 본즉 그리 어렵지 않으며 그곳에서 거주하는 사람들도 나쁜 사람들이 아니라고 한다고 대답하자 모두 비뇨를 바라보았다. 그중 특히 비뇨와 한 겨울을 함께 지낸 적이 있는 테수아 추장이 그를 뚫어지게 쳐다보았다. 그는 비뇨에게 정말로 니피싱 부족의 마을에 가 보았냐고 물었다. 비뇨가 가 본 적이 있다고 대답하자 이들은 그의 사지를 찢어 그를 잡아먹을 듯 마구 그에게 달려들며 아우성을 쳤다. 테수아 추장은 비뇨에게 "비뇨, 너는 명백한 거짓말쟁이구나! 매일 밤 나의 아이들과 내 옆에서 잠을 자고 매일 아침 함께 일어난 것을 잘 알면서 어떻게 너의 상관을 속이고 그것도 모자라 샹플랭을 수많은 위험에 빠트린 것이냐? 너는 우리의 적에게 가하는 잔인한 고문보다 더 잔인한 고문으로 죽어 마땅하다."라고 비뇨를 꾸짖었다.

샹플랭은 비뇨에게 진실임을 입증하여 그를 향한 의심을 거둘 수 있도록 하라고 했지만 그는 입을 꾹 다문 채 한 마디도 하지 않았다. 다시 한 번 샹플랭이 그를 따로 불러 그에게 진실을 말해 줄 것을 간절히 요청했지만 비뇨는 끝까지 자신은 북해를 보았으며 원주민들이 카누를 제공해 준다면 자신이 진실을 말하고 있음을 증명해 보이겠다고 말했다. 원주민들도 한 번도 가 본 적이 없다는 북해를 보았다는 그의 고집스러운 거짓말은 계속 이어졌다.

샹플랭은 함께 이곳까지 온 대원들과 자신 앞에 비뇨를 앉혀 놓고 이제 더 이상의 위선은 논할 가치도 없으며 다시 한 번 북해를 보았는지 아닌지에 대한 진실을 말하면 지난 일은 모두 잊을 것이지만 여전히 거짓말을 한다면 교수형에 처하겠다고 그에게 엄포를 놓았다. 잠시 말 없이 앉아 있던 비뇨는 갑자기 무릎을 꿇더니 자신의 행동은 모두 프랑스와 뉴프랑스를 위한 것으로, 북해에 관한 것은 모두 거짓이었다고 실토하며 샹플랭에게 용서를 구했다. 그리고 자신이 꾸민 모든 이야기는 캐나다(세인트로렌스강 유역의 모든 지역, 70여 년 전 자크 카르티에가 지은 이름)로 다시 돌아오기 위함이었다고 말했다. 화가 머리끝까지 차오른 샹플랭은 간신히 화를 누르며 더 이상 그를 볼 수 없어 통역사 토마스에게 그에 대한 처분을 맡겼다.

토마스의 말에 따르면, 비뇨는 샹플랭이 위험을 무릅쓰면서까지 북해로 탐사를 떠날지 정말 몰랐다고 했다. 혹시 탐사를 시작하더라도 중간에 위험에 처하면 포기할 것이라 생각했으며 카누를 제공하지 않는 원주민들 덕분에 샹플랭이 더 이상 나아가지 못하면 자신은 그대로 프랑스로 돌아가 상을 받을 것이라 생각했다는 것이다. 그리고 샹플랭이 자신을 이곳에 놔두고 떠난다면 자신은 가는 도중에 죽더라도 북해로 가겠다고 했다. 토마스를 통해 들은 비뇨의 변명은 샹플랭을 만족시키지 못했다. 영국인들이 탐사했다는 북해에 대해 어디선가 들어 보지 않은 이상 어떻게 상상만으로 그런 뻔뻔하고 무모한 거짓말을 만들어 냈는지 놀라울 뿐이었다.

잠시 후 샹플랭은 비뇨가 자백한 이야기들을 알려 주기 위해 원주민들에게로 갔다. 그가 자백했다는 말에 원주민들은 기뻐하며 샹플랭의 진정한 친구인 자신들의 말을 거의 믿지 않았다며 샹플랭을 나무랬다.

그러면서 그는 샹플랭을 죽음에 빠트릴 수도 있었다며 그를 자신들에게 넘겨주면 다시는 그가 거짓말을 하지 못하도록 하겠다고 말했다. 그러고는 모두 비뇨를 향해 몰려가며 소리소리 질렀다. 아이들도 어른들의 뒤를 따라가며 더 큰 소리를 질러댔다. 이 광경을 본 샹플랭은 그들에게 비뇨를 해치지 말 것을 요청하고 아이들의 행동을 저지해 줄 것을 요청했다. 샹플랭은 바닷물을 가져오겠다는 비뇨의 약속을 믿고 기다리고 있는 프랑스인들이 있는 남쪽(라신 지역)으로 데리고 가서 그곳에서 그의 신병 문제를 의논할 생각이었다.

이렇게 허무하게 끝나 버린 샹플랭의 이번 탐사는 샹플랭에게 많은 상실감을 안겨 주었다. 그러나 지금은 언젠가 다시 이곳으로 돌아와 탐험을 시작하겠다는 것 이외에는 뾰족한 수가 없었다. 샹플랭은 원주민들에게 라신 급류에서 다양한 교역품을 한 가득 실은 4척의 상선이 기다리고 있으니 그곳으로 함께 가자고 하면서 프랑스 상인들은 더 이상 나쁜 짓을 하지 않을 것이라고 그들을 안심시켜 주었다. 샹플랭은 이곳을 떠나기 전 노송나무를 잘라 호숫가 잘 보이는 곳에 프랑스 문장이 새겨진 십자가를 세우고, 이곳까지 오는 동안 여러 곳에 세운 십자가와 함께 모두 잘 보존해 달라고 원주민들에게 부탁했다. 그들은 샹플랭의 부탁을 수락하며 다음에 샹플랭이 다시 오면 그대로 볼 수 있도록 하겠다고 약속했다.

테수아 추장과 헤어지는 샹플랭은 추장에게 건강이 허락하는 한 꼭 다시 추장을 만나러 올 것이며 함께 전쟁에 가겠다고 약속하면서 그에게 선물을 주었다. 추장은 그때를 위해 많은 무사들을 준비시키겠다고 말했다. 그러고는 그의 아들을 샹플랭에게 딸려 보내며 샹플랭을 잘 안내해 줄 것을 지시했다. 다시 남쪽으로 향하는 샹플랭은 테수아 추장이 제공해 준 40척의 카누와 물물교환을 할 원주민들과 함께 호수를 건너 이동하기 시작했다. 이동 도중 샹플랭의 소식을 듣고 나온 40명의 건장한 원주민 무사들을 만나 함께 이동을 시작했다. 그리고 이미 물물교환으로 얻은 유럽의 생산품들을 카누에 가득 싣고 돌아오는 원주민들을 만나기도 했다.

테수아 추장의 마을에서 약 60킬로미터 이동했을 무렵 이들은 포도덩굴과 호두나무로 울창한 한 작은 섬에서 휴식을 취하며 호수의 물고기를 잡아 식사를 즐겼다. 이날 자정 무렵 이로쿼이가 나타나는 꿈을 꾼 원주민 한 명이 현실과 혼동하여 공포에 떠는 통에 한바탕 소동이 일어났지만, 이튿날 아침 이들은 다시 남쪽을 향하여 이동을 시작했다. 강(현 오타와강)을 따라 이동하는 동안 원주민들은 이로쿼이인들이 나타날까 두려워하고 있었다. 다음 날 목적지인 라신 급류에서 약 40킬로미터 떨어진 곳에 도착한 날 밤 또 한 번의 소동이 벌어졌다. 이로쿼이인들이 탄 카누가 오고 있는 것을 보았다며 원주민들은 이곳저곳에 큰 불을 놓았다. 샹플랭이 오히려 이로쿼이인들에게 그들이 노출될까 걱정되어 서둘러 불을 끄도록 하는 해프닝도 일어났다.

6월 17일, 샹플랭이 라신 급류 지역에 가까이 다가가자 샹플랭이 오기만을 기다리고 있던 대원 한 사람이 카누를 타고 급하게 다가와 생말로 출신의 폴 메종뇌브 경이 와 있다고 알려 주었다. 메종뇌브 경이 콩데 왕자가 발행한 3척의 교역선에 대한 교역증명서를 가지고 왔다는 것이었다. 샹플랭은 그를 만나러 가기 전 함께 온 원주민들을 모아서 허락이 있을 때까지 교역을 하지 말 것을 지시했다. 모두가 기다리는 범선들이 정박되어 있는 곳으로 가까이 다가가자 프랑스인들은 대포를 쏘아 샹플랭과 원주민들을 환영해 주었다. 대포소리를 이미 들어 본 적이 있는 원주민들은 즐거워하고 유럽인들의 대포소리를 처음 들어 본 이들

6장 북해 탐사

은 놀라워했다. 샹플랭이 상륙을 하자 메종뇌브 경이 다가와 인사를 하며 교역 증명서를 건네주었다. 증명서를 확인한 샹플랭은 그에게 교역을 허가하고 원주민들에게는 다음 날 물물교환이 있을 것이라고 알렸다. 폴 메종뇌브 경은 이로부터 7년 후인 1642년에 이 지역에 몬트리올의 옛 이름인 빌레 마리(Ville-Marie)를 세우게 된다.

샹플랭은 이제 북해에 대한 거짓말로 대원들을 위험에 빠트리고 모두에게 실망을 안겨 준 비뇨에 관한 일을 처리해야 했다. 샹플랭은 비뇨에 대한 결정을 내리기 위해 프랑스인들과 원주민들을 모두 한곳에 모이도록 한 뒤, 비뇨를 사람들 앞으로 데려오도록 했다. 비뇨를 향하여 샹플랭은 왜 자신을 북해로 안내하지 못했느냐고 물었다. 비뇨는 자신도 한 번도 가 보지 못한 북해에 대해 허황한 말을 했다고 실토했다. 그리고 샹플랭이 정말 그곳으로 탐사를 떠날 것이라고 생각하지 않았다고 했다. 그는 자신의 이야기를 듣고 있는 사람들에게 자신이 큰 죄를 지었음을 자백하며 용서를 구하고는 샹플랭에게 다시 한 번 자신을 용서해 달라고 빌었다. 그러면서 하는 말이 다음 해에 자신이 꼭 북해에 도착해 많은 정보를 가지고 돌아와 자신의 잘못을 만회하겠다고 했다. 자신이 한 말에 꼭 책임을 지는 조건으로 샹플랭은 비뇨를 용서했다. 이후 비뇨는 실제로 북해를 찾아 탐사를 떠났는데, 샹플랭과 원주민들 그리고 그 어느 누구도 숲속으로 들어간 그의 소식을 들은 이는 아무도 없었다.

6월 22일 밤 8시경, 이로쿼이인 꿈을 꾼 한 원주민으로 인하여 라신 급류 지역에 다시 한 번 또 소동이 일었다. 두려움에 떨고 있는 원주민들을 위하여 샹플랭과 프랑스인들은 모두 무기를 챙겨 들고 일부는 그들을 안심시키기 위해 그들의 야영지로 가고 일부는 숲속으로 가 정찰을 했지만 수상쩍은 움직임은 어디에도 없었다. 원주민들은 프랑스인들이 쏘는 총소리에 안심하면서 프랑스인들이 자신들을 도울 준비가 되어 있다는 사실에 기뻐했다.

다음 날 원주민들은 프랑스 교역상들과 물물교환을 마친 후 돌아가겠다고 했다. 샹플랭은 그들에게 두 명의 프랑스 소년을 데려가서 자신들의 자녀들을 대하듯 하면서 그 지방의 여러 곳을 보여 준 후 다시 데려와 줄 것을 부탁했다. 그러자 그들은 강하게 거부하면서 비뇨 같은 일이 또 일어날까 두렵다고 말했다. 이에 샹플랭은 이들은 정직하고 진실한 소년들이라고 말하면서 이들을 데려가지 않으면 자신의 친구가 아니라고 생각할 것이라고 말했더니 그들은 할 수 없이 샹플랭의 말대로 하겠다고 했다.

라신 급류 지역에서의 일이 마무리되자 샹플랭은 프랑스로 돌아가기로 결정했다. 마침 프랑스로 돌아갈 준비를 마친 메종뇌브 경이 샹플랭에게 자신이 배편을 제공하겠다고 해서 함께 그의 배에 올랐다. 샹플랭이 이용했던 배와 다른 대원들의 배는 이로쿼이와 싸우러 간 원주민 무사들을 기다리도록 했다.

푸트랭쿠르의 유토피아 포트 로얄

한편 1613년 비뇨의 거짓말에 속아 샹플랭이 사투를 벌이며 북해를 향한 탐사를 진행하고 있던 시기에 포트 로얄은 영국인들에 의해 위기를 맞았다. 8년 전, 몽스와 샹플랭이 세인트크로이섬에 이어 두 번째로 식민지 정착을 시도했던 포트 로얄은 그동안 푸트랭쿠르가 개척하고 있었다. 푸트랭쿠르는 북아메리카에 대한 호기심으로 1604년에 몽스의 탐사대에 합류했고, 이후 포트 로얄의 식민지 개척을 맡아 달라는 몽스의 제안을 받아들여 자신이 꿈꾸는 종교적 그리고 봉건적 유토피아를 포트 로얄에 건설하는 꿈을 꾸었다. 그러면서 1606년 다시 대서양을 건너 자신의 아들인 14세 소년 샤를, 변호사이자 시인인 마크 레스카르보, 약제사 루이 에베르를 비롯한 50여 명의 개척자와 함께 포트 로얄 개척에 착수했다. 그가 몽스를 통하여 앙리 4세로부터 승인받은 것은 포트 로얄 주변의 광활한 대지의 소유권, 모피 교역 특허권, 그리고 어업활동을 할 수 있는 권리까지 자신의 유토피아를 건설하는 데 부족함이 없어 보였다.

포트 로얄에 도착한 그는 자급자족을 위해 광활한 땅을 개간하여 농사를 짓기 시작했고 곡물을 도정할 수 있도록 작은 강 옆에 물레방아도 지었다. 그는 자신의 음악적 자질을 활용하여 자칫 건조하고 거칠어질 수 있는 식민지 개척단의 생활에 예술로 활력을 불어넣어 주었다. 샹플랭이 고안한 '진수성찬을 위한 순서' 또한 포트 로얄의 생활을 풍요롭고 건강하게 만들어 주었다. 프랑스 이방인들의 삶은 포트 로얄 주변의 미크맥 원주민들에게도 좋은 영향을 주었다. 따라서 이곳에서 지난 수천 년간 뿌리를 내리고 생활하던 미크맥 원주민과 프랑스인들은 갈등과 분쟁 없이 서로를 도와 가며 함께 잘 어울렸다. 개간한 땅에 심어 놓은 농작물도 비옥한 토양 덕분에 잘 자랐다.

그러나 1607년의 가을이 오자 프랑스인들은 모두 식민지 건설을 중단하고 본국으로 귀환하라는 명을 받게 되었다. 이유는 몽스의 모피 전매권이 박탈되었기 때문이었다. 이에 푸트랭쿠르와 프랑스 개척민들은 미크맥 원주민의 대추장인 멤버토우에게 대원 두 명을 부탁하고 포트 로얄을 떠나 프랑스로 돌아가야 했다. 그해 5월에는 1606년 12월에 지금의 미국 버지니아주 제임스타운에 도착한 영국인들이 뉴잉글랜드 건설을 선언하고 점차 그 세력을 키워 나가기 시작한 해였다. 하필 이때 푸트랭쿠르와 샹플랭은 식민지 건설을 중단하고 본국으로 돌아가야 했던 것이다.

1608년에 다시 몽스의 전매권이 살아나자 샹플랭은 식민지를 건설하기 위해 세인트로렌스강 유역에 자리한 퀘벡으로 가고, 푸트랭쿠르는 1610년에 그의 아들과 처가의 에티엔 드 라 투르, 후일 뉴프랑스 역사의 한 획을 긋게 되는 에티엔의 아들 샤를 라 투르와 함께 소규모의 식민지 개척단을 데리고 다시 포트 로얄로 향했다. 그의 배에는 가구와 식량 그리고 무기를 비롯한 보급품들도 가득 실렸다.

포트 로얄로 다시 돌아온 푸트랭쿠르 일행을 멤버토우 대추장과 그의 주민들이 반겨 주었다. 푸트랭쿠르의 설득으로 멤버토우 대추장과 그의 가족을 비롯해 20여 명이 넘는 원주민이 가톨릭 종교를 받아들이고 개종했는데, 이는 북아메리카에서 최초로 원주민이 그리스도교로 개종한 사례로 기록되었다.

푸트랭쿠르는 식민지 건설을 위한 많은 자금을 스스로 감당해야 했기 때문에 이미 많은 채무를 안고 있었는데 기대했던 모피 교역에서 성공적인 수익을 내지 못했다. 게다가 이 해 여름이 끝날 무렵 그의 아들 샤를 비앙쿠르가 모피를 가득 싣고 본국으로 돌아갔을 때 그는 북아메리카 식민지 건설에 많은 지지를 해 주고 있던 앙리 4세가 암살되었다는 소식을 듣게 되었다. 북아메리카 식민지 확대와 종교 관용 정책을 장려하던 앙리 4세가 세상을 떠나고, 9살의 어린 왕 루이 13세를 대신해 그 어머니 마리 태후가 섭정을 하게 되었다. 그런데 마리 태후는 몽스 같은 개신교인들을 궁정에서 멀리했고 앙리 4세, 몽스, 샹플랭 그리고 푸트랭쿠르가 꿈꾸는 북아메리카의 프랑스 식민지 건설을 지지하지 않았다.

1611년, 포트 로얄의 프랑스 식민지에서는 분쟁이 시작되었다. 본국 마리 태후의 지지를 받고 있는 앙투아네트 퐁스의 후원으로 파견된 예수회 성직자들이 아카디아 지방에서 푸트랭쿠르의 권리를 인정하지 않으면서 마찰이 시작되었다. 푸트랭쿠르와 선교사들 간에 토지와 여러 권리 문제로 분쟁이 일자 프랑스 궁정은 푸트랭쿠르에게 보내던 재정적 지원을 끊어 버렸다. 재정적 문제를 해결하기 위해 주로 파리에 머무르고 있던 푸트랭쿠르를 대신해서 스무 살도 안 된 그의 아들 샤를 비앙쿠르가 아버지 대신 여러 무거운 분쟁들을 해결하려고 노력했다. 이때 그를 도운 것은 그의 사촌인 샤를 드 라 투르였다. 이때 19세였던 라 투르는 예수회 선교사들에게 자신들을 건드리는 선교사들은 모두 파문할 것이라며 위협했고 결과는 두 그룹의 분열과 이주로 나타났다. 예수회 선교사들은 모두 지금의 미국 메인주 마운트데저트에 위치한 페놉스캇으로 떠났다. 그곳은 퐁스의 또 다른 선교단이 자리를 잡고 있는 곳이었다.

1613년 7월, 버지니아의 새뮤얼 아가일은 영국이 주장하는 뉴잉글랜드 영역에서 프랑스인들을 추방하라는 버지니아의 총독 토마스 데일의 명으로 퐁스의 마운트데저트 식민지를 공격하여 파괴했다. 그리고 그곳이 영국 왕 제임스 1세의 땅이라 선언한 데 이어 같은 해 10월에는 포트 로얄로 향했다. 10월의 마지막 날 한밤중, 아가일 일행의 배 3척이 고요한 포트 로얄로 접근했다. 11월 1일, 아가일은 포트 로얄의 프랑스 개척대원들이 모두 기지를 비운 것을 알게 되었다. 이때 하필이면 일부 프랑스 대원들은 이곳에서 8킬로미터 정도 떨어진 곳에서 눈이 오기 전 가을 추수를 하고 있었고 일부는 겨울 땔감을 준비하느라 깊은 숲속에서 나무를 베고 있었다. 그리고 비앙쿠르와 라 투르는 원주민들을 방문하고 있었다.

그러나 돼지와 말 그리고 망아지 같은 가축들은 그대로 기지에 남아 있었다. 아가일은 부하들에게 좋은 가축들은 모두 배에 싣도록 하고 시원찮아 보이는 것은 모두 죽이라고 명했다. 약탈자들은 또한 프랑스인들이 비축해 놓은 식량과 무기 그리고 소품들은 모두 전리품으로 챙겨 배에 실었다. 이어 기지 정문에 걸려 있던 프랑스 왕의 문장을 찢어 내리고 바위에 새겨져 있는 프랑스 부르봉 왕가를 상징하는 백합 문양(the fleur de lis)을 끌로 훼손했다. 그러고는 식민지 기지와 프랑스인들이 거주하는 건물들에 불을 놓았다. 구조물들이 타며 연기가 나자 그들은 이곳이 영국의 영토라는 것을 주장하는 팻말을 나무에 걸고 단단히 못을 박았다.

이 약탈자들은 강 상류로 향했다. 얼마 후 추수를 하고 있던 예수회 신부인 비아드와 개척대원들을 발견했다. 이들은 사태 파악이 안 되어 어리둥절한 상태에 있던 프랑스인들에게 프랑스를 버리고 자신들에게로 오라고 회유했다. 상황이 파악되자 대원들은 절망했다. 식량과 물품들을 모두 약탈당하고 현재 입고 있는 의복 이외에는 앞으로 다가올 추위를 피할 거주 공간까지 모두 다 불태워진 상태에서 목숨을 위협받고 있는 프랑스인들이었지만 누구하나 약탈자들의 말에 따르지는 않았다. 마침 원주민들을 통하여 이 어처구니없는 상황을 전해들은 비앙쿠르와 라 투르가 이미 건질 것이라고는 전혀 없는 검게 변한 기지로 돌아와 아가일 일행을 향해 공격을 시작했다. 그러자 아가일은 결과에 만족했는지 저항에 충돌하지 않고 서둘러 배를 타고 도망가 버렸다. 이제 포트 로얄에 이들을 보호해 줄 것은 아무것도 남지 않게 되었다. 단지 작은 강 옆 초원에 푸트랭쿠르가 지은 물레방아만이 온전히 남아 있을 뿐이었다.

모든 것이 파괴된 포트 로얄의 프랑스 개척대원들은 코앞에 닥쳐온 겨울동안 생존할 방법을 찾아야 했다. 일부는 원주민들의 마을로 가고 어떤 이들은 육지를 통하여 세인트로렌스강 유역에 있는 프랑스인들을 찾아 나섰다. 그리고 나머지는 그대로 포트 로얄에 남아 월동을 했는데, 사냥을 하거나 야생열매와 식물뿌리를 찾아 나서고 바위에 나는 이끼를 뜯어 먹으며 버티었지만 결국 일부 대원은 굶주림으로 사망했다.

이때 재정적 어려움을 해결하기 위해 프랑스에 있던 푸트랭쿠르의 상황도 녹록지 않았다. 그는 잠시이기는 하지만 빚 때문에 투옥되기까지 했다. 그는 빚을 청산하기 위해 할 수 없이 피가디 지방에 있는 자신의 영지를 매각해야 했다. 그리고 다시 라로셀 지방의 위그노교인들이 운영하는 회사로부터 자금을 빌려 1613년 12월 아카디아로 향할 수 있었다.

이듬해 봄, 영지까지 팔아 가며 어려운 형편을 간신히 수습하고 포트 로얄로 돌아왔을 때, 푸트랭쿠르는 자신이 일구어 오던 포트 로얄의 파괴된 참상을 바라보며 절망해야 했다. 그는 미크맥 원주민들과 생활하면서 살아남은 그의 아들 샤를에게 자신의 토지 소유권과 포트 로얄을 다스리는 부총독의 권리를 양도하고, 포트 로얄을 아들 샤를 비앙쿠르와 라 투르 부자, 그리고 여러 개척단원들에게 맡기고 떠났다.

이것이 푸트랭쿠르가 본 마지막 포트 로얄의 모습이었다. 프랑스로 돌아간 그는 콩데 왕자와 마리 태후 사이에 벌어진 내전에 참전하여 싸우다 그곳에서 생을 마감하게 된다.

불행하게도 푸트랭쿠르의 아들 샤를마저 1623년에 사망하는 바람에 포트 로얄에 대한 통치와 모피 교역권은 서른 살의 샤를 라 투르에게로 넘어갔다. 라 투르는 계속해서 모피 교역을 이어 나갔고, 카파 세이블 그리고 이어 세인트존강에 교역소를 설립한다. 푸트랭쿠르는 자신이 꿈꾸었던 유토피아의 완성을 보지는 못했지만 퀘벡과 함께 포트 로얄에 프랑스 식민지가 조성되고 이어 가도록 기여했다. 그리고 프랑스인들과 원주민들이 함께 어우러져 살면서 새로운 문화가 조화를 이루며 자리 잡게 되었다.

7장
이민 정책

캐나다 회사 La Compagnie du Canada
설립

         7월 8일 타두삭에서 출발한 샹플랭은 8월 26일 생말로 항구에 도착했다. 프랑스에 산재해 있는 문제들을 해결하기 위하여 계획했던 북해 탐사가 끝나는 대로 프랑스로 빨리 돌아와야 했다. 탐사에서 기대했던 북해에는 다다르지 못했지만 여러 원주민 부족들과 화친할 수 있었던 의미 있는 시간이었다.

 프랑스로 돌아온 샹플랭은 루아양과 라로셀 그리고 생말로 지방의 투자가들을 만나 회사 설립을 추진했다. 회사 설립의 주요 목적은 하나님의 영광, 문명화되지 않은 북아메리카 원주민들의 교화, 그리고 조국 프랑스의 번영과 영예를 위한 것이었지만 그러한 목적을 이루기 위해서는 수익을 내야 했고 수익을 내기 위해서는 규제가 필요했다.

 1613년 11월 20일, 콩데 왕자의 적극적인 지원과 각계각층의 관련자들을 대상으로 한 샹플랭의 부단한 설득으로 루아양, 라로셀 그리고 생말로 지방의 상인들과의 합작으로 '캐나다 회사(La Compagnie du Canada)'를 공식적으로 설립했다. 이 회사는 사람들에 따라 '콩데 회사' '샹플랭 회사' 또는 '루아양과 생말로 회사' 등으로 다양하게 불렸다. 캐나다 회사는 각 지역의 투자가들이 운영하는 작은 회사들의 연합체 성격으로 조직되었다. 그러므로 사실상 여러 회사가 캐나다 회사 이름을 걸고 독자적으로 경영되는 형식이었다. 샹플랭은 투자가들과 함께 노력해서 모피 교역전매권도 부여받았다. 전매권의 유효기간은 11년이었고 해당 지역은 퀘벡을 지나 세인트로렌스강 유역 전체에 이르렀다. 캐나다 회사에 속한 투자자들의 회사들은 전매권을 갖고 모피 교역을 하는 대신 매년 1,000크라운의 자금을 써서 매 계절마다 뉴프랑스로 여섯 가족을 이주시켜야 한다는 조건이 붙었다. 이런 회사 조직과 교역 조건으로 샹플랭의 뉴프랑스는 필요한 투자를 확보하고 식민지 인구 증대 정책도 본격적으로 시작되는 듯이 보였다.

그러나 결론부터 말하자면 투자가들의 회사는 계획하고 약속한 그 어느 조건도 지키지 않았다. 결국 이 회사는 얼마가지 않아 해산하게 된다. 라로셀 지방의 투자가들이 계약을 철회하고 콩데 왕자로부터 다른 부담 없이 모피 교역을 할 수 있는 특별 증명서를 발급받았기 때문이었다. 콩데 왕자가 모피 교역권을 라로셀의 투자가들에게 독점 부여한 것은 왕자의 뇌물수수 결과라고 알려져 있다. 예나 지금이나 뇌물의 효과를 극대화하려면 수뢰자의 특별 관심을 공략해야 하는데 콩데 왕자의 종마 수집 취미가 불평등을 만들었고, 루아앙과 생말로 두 지방 투자가들의 분노를 사서 길고 지루한 소송으로 이어졌다. 이 사건으로 콩데 왕자의 영향력은 축소되고 샹플랭의 위상이 높아졌다. 이런 좋지 않은 상황에서도 샹플랭은 위축되지 않고 루아앙 지방의 상인들을 찾아가 계속해서 뉴프랑스 이주자를 지원하는 것과 식량 지원을 약속받는 데 성공했다.

샹플랭은 뉴프랑스를 후원할 투자가들을 섭외하며 분주한 나날을 보내는 동안에도 잘 그려진 지도가 수록된 그의 항해일지를 마무리하여 『샹플랭의 항해(The Voyages of the Sieur de Champlain)』를 출간했다. 그리고 왕과 그의 모후 섭정 마리 태후에게 헌정했다. 이로써 1603년에 출간한 『숲속에 사는 사람들(The Savages)』에 이어 두 번째 책을 출간한 것이다. 그는 또한 북아메리카의 자연환경과 그 속에 살고 있는 사람들 그리고 자신의 생각과 계획을 알리는 편지를 왕과 마리 태후에게 종종 보내곤 했다. 그들의 관심과 도움이 절실했기 때문이었을 것이다.

삼부회의 성직자
파견 결정

탐험에 대한 열정이 대단했던 샹플랭은 내륙 깊숙이 탐험하며 그곳에 위치한 수많은 계곡, 강, 호수에 대한 지리에 밝아졌으며, 그곳에 살고 있는 원주민들과도 점점 친숙해지고 있었다. 그러나 한 가지 남은 과제는 원주민들을 그리스도에게로 인도하는 일이었다. 1603년 첫 번째 탐사를 시작한 이래 이 문제에 대해서는 이렇다 할 성과를 거두지 못하고 있었다. 1604년 첫 번째 전초기지를 세운 세인트크로이섬에는 성직자가 합류했으나 종파가 다른 성직자들 사이에 분쟁이 끊임이 없었고 그 이후엔 샹플랭의 노력에도 불구하고 북아메리카로 올 성직자를 찾지 못했던 것이다.

그러나 성직자를 앞세우기보다는 샹플랭의 선교 방식에는 자신만의 독특한 신념이 있었다. 샹플랭은 원주민들을 교화시키고 그리스도 신앙으로 인도하기 위해서는 먼저 숲속 깊숙이 살고 있는 그들을 찾아가 원주민들의 언어를 배우면서 친선을 도모하고 크고 작은 그들 부락의 지도자와 화친을 맺어야 한다고 생각했다. 그리고 신의 영광과 프랑스의 명성을 위해서는 왕의 관심이 이곳에 미치게 될 때까지 인내하면서 이곳에 영구한 식민지를 건설하는 일에 노력을 하는 것이 우선이라고 생각하는 사람이었다.

샹플랭은 다른 탐험가들과는 확연히 다른 사람이었다. 원주민들을 찾아가는 그는 정복을 위함이 아니라 화친을 도모하고 그들과 더불어 사는 것이었다. 또 한 가지는 그들의 언어를 배운다는 자세였다. 그는 언어를 통하여 북아메리카 원주민들의 삶과 문화를 더욱 깊게 이해하려 했던 것이었다.

1614년 샹플랭은 인디언들이 기다리는 퀘벡으로 돌아가지 못하고 있었다. 모피 교역전매권에 도전하는 사람들에 대한 대처와 성직자들을 물색하는 일 때문이었다. 산적해 있는 여러 문제들과 싸우고 있는 와중에도 샹플랭은 북아메리카에 대한 탐사 욕구와 원주민들에게 신의 존재를 일깨워 줘야 한다는 생각에 변함이 없었다. 그는 이번에야말로 진실한 성직자를 물색하여 함께 북아메리카로 가겠다고 결심했다. 많은 사람을 만나 자신의 계획에 대한 의논을 이어 가던 중 마침 왕의 비서이자 자신의 고향 브루아주 지방의 소금산업을 책임지고 있는 친구, 루이 오엘을 만나게 되었다. 신실한 신앙심을 소유하고 있는 오엘은 특히 1484년 스페인에서 창립되어 프랑스에는 1592년에 들어온 프란체스코 교단인 레콜레 수도사들에 대하여 좋은 마음을 가지고 있었다. 오엘은 그들을 샹플랭에게 권유하며 자신이 그들의 선교활동을 후원하고 수도사 몇 명을 섭외할 수 있을 것이라고 확신했다. 그러나 오엘이 여러 경로를 통하여 수도사들을 북아메리카로 보내기 위해 많은 노력을 기울였지만 레콜레 성직자들은 교황의 재가 없이는 행동으로 옮길 수 없다면서 오엘의 제안을 수락하는 것에 주저했고 이 문제를 다음 해 봄으로 미루고 있었다.

　　몇 달 후, 출타했던 샤푸앙 레콜레 신부가 파리로 돌아오자 오엘은 즉시 그를 방문하여 수도사들을 북아메리카로 보내는 계획에 대한 이야기를 꺼냈다. 오엘의 이야기를 다 들은 샤푸앙 신부는 극찬을 아끼지 않으며 적극 돕겠다고 약속했다. 이로써 막혔던 샹플랭의 계획은 오엘과 샤푸앙 신부의 도움으로 샹플랭의 계획을 논하는 '삼부회(the Estates)'가 열리게 되었다. 우리말로 '삼부회'라 번역되는 이 회의는 성직자, 귀족, 그리고 부르주아를 포함한 평민, 세 계층으로 구성되어 있는데 중요한 의제에 관한 일을 의논하는 신분제 의회였다. 프랑스 역사에서 삼부회가 열린 것은

1302년, 1303년, 그리고 1614년이었으니 샹플랭의 북아메리카 선교활동에 대한 계획이 얼마나 큰 반향을 일으켰는지 알 수 있다. 1614년 이후 프랑스에서 삼부회가 다시 열리게 되는 때는 이로부터 175년이 지난 1789년 일어난 프랑스 혁명 때였으며 이후 이 제도는 폐지되었다.

샹플랭은 삼부회의에 참석해 자신의 계획을 피력했다. 그리고 자신의 생각을 관철시키는 데 성공했다. 삼부회의에서는 전원 모두가 샹플랭의 기획에 찬성했다. 적극적으로 지원하겠다는 약속뿐만 아니라 미션을 수행하는 데 사용하라며 1,500리브르 상당의 자금을 모아 샹플랭을 지원했다. 또한 선교사들의 뉴프랑스로 이동하는 여행 경비, 평상복과 예배를 드릴 때 필요한 성직자의 복장과 장신구 등에 이르기까지 선교 관련 자금의 원조 의사를 밝혔다.

북아메리카 선교활동 기획을 책임질 성직자로 데니스 재메이가 임명되었다. 선교활동에 참여하기로 결심한 3명의 성직자들이 항해에 필요한 모든 것을 준비하기 시작했다. 선교활동에 필요한 물자와 인원을 확보한 샹플랭은 1615년 2월의 마지막 날, 루아양 지방의 투자가들을 만나 그동안의 성과에 대하여 알려 주기 위하여 파리를 출발했다. 변치 않는 마음을 보여 주었던 루아양 지방의 투자가들은 샹플랭이 전하는 소식에 기뻐하면서 자신들도 성직자들에게 필요한 것들을 최대한 돕겠다고 약속했다. 3월 20일에는 성직자들이 루아양 지방에 도착하여 투자가들과 만나 인사를 나누고 뉴프랑스 선교활동에 대해 논의하는 시간을 가졌다.

뉴프랑스로 가기 위해 성직자들과 샹플랭은 옹플뢰르 항구에 도착하여 며칠 동안 출항 준비에 들어갔다. 퐁그라브가 지휘하는 350톤의 범선에는 산더미 같은 식료품과 교역품이 실렸다. 선박의 규모로 알 수 있듯이 많은 투자가들이 이번 출항에 참여하게 되었다.

세 번째 원정길

1615년 4월 24일, 샹플랭과 성직자들을 태운 범선은 옹플뢰르 항구를 출발했다. 이번 항해는 순조로워 한 달 만인 5월 25일, 타두삭에 도착했다. 샹플랭은 퀘벡을 거쳐 물물교환을 하기 위해 원주민들이 기다리고 있는 라신 급류 지역으로 가기 위한 작은 범선을 준비하도록 지시했다. 채비를 마치자 샹플랭은 목회자들과 함께 승선했다. 조제프 신부는 한시라도 빨리 원주민들을 만나 그들의 생활방식을 보고 싶다며 퀘벡에 들리지 않고 곧바로 원주민들이 기다리고 있을 라신 급류 지역으로 갔다. 원주민들을 만나 본 그는 마을도 둘러보고 앞으로 정주 형태의 삶을 살고 있는 원주민들과 함께 생활하면서 언어를 배우고 그들을 그리스도에게로 인도하기로 마음을 굳혔다. 그는 필요한 소품들을 챙기기 위해 6월 20일에 퀘벡으로 돌아왔다.

장과 파시피크 신부는 퀘벡에 머물면서 건설되고 있는 예배당과 자신들의 거처에 힘을 보탰다. 그들은 이곳에 오기 전 상상했던 것과는 크게 다른 퀘벡의 모습을 마음에 들어 했으며 선교활동에 대한 의지를 더 확고히 했다.

한편, 퀘벡에 도착한 샹플랭은 퀘벡 요새에 개선할 부분을 살피고 성직자들의 거처와 예배당을 짓기 위해 숲을 정리하도록 지시했다. 일이 어느 정도 마무리되자 그는 데니스 신부와 타두삭에서 온 퐁그라브와 함께 원주민들과 약속한 라신 급류 지역으로 갔다. 라신 급류에서 약 25킬로미터 떨어진 곳에 도착하니 원주민들이 다가오고 있었다. 두 신부는 이곳까지 올라오며 보게 된 세인트로렌스강의 규모와 곳곳에 토양이 비옥한 크고 작은 섬으로 장관을 이루는 풍치와 광대한 자연에 놀라움을 금치 못했다. 그뿐만 아니라 건장한 원주민들의 모습과 자신들의 생각과는 사뭇 다른 원주민들의 매너에 매료되었다. 샹플랭은 자신으로서는 그들의 즐거움과 놀라움을 감히 표현할 수 없었다고 기록했다.

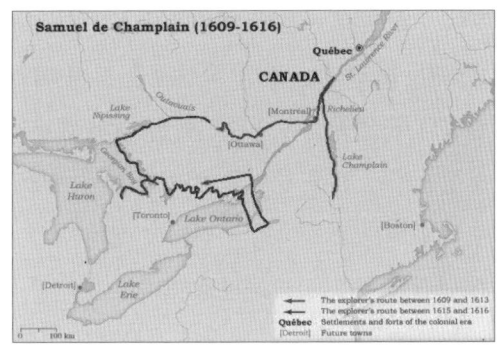

샹플랭은 라신 급류로 가는 도중 원주민들의 마을에서 겨울을 나기 위한 준비물과 예배 소품들을 챙기기 위해 퀘벡으로 가고 있는 조제프 신부를 만났다. 샹플랭은 그에게 혹독한 겨울은 퀘벡에서 지내면서 퀘벡에 있는 형제들과 정을 나누고 다음 해 봄이 오면 다시 원주민 마을로 가도록 권유했다. 샹플랭의 간곡한 권유에도 불구하고 조제프 신부는 자신의 열망을 꺾지 않았다. 샹플랭은 더 이상 그를 설득할 수가 없었다. 샹플랭과 조제프 신부는 그렇게 각자의 사명을 위해 헤어졌다.

라신 급류에 도착하자마자 샹플랭은 그곳에 와서 야영을 하고 있는 원주민들을 찾았다. 샹플랭을 보자 원주민들은 기쁨을 감추지 못했다. 그러고는 자유로운 통행을 가로막는 자신들의 숙적과의 전쟁에 함께 갈 대원들을 원조해 줄 것을 간청했다. 샹플랭과 퐁그라브는 계속되는 탐사와 맡은 바 사명을 완수하기 위해서는 그들의 도움이 절실히 필요하다고 판단했고 또한 앞으로 전개될 선교활동을 위해서도 그들의 청을 받아들이기로 결론지었다.

샹플랭은 원주민들과 자신의 계획에 관하여 논의하기 위해 모두 모일 것을 요청했다. 샹플랭이 자신의 계획을 말하자 그들은 이번 전쟁에 2,550명을 동원하겠다고 했다. 그들의 숫자에 놀란 샹플랭은 자신도 최대한 많은 병사를 동원하겠다고 말하자 그들은 뛸 듯이 기뻐했다. 샹플랭이 그들에게 전투에 사용할 수 있는 몇 가지 전법을 설명했고, 그들은 승리할 수 있다는 강한 자신감을 갖게 되었다. 전쟁에 대한 모든 것이 결정되자 샹플랭과 원주민들은 각자 헤어져 전쟁 준비를 하기로 했다. 원주민들이 전쟁 준비를 마치려면 3~4개월은 걸릴 것 같아 샹플랭은 우선 퀘벡으로 돌아가 자신이 전쟁에 나가 있는 동안 퀘벡 요새에 필요한 여러 업무를 처리하기로 했다.

6월 26일, 퀘벡에 도착한 샹플랭은 부지런히 밀린 일을 처리하고 7월 4일에 퀘벡을 떠나 2명의 대원과 함께 원주민들과 다시 만나기 위해 몬트리올의 약속 장소(Riviere des Prairies)로 향했다. 약속 장소로 가고 있던 7월 8일, 샹플랭은 퀘벡으로 돌아오고 있는 데니스 신부와 퐁그라브를 만났다. 그들은 샹플랭에게 그를 기다리던 원주민들이 샹플랭이 오지 않자 매우 실망하고 모두 돌아갔다고 말해 주었다. 원주민들은 샹플랭이 죽었거나 이로쿼이인들에게 붙잡혀 갔을 것이라고 확신했다는 것이다. 4~5일이면 샹플랭이 도착할 것으로 기대했던 그들은 열흘이 되어도 그가 도착하지 않자 얼마나 낙담하는지 옆에 있던 프랑스인들까지 풀이 죽었다고 했다. 게다가 전쟁을 위해 준비해 두었던 12명의 프랑스 대원들을 조제프 신부가 데리고 약속 장소를 떠났다. 이 소식에 샹플랭은 난감했다. 조제프 신부가 데려가고 남은 대원수가 몇 명 되지도 않지만 그들 중에서 총기를 다룰 줄 아는 대원은 고작 4~5명에 불과했기 때문이었다. 의사소통이 원만치 않아 오해가 발생한 좋지 않은 상황이 되었지만 샹플랭은 일단 최선을 다해 보기로 했다. 퐁그라브와 데니스 신부와 헤어져 2척의 카누를 이용하여 열 명의 무사와 통역사와 함께 적을 향해 먼저 출발한 원주민 무사들의 뒤를 따라 이동하기 시작했다. 식량을 비롯한 옷가지 등으로 짐이 너무 많아 더 많은 사람을 태울 수가 없었다. 세인트로렌스강 상류로 향하던 그들은 통과하기 힘든 라신 급류를 피하기 위하여 프레어리강으로 진입하여 이동하다 세인트로렌스강에서 벗어나 오타와강을 따라 북쪽으로 올라갔다. 급류가 가로막는 곳은 육지를 이용하고 그러다 다시 카누로 이동하기를 반복하며 북서쪽으로 흐르는 오타와강의 거친 물살과 바위와 소나무, 떡갈나무, 자작나무로 이루어진 울창한 숲을 지나며 계속 올라갔다. 알루멧 호수로 흘러 들어오는 강을 따라 이동하다 샹플랭 일행은 알곤킨 원주민을 만났다. 이곳은 토질이 척박하여 사냥과 호수나 강에서 물고기를 잡아 생활하고 있었다. 그러나 숲속에는 맛 좋은 딸기와 블루베리, 이름을 알 수 없는 열매들이 많아 각종 열매들을 말려 겨울 양식으로 사용하고 있었다.

알루멧강에서 나온 샹플랭의 일행은 카누와 짐을 둘러메고 육지로 이동하여 여러 호수를 지나 7월 26일, 니피싱 호수에 도착했다. 샹플랭은 호수 주변에 자리하고 있는 원주민 마을에서 이틀의 시간을 보냈다. 인구가 700~800명 정도 되는 꽤 큰 규모의 마을이었다. 사람들은 샹플랭 일행을 반가이 맞아 주었다. 농사를 짓는 원주민들은 그리 많지는 않았다. 마을의 추장과 어른들이 샹플랭에게 여러 번 연회를 베풀어 주어서 마을 사람들은 부지런히 물고기를 잡고 사냥을 하는 등 번거로움을 겪기도 했다. 원주민들은 최선을 다해 샹플랭에게 최고의 대우를 베풀어 주고 있었다. 호수에는 숲으로 둘러싸인 쾌적한 여러 섬이 자리하고 있었으며 호수와 강, 그리고 섬에 자리한 작은 연못에는 많은 물고기들이 서식하고 있었다. 물론 숲속에도 원주민들을 위한 많은 사냥감들이 뛰어놀고 있었다. 호수 북쪽으로는 소를 키우기에 좋은 초원이 펼쳐져 있었고 여러 곳의 계곡물들이 호수로 흘러들어 오고 있었다. 이곳의 원주민들은 각종 물고기를 잡아 건조해 겨울 식량으로 보관하기도 하고 사냥과 모피 교역으로 살아가는 사람들이었다.

이틀의 휴식을 취한 샹플랭과 그의 일행은 니피싱 호수의 물을 휴론호(Lake Huron)로 흘려보내는 프렌치강(French River)로 들어갔다. 이 강을 따라 이동하며 샹플랭은 언제나 그렇듯 주변을 관찰했다. 지금까지 지나온 곳에 비해 주로 산과 바위로 이루어진 이곳은 그리 쾌적한 지역이 아니었다. 휴론호 가까운 곳의 원주민 마을에는 옥수수가 자라고 있었으나 다른 지역에 비해 그 양이 많지 않았다. 하루에 한 끼 식사만을 했음에도 이즈음 식량이 떨어져 가고 있었다. 길을 떠나올 때 나중을 생각지 않고 열심히 배부르게 먹어댄 원주민 일행들 때문에 벌어진 현상이었다. 원주민들은 호박을 따 모아 배고픔을 채우기도 했다. 그리고 다행히 지천에 깔린 짙은 청색의 둥근 열매(오늘날 블루베리)와 딸기가 샹플랭 일행 모두를 굶주림으로부터 해방시켜 주었다.

휴론호가 있는 서쪽으로 흐르는 프렌치강을 따라 이동하던 샹플랭은 300여 명의 원주민이 살고 있는 마을에 도착했다. 그들은 머리를 정성스레 위로 묶었으며, 의복은 지금까지 본 그 어느 원주민 부족들의 것보다 좋아 보였다. 그들은 좀 특이하게 엉덩이가 거의 없는데 체형이 대꼬챙이 같았으며 얼굴에는 다양한 색으로 칠을 하고 코와 귀를 뚫어 구슬 같은 장신구를 달고 있었다. 집을 나선 그들은 모두 막대기 하나씩을 들고 있었다. 샹플랭은 이 마을 사람들과 친숙해지고 우호를 다지기 위해 이 마을로 들어갔다. 샹플랭이 추장에게 도끼를 선물하자 그는 비싼 선물을 받은 양 기뻐했다. 추장과 대화에 들어가자 샹플랭은 이 지역의 크기에 대해 질문했다. 추장은 나무껍질을 태워 만든 숯으로 그림을 그리며 샹플랭의 궁금증을 해소시켜 주었다. 추장은 샹플랭에게 자신들이 이곳에 와 있는 이유는 먹을 것이 없는 겨울 식량으로 좋은 '블루스(Blues, 오늘날 우리는 '블루베리'라 부른다)'라는 열매를 따 건조해 두기 위함이라고 알려 주었다. 그들의 무기는 활과 화살이었으며 신체를 보호하기 위해 버팔로 가죽 같은 동물 가죽으로 만든 갑옷을 착용하고 있었다.

다음 날 이곳의 원주민들과 헤어진 샹플랭은 휴론 호숫가를 따라 남쪽으로 방향을 잡아 250킬로미터 정도의 거리를 계속해서 이동했다. 호수가 얼마나 큰지 샹플랭은 이 휴론호의 이름을 '민물 바다(Fresh-water Sea)'라 지었다. 이 호수에 서식하는 송어는 작게는 80센티미터에서 크게는 140센티미터 정도나 되었으며 상당한 크기의 철갑상어는 맛이 아주 일품이었다고 샹플랭은 기록했다.

그들은 휴론호의 남서쪽에 위치한 지금의 매치대시 만(Matchedash Bay)을 건넌 후 남쪽으로 약 50킬로미터 정도를 이동하여 8월 1일, 오타우아차(Otouacha)라는 휴론 원주민 마을에 도착했다. 이곳의 전경은 다른 곳과는 매우 달랐다. 지금까지 샹플랭이 본 개간된 땅 중에 제일 큰 농장이 자리하고 있었다. 높지 않은 언덕은 완만한 경사를 이루고 있는데다 군데군데 강이 흐르고 있어 경작하기에 좋은 여건이었다. 원주민들의 옥수수 농장을 둘러보니 이곳의 옥수수는 계절보다 앞서 자라고 있었다.

이 지역은 다른 곳보다 사람이 살기에 매우 좋아 보였다. 다음 날은 이 마을에서 5~6킬로미터 떨어진 카마론(Carmaron)이라 불리는 마을로 이동했다. 이 마을에서는 샹플랭의 일행을 반갑게 맞이하며 빵, 호박, 생선 요리를 대접해 주었는데 육류는 풍족해 보이지 않았다. 하룻밤 묵어 갈 것을 간절히 청하는 추장의 간청을 정중히 거절하고 오타우아차 마을로 돌아왔는데 샹플랭은 그날 밤, 두 번의 시험에 들게 되었다. 하나는 헤아릴 수 없는 벼룩의 공격으로 너무 괴로운 나머지 잠을 잘 수 없었고 다른 한 가지는 벼룩의 공격을 피해 밖으로 나가 신선한 밤공기를 마시며 걷고 있는 샹플랭을 향해 한 원주민 여인이 과감하게 다가와 그를 유혹한 것이었다. 샹플랭은 그녀에게 감사를 표하는 동시에 정중히 타이르며 거절하고는 여러 명의 남성 원주민들이 자고 있는 거처로 들어가 다시 잠을 청했다.

다음 날 도착한 원주민 마을에서도 샹플랭을 환영해 주면서 옥수수를 이용한 다양한 요리로 진수성찬을 내놓았는데 지금껏 받아 본 식사 중 으뜸이었다. 이곳의 땅은 비옥했으며 거주 환경이 좋아 보였다. 이 지역을 지나는 시간은 즐겁고 쾌적했다. 마을 사람들의 안내를 받아 찾아간 마을에는 방어를 위한 10미터 높이의 통나무를 베어 설치한 세 겹의 방책이 세워져 있었다. 이 마을에서 샹플랭은 자신보다 먼저 출발해서 잘 지내고 있는 조제프 신부를 만났다. 그러나 그의 선교활동은 그리 만족스러워 보이지는 않았다. 8월 12일에는 미사를 드리고 마을에서 조금 떨어진 곳에 십자가를 꽂기도 했다. 이 마을의 원주민 무사들은 전쟁에 나갈 무사들이 다 모여 전투 준비를 하는 동안 묵을 샹플랭의 거처를 만들어 주었다.

전쟁에 나가는 무사들을 동원하는 일이 빠르게 진행되지 않자 샹플랭은 이 주변의 마을들을 돌며 모든 무사들이 집합하기로 한 이 마을에서 80킬로미터 정도 떨어진 카히아그(Cahiague, 현 Lake Simcoe) 마을까지 가기로 했다. 샹플랭은 10명의 동료들과 함께 8월 14일에 이 마을을 떠났다. 카히아그까지 가는 동안 샹플랭은 방책을 둘러 자신들을 보호하고 있는 이 지역의 다섯 곳 이상의 부락에 들려 자신을 환영하는 원주민들과 인사를 나누었다. 계속 이동한 샹플랭은 그 규모가 제법 커 200채의 큰 집들이 모여 큰 마을을 이루고 있었고, 전쟁에 나가는 무사들이 집결하고 있는 마을로 접어들었다. 그곳의 원주민들은 숲을 개간하여 엄청난 양의 옥수수 농사를 짓고 있었다. 이 지역 부락민들은 호박과 해바라기를 길러 기름을 짜 머리에 발라 머리치장을 했다. 주변에는 심코 호수로 물을 방출하는 작은 계곡들이 자리하고 있었다. 숲에는 맛이 좋은 포도와 라즈베리, 딸기, 능금, 호두가 있었다. 그리고 모양과 색깔 맛이 레몬 비슷한데 과일의 내부는 무화과와 비슷하게 생긴 과일(May-apples, 샹플랭은 이 과일의 특징을 아주 자세하게 서술했다)이 자라고 있었다. 떡갈나무, 느릅나무, 너도밤나무로 이루어진 울창한 숲은 토끼와 자고새에게 휴식처를 제공해 주고 있었다. 프랑스에서도 볼 수 있는 작은 버찌와 크기가 좀 있는 블랙 체리, 그리고 다양한 식물들도 자라고 있었다.

8월 17일, 이 지역의 수도격인 카히아그 마을에 도착하니 샹플랭이 죽었거나 이로쿼이인들에게 붙잡혀 가 더 이상 그를 볼 수 없다 생각하고 전쟁을 포기한 채 자신들의 부락으로 돌아온 무사들이 자신들 앞에 나타난 샹플랭을 보고는 그 기쁨과 즐거움을 감추지 못했다. 샹플랭의 도움을 받지 못하게 되자 그들은 전쟁을 다음 해로 연기해 놓고 있는 상태였다. 한편 이곳의 원주민들과 동맹관계에 있는 이로쿼이 원주민들의 지역 너머의 3일 거리 지역에 거주하는 여러 부족들 또한 이번 전쟁에 동참하기 위해 500명의 무사를 동원하겠다고 했을 뿐 아니라 샹플랭을 만나 친선 관계를 맺기를 바라고 있다는 소식을 들을 수 있었다.

샹플랭은 그 원주민들이 거주하는 지역(현 뉴욕주 알바니 일대)에 대해 알 기회가 주어진다는 사실에 흡족했다. 그곳은 헨리 허드슨이 탐험한 이래 네덜란드인들의 교역활동 지역이 된 곳에서 일주일 정도밖에 걸리지 않는 곳이었다. 그 지역의 원주민들은 네덜란드인들의 도움을 받는 이로쿼이인들의 공격을 받아 포로로 잡혀가거나 잔인하게 살해당했다. 지난해에는 전투 중에 적을 도와 싸우고 있는 세 명의 네덜란드인들을 포로로 잡았는데, 그들이 샹플랭과 같은 프랑스인들인 줄 알고 아무 해도 가하지 않고 풀어주었다. 그곳의 원주민들은 샹플랭에 대한 이야기를 풍문으로만 들었지 유럽인들을 본적도 없고 아는 것도 없어서 낯선 백인들은 모두 샹플랭처럼 프랑스인들이라 생각했기 때문이었다. 그러면서 그들은 세 명의 네덜란드 포로들이 샹플랭의 동료들이 아닌 것을 알았더라면 그렇게 쉽게 놓아주지 않았을 것이라고 말했다는 것이다. 그곳의 원주민들은 매우 호전적이어서 20부락이 넘는 적대적인 마을에 둘러싸여 있음에도 다른 동맹부락의 도움 없이 전쟁을 하는 사람들이었다. 그들의 이야기는 500명의 무사들을 동원하여 동맹군과 합류하려면 그 많은 적의 부락을 통과하거나 먼 길을 돌아야 한다는 이야기가 된다.

집결지에 도착한 샹플랭은 전쟁에 합류하기로 한 인근 지역의 모든 원주민 무사들이 도착할 때까지 기다려야 했다. 먼저 도착한 무사들은 전우들을 기다리는 동안 잔치를 벌였다. 그리고 전쟁에 참전하여 자신들을 돕겠다는 샹플랭의 의지를 확인한 그들은 이미 승리라도 한 듯이 춤을 추며 즐거워했다.

9월 1일, 수많은 대부분의 원주민 무사들이 모이자 샹플랭은 카히아그 마을을 떠나 15킬로미터 정도 이동하여 카우치칭 호수에 도착했다. 호수의 물고기를 잡아 허기진 배를 채우기도 했다. 지금의 호수 북쪽, 오릴리아 부근에 도착해서는 알곤킨 무사들을 기다렸다. 얼마 후 무기와 필요한 식량을 잔뜩 가지고 알곤킨 무사들이 모이자 500명을 동원하여 이번 전쟁에 참전하겠다는 남쪽의 무사들에게 보내 집결지로 안내할 정예대원을 선발하고 그들과 함께 적을 공격하기로 결정했다. 그리하여 남쪽의 500명의 무사들을 안내할 12명의 정예 대원들이 뽑혔다. 이때 통역사 에티엔 브륄이 남쪽 지방의 무사들을 만나고 그곳을 탐사하고 싶다고 자원해서 샹플랭의 허락을 받았다. 그곳까지 도착하는 데는 적의 마을들을 통과해야 하기 때문에 위험한 임무였다. 브륄을 포함한 원주민 무사들은 9월 8일 남쪽의 원주민 마을을 향해 출발했다. 이틀 후 이곳에는 벌써 하얀 된서리가 내리기 시작했다.

샹플랭과 수많은 원주민 무사들은 적을 향해 다시 이동을 시작했다. 30킬로미터 정도 되는 심코 호수를 통과하고 카누를 둘러메고 육지를 이용하여 남동쪽으로 50~60킬로미터를 걸었다. 샹플랭은 오대호중의 하나인 온타리오호로 그 물이 흐르는 스터젼 호수를 지나 강과 호수를 지나기를 반복하며 계속 남동쪽으로 내려가 라이스호를 지난 후 약 350킬로미터 넘는 오토나비강을 따라 온타리오호에 도착했다. 이곳은 오늘날 캐나다에서 가장 많은 인구가 살고 있는 온타리오주 토론토에서 동쪽으로 120킬로미터 떨어진 지역이다.

강을 따라 남쪽으로 이동하며 보이는 지역은 모두 쾌적하고 아름다웠다. 사람이 살기에 좋은 환경임에도 원주민들은 보이지 않고 한때 그들이 살았음을 추정할 수 있는 장신구들이 나무에 매달려 있는 곳도 있었다. 샹플랭은 원주민들이 한때 이곳에 거주했으나 적에 대한 공포감으로 이곳을 버리고 다른 곳(북쪽)을 찾아 떠난 것으로 판단했다. 지천에 깔린 포도덩굴에 풍성한 포도가 익어 가고 있었으며 숲에는 많은 곰과 사슴이 살고 있었다. 숲을 지나며 이동하는 도중 원주민 무사들은 많은 동물과 다양한 새를 잡았다. 활과 화살을 든 400~500명의 무사들이 일렬로 줄을 선 다음 함성을 지르며 야생동물을 강가로 몰아갔다. 함성 소리에 겁에 질린 야생동물들은 빠르게 흐르는 강물로 뛰어들었다. 무사들은 그리 많은 활을 쏠 필요도 없었다. 강가의 한쪽에서는 카누를 대고 기다리고 있던 다른 무사들이 쫓기느라 힘이 빠져 허우적거리는 동물들에게 다가가 뾰족한 나무 조각이 묶인 짧은 창을 던져 아주 쉽게 사냥감을 잡았다. 샹플랭은 민첩하고 재치 있는 원주민 무사들의 사냥 모습을 지켜보며 즐거워했다. 프랑스 대원들도 뒤질세라 쫓기는 동물들을 향해 화승총을 발사해 많은 사냥감을 잡자 원주민 무사들은 매우 놀라워했다. 그러나 불행히도 사슴을 잡던 한 무사가 탄알에 부상을 당하는 사고가 발생해서 큰 동요가 일기 시작했다. 다행히 사고 당사자에게 선물을 주어 진정시킬 수 있었다. 이것이 다툼을 해결하는 원주민들의 관례였다. 만일 누군가 죽는다면 그 선물은 그의 가족이나 친척에게 주어진다.

그들은 지금의 온타리오 호숫가를 따라 이동하여 세인트로렌스강으로 그 물이 흘러 나가는 온타리오 호의 동쪽 끝(현 Kingston)에 도착해 아름다운 여러 섬을 가로질러 그들의 적이 있는 호수 남쪽에 도착했다. 그들은 호숫가에서 가까운 숲속에다 모든 카누를 감쪽같이 숨겼다. 모래사장으로 이루어진 호숫가를 따라 다시 약 20킬로미터를 이동하니 그곳에는 온타리오호로 그 물이 흘러들어 가는 많은 개울들이 흐르고 있었다. 숲속에는 셀 수 없이 많은 야생동물들이 살았으며, 포도덩굴과 나무가 울창한 숲을 이루고 있었다. 그곳에는 특히 밤나무가 많았는데 알은 작았지만 맛이 아주 좋았다. 개간한 흔적이 없는 대부분 처녀림으로 이루어진 곳이었다. 이후 이들은 오네이다 호수로 흐르는 크고 작은 개울과 강을 건너며 육지로 사흘 동안 이동해서 작은 섬에 당도했다. 물고기가 많이 서식하고 있는 이 섬은 이로쿼이 연맹 중 오네이다라 불리는 원주민들이 낚시를 하는 곳이었다.

1615년 10월 9일, 정찰을 나갔던 샹플랭의 원주민 무사들이 11명의 이로쿼이인들을 붙잡아 돌아왔다. 4명의 여인, 3명의 남자, 3명의 소년 그리고 한 어린 소녀가 붙잡혀 왔다. 이들은 물고기를 잡으러 가던 길에 잡혀 온 것이었다. 이들 포로를 본 한 추장이 한 여인의 손가락을 잘라 고문의 시작을 알렸다. 그 모습에 몹시 화가 난 샹플랭은 여인이 더 이상의 고문을 당하지 않도록 막아서고는 그의 친구인 이로퀘 추장을 향해 이런 무도한 짓은 무사가 할 행동이 아니며 눈물밖에는 방어 능력이 전혀 없는 약한 여자를 향한 비인간적이고 잔혹한 짓을 멈추라고 질책했다. 그리고 그들이 계속해서 이러한 잔인한 짓을 행한다면 다시는 샹플랭을 비롯한 프랑스인들은 그들을 돕는 전쟁을 하지 않을 것이라고 경고했다. 그러자 이로쿼 추장은 적들도 자신들에게 똑같은 짓을 했다고 반박하며 샹플랭이 싫어하면 앞으로는 여인들에게는 해를 가하지 않겠다고 말했다. 끝까지 남자들에게는 잔인한 짓을 하겠다는 것이었다.

오합지졸

다음 날 오후 3시, 샹플랭 일행은 적의 요새 앞에 도착했다. 이미 아군과 적군의 작은 접전이 있었지만 다행히 샹플랭의 전략은 노출되지 않았다. 그러나 유럽인들이 가진 총기의 위력을 이미 맛본 원주민 아군 무사들은 한시라도 빨리 총이 발사되는 것을 보기를 원하면서 가까이 접근한 동료 무사들을 지원하기 위해 오논다가 원주민들의 요새를 맹렬히 공격했다.

샹플랭은 몇 명되지 않는 대원들과 함께 적군의 요새로 다가갔다. 총성을 들은 오논다가 무사들은 샹플랭과 그의 대원들이 보이자마자 사상자들을 데리고 빠른 속도로 요새 안으로 피신했다. 샹플랭의 아군들도 부상당한 동료들을 부축해 진지로 돌아왔다. 4~5명이 부상을 당했고 한 명이 사망했다.

한 차례 교전이 끝나자 샹플랭과 무사들은 적군의 시야에서 벗어나 포사격 범위까지 이동하여 진을 쳤다. 샹플랭은 사전에 지시하고 약속한 대로 임무를 수행하지 못하고 그에게 약속한 것과는 정반대되는 행동을 보인 무사들에게 매우 격노한 어조로 나무랐다. 샹플랭은 무사들에게 그렇게 충동적으로 전쟁을 치른다면 그 결과는 참담할 것이라고 일침을 놓았다. 그리고 적의 요새를 점령하기 위해서는 어떤 조처를 해야 하는지 차분히 알려 주었다.

상플랭은 무사들에게 자신의 계획과 전략을 설명했다. 적의 요새를 견고히 방어하고 있는 10미터 높이의 방책보다 더 높은 구조물, 즉 공성병기를 만들고 그 위에는 돌 방책 너머 적의 노대를 향해 계속해서 총을 발사할 다섯 명의 화승총대원을 배치하는 것이었다. 이렇게 하여 아군을 향해 화살을 쏘는 적군을 무력화시키는 것이 주요한 전략이었다. 원주민 무사들이 주로 사용하는 화살과 돌을 피할 큰 나무 방패는 장정 여러 명이 운반할 수 있는 크기의 방패로 준비하도록 했다. 공성병기 위에서 프랑스 대원들이 적을 향해 총을 쏘는 동안 무사들은 이 큰 방패에 불을 붙여 적의 요새로 접근할 때 적군들이 방패에 물을 붓는다 해도 잘 꺼지지 않을 크기였다. 상플랭은 아군 무사들에게 이 방법이 아군을 보호할 수 있는 동시에 적들의 성벽으로 쉽게 접근할 수 있다고 설명해 주었다.

상플랭의 제안에 수긍한 무사들은 다음 날부터 상플랭의 지시 사항을 실행에 옮겼다. 화승총을 쏘기 위한 평평한 구조물과 커다란 화살막이 방패를 만들기 위해 일부는 나무를 베고 일부는 벤 나무를 한곳에 모았다. 일은 빠르게 진행되어 4시간도 채 되지 않아 공성병기와 방패가 완성되었다. 500명을 동원하여 온다던 저 남쪽의 동맹군이 아직 나타나지 않았지만, 자신들의 병력으로 충분하다고 생각하는 아군 무사들이 더 이상 미루지 말고 싸움을 시작하기를 원했다. 그러나 상플랭이 관찰한 적의 요새는 이미 프랑스인들의 총기를 인지하고 있는 듯 10미터에 가까운 무겁고 튼튼한 통나무가 서로 맞물려 세워진 방책으로 둘러싸여 있었다. 그리고 총탄을 피할 수 있는 나무로 만든 두 겹의 노대가 설치되어 있었다. 게다가 가까운 곳에 물이 가득한 연못과 수로가 연결되어 있어 불을 끄기에 아주 용이했다. 이곳 요새의 방비시설은 샹플랭이 지금껏 보아 온 다른 원주민들의 요새보다 훨씬 더 튼튼하게 잘 세워져 있었다. 게다가 적의 방책에 불을 놓기 위해 모은 나무는 상당히 많았지만 아직 충분하지는 않았다.

    샹플랭과 그의 아군 무사들은 오논다가 무사들의 요새를 공격하기 위해 나아갔다. 200명의 튼튼한 무사들이 화살막이 방패를 운반하여 적의 요새 가까이에 내려놓았다. 샹플랭은 화승총을 든 세 명의 대원에게 화살막이 발사대에 오르도록 명했다. 이를 놓칠세라 오논다가 무사들 또한 화살과 돌을 이용하여 샹플랭의 아군을 공격하기 시작했다. 그들이 쏘아대는 빗발치는 화살과 날아오는 돌은 하늘에서 떨어지는 우박이라 해도 과언이 아니었다. 그렇지만 프랑스인 대원들이 화살막이 방패 안에서 자신들의 모습을 드러내지 않은 채 총을 발사하자 그들은 놀라 노대를 버리고 퇴각하기 바빴다. 이제 샹플랭은 화살막이 방패를 적군의 요새 더 가까이로 운반하여 불을 놓으라고 지시했다. 그러나 아군 무사들은 적을 향해 소리를 지르며 적의 요새 안으로 활을 쏘아대기 시작했다. 샹플랭이 보기에 그들의 행동은 적에게 별 효과가 없어 보였다. 아군은 군사훈련을 받지 않은, 충동적이고 즉흥적으로 행동하는 무사들이었다. 무사들 중 한 명이 경솔하게도 바람의 방향을 고려치 않고 적군의 성채 방책에 쌓아 놓은 나무에 불을 붙였다. 그러나 바람이 적의 방책으로 향하는 것이 아니라 아군을 향해 불고 있어 전혀 소용이 없었다. 많은 아군 무사들이 불쏘시개로 이용할 나뭇가지들을 적의 방책으로 가져다 불을 놓았지만 방책에 불이 옮겨 붙게 하기에는 역부족이었다. 또한 아군 무사들은 서로 간에 소통이 되지 않는 대혼란에 빠져 있었다. 이 모습을 보는 샹플랭은 여간 난감한 게 아니었다. 샹플랭이 아무리 큰 목소리를 내어 무질서를 바로잡으려 시도했으나 이 또한 소용없는 일이었다. 아무리 소리를 질러 봤자 샹플랭 자신의 머리만 터질 지경이었다. 그들의 오합지졸 무질서는 멈출 줄 몰랐다. 샹플랭과 그의 프랑스 대원들이 할 수 있는 것이라고는 나타난 적을 향해 총을 발사하는 일뿐이었다.

한편 오논다가 무사들은 샹플랭의 아군이 혼란한 틈을 이용하여 수로에 흐르는 물을 퍼다 타고 있는 나무더미에 부어 불을 끄는 한편, 한쪽에서는 샹플랭의 아군을 향하여 우박이 쏟아지는 것 같이 화살을 쏘아댔다. 이 교전이 3시간이나 지속되면서 두 명의 아군 추장과 15명의 무사들이 부상을 입었다. 추장을 비롯해 동료들이 부상을 입은 데다 기다리던 500명의 원군이 오지 않을 거라는 생각이 들자 그들은 후퇴에 대한 말을 꺼내기 시작했다. 그리고는 이 오합지졸 무리들은 퇴각했다. 이러한 그들의 행동을 지켜보면서 추장들이 절대 권력을 행사하지 못한다는 것을 알 수 있었다. "오로지 개개인 자신들의 의지와 욕망에 따라 움직이는 그들의 행동은 무질서의 원인이었으며 맡은 바 임무를 수행하지 못하는 원인이기도 했다."라고 샹플랭은 적었다.

샹플랭을 비롯한 모든 원정대는 자신들의 진으로 돌아왔다. 샹플랭 또한 다리와 무릎 두 곳에 화살을 맞아 극심한 고통으로 거동이 힘들 지경이었다. 모두가 모여들자 샹플랭은 그들에게 자신이 목격한 그들의 대혼란에 대한 자신의 의견을 말했지만 그의 말은 아무 소용이 없는 일이었다. 그들은 부상을 입은 자가 많아 후퇴하는 길이 매우 어려울 것이라고 말하며 더 이상 적을 공격하는 것은 무리가 있다고 말했다. 그러나 샹플랭의 의견에 따라 며칠 더 500명의 원군을 기다리기로 하고 그들이 온다면 샹플랭의 조언에 따라 움직이면서 다시금 적을 공격하는 데 동의했다.

다음 날부터 부는 강풍은 이틀 동안 지속되었다. 적의 요새에 불을 놓기에 아주 좋은 때라고 판단한 샹플랭은 원주민들에게 적의 요새로 가 불을 놓으라고 지시했지만 적을 두려워하게 된 그들은 부상을 핑계로 꼼짝도 하지 않았다. 할 수 없이 샹플랭과 그들은 10월 16일까지 아무것도 이루지 못한 채 손을 놓게 되었다. 다만 몇 번의 작은 교전이 일었는데 그것도 아군들이 적에게 종종 포위되기 일쑤였다. 그렇게 되는 원인은 그들의 용기가 부족해서가 아니라 그들의 경솔함 때문이었다. 이렇게 경솔한 교전이 일어날 때마다 그들을 구해 주는 것은 화승총을 든 프랑스인들이었다. 총탄을 대단히 두려워하는 오논다가 무사들은 화승총을 든 프랑스인들이 다가옴을 인지하는 즉시 재빠르게 자신들의 요새 안으로 숨어 버렸다.

며칠이 지나도 기다리는 남쪽의 원군(사실 이들은 이틀 후에 이곳에 도착한다.)이 도착할 기미가 보이지 않자 무사들은 가능한 한 빨리 이곳을 벗어나기로 결정했다. 샹플랭은 부상으로 인한 자신의 극심한 통증과 군사교육이라고는 받아 보지 못한 오로지 자신들의 즉흥적인 충동에 따라 움직이는 원주민 무사들의 오합지졸 싸움 방식을 감안하여 더 이상 자신의 의견을 말하지 않았다. 이로쿼이 연맹의 한 부족인 오논다가 원주민과의 전쟁은 이렇게 막을 내리게 되었다.

보는 시각에 따라 세인트 밸리의 여러 원주민을 도와 샹플랭이 치른 이번 전쟁은 실패했다고 볼 수도 있다. 적의 요새 외부에 놓은 불은 방책을 그슬리는 데 그쳤을 뿐이었고, 몇 백 명의 용감한 아군 무사와 화승총을 든 10명 이상의 프랑스 대원이 있었으나 요새 안으로 진입해 들어가지도 못하는 등 제 역할을 해내지 못했다. 게다가 샹플랭은 다리와 무릎에 화살이 꽂히는 바람에 심한 통증으로 인하여 거동조차 할 수 없게 되었으며, 많은 아군 무사도 큰 부상을 입게 되었다. 그러나 다른 시각으로 평가할 수도 있다. 이후 이로쿼이 연맹의 인디언들이 샹플랭과 동맹을 맺은 휴론, 몽타냐이, 그리고 알곤킨 원주민들이 거주하는 지금의 캐나다 지역 원주민들을 공격하는 일이 현저히 줄었고, 눈에 띨 만한 교전은 샹플랭이 사망하고 5년이 지난 1640년이 되어서야 다시 시작되었기 때문이다. 샹플랭은 세인트로렌스강 유역에서 뉴프랑스를 건설하고 평화롭게 모피 교역을 할 수 있는 최소한의 평화와 안보는 확보한 셈이었다.

퇴각

퇴각을 결정한 무사들은 부상자들을 실어 운반할 바구니 형태의 물건을 만들었다. 특히 부상으로 인한 무릎 통증으로 서거나 걸을 수 없었던 샹플랭은 갓난아기처럼 바구니에 실려 며칠 동안 이동해야 했다. 샹플랭은 이때의 심정을 지옥 같았다는 표현으로 기록했다. 자신의 무릎 통증도 괴로웠지만 자신을 등에 짊어지고 이동해야 하는 원주민 무사들에 대한 미안한 마음 때문이었다. 인내심이 바닥나고 있을 즈음 어느 정도 다리를 지탱할 수 있게 되자 아직 통증이 남아 있음에도 불구하고 샹플랭은 지옥 같았던 바구니에서 나와 스스로 이동하기 시작했다. 퇴각하고 있는 샹플랭 일행 뒤로 오논다가 무사들이 뒤에 처지는 샹플랭의 아군을 잡기 위해 3킬로미터 정도의 간격을 두고 따라왔지만 원하는 대로 되지 않자 그냥 돌아갔다.

샹플랭이 본 원주민 무사들의 전쟁 수행 중 가장 쓸 만한 것은 그들의 퇴각 방식이었다. 그들은 안전한 위치에 도착할 때까지 부상자와 나이든 무사들을 행렬 중간에서 이동하게 하고 앞과 뒤 그리고 양 측면에는 잘 무장한 무사들이 주위를 살피며 이동했다. 퇴각하여 돌아오는 길은 150킬로미터 정도쯤 되었는데 부상자들 때문에 갈 때보다 훨씬 멀고 힘든 노정이었다.

10월 18일, 거센 강풍을 동반하여 내리는 눈과 우박이 퇴각하는 샹플랭의 원정대를 더욱 힘들게 했지만 모두는 카누를 숨겨 놓은 온타리오 호숫가에 무사히 도착했다. 혹시나 이로쿼이 무사들이 카누에 손을 댔을까 하는 염려와는 다르게 그들이 숨겨 놓은 카누는 온전히 그대로 있었다.

이제는 모두가 각자의 마을로 돌아갈 시간이었다. 샹플랭이 무사들에게 자신과 그의 일행들을 퀘벡으로 데려다 달라고 부탁했지만 그들은 흔쾌한 대답을 하지 않았다. 그러다 마음이 바뀌었는지 샹플랭을 안내하여 퀘벡에 데려다 줄 네 명의 안내인을 선발하겠다고 했다. 그러자 네 명의 무사들이 샹플랭의 일행을 안내하겠다고 자처하고 나섰다. 네 명의 안내인이 있으니 이제는 카누만 있으면 되었다. 그러나 그들도 카누가 필요했기 때문에 샹플랭과 그의 일행에 내어줄 여분의 카누가 없었다. 전쟁이 끝나고 나면 퀘벡으로 데려다 주겠노라고 한 약속과는 다른 추장들의 반응에 샹플랭은 어쩔 수 없이 불쾌한 마음이 들었다. 게다가 샹플랭은 원주민 마을에서 겨울을 지낼 준비를 해 오지 않은 터였다. 어쩔 도리 없이 샹플랭은 모든 걸 체념하고 인내하는 수밖에 없었다. 그렇게 며칠이 지나자 샹플랭은 비로소 그들이 왜 자신을 부락으로 데리고 가려고 하는지 알 수 있었다. 그들은 당장 추적해 올지도 모르는 적으로부터 자신들을 보호해 줄 당면한 안전 문제뿐만 아니라 앞으로 있을 적의 공격에 대비한 자신들의 미래 안전 보장 대비책에 대해서도 샹플랭에게 조언을 얻고 싶었던 것이었다.

퀘벡으로 돌아가고자 하는 마음을 접고 샹플랭은 그들과 함께 다시 여정을 시작했다. 그들은 세인트로렌스강을 건넌 후 많은 강과 호수 그리고 초원을 가로지르며 현 킹스턴 북쪽으로 이동했다. 이동하는 동안 샹플랭은 자연환경을 관찰하는 한편 무사들의 노련한 여러 기술을 관찰할 수 있었는데, 그중 그들의 집 짓는 솜씨와 사슴을 사냥하는 기술은 매우 인상적이었다. 그들은 숲의 나무를 잘라 움막을 지었는데 나무와 나무 사이 틈으로 들어오는 차가운 밤공기를 차단하기 위해서 이끼를 구해 그 틈을 막았고 지붕은 나무껍질을 이용하여 덮었다. 임시 거처가 완성되면 전나무를 베어 삼각형 울타리를 친 후 한쪽은 열어 두었다. 높이 3미터 정도의 말뚝을 서로 밀착되게 세워 울타리를 만들었고, 그 울타리의 길이는 1,500보 정도였다. 이는 사슴을 잡기 위한 것이었는데, 이를 만드는 데 걸린 시간이 열흘 정도로 매우 신속했다. 한쪽에서는 울타리를 만드는 사이 다른 한쪽에서는 커다란 창을 만들어 송어를 잡았는데 모두가 먹기에 충분한 양이었다.

사슴을 잡기 위한 모든 준비가 끝나자 원주민들은 사슴을 울타리 안으로 몰기 위해 울타리에서 멀리 떨어진 숲으로 들어가 각각 80보 정도 간격으로 떨어진 다음 양손에 든 나뭇가지를 딱딱 소리가 나도록 때리며 천천히 울타리 쪽으로 움직였다. 그들과 울타리 사이 숲에 있던 사슴들은 나뭇가지가 내는 소리에 놀라 도망쳐 울타리 쪽으로 몰렸다. 사슴들을 뒤쫓아온 그들은 이제 사슴들이 울타리 안으로 들어가도록 유도했다. 울타리 안으로 들어간 사슴들은 울타리가 열려 있는 쪽으로 몰릴 수밖에 없게 되었다. 그러자 그들은 일제히 활을 쏘아 사슴을 잡았다. 그리고 삼각형 끝에 열린 부분에 가까이 다다르자 그들은 일제히 소리를 지르며 늑대 울음소리를 내기 시작했다. 늑대의 울음소리는 사슴에게는 대단한 공포심을 심어 주었다. 늑대 소리에 겁을 먹은 사슴들은 서로 앞다투어 열려 있는 작은 공간으로 들어갔지만 그곳에는 또 한 번 막아 놓은 덫이 있어 사슴들이 빠져나가기에는 역부족이었다. 작은 공간에 갇힌 사슴들은 아주 쉽게 잡혔다. 그들은 이 울타리를 이용해 이틀에 한 번씩 사슴을 잡았는데 대단히 효과적이었다. 이 방법으로 그들은 38일 동안 120마리의 사슴을 잡았다. 그들은 또한 덫을 놓아 상당히 많은 사슴을 잡기도 했다. 이렇게 잡은 사슴의 지방은 유럽인들의 버터처럼 겨울 동안 사용되었으며 살코기는 잔치를 벌일 때 사용하고 가죽은 의복으로 사용했다.

    언제나 그렇듯 동식물을 관찰하고 연구하는 샹플랭은 원주민들이 사냥을 나간 어느 날 숲속에서 처음 보는 독특하게 생긴 한 마리의 새에 이끌려 길을 잃는 일이 발생했다. 부리는 앵무새처럼 생겼으며 암탉만 한 크기였다. 빨간색 머리 부분을 제외한 몸 전체는 노란색, 두 날개는 파란색으로, 자고새처럼 멈추기를 반복하며 나는 새였다. 그 새를 간절히 잡고 싶었던 샹플랭은 나무에 잠시 앉아 쉬었다 다시 날아가는 그 새를 뒤쫓는 데 오랫동안 집중했는데 그 새를 놓치고 나서야 자신이 어디에 있는지 도통 알 수 없는 상황에 놓인 것을 알게 되었다. 새를 놓친 샹플랭은 원주민들이 있는 곳으로 되돌아갔지만 그곳에는 아무도 없었다. 자신이 있는 위치에서 직진으로 가면 울타리가 있는 곳에 닿을 것이라 판단하고 다시 움직였지만 허사였다. 하필이면 나침판도 지니고 있지 않았던 그는 이리저리 헤매며 자신의 위치를 확인해 보려 했지만 그 또한 허사였다. 해가 저물기 시작하자 샹플랭은 길 찾는 것을 멈추고 큰 나무에 몸을 의지하여 밤을 보냈다. 다음 날 아침, 그는 일어나 그날 오후 3시까지 쉬지 않고 걸어 어느 작은 연못에 도착했다. 설상가상 날씨까지 그를 더욱 힘들게 했다. 3일 연속 비가 내려 햇빛이라고는 볼 수 없는 궂은 날씨였다. 그는 피곤하고 지친데다 굶주림까지 더해 이곳에서 휴식을 취하기로 하고 세네 마리의 새를 잡아 요리했는데 그동안 너무 굶주렸는지 그 맛이 아주 좋았다.

굶주린 배를 어느 정도 진정시킨 샹플랭은 어떻게 해야 하나 곰곰이 생각하며 신에게 자신이 처한 상황에서 구조되도록 간절히 기도했다. 이날 밤도 샹플랭은 야생동물만이 살고 있는 숲속에서 홀로 밤을 지새야 했다. 다음 날 아침, 간단한 아침식사를 마친 그는 다시 마음을 가다듬었다. 그리고 개천을 찾기로 했다. 개천을 찾아 따라 가다 보면 강으로 이어질 것이고 어쩌면 원주민들이 강가에서 야영을 하고 있을 수도 있다고 판단한 결론이었다. 결심이 서자 그는 다시 이동을 시작하여 정오 무렵 어느 작은 호숫가에 다다랐다. 이곳에서 사냥을 하여 다시 허기를 달랬다. 탄약을 확인해 보니 열 번 정도 사용할 수 있는 양의 탄약도 있어 든든했다.

샹플랭이 호숫가를 둘러보니 꽤 큰 개천으로 호수물이 흘러 나가고 있었다. 그 개천을 따라 계속해서 내려갔다. 오후 5시쯤 되었을 무렵 어디선가 정확한 정체를 알 수 없는 소리가 들려오기 시작했다. 곧 그 소리의 정체가 자신이 찾는 강의 급류가 내는 소리라는 것을 알 수 있었다. 물소리가 나는 곳으로 가까이 다가가 보니 넓게 펼쳐진 초원이 자리하고 있었고 많은 야생동물이 서식하고 있었다. 그리고 그가 서 있는 오른쪽으로는 넓고 긴 강이 보였다. 그는 강과 초원을 살펴보았다. 그리고 이 초원에서 원주민들이 카누를 운반하면서 생긴 작은 흔적을 찾을 수 있었다. 자세하게 관찰한 결과 마침내 그는 이 강이 자신이 와 보았던 길이라는 것을 알 수 있었다.

이날 밤 그는 지난 이틀 밤보다 편안한 마음으로 잠들 수 있었다. 다음 날 아침, 샹플랭은 다시 자신의 위치를 확인하기 위해 주위를 관찰했다. 그리고 자신의 판단이 옳았다는 것을 확인했다. 그는 약 30킬로미터 정도 강 아래로 내려가면 사냥하고 있을 원주민 일행들을 만날 수 있을 것이라 생각했다. 그는 여유로운 마음으로 강변을 따라 내려갔고 그렇게 이동하던 그는 마침내 강변에서 불을 피우고 있는 원주민들을 만날 수 있었다. 샹플랭이 다가오는 모습을 본 원주민들은 샹플랭보다도 더 기뻐했다. 그들도 계속 샹플랭을 찾고 있었지만 찾을 수 없게 되자 이제는 샹플랭을 볼 수 있다는 희망을 버린 상태였다고 말하며 앞으로는 절대로 자신들로부터 떨어져 움직이지 말 것과 나침판을 소지하고 다닐 것을 신신당부했다. 그리고 샹플랭이 돌아오지 않거나 자신들이 그를 찾지 못한다면 자신들이 샹플랭을 살해했다고 프랑스인들이 의심할까 두려워 절대로 프랑스인들에게 가지 않겠다고 생각했다는 것이었다. 이 일이 있고 난 후부터 길을 잘 아는 원주민들이 샹플랭이 사냥을 할 때마다 따라 붙어 그를 보호했는데 그들의 길 찾는 솜씨는 놀라웠다.

시간은 빠르게 흘러 어느덧 12월 4일이 되었다. 샹플랭과 원주민들은 다시 이동을 시작했다. 그들은 얼어붙은 강, 호수 그리고 연못과 숲을 통과해 계속해서 이동했다. 그렇게 그들은 19일 동안 이동했는데 원주민들은 100파운드나 되는 짐을 지고 움직이느라 진땀을 빼야 했다. 샹플랭도 20파운드의 짐을 졌다. 그들의 짐에 비하면 아주 가벼웠지만 하루 이틀이 아니다 보니 보통 힘든 것이 아니었다. 얼어붙은 곳을 지날 때는 원주민들은 나무를 잘라 썰매를 만들어 그것에 짐을 싣고 끌어 아주 쉽고 빠르게 이동할 수 있었다. 며칠 후 그들은 군데군데 녹은 곳이 있는 곳을 지나야 했는데 보통 힘들고 짜증 나는 일이 아니었다. 개천과 연못, 습지, 늪으로 가득 찬 소나무 숲을 통과해야 했기 때문이었는데, 서로 엉키어 쓰러져 있는 소나무들이 이들의 이동을 가로막고 있었다. 무릎까지 물과 진흙이 차고 올라와 그 불편함과 불쾌감은 이루 말할 수 없었다. 이렇게 극한의 인내심이 필요한 험난한 노정은 사흘이나 연속되었다. 그러나 인간의 의지는 자연도 무시하지 못했다. 12월 20일, 드디어 그들은 휴론 원주민 마을에 낙오된 사람 없이 무사히 도착했다.

　3개월에 걸친 힘든 여정의 피로를 풀며 충분한 휴식을 취하는 동안 어느덧 해가 바뀌어 1616년의 1월이 되었다. 샹플랭은 이 지역 가까이에서 머물며 겨울 동안 선교활동을 하고 있는 조제프 신부와 이 주변 원주민들이 어떻게 겨울을 지내고 있나 안부를 살피기로 했다. 그동안 전쟁을 하러 다녀오느라 조제프 신부를 못 본 지도 3개월이 지나 있었다. 1월 4일, 샹플랭은 그동안 친절로 자신을 보살펴 준 마을 원주민들에게 고마움을 표한 후 조제프 신부를 만나기 위해 마을을 떠났다.

진정한 중재자

　　　　　　　　　　　다음 날 샹플랭은 조제프 신부를 만났다. 신부는 거처로 이용하고 있는 자신의 아주 작은 집으로 샹플랭을 데리고 갔다. 신부와 그곳에서 며칠을 머무르는 동안 샹플랭은 조제프 신부가 페턴이라 불리는 원주민 마을의 선교활동을 계획하고 있는 것을 알게 되었다. 그곳은 샹플랭도 예전부터 가 보고 싶었던 곳이었다. 겨울에는 가기가 더욱 힘든 여정이었지만 두 사람은 함께 그곳으로 가기로 했다. 1월 15일, 두 사람은 길을 떠나 이틀 후인 17일에 페턴 원주민 마을에 도착했다. 이들은 옥수수를 주식으로 삼고 있는 정주형 생활을 하고 있는 원주민이었다. 샹플랭과 조제프 신부는 마을을 방문하여 그들과 친교를 맺었다. 그리고 원주민들은 퀘벡 방문을 약속하면서 육류와 생선으로 진수성찬을 차려 연회를 열고 샹플랭과 조제프 신부를 환영해 주었다. 많은 원주민이 샹플랭과 조제프 신부를 보기 위해 와서는 모두 친구임을 표명했다. 마을을 떠나 돌아가는 길에도 멀리까지 배웅해 주는 다정함이 있었다. 이 마을 이외에도 그들은 인근 지역의 일곱 개 원주민 마을을 방문했는데 마을마다 모두 샹플랭과 조제프 신부를 환영했으며 샹플랭과 친교를 맺고 퀘벡을 방문하겠다고 약속했다.

여러 마을을 방문하여 그들의 생활 방식과 환경을 관찰하던 중 엄청난 양의 담배를 생산한다는 남쪽의 원주민 거주 지역에 가 보고 싶어졌다. 그곳은 지금의 온타리오호 서쪽 지역인데 4,000명에 이르는 많은 무사들이 살고 있다고 알려져 있었다. 그곳의 원주민들은 이로쿼이나 샹플랭과 동맹을 맺은 여러 원주민들과도 잘 지내고 있는 중립적인 사람들이었다. 그들은 어느 원주민이나 상관없이 종종 친한 친구들처럼 함께 먹고 마시며 즐거운 시간을 보내면서 살고 있었고 논쟁이나 싸움을 싫어했다. 그러나 샹플랭과 함께 있는 원주민들은 일 년 전 자신들 중 한 명이 그들 중 한 명을 살해하는 사건이 있어 그들이 화가 났다고 했다. 그리고 누구든 첫 번째로 그들에게 잡히는 자는 앙갚음을 당할 것이라고 알려왔다는 것이다. 살해당한 가족과 친척들에게 선물을 보내 미안한 마음을 표현했지만, 그래도 혹시 모를 불행한 사고를 당할까 봐 그들은 샹플랭이 그곳에 가는 것을 만류했다. 할 수 없이 샹플랭은 계획을 바꾸어 자신의 탐사에 안내를 해 주겠다고 약속했던 니피싱 원주민이 거주하는 곳으로 갔다. 그러나 니피싱 지역에 도착해 탐사를 시작하려는 무렵 휴론 원주민 지방으로부터 온 소식으로 인해 샹플랭은 자신의 계획을 실행에 옮기지 못하고 다시 휴로니아 지방으로 가게 되었다.

휴론 원주민들은 한 명의 이로쿼이 포로를 알곤킨의 이로퀘 추장에게 맡겼는데 그를 처형할 것이라는 기대와는 달리 추장은 이로쿼이 포로를 풀어주었을 뿐만 아니라 총기와 사냥 기술이 뛰어난 포로를 자신의 아들처럼 생각하게 되었다. 이런 소식을 전해들은 휴론 원주민들은 그들 눈에 상식적으로 보이지 않는 행위에 불쾌해하면서 이로퀘 추장에게 앙갚음할 마음이 생긴 것이었다. 휴론 원주민들은 풀려난 이로쿼이 포로를 찾아 잡아올 사람 한 명을 보냈다. 다시 붙잡혀 온 이로쿼이 포로는 알곤킨 원주민들이 보는 앞에서 무참히 살해 되었다. 그러자 이번에는 알곤킨 원주민들이 격노하여 이로쿼이 포로를 죽인 휴론 원주민을 죽였다. 그러자 자신들의 동료가 살해당하는 모습을 본 휴론 원주민들이 다시 격노하여 무기를 들고 겨울을 나기 위해 마련해 놓은 알곤킨 원주민들의 야영지로 몰려가 인정사정없이 공격했다. 이 공격으로 이로쿼 추장은 두 발의 화살을 맞았다. 그리고 얼마 후, 또다시 휴론 원주민들이 무방비 상태인 알곤킨 원주민들을 다시 공격하여 약탈했다. 복수 행위가 거듭되자 알곤킨 원주민들이 먼저 선물을 보내며 화해를 시도했다. 원주민들이 귀중하게 여기는 조개껍질을 엮어 만든 목걸이 50개, 여러 개의 주전자, 도끼 그리고 죽은 자를 대신하여 두 명의 여성 포로를 선물로 보내 화해를 제안해 오는 알곤킨 원주민들에 대해 여전히 극심한 분노를 표출하면서 휴론 원주민들은 화해하려 하지 않았다. 이에 알곤킨은 다른 곳으로 거처를 옮길 때까지 안전을 보장할 수 없어 두려움에 떨어야 했고 휴론 원주민들과 함께 지내고 있는 샹플랭과 그의 일행도 해를 당할 수 있는 일이었다.

원주민 부족들 간의 끊임없는 분쟁으로 인해 그 누구보다도 낙담하는 사람은 샹플랭이었다. 뉴프랑스와 여러 원주민들과 친선과 평화를 이루고자 위험을 무릅쓰고 지난 10여 년의 세월을 쉬지 않고 달려온 그였다. 니피싱과 휴로니아 지방의 곳곳을 탐사하고픈 마음은 간절했지만 샹플랭은 우선 잔인한 보복의 끈을 놓지 않는 원주민들의 분쟁을 빠른 시일 내에 해결하기로 결심했다.

1616년 2월 15일, 샹플랭은 6명의 일행과 함께 버팔로 같은 거대한 야생동물이 지천에 깔려 있는 북부 지방을 향하여 이동하기 시작했다.

그곳까지 가는 데만 40여 일이 걸리므로 많은 위험이 따르는 험난한 여정이었다. 무사히 북부 지방에 도착하자 휴론 원주민들이 샹플랭을 반가이 맞아 주었다. 샹플랭은 알곤킨 원주민에게로 자신의 통역사를 보내 양측의 상황을 살펴보라고 일렀다.

이틀 동안 샹플랭은 사건에 대한 휴론과 알곤킨 원주민의 이야기와 입장을 듣는 데 우선 시간을 할애했다. 사건에 대한 양측 입장을 다 들은 샹플랭은 휴론 원주민의 주요 인사들과 함께 알곤킨 마을로 향했다. 알곤킨 마을의 한 집에 양측의 주요 인사들이 모두 모였다. 그들은 의논 끝에 중재 역할을 하고 있는 샹플랭의 의견에 따르기로 합의하고 그가 제안하는 대로 실행하기로 모두 동의했다. 샹플랭은 문제를 해결하기 위해 모인 모든 원주민 주요 인사 한 사람 한 사람의 견해를 경청하고 양측이 원하는 것이 무엇인지를 조사했다. 그 결과 샹플랭은 그들이 최종적으로 원하는 것은 결국엔 평화라는 것을 확신할 수 있었다.

샹플랭은 화해하여 우호적 관계를 유지하는 것이 최선이며 연합하여 결속한다면 그들의 공동의 적을 무찌르는 데 훨씬 더 쉬울 것이라고 자신의 의견을 피력하며 화해를 위해 최선을 다했다. 그는 자신이 제시한 것들을 이행하지 않을 생각이라면 자신은 즉시 떠날 것이며 앞으로 화해 문제에 대해 자신에게 묻지도 말라고 간곡히 말했다. 그러자 양측의 원주민은 샹플랭에게 돌아가지 말라고 다시 한 번 부탁했다. 샹플랭은 이들을 화해시켜 평화를 만들어 주지 않으면 서로 자신들의 입장이 타당하다고 주장하면서 또다시 서로에게 악의적인 행동을 거듭하면서 영영 서로를 등지게 될 수도 있어 보였다. 긴 논의 끝에 마침내 양측 주요 인사들은 샹플랭에게 자신들의 화해를 위한 최선책이 무엇인지 말해 달라며 조언을 구했다. 양측 인사들은 모든 문제를 샹플랭의 결정에 따르겠다고 했고, 샹플랭은 최선책으로 그들의 분쟁을 해결하겠다고 약속했다. 그리고 모두가 자신의 의견에 따라 주는 것에 감사하며 자신이 결정하는 것은 모두 그들을 위한 것이라고 말했다.

또한 샹플랭은 지난번 죽음을 당한 그들의 가족이자 친구인 한 원주민의 불행한 죽음에 대해 언급하면서 '그러한 일은 계속해서 불행을 자초하며 우정을 틀어지게 하여 결국에는 프랑스인들도 등을 돌리게 될 것인데, 그렇게 되면 결과적으로 프랑스인들은 다른 원주민과 동맹을 맺게 될 것이니 여러분들에게 불행한 일이 되는 것이다. 그러니 모두가 서로서로 형제처럼 사랑할 것이며 죄를 지은 자가 있다면 그들에 대한 처벌은 신에게 맡기라.'고 말했다.

이 외에도 샹플랭은 원주민들 간의 화해와 평화를 위하여 많은 조언을 아끼지 않았다. 그의 진심어린 한마디 한마디는 양측 원주민들의 마음에 그대로 전달되었고, 결국 휴론과 알곤킨 원주민은 서로 화해하고 평화롭게 살 것을 다짐했다.

지금의 온타리오주 지역의 원주민들과 1615년과 1616년의 길고 추운 겨울을 함께 지낸 샹플랭은 5월 20일, 드디어 퀘벡으로 가기 위해 길을 나섰다. 많은 원주민이 길을 안내하겠다고 샹플랭과 그의 일행을 따라나섰다. 그들은 중간중간 물고기와 동물을 사냥하여 식량을 해결하면서 길을 갔다. 6월 말, 그들은 몬트리올의 라신 급류 지역에 도착했다. 그곳에는 2척의 선박과 함께 퐁그라브가 와 있었다. 퐁그라브와 선교사 그리고 모든 프랑스인들은 원주민들로부터 샹플랭이 사망했다는 소식을 들은 터라 절망적인 상태에 있었는데 샹플랭이 살아 돌아오니 기쁨이 이루 말할 수 없었다. 그곳에서 일주일여간 휴식을 취한 샹플랭은 7월 8일 퀘벡을 향하여 다시 이동하여 11일에 퀘벡에 도착했다. 퀘벡의 프랑스인과 선교사들은 모두 건강하여 지난겨울을 잘 지낸 것으로 보였다.

샹플랭은 자신과 프랑스 대원들을 퀘벡까지 안전하게 안내해준 다론탈 추장과 그의 일행들을 극진히 대접했다. 프랑스인들이 지은 건물과 주거환경과 생활방식을 두루 살펴본 원주민들은 감탄해 마지않았다. 모든 것을 진지하게 관찰한 다론탈은 샹플랭에게 조용히 말하기를 이곳을 아직 보지 못한 사람들에게 보여 주기 전까지 절대 죽을 수 없다면서 모두 이 주변 지역으로 옮겨와 신을 어떻게 섬기는지 배우고 프랑스인들의 생활방식을 배우고 싶다고 말했다. 또한 그는 설명보다는 자주 프랑스인들과 왕래하며 눈으로 익힌다면 더 쉬울 것이라 말했다. 그리고 자신들은 프랑스인들의 예술, 과학, 교역을 잘 이해하지 못하더라도 자신들의 자녀들은 배울 수 있을 것이라고 말했다. 그는 또한 샹플랭에게 라신 지역에 또 하나의 프랑스 마을을 세워 자신들의 적이 강으로 접근하는 것을 막아 안전을 보장 받을 수 있으면 많은 원주민이 그곳으로 이주하여 프랑스인들과 이웃하여 살 것이라고 말했다. 이에 샹플랭은 가능한 한 빨리 그들을 위해 그곳에 또 하나의 뉴프랑스 마을을 건설하겠다고 약속했다.

다론탈 추장은 샹플랭과 함께 퀘벡에서 5일 정도를 지냈다. 샹플랭은 그에게 선물을 주면서 친구들과 함께 또 퀘벡을 방문해 달라고 부탁하자 그는 매우 기뻐하면서 샹플랭과 아쉬운 작별을 했다.

다론탈 추장과 그의 일행이 떠나자 샹플랭은 퀘벡에 거주하고 있는 프랑스인들 뿐만 아니라 방문객들에게 편안한 공간을 제공하기 위해 퀘벡의 요새와 거주 공간을 더 확장하기 시작했다. 그리고 그는 북아메리카의 토양이 비옥하다는 것을 프랑스 궁정에 보고하기 위해 지난 해 프랑스에서 가져온 씨앗으로 농사지어 잘 자란 곡식을 거두어 들였다.

1616년 7월 20일, 샹플랭은 퀘벡에서 출발해 23일 퐁그라브가 그를 기다리고 있는 타두삭에 도착했다. 퐁그라브는 프랑스로 돌아가기 위한 선박과 모든 채비를 마치고 그를 기다리고 있었다. 8월 3일, 샹플랭과 퐁그라브는 타두삭에서 출발했다. 그러고는 대서양의 순풍 덕분으로 9월 10일에는 모두 건강히 프랑스의 옹플뢰르 항구에 도착했다.

8장
루이 13세의 궁전

섭정 마리 태후의 몰락

1616년 9월 10일, 옹플뢰르에 도착한 샹플랭에게 예상치 못한 소식이 기다리고 있었다. 뉴프랑스 총독으로 있는 콩데 왕자가 바스티유 감옥에 감금 중이라는 소식이었다. 콩데 왕자의 죄목은 반역, 반란, 그리고 불경 죄였다. 그리고 그에게 이러한 죄목을 붙여 감금해 놓은 인물은 루이 13세의 모후이자 작고한 앙리 4세의 아내인 섭정 마리 태후였다. 콩데 왕자의 자리엔 그를 체포한 프랑스 육군 원수인 캐딜락이 내정되어 있었다. 10월 25일 섭정 마리 태후는 캐딜락을 뉴프랑스의 총독으로 확정 지었다. 그가 뉴프랑스의 총독으로 확정되자 샹플랭은 이름을 밝히지 않고 단지 '특정한 인물'이라고 말한 그의 라이벌 중 한 사람이 캐딜락 총독에게 접근하여 샹플랭의 직위인 뉴프랑스의 책임자로 앉게 되었다고 적었다. 그 특정한 인물은 뉴프랑스에서 교역을 원하는 상인들로부터 갈취한 돈으로 새 총독인 캐딜락의 연봉을 3배 올려주겠다는 등 결국 뇌물로 샹플랭의 자리를 차지하려는 사람이었다. 결국 뇌물은 그가 원하는 자리를 마련해 주었고 마리 태후는 샹플랭의 자리를 그 누군가에게로 넘겨주었다. 예고도 없이 갑작스레 샹플랭은 그동안 일구어 오던 뉴프랑스의 현장 책임자, 즉 총독의 대리인에서 내려오게 되었다.

상황이 이렇다 하여 손 놓고 있을 샹플랭은 아니었다. 그는 언제나 침착하고 이성적인 사람이었다. 이런 일로 위축될 사람도 아니었다. 그는 즉시 그를 도와 줄 사람들을 찾아다니기 시작했다. 그 결과 바스티유 감옥에 갇혀있는 콩데 왕자는 새 총독을 상대로 소송을 걸었다. 그리고 작고한 앙리 4세의 대자(代子, godson)이며 프랑스 육군 원수인 몽모랑시(현 퀘벡의 몽모랑시 폭포 인물) 또한 새 총독을 상대로 미결 상태로 있던 문제에 소송을 걸었다. 결국 캐딜락 새 총독은 두 소송에 휘말리게 되었다.

　1615년, 샹플랭이 휴로니아 지방에서 원주민들과 겨울을 지내고 있는 동안 프랑스 파리 궁전의 마리 태후는 지지 기반을 서서히 잃어 가고 있었다. 그녀의 두 번째 왕자가 이른 나이에 죽고 콩데 왕자가 서열 2위로 자리하게 되자 콩데 왕자에 대한 그녀의 두려움과 미움은 더 커져 갔다. 게다가 콩데 왕자는 마리 태후 주변에서 권력을 누리며 부패 행각을 일삼고 있는 인사들을 혐오하고 있었다. 이런 혐오감은 콩데 왕자만의 생각이 아니었다. 콩데 왕자와 뜻을 같이하는 많은 사람이 외곽에서 군대를 일으켰고 그해 콩데 왕자의 지지자들이 파리 북동쪽의 150킬로미터 정도 떨어진 샴페인의 메리 타운을 점령하면서 프랑스는 다시 한 번 내란 위기에 직면하게 되었다. 이때 벌어진 소규모 전투에서 1604년 이래 샹플랭과 함께 뉴프랑스 건설에 뜻을 함께하며 포트 로얄을 이끌고 있던 푸트랭쿠르가 콩데 왕자를 지지하는 사람들에 의해 목숨을 잃었다. 그는 1614년, 프랑스로 돌아와 있었는데 내전 상황이 되자 참전했다가 목숨을 잃은 것이었다. 그의 죽음을 애도하는 많은 이들은 그의 죽음을 이탈리아 출신의 섭정 마리 태후 탓으로 돌렸다. 국민들의 여론에 마리 태후는 더욱 불안해졌다. 1616년 여름, 그녀는 시민들의 열렬한 환호를 받으며 의회에 참석하기 위해 파리로 들어오고 있는 콩데 왕자를 체포하여 바스티유 감옥에 감금하라고 명령했다. 그가 감금되자 임신 중이었던 콩데 왕자의 아내가 남편과 함께 감옥에서 생활하겠다고 우겨 감옥에서 생활하다 그만 사산아를 낳게 되었다. 콩데 부부의 안타까운 소식에 프랑스 국민들은 더욱 분노했다.

　그러나 처세술이 부족했는지 아니면 자애로운 마음의 소유자가 아니었는지 마리 태후는 국민들의 분노를 어루만지기는커녕 리슐리외 추기경의 조언에 따라 오히려 자신의 권력을 강화하고 이탈리아 인사들, 특히 자신의 양자매인 레오노라 도리와 그의 남편인 콘치노 콘치니에게 더 많은 힘을 실어 주며 권력을 휘두르게 했다. 그뿐만 아니라 마리 여왕은 그녀의 남편 앙리 4세가 신뢰하던 궁의 여러 재상을 궁정에서 몰아냈다. 그들은 샹플랭을 신뢰하고 뉴프랑스 건설을 적극 지원해 주던 사람들이었다. 그들 중 실레리 재상은 여왕이라 하더라도 감히 그를 완전히 제거할 수 없었다. 이에 그녀는 재상에게 자신 앞에 나타나지 말라고 명했다. 여러 재상을 제거하고 자신의 측근들로 궁을 채우는 듯했으나 태후는 더욱 고립되어 가면서 국민들의 사랑을 잃어 가고 있었다. 게다가 아들 루이 13세도 어느덧 성인이 되어 있었다. 남편이 죽고 9살의 어린 아들을 대신하여 섭정을 시작했는데, 세월이 빠르게 흘러 1616년이 되자 루이 13세는 이제 어머니의 섭정에서 벗어날 수 있는 16세의 성인이 되어 있었다. 그런데 아들은 어머니의 측근인 이탈리아 출신들을 특히 싫어했다. 어린 왕인 루이 13세는 지금까지 권력의 변두리에서 섭정인 어머니의 결정을 지켜볼 수밖에 없었지만 이제는 왕의 고문관이 말하는 "콘치니로부터 나라를 구하라."는 충고를 실천하게 되었다. 그는 부왕의 옛 재상들을 다시 궁으로 부르고 여왕이 총애하는 콘치니를 횡령 혐의로 체포하라고 명했다. 왕의 근위대들은 궁전으로 들어오는 콘치니가 저항하면 죽여도 좋다는 지시를 받았다. 다리 위에서 근위대에게 저항하던 콘치니는 근위대의 칼에 맞고 그 자리에서 죽음을 맞이했고 그의 아내 레오노라는 투옥된 후 요술 행위로 기소되어 사형당했다. 자신의 측근 부부가 죽자 그녀는 배은망덕한 아들이라고 격렬한 분노를 표출했다. 그러나 루이 13세는 모후인 마리 태후를 블루아 성에 감금했다. 드디어 마리의 시대는 막을 내리고 루이 13세가 어머니를 대신하게 되었다.

　어머니의 섭정에서 벗어나 권력을 잡게 된 루이 13세는 절대왕정 체제를 향한 여정을 시작했다. 그는 부왕의 종교 관용 정책을 지지했으며 모후가 추진하던 외교정책의 방향을 틀어 프랑스의 힘을 세계로 확대하는 방안을 모색하기 시작했다. 루이 13세의 이러한 외교정책은 샹플랭에게는 좋은 기회였다. 그리고 이유는 밝혀지지 않았지만 샹플랭의 자리를 뇌물로 얻었던 그 특정한 인물이 돌연 뉴프랑스 책임 자리에서 사임했다. 새 총독 세마인스 캐딜락은 다시 샹플랭을 뉴프랑스의 부총독으로 임명했다. 1617년 1월 17일, 샹플랭의 복직은 루이 13세에 의해 신속하게 처리되었다.

　다시 뉴프랑스에 대한 책임을 맡게 된 그의 앞에는 해결해야 할 문제들이 산적해 있었다. 재정적 지원을 여전히 필요로 하는 뉴프랑스였지만 루아양 지방의 투자가들이 뉴프랑스에 대한 흥미를 점점 잃어 가고 있었다. 그들은 뉴프랑스에서의 모피 전매권을 얻을 수 있다는 희망으로 샹플랭이 설립한 회사에 투자를 해서 1615년과 1616년 두 해 동안 성공을 거두었지만 투자가들 대부분이 북아메리카에 대한 샹플랭의 꿈을 이해하거나 공감하지 못했다. 그들의 계획은 모피 교역을 확장하기 위한 투자일 뿐 식민지 건설에는 별 관심이 없었다. 샹플랭은 성공적인 교역을 위해서는 식민지가 절대적으로 필요하다고 본 반면 교역상들은 단기 이익만을 더 생각했다. 투자가들의 입장도 쉽지 않았다. 그들은 모피 교역을 할 수 있었지만 퀘벡의 이주자들뿐만 아니라 레꼴레 선교사들을 후원하고 있었다. 이러한 상황을 잘 알고 있던 샹플랭은 상인들이 언젠가 전매권 없이 자유롭게 교역할 수 있도록 해 달라는 탄원을 낼 것을 우려하고 있었다. 그뿐만 아니라 파리 궁정에서 모의와 소송이 끊이질 않아 샹플랭은 더욱 힘든 상황이었다.

그는 궁정에서의 일을 뒤로하고 우선 자신이 할 일을 하기로 하고 다시 뉴프랑스로 가기로 했다. 1617년 초봄, 그는 뉴프랑스로 갈 때는 늘 그렇듯 옹플뢰르 항구로 갔다. 그런데 배가 출발하기 직전 샹플랭이 뉴프랑스 부총독 자리에서 사실상 해임되었다는 통보를 가지고 온 사람이 있었다.

루아양 지방의 상인인 다니엘 보여이라는 사람이 자신은 회사를 대표하여 의회의 명령을 전달하러 왔다고 주장했다. 그가 전하는 의회의 명령이란 뉴프랑스 현지 총사령관에게 지급하는 봉급을 중지할 것이며, 법원의 명령을 어기면서까지 샹플랭에게 봉급을 지급하지 않겠다는 내용이었다. 봉급을 지급하지 않겠다는 말은 뉴프랑스에 대한 책임자로서의 기능도 상실된다는 뜻이었다.

보여이는 샹플랭이 설립한 회사의 이름으로 이 일을 수행하고 있다고 주장했다. 함께 회사를 설립한 네 개 지방의 투자가들은 지금까지 꽤 많은 이익을 얻었지만 이에 만족하지 못하고 모피 교역을 통해 더 많은 돈을 벌기 위해서 식민지 건설과 탐사에 많은 투자를 하는 샹플랭을 제거하려고 하는 것이었다. 봉급 지급 중지를 통해 자신의 직위를 끌어내리려는 그의 말에 샹플랭은 매우 화가 났다. 그의 직위는 총독으로부터 임명된 것이며 왕으로부터 최종 추인된 것이기 때문이었다. 샹플랭은 보여이에게 칼을 겨누며 그의 말을 믿지 않으며 그 결정은 자신과 상관없는 일이라고 으름장을 놓아 그를 돌려보냈다. 이 소식을 들은 투자가들은 보여이가 아무 권한도 없이 혼자서 저지른 일이라며 모든 책임을 보여이에게 돌리면서 샹플랭 해임 시도는 싱거운 해프닝으로 마무리되었다.

약제사 루이 에베르
Louis Hébert

1617년 3월 11일, 샹플랭은 퐁그라브, 레콜레 선교사들, 그리고 그의 오랜 친구이자 오랜 시간 동안 북아메리카에서 교역을 해 오던 훌륭한 항해사 모렐과 함께 옹플뢰르 항구를 출발해 6월 14일에 타두삭에 도착했다. 그리고 이번 항해에 특히 주목할 부분은 뉴프랑스 식민지 건설 이후 가족 단위 영구 이주자로는 처음으로 배에 오른 루이 에베르와 그의 아내, 그리고 그들의 세 자녀와 그의 처남이었다. 그는 파리 출생의 약제사로 루브르 궁전 가까이에서 거주하고 있었고 북아메리카에 대하여 많은 관심을 지니고 있던 사람이었다. 그는 그의 아내와 사촌 지간인 푸트랭쿠르와 함께 1606년 아카디아의 포트 로얄에 온 후 몽스 그리고 샹플랭과 뜻을 같이하며 우정을 나누고 있었다. 그는 1613년 버지니아의 영국인들이 기습하여 파괴할 때까지 포트 로얄에서 생활했다.

1608년 퀘벡을 뉴프랑스로 선언한 샹플랭은 이곳의 의료 서비스와 자급자족을 위한 농사가 절실히 필요하다고 생각했다. 그리고 퀘벡의 영구 이주자들을 계획한 샹플랭은 첫 번째로 에베르를 찾아가 그를 설득하여 동의를 얻어 냈다. 1616년과 1617년의 겨울을 프랑스에서 보낸 샹플랭은 에베르에게 회사와 계약을 맺고 상당한 규모의 땅을 받는 조건으로 퀘벡으로 이주해 영구 정착할 것을 설득했던 것이다. 그는 에베르에게 온 가족과 함께 퀘벡으로 이주하여 3년 동안 농사를 짓고 정착민들에게 의료 서비스를 제공해 준다면 캐나다 회사는 그에게 연봉 600리브르와 집을 짓고 농사를 지을 10에이커의 땅을 부여하겠다고 제안했다. 에베르는 퀘벡에서의 생활이 장래성이 있다고 생각하고 계약서에 서명했다. 그런데 새로운 꿈으로 대서양을 건너기 위해 이날 옹플뢰르 항구에 도착한 이 에베르 가족의 이민 길은 처음부터 쉽지 않았다. 회사 내에서 식민지 건설을 반대하는 보여이 일당이 일을 꾸몄는지 에베르에게 맨 처음 생플랑과 회사가 약속한 계약 내용을 그대로 이행할 수 없다면서 연봉은 샹플랭이 제시한 600리브르의 절반인 300리브르만 지급하겠다는 것과 농지도 절반만 부여한다는 황당한 소식이었다. 게다가 식민지에서는 약사뿐만 아니라 외과 내과까지 겸한 의료서비스를 행하여야 하며 그가 생산한 농작물은 무조건 프랑스에서 거래되는 가격과 똑같이 '캐나다 회사'에만 팔도록 되어 있는 새로운 계약서였다. 퀘벡에 정착하기로 결심하고 이미 파리의 전 재산을 처분한 에베르는 황당한 새로운 계약서에 어쩔 수 없이 서명했다. 뿐만 아니라 그의 아내와 하인도 회사의 모피 교역 일을 해야 한다고 요구했다. 회사가 에베르와 그의 가족에게 행한 짓은 샹플랭에게 행한 짓보다 더 어처구니없는 일이었다.

그러나 에베르는 뉴프랑스에 대한 꿈을 접지 않았다. 악조건의 이주였지만 그는 자신의 꿈을 향상시킬 수 있다는 포부와 꿈을 가지고 이 터무니없는 계약에 동의했다. 1617년 7월 15일 퀘벡에 도착한 에베르는 개인으로는 처음으로 뉴프랑스의 토지를 수여받은 사람이 되었다. 퀘벡에 둥지를 튼 에베르의 가족을 위해 샹플랭은 회사 직원들을 동원해 튼튼한 석조 건물을 지어 주었다. 오랜 기간 동안 에베르의 주거 공간은 퀘벡에서 유일하게 개인이 사용하는 건물이 되었다. 에베르의 가족은 열심히 땅을 개간하여 농사를 지었다. 쟁기도 없이 땅을 일구었지만 농사는 잘되어 온 가족과 퀘벡에 거주하고 있는 다른 프랑스인들도 먹을 수 있는 충분한 양을 생산했다. 또한 에베르는 원주민들에게도 먹을 것을 제공했다. 원주민들은 에베르를 샹플랭을 존경하는 것처럼 존경하게 되었다. 에베르도 원주민들을 존중했으며 자신의 집을 방문하는 원주민들을 언제나 환영하며 잘 대해 주었다. 원주민들 또한 에베르의 가족을 애정으로 대했다.

에베르는 프랑스 식민지의 의사이자 약사로서 정착민들의 건강을 돌보았으며 직접 농사를 지어 식민지인들에게 필요한 곡식과 채소를 제공해 주었고 원주민들과 잘 지낸 공로를 인정받아 왕의 뉴프랑스 대리인으로 임명되기도 했다. 왕의 대리인이 된 그에게는 왕의 이름으로 뉴프랑스에서 발생하는 일에 개입할 수 있는 권한이 주어졌다. 1623년에는 뉴프랑스 최초의 영주가 되었고 그간의 공로를 인정하는 표창을 받기도 했다.

샹플랭은 또한 에베르 가족이 세인트 찰스 강 유역에 더 많은 땅을 부여받을 수 있도록 도와주었다. 에베르는 퀘벡 지방의 상당한 토지 소유자가 되었으며 루이 에베르라는 이름 앞에 존칭으로 쓰이는 'Sieur'가 붙게 되었다. 그와 그의 가족은 초기 퀘벡이 생존하는 데 매우 중요한 역할을 했으며 초기 식민지에 시급한 안녕과 질서를 가져오는 데 많은 역할을 했다. 그리고 그들의 성공적인 경작은 북아메리카에서 더 많은 사람이 농업으로 자립할 수 있다는 가능성을 보여 주었다.

그러나 에베르의 가족이 성공적으로 식민지에 정착하기까지는 어려운 일이 많았다. 제일 먼저 에베르가 숲을 개간하기 시작하자 비버 사냥꾼들이 반발하기 시작했다. 그러나 에베르는 맡겨진 임무에 온 힘을 쏟았다. 비버 사냥꾼들은 에베르가 프랑스로부터 쟁기를 사 오지 못하도록 훼방을 놓았다. 결국 에베르는 아들과 일꾼 한 명과 함께 오로지 도끼, 곡괭이, 가래만을 가지고 땅을 파헤치고 딱딱하게 뭉쳐있는 흙을 부수어 옥수수, 콩, 완두콩, 겨울밀의 씨앗을 뿌렸다. 가축으로는 소와 돼지, 그리고 가금류를 키우고 사과와 포도 재배도 시작했다. 상인들의 훼방으로 주문한 쟁기는 그가 죽은(1627년 1월 25일) 후에나 도착하게 된다.

300년 후, 1918년 9월 3일, 퀘벡의 몽모랑시 공원, 많은 시민과 고위 인사들이 지켜보는 가운데 유럽인으로서는 북아메리카에 정착한 첫 번째 약제사이자 농부로 기록된 에베르와 그의 가족을 기념하는 동상이 세워졌다.

국왕과 의회, 상공회의소를 모두 설득하다

같은 해 7월, 에베르 가족의 정착지원과 가족 단위의 생활이 가능하도록 퀘벡을 정비하는 일에 몰두하던 샹플랭은 다시 프랑스로 가야 했다. 그는 1609년과 1610년에 자신이 프랑스에 가 있는 동안 퀘벡을 훌륭하게 관리했던 젊고 유능한 장 파크에게 또다시 퀘벡의 관리를 맡기고 프랑스로 향했다. 다시 프랑스로 돌아온 샹플랭은 뉴프랑스를 위한 새로운 지지기반을 준비하기 시작했다. 다니엘 보여이와 라로셀 지방의 상인들은 계속 문제를 일으키고 있었으며 생말로와 루아양 지방의 투자가들 사이에서도 분쟁이 일고 있었다. 그는 북아메리카의 경제전망에 대한 문서를 준비하여 상공회의소에 제출했다. 그는 프랑스 왕국과 새로운 식민지의 중요성과 개인 투자가들의 중요성을 강조했다. 그가 작성한 보고서는 감성이 아닌 많은 논의와 확실한 사실에 입각한 증거와 숫자 그리고 수익에 대한 정밀한 수치로 작성된 것이었다.

보고서 첫 번째 문단 목록에는 연 매출 총이익이 백만 리브르의 수확을 낼 수 있다고 추정하는 대구어업에 대한 투자 기획이었다. 샹플랭은 해마다 800~1,000척에 달하는 프랑스 어선들이 북아메리카에서 대구잡이를 하고 있으며 그 숫자는 해마다 늘 것이라고 판단했다. 샹플랭은 또한 이 같은 수익은 연어, 바다 철갑상어, 청어, 정어리, 장어, 그리고 그 이외의 다양한 어족자원에서도 얻을 수 있다고 주장했다. 그는 고래의 기름이나 뼈, 바다표범, 그리고 바다코끼리 어금니 상아에서도 대구만큼이나 높은 수익을 얻을 수 있다고 보고했다.

그다음 목록에 오른 산업분야는 북아메리카의 다양하고 그 높이가 대단하여 배를 만들기에 아주 좋은 나무였다. 샹플랭은 창틀이나 건물 내부에 단열을 하기 위한 몰딩(테두리 장식용 띠)으로 쓰기 좋은 상수리나무 목재를 프랑스로 가져왔다. 뿐만 아니라 돛을 만들기에 좋은 백송과 말뚝과 수지로 만들어 사용하기에 좋은 침엽수, 그리고 그 이외 칼륨 생산에 적합한 다양한 나무들을 견본으로 가져왔다. 이 모든 나무를 샹플랭은 수익을 낼 수 있는 훌륭한 목재로 본 것이었다. 이 이외에도 그는 철, 구리, 그리고 다양한 광물에 대해서도 언급했으며 고품질의 석조건물을 지을 수 있는 채석장에 대해서도 소개했다.

그다음으로 언급된 분야는 비버 모피, 무스와 사슴 가죽, 그리고 버팔로 가죽에 대한 교역에 대해서 논했다. 그는 북아메리카에서 풍부하게 서식하고 있는 질 좋은 아마는 결코 프랑스 아마의 품질보다 절대 나쁘지 않다고 언급했다. 그 외에도 곡물, 포도, 과수나무, 그리고 광활한 초원에서 기를 수 있는 목축을 거론하기도 했다. 마지막으로 그는 북아메리카의 광대한 토지와 강 그리고 세인트로렌스강을 따라 중국으로 갈 수 있는 지름길을 찾을 수 있다는 가능성에 대해서도 언급했다. 그는 이렇듯 풍요로운 자원을 보유한 북아메리카에 영구한 프랑스 식민지를 세우기 위해서는 도움이 절실한 시기라면서 상공회의소에 후원해 줄 것을 요청했다.

샹플랭의 철두철미한 관찰 그리고 예리한 선견지명을 가진 사업가의 면모, 그리고 통찰력을 그대로 볼 수 있는 보고서이다. 사실 샹플랭이 언급한 이러한 산업 분야는 샹플랭의 시대 이후, 즉 뉴프랑스와 뉴잉글랜드를 둘러싼 영국과 프랑스의 각축 전, 다음엔 미국과 캐나다, 그다음엔 미국이 영국으로부터 독립하게 되는 원인이 되었다. 특히 목재 산업은 오늘날까지도 캐나다의 빠질 수 없는 주요 산업 중에 한 분야이다.

그의 준비된 호소는 받아들여졌다. 상공회의소는 샹플랭이 요청한 대로 들어 줄 것을 약속했다. 상공회의소의 고위관료들은 1618년 2월 9일, 샹플랭의 뜻을 절대적으로 지지한다는 서신과 함께 샹플랭에게 300명의 이주자가 뉴프랑스에 정착할 수 있도록 원조해 줄 것을 왕에게 요청했다. 샹플랭은 상공회의소가 내린 결정에 대해 의회에 알렸다. 그리고 왕을 알현하여 자신의 생각을 피력할 준비를 했다.

그는 신중을 기하여 준비한 문서를 들고 직접 왕과 의원들을 만나기 위해 루브르궁으로 갔다. 그가 준비한 내용의 핵심은 지난 번 상공회의소에 제출한 논점과는 달랐다. 이번에는 자신이 탐험가로서 뉴프랑스에서 무엇을 했는지 그리고 만나서 프랑스의 존재를 알리게 된 다양한 원주민들에 대한 이야기를 했다. 그는 자신의 탐험을 통하여 얻은 북서항로와 남서항로, 그리고 중국과 동인도 제도에 쉽게 다다를 수 있을 수도 있는 가능성에 대해 피력했다. 또한 레콜레 선교사들의 활발한 선교 활동 덕분에 이제 경건한 예배도 드릴 수 있으며, 이주를 희망하는 사람들을 보내어 정착하게 도와준다면 그들은 그곳의 다양한 작물을 양식으로 삼아 자급자족할 수 있다고 강조했다.

그는 또한 고래잡이와 대구잡이를 하기 위해 수천이 넘는 프랑스 어선들이 해마다 북아메리카로 가서 활발한 어업활동을 하고 있는 것을 왕과 의원들에게 상기시켜 주었다. 그러면서 만일 이러한 어업활동을 포기하고 방치한다면 그 자리에는 프랑스의 번영을 시기하는 영국이

나 네덜란드가 그 자리를 차지하여 그 열매를 즐기게 될 것이 틀림없다고 강조했다. 그리고 그렇게 된다면 얼마나 많은 것을 잃게 되는 지를 다시 한 번 생각해 달라고 요청했다. 사실 영국은 마운트 데저트(현 미국의 메인주)에 세워 놓은 프랑스 개척마을을 불태웠으며 그동안 푸트랭쿠르가 아카디아 포트 로얄에 일구어 놓은 개척마을 또한 파괴하고 어선들을 공격한 적이 이미 있었음으로 샹플랭의 주장이 터무니없지 않았다.

샹플랭은 자신이 지금까지 무엇을 이루어 놓았는지 그리고 앞으로 무엇을 이룰 수 있는지, 그리고 이 모든 것은 하나님의 영광과 조국 프랑스 왕의 명예를 위한 것임을 거듭 언급했다. 그는 특히 왕이 특별한 관심을 둘 만한 부분을 더욱 강조했다. 첫 번째는, 헤아릴 수 없이 많은 원주민 부족들에게 그리스도 신앙을 심어 줄 수 있다는 것이다. 두 번째는 거리가 1만 킬로미터에 달하는 거대한 땅의 주인이며 지배자가 되는 것임을 강조하며 그곳의 아름다움과 풍부한 자연에 대해 서정적으로 서술했다. 세 번째로는 세인트로렌스강을 따라 서쪽으로 이미 샹플랭이 2,200킬로미터 넘게 탐사한 길을 따라 동방의 중국과 동인도 제도로 가는 항로를 찾는 것이었다. 강이 끝나는 곳 그 너머에 그 길이가 1,700킬로미터 넘게 펼쳐져 있는 오대호를 설명했다. 동방으로 가는 항로를 찾을 경우 프랑스 왕은 중국과 동인도 제도로부터 들어오는 물품에 부과하는 세금으로 크고 안정적인 수입을 확보할 수 있으며 그 수익은 지금 프랑스에서 나오는 수입의 10배도 넘을 것이라고 피력했다.

그는 또한 뉴프랑스의 원주민들이 개종하는 데 도움이 되도록 교회를 세워 하나님을 기쁘게 하겠다고 말했다. 그리고 강을 통제할 수 있도록 퀘벡의 높은 언덕에 요새를 짓고 강 반대편에는 마을을 세우는 것이 좋겠다고 제안했다. 그리고 그곳에 300명의 이주자를 정착시키고 그들의 질서와 안녕을 위하여 300명의 병사, 그리고 선교사들이 3년간 소비할 식량에 대한 비용도 계산하여 요청했다. 만만치 않은 자금이다 보니 왕은 혹시나 있을 누군가의 부정행위를 크게 걱정했다. 이에 샹플랭은 상공회의소의 관료를 임명하여 자금관리를 맡기는 것을 제안했다.

　　면밀하고 신중하며 대담한 샹플랭의 보고를 들은 루이13세와 의회는 쾌히 그의 제안을 받아들였다. 1618년 3월 18일, 루이 13세는 샹플랭에게 뉴프랑스 사령관의 권한을 부여하는 서류에 서명했다. 그리고 신하들에게 샹플랭이 언급한 모든 사항이 차질 없이 수행될 수 있도록 도울 것을 명했다. 이렇게 샹플랭은 강력한 지지기반을 확보해 그의 원대한 꿈, 뉴프랑스 건설에 한 발짝 더 다가갈 수 있게 되었다.

살인사건

　　　　　　　　　　　　1618년 3월 22일, 샹플랭은 뉴프랑스로 가기 위해 그의 처남인 으스타쉬 불레와 함께 파리를 출발하여 옹플뢰르 항구로 향했다. 범선의 선장은 지난 20여 년 세월 동안 항해를 함께해온 퐁그라브가 지휘하고 있었다. 이번 항해에는 예수회가 퐁스의 지원을 받아 대서양 남부 연안에 선교활동을 위한 식민지를 세웠을 때 함께했던 니콜라 라모트도 함께 승선했다. 라모트는 예수회 선교단들과 함께 아카디아 지방에서 활동하던 중 1613년 아가일이 이끄는 영국인 습격대에 붙잡혀 영국인들의 식민지 버지니아로 끌려갔다가 영국으로 이송되었던 인물이다. 다행히 조국, 프랑스로 돌아올 수 있었고 이후 뉴프랑스로 가고 싶은 열망을 키워 오다 이번 항해에 샹플랭과 합류하여 떠날 수 있게 된 것이었다.

　　1618년 5월 24일, 옹플뢰르 항구를 출발한 이들의 범선은 다음 달인 6월 3일, 고기잡이를 하는 어선들로 분주한 뉴펀들랜드 앞바다에 다다랐다. 바다에는 겨우내 꽁꽁 얼어붙어 있던 북쪽의 얼음이 봄이 되며 녹아 갈라져 강을 따라 바다로 내려와 떠 있는 얼음덩어리들이 광활한 빙원을 이루고 있었다. 거센 바람이 잦아들기를 기다리며 정박해 있던 배에서 샹플랭과 그의 일행은 낚시를 즐기기도 했는데 간혹 낚싯줄을 공중으로 던져 새를 잡기도 했다. 낚싯바늘에 대구의 간을 끼워 공중으로 줄을 던지면 수많은 새가 먹이를 채 가기 위해 앞다투어 날아왔다. 그 숫자가 얼마나 많은지 미끼를 채 가기 위해 날아드는 헤아릴 수 없이 많은 새로 인하여 낚싯줄을 집어 던질 수도 없을 지경이었다. 새들의 식탐은 대단했다. 샹플랭 일행은 헤아릴 수 없는 물고기와 새들을 보면서 즐거움을 만끽했다. 잡은 생선과 새들로 차리는 별식 또한 오랜 항해에 지친 샹플랭과 그의 일행에게 활기를 주었다.

범선은 6월 24일 타두삭 항구에 무사히 도착했다. 타두삭 항구에는 샹플랭의 범선보다 3주 먼저 출발한 1척의 작은 범선이 도착하여 정박되어 있었다. 그 범선의 선원들은 샹플랭에게 자신들의 지휘관이 퀘벡으로 갔으며 그곳에서 모피 교역을 위해 여러 지역으로부터 오는 원주민들을 만나고 또한 두 명의 몽타냐이 원주민들에게 무참하게 죽임을 당한 두 프랑스 젊은이에 대한 문제를 해결하기 위해 트루아 리비에르로 갔다고 알려 주었다. 그들은 2년 전 사냥을 하다가 불행하게 사망한 두 프랑스인에 대하여 이야기해 주었다. 이 두 남자의 죽음은 지금껏 카누가 전복되어 익사한 것으로 추정되어 왔는데 얼마 전 석연찮은 동료의 죽음에 대해 의문을 품어 온 한 프랑스인이 살인에 대한 전모를 밝히게 되었다.

불행하게 사망한 두 프랑스인에 대한 살인사건의 전말은 프랑스인들이 거주하는 퀘벡으로 자주 왕래 하던 한 원주민으로부터 시작되었다. 살인사건이 일어난 1616년, 이때 그는 퀘벡에 머무르고 있던 파크 경의 부하들로부터 환대를 받고 있었다. 그러던 어느 날, 그가 퀘벡의 프랑스인들 마을에 놀러 왔을 때 환대를 받는 그에게 시기심을 품은 자물쇠 제조공인 한 프랑스인에게 심한 구타를 당하고 말았다. 자물쇠 제조공은 주로 총기를 수리하기 위해 고용된 사람들이었다. 그는 이 원주민에게 다가가 몇 마디 말을 건네고는 결코 잊지 못할 만큼의 심한 구타를 자행했던 것이었다. 처절하게 두드려 맞은 원주민은 자신의 친구들에게 자신이 맞은 것처럼 똑같이 프랑스인을 때려 주자고 부추겼다. 그의 선동은 자물쇠 제조공에 대한 원주민들의 증오심과 적개심을 불러일으켰고 그는 자신의 복수심을 충족시켜 줄 한 동료를 구할 수 있게 되었다. 그는 분개심을 노출시키지 않은 채 조심스럽게 복수할 때와 기회를 엿보기 시작했다.

   얼마 후 자물쇠 제조공은 샤를 필레라는 선원 한 명과 함께 사나흘 동안 사냥을 나가기 위해 퀘벡에서 출발했다. 두 남자는 카누를 타고 카파 투르망트로 향했다. 그곳으로 가던 도중 두 남자는 오를레앙섬에서 가까운 퀘벡에서 40킬로미터 정도 떨어진 곳에 동물과 새의 사냥감이 많은 여러 섬 중 한 곳에 카누를 정박하고 밤을 지내기로 했다. 퀘벡을 떠난 이 두 남자의 움직임은 기회를 엿보고 있던 자들에게 바로 포착되었다. 그들은 신속하게 그들을 뒤쫓으며 악의적인 계획을 실행할 기회를 엿보았다. 두 프랑스인이 잠든 틈을 타 기습하기로 했다. 새벽이 되자 두 원주민은 곧바로 깊은 잠이 들어 있는 두 프랑스 남자에게로 향했다. 그러나 깊은 잠에 들어 있을 줄 알았던 기대와는 달리 두 명의 프랑스인 중 한 명은 보이지 않고 자물쇠 제조공만이 사냥 준비를 하고 있었다. 원주민 중 한 명이 그에게로 다가갔고 친절한 말을 건네는 원주민의 모습에서 자물쇠 제조공은 수상쩍은 행동을 감지하지 못했다. 그러나 그가 화승총을 조정하기 위해 허리를 굽히자 원주민은 재빠르게 뒤에 숨기고 있던 방망이로 자물쇠 제조공의 머리를 내리쳤다. 방망이에 머리를 심하게 맞은 그는 비틀거리며 그대로 고꾸라졌다. 원주민은 다시 한번 방망이를 내리쳤고 땅에 고꾸라져 있는 그에게 달려들어 칼로 배를 여러 번 찔러 그대로 즉사시켰다. 자물쇠 제조공보다 좀 더 일찍 일어나 사냥을 시작한 또 다른 프랑스인을 두 원주민은 수색하기 시작했다. 그에 대한 적개심이 있어서가 아니라 그를 발견하여 처리하지 못한다면 그로 인하여 자신들의 극악한 행위가 발각될 수 있기 때문이었다. 그들은 사방으로 나머지 프랑스인을 수색했고 마침내, 어디선가 들리는 총성으로 그들이 찾는 프랑스인을 찾을 수 있었다. 그들은 총성이 난 방향으로 재빠르게 움직였다. 프랑스인이 다시 탄약을 장전하여 자신을 방어할 수 있기 전에 그를 해치우기 위해서였다. 그를 발견하여 사정거리 안에 들어오자 그들은 프랑스 선원을 향하여 활을 쏘았다. 화살에 맞은 프랑스인이 넘어지자 두 원주민은 그에게 달려들어 칼로 찔러 죽였다.

살인자들은 두 시체가 서로 분리되지 않도록 함께 꽁꽁 묶고는 어느 경우에도 발견되지 않도록 많은 양의 돌과 함께 죽은 두 프랑스인의 총기와 옷, 그리고 각종 소지품을 함께 넣어 강 한가운데로 끌고 가 강물에 던져 버렸다. 강 한가운데로 던져진 두 시체는 곧바로 강바닥으로 내려앉아 버렸다. 이렇게 두 사람의 시신은 오랫동안 강 속에 있었는데 시간이 흘러 밧줄이 해체되자 그들의 시신이 강변으로 쓸려 나와 극악무도한 살인자들의 잔인한 행위가 만천하에 드러나게 된 것이었다. 두 시체는 강에서 6킬로미터 이상 떨어진 숲속에서 발견되었고, 오랫동안 묶여 있어 그랬는지 시체의 살은 다 벗겨져 나가 있었지만 앙상한 뼈대가 분리되지 않은 형태 그대로 남아 있었다. 범죄가 영원히 묻힐 것이라는 그들의 기대와는 달리 그 범죄의 실체는 사라진 두 동료를 잊지 못하는 한 프랑스인이 오랫동안 끊임없이 강둑을 따라 수색 작업을 해 온 덕분에 드러나게 되었다. 또한 사건의 전말은 두 살인자에게 해를 당했던 한 원주민의 진술로 모두 밝혀졌다.

　뼈만 남은 데다 원주민이 내리친 방망이에 강타당해 두개골이 심하게 깨져있는 유해를 살펴본 신부와 프랑스인들은 그 참담함에 놀라지 않을 수 없었다. 샹플랭이 도착할 때까지 유해를 보존하는 한편 경계 태세를 갖추기로 하고 원주민들에게 더 이상의 자유로운 왕래를 삼가도록 했다. 그리고 그들이 자행한 잔인한 살인에 대한 적법절차에 대해서는 샹플랭이 도착할 때까지 기다려 논의하기로 했다.

　한편 원주민들도 자신들의 동료 두 명이 프랑스인들에게 저지른 극악한 범죄 사실이 발각된 것을 알게 되자 프랑스인들이 보복을 가할까 절망감과 공포감에 사로잡혀 모두 프랑스인들의 거주 지역에서 한동안 물러나 몸을 사렸다.

　그렇게 지내던 어느 날 예전처럼 자유롭게 프랑스인들과 왕래를 하며 프랑스인들에게 환대를 받을 수 없음을 알게 된 원주민들은 한 사람을 프랑스인들에게 보내어 이 살인 사건에 대한 해명을 하도록 했다. 해명인즉, 자신들은 이 사건에 대하여 관여한 적도 승인한 적도 없다는 것을 분명히 했다. 그리고 희생자에 대한 배상으로 값나가는 모피 선물로 대신할 수 없다면 프랑스인들이 살인자들을 처벌하는 것을 기꺼이 승인하겠다는 것이었다. 원주민들의 정의 실현 방식은 피해자에게 가해자가 범죄 정도에 상응하는 값나가는 물건으로 자신의 죄를 대신하는 것이었다. 원주민들이 진정으로 바라는 것은 범죄자들을 죽음으로 처벌하기보다는 자신들의 관례대로 가해자들을 살려 주고 값나가는 물건으로 그 죗값을 대신하는 것이었다. 심부름 온 원주민의 말을 들은 대부분의 일반 프랑스인은 원주민의 제의를 수락하기를 원했다. 먹을 것이 부족해 굶주림에 고통받고 있었기 때문이었다. 그러나 신부들은 원주민들의 제의를 거부했다. 성직자들은 원주민들에게 두 범죄자를 프랑스인들에게로 데려와 그들이 저지른 극악무도한 범죄 행위에 대해 누가 이 범죄 행위를 선동했고 누가 공범자인지를 자백할 것을 분명히 하라고 요청했다.

심부름 온 원주민은 자신의 동료들에게로 돌아가 성직자들의 결정을 알렸다. 프랑스인들이 정의를 실현하는 방법과 절차는 원주민들에게는 매우 이해하기 어려운 것이었다. 원주민들의 사회에서는 법이 확립되어 있지 않기 때문에 가해자에 대한 처벌 방식은 피해자나 피해자 가족 또는 그의 친척에게 선물을 안기는 것으로 문제를 해결해 왔던 것이었다. 이 두 경솔한 살인자 때문에 원주민과 프랑스인 사이에 영원한 전쟁이 일어날 수도 있는 상황에 놓인 것을 감지한 원주민의 결론은 두 범죄자를 프랑스인들에게로 보내는 것이었다. 그리고 여인들과 아이들이 고통을 받는 전쟁과 불신 속에서 살기보다는 얼마 전까지 그랬던 것처럼 평화 속에서 사는 것이 훨씬 낫다는 것으로 원주민들은 결론 내리고 두 범죄자를 프랑스인들에게로 데려가기로 결정했다.

회의가 끝나자 원주민들은 두 범죄자에게 프랑스인들 앞에서 그들의 죄를 인정할 것과 용서를 구할 것을 권고했다. 그러면 프랑스인들은 그를 해치지 않을 것이며 오히려 그들을 관대하게 용서할 것이 분명하다고 그들을 설득했다. 이에 두 범죄자는 회의에서 결정된 대로 하겠다고 답했다. 프랑스인들에게로 가기 위해 한 범죄자는 마치 결혼식이나 연회에 초대받은 양 화려하게 자신을 치장했다. 그러고는 자신의 아버지, 부락의 지도자들, 그리고 자신의 친구들을 대동하고 길을 나섰다. 반면 다른 살인자는 자신이 저지른 극악무도한 행위로 인해 벌을 받을까 두려워 프랑스인들 앞에 나서는 것을 거부했다.

동료들에게 둘러싸여 보호를 받으며 프랑스인들의 마을로 들어서는 원주민 범죄자와 그의 일행들을 본 프랑스인들은 즉시 해자 위에 놓여 있는 가동교를 올리고는 전투 태세를 갖추고 경비를 강화했다. 프랑스인들은 원주민들이 어떤 행동을 취할지 몰라 요새 밖 중요 지점에 보초를 세워 엄중한 경계 태세를 유지했다.

원주민들 앞에 다가선 신부들은 이 범죄 사건에 대한 말을 시작했다. 그들은 지난 10여 년이 넘는 세월 동안 프랑스인들과 이곳의 원주민들은 우호적인 관계를 맺고 우정을 나누며 살아왔으며 지속적으로 평화롭고 친밀한 관계 속에서 살아왔을 뿐만 아니라 샹플랭은 자신의 생명의 위협을 무릅쓰면서까지 그들의 안녕을 위해 그들의 적을 상대로 전쟁에 참전했음을 이야기했다. 샹플랭이 그들을 도와 그들과 함께 전쟁에 직접 참전할 필요가 없었음에도 그렇게 한 것은 오로지 적의 괴롭힘을 견디며 고통받고 있는 그들을 향한 우정과 호의였다고 덧붙여 말했다. 또한 지난 세월 프랑스인들과 원주민들은 이러한 과정을 통해 우호적 관계를 쌓아 왔음에도 불구하고 이렇게 잔인하고 극악한 살인 사건이 일어난 것을 믿을 수가 없다고 말했다.

신부는 살인을 저지른 원주민의 아버지에게 그의 아들이 저지른 살인 행위가 얼마나 극악무도한 것인지를 설명하며 그의 살인 행위는 죽음을 면치 못할 중대 범죄임을 말했다. 신부의 말을 들은 원주민들은 다시 한번 자신들을 위한 변명을 하며 자신들은 이 범죄에 대하여 동의한 바도 승인한 바도 없다고 강조했다. 그러면서 두 살인자의 잔인한 행위를 프랑스인들이 용서하지 않는다면 그들은 죽어 마땅하다는 것을 잘 알고 있다고 말했다. 그러면서 그들은 이러한 불행한 일들이 다시는 일어나지 않도록 할 것이라며 다시 한번 살인자들에 대한 용서를 간청했다. 그리고 범죄자는 자발적으로 이곳에 온 것이며 자신에 대한 처분을 프랑스인들에게 맡기기 위해 온 것이지만 처벌이 아니라 자비를 구한다고 말했다.

범죄자의 아버지는 눈물을 흘리며 자신의 아들은 아직 나이 어려 어리석고 경솔하여 계획에 의한 것이 아닌 보복심에 사로잡혀 행한 것이라며 자신의 아들을 위해 신부들에게 눈물을 보이면서 자신의 아들의 생과 사는 프랑스인들의 손에 달렸다고 말했다. 그리고 프랑스인들의 처분에 맡기겠다고 말했다.

아버지의 말이 끝나자 살인을 저지른 아들이 말을 시작했다. 자신은 죽음에 대한 공포에 사로잡혀 있지 않으며 프랑스인의 법에 의거한다면 자신의 행위는 유죄임이 확실하다는 것을 잘 알고 있다고 말했다. 그러고는 그는 이 이야기 첫머리에 서술한 대로 원주민들을 향해서 살인을 하게 된 동기, 계획, 그리고 실행에 대해 진술했다. 진술을 마친 그는 이번에는 프랑스인들을 향해서 더 이상의 절차 없이 자신을 사형에 처해 줄 것을 간청했다.

그의 말이 끝나자 신부가 원주민들을 향해 말을 시작했다. 프랑스인은 논의 절차를 거쳐 형을 결정하지 그렇게 단숨에 처벌하지 않는다고 설명했다. 사실 프랑스인들의 입장에서는 범죄 사실 이외에도 고려해야 할 점들이 많았다. 우선 프랑스인들의 숫자는 원주민들에 비해 한창 열세였다. 만일 그들이 분노와 보복심에 사로잡혀 퀘벡의 프랑스인 마을 사방에 방화라도 저지른다면 그동안 뉴프랑스 건설을 추진해 오던 모든 노력과 결실이 수포가 될 뿐만 아니라 프랑스인들 내에서도 무질서와 혼란이 가중될 것은 명백한 일이었다. 두 번째로는 영원히 서로에 대한 불신으로 예전처럼 안전하고 자유롭게 서로 왕래할 수 없게 될 수도 있는 문제였다. 세 번째로는 교역에 큰 타격을 줄 뿐 아니라 자신들의 왕의 기대와는 어긋나게 되는 문제가 생기는 것이었다.

많은 논점을 검토한 신부를 비롯한 퀘벡의 프랑스인들은 이 문제에 대한 처리를 샹플랭이 돌아올 때까지 연기하기로 했다. 그리고 모든 일이 결정될 때까지 프랑스인들은 원주민들에 대한 호의를 거두지 않겠다고 약속했다. 그렇지만 프랑스인들의 안전을 위하여 그들의 아이들 두 명을 프랑스인들과 머물게 하도록 요청했다. 원주민들은 프랑스인들의 제의에 기꺼이 동의하고 퀘벡을 떠나 자신들의 마을로 돌아갔다. 원주민들이 돌아간 후 성직자들은 인질 격으로 프랑스인들에게 남겨진 원주민 아이들에게 글자를 가르치기 시작했는데 3개월이 안 되어 아이들은 알파벳을 시작으로 한 단어가 만들어지는 법까지 다 익히게 되었다.

살인 사건에 대한 전말을 모두 들은 샹플랭과 퐁그라브를 비롯한 프랑스인들은 원주민들에게 이번 살인 사건이 얼마나 극악무도하며 심각한 문제인지를 일깨워 주어야 하지만 여러 가지 이유를 고려하여 범죄자들에게 벌을 가하지 않는 것으로 결론지었다.

타두삭에 도착한 다음 날 아침 샹플랭은 그의 일행과 함께 작은 범선을 타고 타두삭을 떠나 퀘벡으로 향했다. 1618년 6월 27일, 샹플랭이 퀘벡에 도착하니 조제프를 비롯한 여러 성직자와 에베르, 그리고 그의 가족들이 모두 함께 건강한 모습으로 반가이 맞이해 주었다.

같은 날 퐁그라브는 교역 업무를 위해 트루아 리비에르로 떠나고 샹플랭은 퀘벡에 남아 퀘벡의 요새와 주거 마을을 둘러보았다. 그리고 숲을 개간하여 일군 농작물이 자라고 있는 밭에는 양배추, 무, 쇠비름, 소리쟁이, 그리고 호박, 오이, 참외, 완두콩, 콩 등 여러 작물이 잘 자라고 있었다. 그리고 숲에서 옮겨다 심은 포도나무도 잘 자라고 있었다. 샹플랭은 농작물이 잘 자라는 것은 프랑스인들의 노력과 농사기술보다는 북아메리카 퀘벡의 비옥한 토양 덕분이라고 말한다. 그리고 샹플랭은 이때부터 채소와 과일나무뿐만 아니라 이곳에 비옥한 토양이 생산해 내는 소와 가금의 먹이로 좋은 풀에 주목했다. 그는 에베르 가족의 농장도 둘러보았다. 에베르 가족은 풍작에 매우 기뻐하고 있었다. 개간한 땅에 곡물이 빼곡히 잘 자라고 있었으며 그 외에, 양상추, 오이, 무, 참외, 완두콩과 콩, 그리고 다양한 채소들이 즐비하게 농장을 채우고 있었다.

퀘벡의 요새와 주거 지역 그리고 농작물을 살펴본 후 모든 것이 잘 관리되고 있는 것을 확인한 샹플랭은 타두삭에 보관되어 있던 퐁그라브에게 필요한 교역품을 싣고 가는 배를 타고 원주민들을 만나 살인 사건에 대한 문제를 의논하기 위해 퀘벡에서 출발해 교역이 이루어지고 있는 트루아 리비에르로 향했다.

7월 5일, 교역과 원주민들을 만나기 위해 라모트와 함께 퀘벡에서 출발한 샹플랭은 트루아 리비에르로 가는 도중 날이 저물어 세인트 크로이라 불렸던 지금의 포인트 플라톤에서 묵기로 했다. 이곳에서 샹플랭의 배가 도착하는 것을 본 1척의 배가 곧장 그에게로 다가왔다. 그들은 퐁그라브의 부하들과 교역회사 상인들과 직원들이었다. 그들은 샹플랭에게 샹플랭이 타고 온 배를 다시 퀘벡으로 보내어 그곳에서 보관되어 있는 교역품들을 실어 오도록 요청하면서 하는 날이 엄청나게 많은 원주민이 이로쿼이와 전쟁을 치르려는 목적으로 오고 있다고 전했다.

이들이 전하는 소식을 들은 샹플랭은 다음 날 아침, 자신이 타고 왔던 배에서 내려 더 작지만 더 빠른 속도를 낼 수 있는 작은 배를 타고 부지런히 노를 저어 원주민들이 있다는 곳으로 향했다. 원주민들은 트루아 리비에르를 떠나 퀘벡으로 오고 있었다. 샹플랭과 그의 일행은 7월 7일 오후 3시에 원주민들을 만났다. 배에서 내리자 샹플랭과 친밀한 많은 원주민이 반갑게 그를 맞이해 주었다. 그들은 그동안 샹플랭이 오기

만을 간절히 바라고 있다가 샹플랭이 나타나자 여간 기뻐하는 게 아니었다. 그들은 샹플랭을 부둥켜안으며 즐거워했다. 원주민들과의 만남을 즐거워하는 것은 샹플랭도 마찬가지였다. 그도 자신을 힘껏 포옹하는 원주민들에게 똑같이 응답해 주었다. 샹플랭과 원주민들은 낮이 지나고 밤이 새도록 만남의 기쁨을 나누었다. 다음 날 원주민들은 샹플랭이 자신들을 괴롭히고 학대하는 적들을 상대하는 이번 전쟁에도 자신들과 함께해 줄 것을 요청하는 회의를 열었다.

한편 샹플랭도 자신의 일행들과 미래에 또다시 일어날 수도 있는 이러한 불행한 일을 방지하기 위하여 두 원주민에게 죽임을 당한 두 프랑스인과 그들을 살해한 두 원주민에 대한 처분을 어떻게 할 것인가에 대한 논의를 했다.

자신들의 적과의 전쟁에 참여해 줄 것을 요청하는 원주민들에게 샹플랭은 자신의 기질은 변하지 않았으며 용기는 전혀 줄어들지 않았지만 지난해 있었던 전쟁에서의 그들의 태도뿐만 아니라 오기로 했던 500명의 원군은 오지 않고 함께 싸운 무사들은 이룬 것도 없이 퇴각한 일들을 생각하면 이번 전쟁에 참여할 것인지 망설여진다고 말했다. 그럼에도 불구하고 그는 다시 한번 그들의 요청을 고려하겠지만 우선 지금은 살인사건에 대한 문제부터 해결해야 한다고 말했다. 샹플랭과의 논의를 마친 원주민들은 분개하며 매우 속상한 마음으로 자신들의 거처로 돌아가며 범죄자를 죽일 것을 제안하고는 즉시 처형하겠다고 했다. 만일 샹플랭이 원주민들에게 그들 마음대로 하도록 내버려둔다면 그들은 두 살인자을 바로 처형할 게 틀림없어 보였다.

샹플랭은 두 범죄자를 죽이도록 내버려둘 수 없었다. 우선 그는 원주민들에게 전쟁을 다음 해로 연기한다면 협력할 것을 약조하며 다음 해 많은 무사를 데리고 다시 오라고 제안했다. 샹플랭은 그들에게 프랑스 왕에게 간청하여 그들의 전쟁을 도울 더 많은 병사, 무기, 경비, 그리고 많은 물품을 지원받을 것이며 그렇게 된다면 그들은 오랫동안 염원하던 승리를 맛보게 될 것이라고 말했다. 샹플랭의 약속의 말이 끝나자 그들은 환호하며 샹플랭의 제안에 대해 두세 시간 동안 논의에 들어갔다. 샹플랭이 그들을 만난 이삼일 후, 그들은 흥겨운 춤과 노래를 부르며 미래에 있을 전쟁에 대한 샹플랭의 조력을 자축하는 연회에 들어갔다.

 샹플랭은 이 살인 사건에 대한 자신의 생각을 퐁그라브에게 말했다. 우선 그는 원주민들에게 이 잔인한 사건에 대한 더 큰 부담감을 줘야 한다고 생각했다. 현재는 원주민들이 감히 같은 짓을 저지르지는 않겠지만 앞으로 프랑스인들에게 더 해가 되는 행동을 할 수 있다고 보았기 때문이다. 그리고 이 사건을 덮어 둔다면 원주민들은 프랑스인들이 용기가 부족하여 자신들을 두려워한다고 생각하여 더 무례하고 거리낌 없는 과도한 행동을 일삼을 수 있다고 보았다. 그렇다고 살인자들에게 처벌을 내린다면 그들은 다시 프랑스인들에게 보복을 가할 수 있는 문제가 있었다. 샹플랭은 또한 이 극악무도한 원주민들의 살인 사건에 대해 프랑스인들은 보복을 가하거나 선물을 받는 것으로 타협을 보지 않는다는 것, 그리고 사람 죽이는 것을 자랑으로 여기지 않으며 프랑스인들은 함께 먹고 마시며 함께 친밀한 시간을 보내던 사람들을 죽이지 않는다는 것을 다른 원주민 부족에게 인식시켜 주어야 한다고 생각했다.

 샹플랭은 원주민들은 이성을 따라 행동하지 않으며 다가가기가 매우 힘들 뿐만 아니라 쉽게 소원해지고 언제든 앙갚음할 준비가 되어 있다는 것을 잘 알고 있었다. 프랑스인들이 범죄자들에게 엄중한 처벌을 내린다면 앞으로 프랑스인들은 원주민들이 곳곳에 살고 있는 이 북아메리카를 탐험할 때 안전을 보장받기가 힘들 것이라는 것 또한 생각하지 않을 수 없었다. 따라서 샹플랭은 이 문제를 호의적으로 마무리 짓고 예전처럼 원주민들과 프랑스 상인들이 자유롭고 평화롭게 교역활동을 하는 것으로 결론지었다.

샹플랭은 원주민들에게 변함없이 프랑스인들과 교역을 이어 간다면 자신도 전쟁에 참전하여 그들을 돕겠다고 약속했다. 샹플랭이 탐사를 하며 관찰한 바로는 한 부족 이외에는 모든 원주민 부족들이 오대호 남쪽의 원주민들과 끊임없는 분쟁과 전쟁을 치르고 있었다. 샹플랭의 제안에 따라 원주민들과 프랑스인들의 교역은 다시금 활기를 띠기 시작했다. 프랑스인들은 원주민들의 왕래를 예전처럼 진심으로 환영해 주었고 원주민들은 프랑스인들도 자신들의 주거 지역을 방문하여 우호적 관계 속에서 함께 살아가길 희망한다고 말했다. 그리고 전쟁을 치르는 동안 샹플랭의 명령을 따를 것을 원주민들은 약속했다.

살인사건, 교역, 그리고 전쟁에 대한 모든 것들이 해결되자 원주민들은 각자의 주거 지역으로 돌아갔다. 샹플랭과 퐁그라브도 7월 14일 트루아 리비에르를 출발하여 다음 날 퀘벡에 도착했다. 퐁그라브는 타두삭의 프랑스인들과 교역을 돌보기 위해 돌아가고 샹플랭은 퀘벡과 그 주변에 머물며 선교활동을 하고 있는 몇 명의 성직자들과 주민들을 만나 그들의 안부를 챙겼다. 퀘벡의 안녕을 확인한 샹플랭은 퀘벡에서 출발하여 7월 26일, 타두삭으로 향했다. 퀘벡을 비롯한 뉴프랑스 건설에 대한 경과와 보고 익힌 모든 것들을 프랑스 정부에 보고하기 위하여 두 명의 신부가 샹플랭과 함께 항해를 시작했다. 다음 날 타두삭에 도착한 샹플랭은 대서양을 건너기 위해 준비된 범선에 올라 프랑스 옹플뢰르 항구에 8월 28일에 도착했다. 순풍 덕분에 항해는 순조로웠으며 모두 건강했다.

팽팽한 줄다리기는
계속되고

파리에 도착한 샹플랭은 언제나 그렇듯 뉴프랑스 건설을 위한 일로 분주한 시간을 보냈다. 그는 궁에서 대부분의 시간을 보내며 뉴프랑스에 대한 끊이지 않는 문제와 지원을 해결하기 위해 부단히 노력했다. 그는 특히 항해하는 동안 초안한 책 한 권을 완성하여 왕에게 헌정했다. 그의 책에는 뉴프랑스에 대한 지원을 아끼지 않는 왕에 대한 감사와 그곳에 가 있는 사람들이 왕에게 감사하며 근면성실하게 식민지를 건설하고 있어 좋은 결과를 바라볼 수 있다는 것, 북아메리카의 땅과 탐사, 그곳에 살고 있는 원주민들의 삶의 방식, 이민 정책, 복음 전파, 이로쿼이 부족들과의 전쟁, 그리고 마지막으로 뉴프랑스에서 교역활동을 하는 상인들과의 문제를 기록했다.

뉴프랑스의 운명은 본국에 있는 왕의 손에 달려 있다는 것을 샹플랭은 잘 알고 있었다. 그리고 국왕 다음으로 중요한 사람들은 궁정의 유력 인사들이었다. 다행히 그의 책은 커다란 반향을 일으켜 왕뿐만 아니라 많은 프랑스인에게 뉴프랑스에 관한 하나의 교본으로 통했다. 이제 샹플랭은 프랑스 조야의 유명인사로 자리매김했다. 이에 더해서 1618년 12월 24일, 왕이 샹플랭에게 연 600리브르의 연금을 하사한다는 기쁜 소식이 전해졌다.

그러나 궁정에서 지지기반을 넓히는 데 성공했다고 해서 프랑스 서부의 투자가들과의 일이 잘 풀린다는 것을 의미하지는 않았다. 일부 상인들은 자신들의 수익을 최우선으로 생각하기 때문이었다. 샹플랭이 바라는 것은 성실한 많은 사람이 뉴프랑스에 정착해서 땅을 개간하고 자급자족으로 살아갈 수 있는 환경을 만드는 것이었다. 매년 봄마다 프랑스에서 오는 보급선이 늦어지기라도 하면 식민지 사람들은 굶주림에 거의 목숨을 잃을 지경의 극심한 고통을 받게 되는 것을 샹플랭은 지금껏 많이 보아 왔기 때문이었다. 한때는 보급선이 두어 달씩 늦어지면서 뉴프랑스에서는 소동이 일어나 폭동 직전까지 가는 일도 있었다.

샹플랭과 상인들은 각자의 목적에서만 다른 것이 아니라 시간에서도 달랐다. 상인들은 불안정한 정치적 상황에 따라 자신들의 입지가 달라지는 것에 대한 불만과 두려움을 지니고 있었다. 따라서 먼 훗날까지 내다보는 계획을 세우기보다는 적은 비용으로 빠른 시일 내에 수익을 낼 수 있는 방안을 모색했다. 그들은 식민지를 건설하는 것은 막대한 자금만 축낼 뿐이라는 생각을 지니고 있었다. 샹플랭은 예리한 통찰력을 지니고 있는 사람이었는데 그는 상인들이 그 무엇보다도 뉴프랑스에 많은 사람이 살게 된다면 그들이 후원한 그 사람들에 의해 오히려 자신들의 설 자리를 잃을까 두려워하고 있다는 것을 알고 있었다.

뉴프랑스에서는 회사 직원들과 회사로부터 착취당한다고 생각하는 에베르 가족 같은 이주자들 사이에 대립이 시작되었다. 이러한 대립에 이주를 원하는 사람들은 주저하게 되었다. 또 하나의 문제는 종파였다. 프랑스 서부의 일부 투자가들은 개신교인들이었다. 또 일부는 가톨릭교인들이었다. 가톨릭교도들은 프랑스 국교가 가톨릭이니 뉴프랑스에도 가톨릭이 확립되어야 한다고 생각했다. 그러나 두 종교인은 군주의 염원에 따라 두 종파 선교사 모두 뉴프랑스에서 함께 활동하는 것에 동의했다.

1618년 12월, 샹플랭은 80명의 새로운 이주자에 대한 계획을 짰다. 그들에게 필요한 의복, 침구, 무기, 기구, 집을 지을 벽돌과 지붕을 이을 소재, 어린 암소와 황소, 양, 곡물과 채소 씨앗, 그리고 그 외에도 필요한 것들은 많았다. 그리고 그는 그들이 소비할 식량을 꼼꼼히 계산했다. 샹플랭이 준비한 문서에는 몽스를 비롯한 여러 투자가들이 서명했다. 몽스는 뉴프랑스 건설에 계속해서 더 많은 지지와 후원을 아끼지 않고 있었다.

그런데 몽스를 비롯한 여러 후원자의 지원은 다른 상인들의 반발로 이어졌다. 1619년 봄, 샹플랭이 엘렌과 결혼 후 처음으로 함께 뉴프랑스로 가기 위해 옹플뢰르 항구에 도착해 승선을 기다리고 있을 때 회사에서 나온 사람들이라며 샹플랭과 그의 아내 앞을 막아서는 사람들이 나타났다. 그들은 회사의 이사들이 샹플랭을 회사와 뉴프랑스의 총지휘관으로 인정하지 않는다고 말했다. 이러한 사태 뒤에는 또다시 다니엘 보이어가 있었다. 그가 샹플랭은 식민지를 이끌기에는 부적합한 사람이라고 상인들을 선동했던 것이다. 그들은 몽스가 계속해서 식민지의 정착민을 이끌 것을 주장하면서 샹플랭은 단지 지도 제작이나 기술자로만 일할 것을 권했다. 그들의 반발과 조치에 노한 샹플랭은 아내와 하인들을 데리고 루아양 지방으로 가서 상인들을 만났다. 그러고는 상인들에게 자신은 왕으로부터 뉴프랑스 부총독으로 임명되었으며 퀘벡의 식민지를 총지휘할 직위를 가지고 있다고 항변했다. 그러나 상인들은 샹플랭을 회사 차원에서 인정하려 들지 않았다. 그리고 자신들 앞에 샹플랭이 내 보이는 왕이 내린 임명장도 인정하려 들지 않았다.

옹플뢰르에서 샹플랭이 오기를 기다리고 있던 범선은 샹플랭과 그의 가족을 태우지 못하고 출항했다. 이에 샹플랭은 아내와 하인들을 데리고 다시 파리로 돌아갈 수밖에 없었다. 그는 가족을 다시 집으로 데려다준 다음 곧바로 궁의 의회로 가서 루아양 지방 상인들의 반발에 대해 보고했다. 그러자 의회는 샹플랭을 뉴프랑스의 부총독으로 재차 공식화하고 그의 권한을 퀘벡에만 국한하지 않고 뉴프랑스 전체를 총괄 지휘하도록 명했다. 이에 불똥이 떨어진 것은 상인들이었다. 루이 13세는 자신의 뜻을 거역하는 상인들을 관용으로 대하지 않았다. 회사의 지도급

인사들은 즉시 상황을 무마하기 위한 행동을 취하고 이 모든 것은 다니엘 보여이가 단독으로 저지른 것이라며 모든 것을 그의 탓으로 돌렸다. 상인들 때문에 대서양을 건너는 계절이 너무 늦어 버린 바람에 샹플랭은 하는 수 없이 다음 해에 뉴프랑스로 가기로 결정했다. 이 사건이 있고 난 뒤 샹플랭은 더 이상 상인들에게 도움을 요청하지 않았다. 그는 왕의 이름으로 모든 것을 요구했으며 상인들은 모두 샹플랭에게 복종하게 되었다.

9장
루이 13세와 샹플랭

견고해진 지위

1619년 가을, 루이 13세는 왕실 가족의 화목을 도모하기 위기 위해 지난 3년 동안 바스티유 감옥에 갇혀 있던 그의 사촌 콩데 왕자를 감금에서 풀어주었다. 11월 9일, 풀려난 콩데 왕자는 왕에게 복종할 것을 맹세하는 선서를 하고 왕은 엄숙하게 그의 무죄를 공표했다. 이후 콩데 왕자의 모든 특혜는 복귀되었다. 그에게는 3,000리브르가 수여되었는데 그는 그중에 절반을 레콜레 수도사에게 기부하여 북아메리카에서의 선교활동에 사용하도록 했다. 그리고 그를 바스티유 감옥에 감금하고 그의 직위를 차지했던 캐딜락은 뉴프랑스 총독 자리에서 물러나게 되었다.

그러나 구금에서 풀려난 콩데 왕자는 뉴프랑스에 대한 흥미를 잃었고 3만 리브르의 돈을 받고 뉴프랑스 총독 직위를 자신의 처남에게 팔았다. 새 총독은 해군 제독이자 랑그도크 지방의 주지사로 있던 앙리 4세의 대자, 앙리 몽모랑시였다. 그는 해군제독이라는 직위에 있으면서 프랑스의 해상권을 강화시키기 위한 방법으로 상업 활동과 식민지 건설에 대해 진지한 관심을 지니고 있는 인물이었다. 따라서 그와 샹플랭은 마음이 잘 맞았다.

샹플랭은 몽모랑시가 뉴프랑스의 총독이 된다는 사실을 매우 반가워했으며 이제 하나님의 영광을 실현하면서 군주를 섬기는 일과 뉴프랑스를 위한 모든 것이 다 잘될 것이라고 믿었다. 몽모랑시는 뉴프랑스의 새로운 총독이 되자마자 즉시 두 사람을 임명했다. 1620년 3월 8일, 그는 뉴프랑스를 책임지는 자신의 부총독이자 퀘벡의 사령관으로 샹플랭을 임명했다. 그리고 뉴프랑스를 위한 새로운 행정관직을 창설했다.

1620년이 되면서 행정관의 직위는 뉴프랑스에서 더욱 중요해졌다.

프랑스의 행정관은 절대 왕정의 기구로 기능했다. 그들은 왕과 그의 신하들이 원하는 요구사항들이 잘 수행되고 있는지를 감독하는 책임을 지고 있었다. 그들은 관리들의 업무 성과, 법령 시행, 회계 검토, 그리고 행정기관의 감독을 아우르는 높은 권한을 지니고 있었다. 따라서 그들의 영향력은 대단했다.

샹플랭은 행정관의 중요성을 잘 알고 있었으며 그가 품은 원대한 계획에 행정관이 매우 중요한 역할을 할 수 있을 것으로 보았다. 행정관을 경쟁 상대나 위협적인 존재가 아닌 함께 일할 수 있는 동맹관계로 인식한 것이었다.

3월 12일, 뉴프랑스의 행정관으로 장 자크 돌리에가 임명되었다. 그는 강인하고 존재감이 있는 왕의 고문관 중 한 사람이자 궁의 수석 운영관이었다. 이 두 남자의 친분이 언제부터 어떻게 시작되었는지 정확히 알 수는 없으나 돌리에는 샹플랭의 비전을 지지했으며 샹플랭의 지휘관 직위와 지위를 더욱 강화해 주었다. 샹플랭 또한 돌리에에게 예를 갖추고 존경하는 마음으로 대했다.

얼마 지나지 않아 이 두 남자의 관계를 잘 알 수 있는 사건이 찾아왔다. 샹플랭은 옹플뢰르 항구에서 뉴프랑스로 보낼 선박 두 척을 준비하고 있었다. 이때 다시 한번 샹플랭은 해안 지방 상인들의 강한 제지에 부딪혔다. 상인들은 여전히 샹플랭이 뉴프랑스를 다스리는 것에 강한 거부감을 드러내고 있었다. 이때 돌리에 행정관은 샹플랭은 회사의 물품 창고 이외의 뉴프랑스 전역에 걸친 절대적인 권한을 왕으로부터 부여받았다면서 만일 누군가 군주의 명에 불복종하는 자가 있다면 샹플랭은 그들의 선박을 구류할 권한이 있다는 것을 잊지 말라며 상인들에게 엄중하게 경고하면서 샹플랭의 권위를 높여 주었다.

그래도 상인들은 계속해서 이의를 제기하면서 자신들의 주장을 해군 본부로 가져갔다. 그러나 그들은 왕과 궁정의 재상들에게 신임만을 잃었을 뿐 그들의 항변은 아무 소용이 없었다. 단지 왕의 명에 저항하는 불경죄에 해당할 뿐이었다. 왕은 상인들에게 앞으로 한 해 동안만 교역선을 보내도록 허락했고 남은 시간은 별로 없었다.

샹플랭은 1620년 그 어느 때보다도 견고한 직위와 권한을 지니고 북아메리카로 돌아왔다. 그는 해군 대령에 버금가는 지위를 부여받았으며 뉴프랑스에 머물지 않는 총독을 대신하는 현지를 책임지는 부총독이면서 뉴프랑스의 사령관이었다. 그는 돌리에 행정관의 전적인 협력과 총독의 완전한 신임, 그리고 군주인 루이 13세의 적극적인 지원을 받고 있었다.

새로운 권한을 부여받은 샹플랭은 1620년 5월, 옹플뢰르 항구에서 그의 아내 엘렌 불레와 몇 명의 하인들과 함께 뉴프랑스로 가기 위해 범선에 승선했다. 또한 이 배에는 갈색 망토를 걸친 레콜레 성직자 세 사람도 함께 배에 올랐다. 행정관 돌리에와 관리 한 명, 그리고 소규모의 군부대도 함께 배에 올랐다. 그들을 태운 범선은 대서양을 항해하기에는 많이 늦은 계절인 1620년 5월 8일, 옹플뢰르 항구를 출발했다. 역시나 폭풍으로 인해 항해하기에는 많은 어려움이 있었다. 항해를 시작한 지 약 7주 후인 6월 24일, 그들은 가스페 반도를 지나 타두삭을 향해 가며 세인트로렌스강을 항해하고 있었다. 강은 거친 사내들의 무대였다. 불법 교역선들도 중무장을 하고 원주민들과 교역하고 있었다. 어떤 위험이 도사리고 있을지 모르는 상황이기에 샹플랭은 주위 동태를 살피며 항해를 이어 갔다. 이번 항해는 샹플랭에게 더욱 신중하지 않으면 안 될 이유가 또 하나 있었다. 바로 결혼한 지 이제 10년이 된, 그리고 뉴프랑스로 처음 가는 이제 막 22살의 어리고 어린 그의 신부 엘렌이 함께 항해하고 있었기 때문이다.

1620년 7월 11일, 샹플랭은 아내와 함께 무사히 퀘벡에 도착했다. 그들은 모두 예배당으로 가서 하나님께 감사기도를 올렸다. 예배가 끝난 후 샹플랭은 퀘벡의 모든 프랑스인을 불러 모았다. 행정관인 돌리에가 모든 주민 앞에서 왕이 내린 새로운 총독의 임명장을 큰 소리로 읽어 내려갔다. 아울러 뉴프랑스에 대한 왕의 의지와 새로운 총독과 샹플랭의 직위를 만천하에 공표하는 것이었다. 모두가 기쁨의 함성을 지르고 축포도 터뜨렸다. 이제 샹플랭은 새로운 총독 몽모랑시를 대신하여 퀘벡뿐만 아니라 뉴프랑스의 모든 지역의 일을 총괄하게 되었다. 샹플랭은 돌리에에게 이날의 의식을 왕과 의회에 보고 할 수 있도록 기록해 달라고 부탁했다.

　　의례가 끝난 후 샹플랭은 퀘벡의 상황을 둘러보았다. 그는 행정관 돌리에를 비롯한 여섯 명에게 트루아 리비에르로 가서 그곳의 상황이 어떤지 살펴 달라고 요청했다. 또 일부는 같은 임무를 띠고 강 하류로 내려갔다. 그들을 통해 샹플랭의 귀환과 새로이 부여받은 그의 더욱 견고해진 직위와 권한에 대한 소식은 광대한 세인트로렌스 밸리를 따라 널리 퍼져 갔다.

복잡해져 가는 퀘벡

　　　　　　　　　　샹플랭은 퀘벡의 식민지를 점검했다. 어느 폭풍이 몰아치는 날 그는 진흙투성이인 좁은 길을 따라 다 쓰러져 가는 판잣집들을 돌아보며 놀라지 않을 수 없었다. 식민지 개척마을은 황폐되고 적절하게 관리되지 않고 있었다. 지붕은 비가 새어 여기저기 건물 내부로 빗물이 스며들고 있었으며 널빤지 이음새 사이로 바람이 세차게 들어오고 있었다. 식료품 보관 창고는 거의 쓰러지기

일보 직전이었다. 안마당은 청소가 되지 않은 채 너저분하고 더럽기 짝이 없었으며 숙소 한 동은 이미 무너지고 있었다. 파리에서의 풍요롭고 안락한 삶에 익숙한 샹플랭의 어린 아내가 이런 광경에 놀라고 절망적인 마음이 들었을 것이라는 것은 누구나 예상할 수 있는 일이다. 샹플랭은 아내를 위해 서둘러 자신이 거주할 집부터 건축했다.

샹플랭은 또한 퀘벡의 방어시설을 점검하고서 외부 세력이 불시에 공격해 올 경우 방어가 불가능하다는 사실에 놀랐다. 영국과 네덜란드의 선박들이 해안을 배회했고 그들 중에는 중무장을 갖춘 배들도 있었으며 그런 배들은 선원들의 숫자가 퀘벡의 모든 주민을 합친 것보다 훨씬 많았다. 샹플랭은 유럽의 다른 나라들의 공격뿐만 아니라 아메리카 해안에서 약탈을 일삼고 있는 해적들도 걱정이 되었다. 동시에 원주민들도 걱정이 되었다. 몽타냐이 원주민들의 일부가 언젠가부터 서서히 거리감을 나타내기 시작했으며 예전에 보여 주었던 우호적인 태도와는 거리가 먼 적대감을 보였기 때문이다.

샹플랭은 퀘벡에 거주하는 모든 프랑스 이주민이 함께 거처할 수 있는 규모가 큰 요새를 짓기로 했다. 그가 선정한 장소는 세인트로렌스강이 잘 내려다보여 수로 통제가 가능한 높은 언덕 위였다. 이곳은 멜빌의 소설 『모비딕』에서도 '난공불락'으로 언급될 만큼 이 시대의 무기체계로는 외부 세력의 공격이 쉽지 않은 곳이었다. 샹플랭은 이곳의 이름을 '성 루이 요새(Fort Saint Louis)'라고 지었다. 자신의 군주인 루이 13세의 이름을 따 지은 것으로 짐작된다.

샹플랭의 교역회사 투자자들은 자신들의 사업 목적과는 다르고 막대한 자금만을 축낼 뿐이라고 요새 건설을 못마땅하게 생각했다. 그러나 샹플랭은 멀리 내다보지 못하고 눈앞에 보이는 일시적인 이익만을 생각하는 그들의 탐욕과 어리석음을 못마땅해했다. 그는 더 큰 목표를 이루려면 멀리 내다보는 안목이 필요하다고 생각했다.

샹플랭은 사람들에게 퀘벡 요새 건설에 집중하라고 명했다. 그리고 일부 사람들에게는 창고를 수리하라고 지시했다. 그가 지시하는 모든 구조물은 단기 사용을 위한 것이 아니었다. 그는 이 지역에서 나는 석회석을 이용하여 앞으로 몇 세기 동안은 끄떡도 안 할 견고하고 튼튼한 창고를 세웠다. 지금도 남아 있는 요새 현장을 돌아본 바로는 그 벽 두께가 족히 1미터는 넘어 보였다. 아직은 모든 것이 부족한 초기식민지에서 생존하기 위해서는 식품을 잘 보관하는 게 매우 중요했다. 특히 혹한의 겨울이 길어서 봄이 되어도 보급선이 제때 도착하지 않으면 이곳 주민들은 굶주림으로 고통을 받아야 했기 때문이었다.

주택은 에베르 가족의 주택처럼 가급적 돌을 이용하여 튼튼하게 짓도록 했다. 샹플랭은 될 수 있는 한 많은 사람이 농사를 지으며 살아갈 수 있도록 장려했다. 퀘벡에 정착을 시작한 지도 어느덧 12년의 세월이 흘렀지만 여전히 본국에서 공급받는 식료품에 전적으로 의존하고 있는 상황을 개선하기 위한 노력이었다. 샹플랭이 공공 토지자원을 이용하여 각자 자신들의 농사를 짓는 데 전념할 수 있도록 장려하는 것은 뉴잉글랜드 제임스타운과 플리머스에서 실시해 성공을 거두지 못했던 공동 경작과는 큰 차이가 있다. 샹플랭은 개인별로 나누어 준 땅을 각자 경작해서 수확의 일부, 즉 남는 부분을 필요한 사람들에게 나누어 주는 방법이어서 중국 고대의 토지제도인 '정전법'과 유사하다고 볼 수 있다.

식민지의 악조건에도 불구하고 방어력을 키우고 자급자족을 위해 각자의 영농을 장려하면서 퀘벡의 발전을 위해 최선을 다하는 샹플랭의 모습은 행정관 돌리에를 통해 모두 프랑스에 있는 몽모랑시 총독과 국왕, 그리고 의회에 상세히 전해졌다. 돌리에 행정관의 임무는 퀘벡의 질서를 바로잡는 일뿐 아니라 식민지의 상황을 면밀히 관찰하여 본국 상부에 보고하는 것이었다. 그는 이해 여름 프랑스로 돌아갔다. 그리고 다음 해인 1621년의 봄, 샹플랭은 왕과 몽모랑시 총독으로부터 편지를 받았다. 왕의 편지에는 샹플랭에 대한 칭찬이 주를 이루고 있었고 총독이 보낸 편지엔 샹플랭의 봉급을 두 배로 올려준다는 내용이 들어 있었다. 돌리에가 보고서에서 샹플랭을 어떻게 평가했는지 알 수 있는 결과였다.

1620년 추운 겨울이 다가오고 있었다. 샹플랭은 겨울을 맞을 준비에 돌입했다. 우선 다음 해 봄, 본국으로부터 보급품이 도착할 때까지 필요한 충분한 양식을 준비하기 시작했다. 그는 그동안 세인트 크로이, 포트 로얄, 그리고 퀘벡에서 정착을 시도하던 겨울마다 부족한 식량과 그로 인한 영양 부족 때문에 발생하는 괴혈병에 대한 두려움을 결코 잊을 수가 없었다. 그는 다시는 이러한 일로 식민지 건설에 실패하는 것을 용납할 수 없었다. 이 시기 퀘벡에는 성직자까지 포함하여 60명의 주민이 거주하고 있었다. 겨울이 다가오자 모든 주민이 겨우내 퀘벡의 요새에서 함께 지내면서 충분한 음식을 섭취하는 데 초점을 맞추어 준비했다. 식민지 사람들은 원주민들에게 사냥기술과 가을에 장어를 잡는 낚시 기술을 배우기 위해 동분서주하면서 신선한 식량을 자체 확보할 수 있도록 최선을 다했다. 오랜 경험에서 샹플랭은 신선한 육류가 괴혈병 방지에 도움이 된다고 판단하고 있었다.

가장 잔인한 계절은 프랑스에서 보급선이 도착하기 직전 초봄이었다. 어떨 땐 대서양의 악조건으로 인해 6월이나 7월이 되어야 보급선들이 도착하기도 했다. 어느 지나간 해의 끔찍한 예를 들어 보면, 그해는 봄이 되어도 학수고대 기다리는 보급선이 오지 않고 있었다. 오직 6월까지 버틸 수 있는 밀가루와 사과주만이 남아 있었는데, 결국 이마저도 떨어져서 퀘벡의 주민들은 원주민들이 제공하는 옥수수와 생선으로 만든 미간이라는 음식으로 간신히 생존을 이어 갔다. 마침내 보급선은 7월 10일이나 되어서야 도착했다. 식량이 떨어진 지 한 달이 지나서였다. 그해는 원주민들에게서 많은 도움을 받아 영양실조라는 참혹한 피해는 막을 수 있었다.

그해 겨울, 1620년 11월 21일 저 남쪽 오늘날의 미국 매사추세츠 플리머스 만 프라빈스타운 항만에는 신세계로 이주해 오는 영국인 102명의 이주자를 태운 메이플라워호라는 상선이 도착하게 되는데 이들 중 35명은 영국의 종교적 박해를 피해 네덜란드로 몸을 피해 살고 있다가 지난 8월 15일 신세계로 향한 영국의 분리파 청교도인들이었다. 이때 102명 중 41명이 항구에 도착하기 전 법과 질서를 위한 '메이플라워 맹약(Mayflower Compact)'을 맺는다. 이들을 후세 사람들은 필그림 파더스(Pilgrim Fathers), 굳이 해석하자면 '순례 시조'라 부른다. 이후 이곳 매사추세츠 식민지는 많은 영국인 이주자가 정착하게 되며 1636년 10월, 목사 양성을 위한 목적으로 하버드대학교가 세워지는 등 북쪽의 뉴프랑스와는 비교가 안 될 만큼 빠른 인구 성장을 보이며 여러 각도로 발전하게 된다.

그러나 뉴프랑스와는 달리 자신들의 정착을 도운 그곳의 많은 원주민을 학살하는가 하면 노예로 팔기 위해 납치하여 영국으로 데려갔다. 그리고 원주민들은 영국인들에 의한 전염병으로 많은 인구가 급격히 줄어들기 시작했다.

이해 겨울이 지나고 1621년의 봄이 왔을 때 퀘벡의 주민들은 모두 아주 건강했다. 괴혈병이나 다른 질병에 노출된 사람이 아무도 없었다.

이후 샹플랭의 지휘 아래 있는 동안 뉴프랑스에서 괴혈병 같은 큰 질병은 발생하지 않았다. 풍요의 땅에서 계속되는 겨울의 굶주림은 뉴프랑스의 제일 큰 문제였다. 해마다 프랑스에서 식료품을 준비해 대서양을 건너 북아메리카로 수송하는 것도 보통 일이 아니었다. 샹플랭은 뉴프랑스에서 식량 자급을 이루는 것이 제일 시급한 문제라고 생각하고 있었다. 또한 원주민들과의 물물교환 그리고 식민지에서 땅을 개간하여 식량을 생산하는 것까지 어느 것 하나 쉬운 일은 없었다.

신생아에 불과한 뉴프랑스 식민지의 또 다른 급선무는 질서였다. 왕이 파견한 관료들만으로는 광대한 세인트로렌스강 전역에 걸쳐 평화를 유지하기는 매우 힘들었다. 또한 세인트로렌스 만 남쪽과 대서양 연안 그리고 펀디 만 남쪽과 북쪽 여러 곳에 새로운 식민지가 개척됨에 따라 퀘벡을 비롯한 뉴프랑스에는 크고 작은 마찰과 분쟁 그리고 폭력과 살인 사건도 일어나고 있었다.

1621년 8월 18일, 샹플랭은 퀘벡에서 총회를 소집했다. 샹플랭의 권한을 인정하기를 거부하는 교역상들 이외 60여 명 모두가 모였다. 열악하기 그지없는 퀘벡에서의 생활 문제에 대하여 논의하기 위한 집회였다. 퀘벡의 프랑스인들은 프랑스의 전통에서 벗어나지 않는 범위 내에서 고충을 해소하기 위한 탄원서를 작성했다. 회의에 참석한 사람들은 자신들을 대변할 사람으로 바이리프 신부를 뽑았다. 탄원서의 내용은 이 지방이 지니고 있는 좋은 장점과 성장 전망을 서술하는 한편 법질서와 안전 부재를 적시했다. 또한 강도, 살인, 암살, 음란행위를 종식할 수 있는 사법제도를 요청했다. 아울러 영국인들과 원주민들을 두려워하여 50명 정도의 병사들로 구성된 단위부대가 주둔할 수 있는 튼튼한 요새를 지어 줄 것도 탄원서에 포함시켰다. 주민들은 샹플랭에게 더 많은 자금을 지원해 달라고 요청했다. 그들은 식민지에서 개신교도들을 모두 몰아내 달라고 요청했는데 이는 샹플랭의 관용의 태도와는 완전히 달랐다. 그리고 그들은 프랑스 아이들과 원주민 아이들이 함께 공부할 학교를 세워 달라고 요청했다.

바이리프 신부는 퀘벡 주민들의 탄원서를 가지고 프랑스 왕과 의회에 제출하여 긍정적인 답을 얻어 냈다. 왕은 레콜레 선교사들을 지원하고 퀘벡 주민들이 요청하는 대로 샹플랭에게 더 많은 자금을 지원하여 뉴프랑스에 더 많은 사람을 이주시키도록 명했다. 그러나 왕은 퀘벡에서 집회를 여는 것과 그곳에 위원회를 두는 것은 환영하지 않았다.

본국의 왕과 법률에 따라 뉴프랑스를 통치한다 하더라도 때로는 예상치 않게 바로 해결해야 하는 문제도 생기기 마련이다. 1621년, 샹플랭은 뉴프랑스를 위한 규정을 제정했다. 그리고 이 규정은 긴급하게 대응해야 할 문제에만 적용되었다. 한 예로 퀘벡으로 이주한 지 2년 정도 되는 두 가족이 있었는데, 그들은 도살업자와 바늘을 만드는 사람들이었다. 그들은 자신들이 농사를 짓기로 되어 있는 땅에 각자 정착했다. 샹플랭은 그들이 어떻게 하고 있는지 감사하기 위하여 실태조사를 실시했다. 샹플랭은 그들이 땅 개간은 전혀 시작도 하지 않고 회사에서 낮잠이나 자고 술이나 마시며 사냥과 낚시를 하고 있다는 것을 알게 되었다. 샹플랭은 그들을 식민지에서 추방했다. 그는 태만과 술에 절어 깨어 있지 못하는 사람을 거부하는 리더였다. 이런 원칙은 타인에게뿐만 아니라 자신에게도 철저히 적용했다. 샹플랭은 이 두 남자에 대한 사건일지에 이렇게 기록했다. "그들의 가치보다 더 큰 비용이 드는 쓸모없는 인간들을 다시 돌려보냈다."

이 일이 있고 난 뒤 샹플랭은 자신이 집행한 추방행위를 합법화하는 법령을 공표했다. 번거로운 분쟁을 피하고 모든 주민이 각자의 직무에 성실하게 임할 수 있도록 하기 위한 조치였다. 샹플랭은 이 외에도 물품의 가격, 종교상의 축제일, 원주민에 대한 알코올 판매 금지, 그리고 원주민들과 평화 유지 등에 대한 조례를 포고했다.

그러나 거의 모든 경우, 그는 해결 방안으로 무력을 행사하는 것을 거부했다. 그는 이성의 기풍을 조성하여 평화의 길을 찾았다. 첫째로 그는 무슨 일이 있었는지 질문하여 대답을 진지하게 경청하고 어려운 문제일 경우 다른 이들과 논의를 했다. 그는 식민지나 더 큰 목적에 손상을 입히지 않고는 타협하기 힘든 중대한 문제들을 식별해 내기 위해 노력했다. 이런 원칙과 틀 안에서 샹플랭은 갈등을 해소하고, 경쟁 관계에 놓인 문제들을 조정하고, 모든 사람이 정당하다고 여길 수 있는 윤리와 정의에 대한 개념들을 조화시키면서 뉴프랑스의 질서를 잡아 나갔다.

앙리 4세의 사망 이후 루이 13세는 종교 관용 정책을 연 낭트 칙령을 유지했다. 그렇지만 그들은 가톨릭 교회를 더욱 지지했다. 일부 재상들은 뉴프랑스에서 개신교인들의 활동을 적극적으로 방해했다. 그럼에도 불구하고 프랑스 상인들과 선원들은 위그노인 개신교도들이 많았다.

본국으로부터 개신교인들이 육지에서나 바다에서 개신교의 종교적 의식을 행하지 못하게 하라는 지시를 받았다. 본국의 지지를 받고 있는 가톨릭 교인들은 뱃머리에서 예배를 드렸고 개신교인들은 선실에서 예배를 드리곤 했는데 어느 날, 가톨릭 교인들은 갑자기 선실에서 예배를 드리겠으니 개신교인들은 뱃머리에서 예배를 드리는 게 좋겠다고 하는 바람에 두 종파 사이에 논쟁이 일었다. 레콜레 성직자가 중재에 나서고 나서야 잠잠해졌다. 얼마 후 이러한 문제는 또 폭발했다. 예수회 목사가 샹플랭에게 와서는 개신교 선원들이 규제를 따르지 않고 해안에 있는 원주민들이 들을 수 있을 정도로 큰 소리로 구약 성경의 시편을 노래한다고 불만을 터트린 것이다. 그러자 샹플랭은 개신교 선원들에게 계속 노래를 불러도 좋다고 허락했다. 샹플랭은 개신교인들이 말을 듣지 않을 것을 잘 알고 있었지만 무엇보다도 개신교인들이 지니고 있는 종교적 신념에 대한 열망을 잘 이해하고 있었기 때문이었다.

샹플랭은 이런 문제에 관해 앙리 4세가 펼쳤던 종교 관용 정신에 따라 해결 방안을 찾았다. 그는 뉴프랑스의 가톨릭 교회를 본국처럼 주요 교회로 삼았지만 개신교인들의 예배 권리 또한 보호했다. 그는 또한 두 종파 사람이 각자 자유로운 신앙생활을 영위할 수 있는 유연한 타협을 할 수 있도록 힘쓰는 한편 두 종파 모두 최대한 타 종교인을 불쾌하게 하지 않는 선에서 자신들의 신앙을 지킬 것을 요청했다.

뉴프랑스의 신앙을 비롯한 모든 권리와 자유에 대한 문제는 본국 프랑스의 정책에 따를 수밖에 없는 상황이었다. 따라서 본국 국왕의 지시를 따라야 하는 면들이 많았지만 샹플랭은 자신의 신념에 따라 퀘벡을 다스렸음을 알 수 있다.

또 한 가지 빼놓을 수 없는 것은 원주민들에 대한 정책이었다. 샹플랭이 펼친 원주민 정책은 뉴스페인이나 뉴잉글랜드, 그리고 앞서 정착을 시도했던 카르티에와는 아주 달랐다. 그는 결코 원주민들을 정복의 대상으로 여기지 않았을 뿐만 아니라 그들을 다스릴 수 있다는 상상조차 하지 않았다. 항상 그는 원주민들을 유럽인들과 대등한 존재로 여겼을 뿐만 아니라 어떤 면에서는 유럽인들에 비해 월등하다고 여겼다.

그러나 원주민들의 문화에서 좋아하지 않는 면도 많았다. 샹플랭은 원주민들이 법과 신앙을 지니고 있지 않은 점에 대해 자주 언급했다. 그렇지만 그는 원주민들의 강점을 존경했으며 그들을 존중하는 마음으로 대했다. 그뿐만 아니라 항상 그들에게서 많은 것을 배우려고 노력했다. 샹플랭은 원주민들과 함께 시간을 보내는 것을 좋아하고 그들의 회의에 참석하며 그들의 말을 귀담아듣고 그들의 풍습을 탐구했다. 그리고 자작나무 껍질에 알고 있는 지역의 지형과 지도를 그려 달라고 부탁도 했다. 샹플랭은 그들이 알고 있는 모든 것들을 배우고 싶어 했다. 그는 또한 원주민들의 관심이 어디 있는지 파악하려고 노력했고 최대한 많은 원주민 부족과 동맹 관계를 형성하려고 노력했다. 그러한 노력의 일환으로 그는 스무 살 전 후반의 젊은 프랑스 청년들을 원주민들에게 보내서 그들과 함께 생활하면서 그들의 풍습과 언어를 익히도록 했다.

그런 샹플랭의 친 원주민 정책과 노력에도 불구하고 이 무렵에 샹플랭은 몽타냐이 원주민과 큰 문제를 안고 있었다. 1603년에 있었던 합의 이후 여러 해 동안 프랑스인과 그들은 동맹관계에 있었다. 그러나 샹플랭이 2년간의 프랑스 생활을 마치고 1620년에 뉴프랑스로 돌아왔을 때는 그는 분명히 그들로부터 거리감뿐만 아니라 적개심마저 감지할 수 있었다. 몽타냐이 원주민들이 달라진 가장 큰 이유는 세인트로렌스 밸리에서 행해지고 있는 교역 때문이었다. 원주민들은 더 많은 다른 국가의 무역상들과도 교역하기를 원했다. 이때 샹플랭은 원주민들에게 다른 국가 교역선과의 거래를 금지하는 대신 많은 혜택을 주고 있었다. 지난 20여 년간 동맹을 맺고 우호 관계를 유지하고 살아오면서 그들의 숙적인 이로쿼이 연맹과의 전쟁을 지원했고 세인트로렌스강 유역에 평화를 가져오도록 했지만 이제 원주민들은 샹플랭과 프랑스인들을 향해 거리감과 적대감을 보이는 것이었다.

샹플랭은 이 문제만큼은 강경하게 대응했다. 그 결과 몽타냐이 원주민들은 거칠게 반응하면서 양측의 관계는 악화되고 있었다. 심지어 그들은 프랑스인들을 전멸시키겠다는 협박을 하기에 이르렀다. 그나마 다행인 것은 여러 부족 중에 이런 적대적 태도를 보인 것은 몽타냐이가 유일하다는 점이었다.

몽타냐이 원주민들은 퀘벡과 타두삭을 습격할 계획을 세우기도 했지만 다행히 그들의 습격은 일어나지 않았다. 상세한 사연은 기록으로 남아 있지 않아서 잘 알 수 없지만 샹플랭은 단지 미연에 방지했다고만 기록했다. 샹플랭은 몽타냐이 원주민을 만나 관계를 회복하기 위해 노력했고 결국은 그들의 태도를 바꾸는 데 성공했다. 그들에게 교역에 대한 더 많은 특권을 주되 다른 침입자들이 제시할 수 있는 조건보다 더 나은 조건을 주었다. 또한 원하는 원주민들에게는 프랑스인들이 개간해 놓은 땅에 농사를 지어 사냥과 채집활동 외의 경제활동을 할 수 있도록 해 주었다. 샹플랭은 몽타냐이 원주민들이 보여 준 모든 문제는 극도로 기근에 취약한 그들의 경제 여건 때문이라고 생각했다. 그들은 오로지 수렵과 채집으로만 살아가는 사람들이었다. 그래서 비상시 섭취할 저장 음식을 지니지 못했다. 그들의 생존 방식은 휴론, 알곤킨, 싸코 또는 남쪽 지방에 거주하는 원주민들과는 매우 달랐다.

몽타냐이 원주민들이 거주하는 사그니 지역의 대부분의 땅은 농사를 짓기에 적합하지 않았다. 사그니 지역보다는 퀘벡에서 가까운 남서쪽 지방의 땅이 농사를 짓기에 더 적합했다. 샹플랭은 몽타냐이 원주민에게 씨앗을 주어 프랑스인들이 개간해 놓은 땅에 농사를 지을 수 있도록 해 주며 원주민들이 땅을 개간하여 자신들이 섭취할 옥수수를 경작한다면 그들을 형제로 여기겠다고 말했다. 샹플랭은 몽타냐이 원주민들이 사냥에서 농사로 삶의 방식을 완전히 전환하는 것이 아니라 북아메리카의 다른 부족들처럼 다양한 경제활동을 통해서 기근 없이 살아갈 수 있도록 유도했다. 그는 원주민들의 생활 조건을 개선하고 식량을 구하기 힘든 겨울 동안 필요한 곡물을 저장해서 참혹한 굶주림에서 벗어나게 도와주고 싶었던 것이었다.

이로쿼이 원주민과의 평화 협정

샹플랭이 북아메리카 원주민들과 우호적 관계를 열고 유지하려 한 것은 세인트로렌스 밸리의 원주민 부족들에게만 국한되지 않았다. 그는 이 기간 내내 이로쿼이 연맹의 부족들과도 평화를 유지하기 위해 노력했다. 그리고 많은 부분 성공을 거두었다. 그는 알곤킨과 몽타냐이 원주민들에게 이로쿼이 연맹의 한 부족인 모호크 인디언과 평화롭게 지내 줄 것을 간곡히 부탁하며 조력할 것을 약속했다. 다행히 일부 원주민들은 지난 50여 년 동안 이어온 전쟁에 이제는 진절머리가 난다고 말했다. 그리고 그들의 선조들은 절대로 싸움을 멈추려 들지 않았는데 그 이유는 그들의 인척과 동무가 당한 것에 대한 복수를 해야 했기 때문이라고 말했다.

샹플랭은 그들과 많은 대화를 나누며 모호크 원주민에게 평화 사절단을 보내라고 설득했다. 이에 매우 용감한 몽타냐이 무사들로 구성된 대표단을 이로쿼이 지방으로 보냈다. 이로쿼이 원주민 마을에 도착한 그들은 매우 성대한 대접을 받았다. 1622년 6월 6일, 두 명의 모호크 원주민이 세인트로렌스 유역의 원주민들과 대화를 나누기 위해 찾아왔다. 샹플랭은 퀘벡에서 가까운 곳에 위치한 원주민의 야영지에서 그들을 만났다. 춤과 음식을 곁들인 향연이 벌어졌다. 샹플랭이 퀘벡으로 돌아온 후 얼마 안 되어 이로쿼이 원주민들이 협상을 위해 샹플랭을 찾아왔다. 그들은 평화 협상을 위해 찾아왔다고 말했다. 모호크 원주민 사절단은 함께 식사를 하고 춤을 추웠다. 그리고 샹플랭은 그들에게 또 한 번의 잔치를 베풀어 주었다. 모든 게 희망적이었다.

그러나 대부분의 사람이 평화를 원한다 해도 달리 생각하는 사람이 단 한 명만이라도 있다면 그 희망은 순간 절망으로 바뀔 수 있기 마련이다. 이곳에서도 그러한 일이 일어났다. 그 한 사람은 프랑스인들이 사이몬이라 부르는 몽타냐이 무사였다. 평화 대담이 한창 진행되고 있던 중 그는 자기 혼자서 이로쿼이 연맹을 상대로 싸우겠다고 말했다. 몽타냐이 지도자들은 그를 통제할 수 없었다. 그들은 샹플랭에게 그를 통제해 그의 광란을 치료해 달라고 부탁했다. 샹플랭은 그에게 이성적으로 행동해 달라고 부탁했지만 그는 이로쿼이인들은 개만도 못한 가치 없는 인간들이라고 반박했다. 그의 언행으로 보아 이로쿼이 원주민의 목을 자르지 않고는 그를 만족시킬 수 없을 것이라는 생각이 들 정도였다. 그는 결국 세 명의 무사와 함께 전쟁을 벌이겠다고 결정했다. 샹플랭은 그의 고집이 너무 완강하여 어떤 설득으로도 그의 결정을 바꾸지 못할 것이라는 결론을 내렸다. 그리하여 샹플랭은 그의 공격성을 꺾어 놓기 위해 어떤 위협을 가했는데 이에 사이몬은 자기 숙소로 들어가 생각에 잠겼다. 샹플랭의 위협이 무엇이었는지 정확히 알 수는 없지만 그의 방법은 먹혀들었다. 결국 사이몬은 이로쿼이와 전쟁을 하겠다는 결심을 포기했고 추장들은 샹플랭의 신통한 해결과 협력에 감사를 표했다.

3개월 후, 몽타냐이 평화 사절단이 이로쿼이 원주민에게로 갔고 이로쿼이 원주민들은 이 평화 사절단을 반가이 맞아들였다. 그런데 사이몬이 불순한 의도를 가지고 평화 사절단을 따라가서는 이로쿼이 원주민 한 명을 무참히 살해했다. 몽타냐이 대표단은 그가 저지른 범죄를 되돌릴 수가 없는 매우 난감한 처지에 놓이게 되었다. 한 악당의 경거망동한 행동이 힘써 이루어 놓은 평화를 한순간에 날려 버리게 된 것이었다. 그러나 다행히 양측 모두 진심으로 평화를 갈망했다. 이로쿼이 원주민은 사이몬의 악행이 모두의 뜻이 아닌 그 한 사람만의 악의적 행동이라고 받아들이고 더 이상 문제 삼지 않았다. 그들은 6명의 대리인을 보내어 모든 원주민에게 평화협상이 이루어졌다는 것을 공표했다. 이렇게 오랜 세월 서로를 괴롭히던 북아메리카 원주민 사회에 평화가 찾아왔다. 그 속에 함께하면서 난제들을 풀어서 이들이 평화 협정을 맺도록 도움을 준 사람은 역시 샹플랭이었다.

평화를 위한 샹플랭의 노력은 여기서 그치지 않았다. 이로쿼이 원주민을 상대로 할 때는 동맹관계인 알곤킨과 휴론 원주민 사이에서도 서로 위협하고 강탈하는 사건이 벌어지기도 했다. 물론 이들의 분쟁은 부족 간의 전쟁을 하는 단계는 아니었지만 몇몇 사람의 잘못된 행동에서 야기된 갈등을 방치하면 부족 구성원 전체의 분쟁으로 번지는 경우가 있기 때문에 가급적 초기에 신경을 써서 갈등을 해소해야 했다.

일부 알곤킨 원주민들이 저지른 사건이 좋은 사례가 된다. 휴론 원주민들이 다니는 길목을 막고 위협하여 가지고 있는 물건들로 통행세를 요구하는 일부 알곤킨 원주민들이 있었다. 겁에 질린 휴론 원주민들은 가지고 있는 물건의 일부를 위협하는 자들에게 건넸지만 만족하지 못한 알곤킨 무법자들은 아예 휴론 원주민의 물건을 모두 강탈해 버렸다. 샹플랭의 권유로 양 부족의 관계자들이 모두 퀘벡에 모여 이 문제에 관해 논의를 시작했고 많은 시행착오를 거치면서 샹플랭과 두 부족의 지도자들은 오랫동안 세인트로렌스 밸리의 원주민들 간에 평화를 위한 환경을 만들어 냈다.

나는 위 두 단락에서 어쩔 수 없이 이야기의 이해를 돕기 위해 '부족(tribe)'이라는 단어를 썼지만 샹플랭은 자신의 기록 어디서도 이 단어를 사용하지 않았다. 대신 그는 민족, 국가, 국민이라는 뜻의 'nations'로 각 부족의 인디언들을 칭했다. 그만큼 샹플랭은 인디언들을 존중했다.

오늘날 캐나다는 오랫동안 인디언들을 칭하던 원주민 토착민 등을 뜻하는 aboriginals, indigenous 등의 용어 대신 'First Nations'으로 1982년 그 용어를 공식적으로 바꾸었다. 정확히 알 수는 없지만 이 또한 샹플랭의 정신을 이어받은 것은 아닐까?

자급자족

샹플랭은 퀘벡 주민들이 자립해서 살 수 있도록 농업을 발전시키려 노력했다. 그는 땅을 개간하여 씨를 뿌리고 과수원을 만들며 농장의 농작물 성장 상태를 면밀히 살폈다. 그는 유럽으로부터 식물과 씨앗을 들여왔으며 북아메리카 토종 식물 또한 세심한 주의를 기울여 살펴보았다. 매년 봄, 농장에 해빙이 시작되면 그는 씨앗을 뿌리기 시작했다. 샹플랭은 자연 세계로부터 많은 기쁨을 느꼈으며 매년 봄이 오면 농작물 성장에 대한 달력을 만들어 기록했다. 가을에는 겨울을 날 수 있는 곡물을 실험했다. 그는 농업 분야의 박사 연구자 못지않은 열정으로 다양한 시험 재배를 실시했다. 그리고 퀘벡의 개척민들이 자급자족하며 살아갈 수 있을 것이라고 굳게 믿었다.

이 시기에는 신선한 식량이 부족하여 매우 절약하며 생활해야 했다. 샹플랭은 더 많은 땅을 개간해 나갔다. 1624년, 샹플랭은 퀘벡 아래 위치한 오를레앙섬으로 가서 그곳에 농장을 세울 계획을 세웠다. 그리고 강 하류에 위치한 카파 투르망트 지역에서 또 다른 기회를 보았다. 그곳에는 자연적으로 상당히 많은 건초를 생산해 낼 수 있는 초원이 펼쳐져 있었다. 샹플랭은 이 지역의 목초지를 연구하여 이곳이 소를 방목하기에 매우 적합하다는 결론을 내렸다. 식민지인들은 이제 가축을 먹이기 위한 건초도 수확할 수 있게 되었다. 샹플랭은 이곳에 축산을 시작할 주민들을 정착시키기로 결정했다. 1623년에는 세인트 루이 요새로

드나드는 오솔길을 포함하여 퀘벡 지방 주위에 여러 길도 완성했다. 그리고 찰스강을 따라 사람과 가축이 다닐 수 있는 길을 내기도 했다.

퀘벡의 주택들은 그사이 다시금 낡고 황폐해졌다. 이러한 일은 부분적으로 거의 해마다 일어났다. 공사 견적을 낸 결과 다 쓰러져 가는 건물을 보수하는 것보다 아예 다시 건축하는 것이 비용 면에서나 시간 면에서 볼 때 훨씬 낫다는 결론이 나왔다. 샹플랭은 새로운 요새를 건설하기 위한 도면 제작에 들어갔다. 길이는 36야드(27.4미터), 중앙 건물 양쪽으로 18미터에 달하는 두 개의 부속 건물을 배치하고 건물의 네 코너에 각각 타워를 세우고, 건물 앞으로는 좁은 골짜기가 있으며, 강을 바라다볼 수 있는 전망을 확보하고 요새 주변은 해자로 둘러싸고 해자 위로는 가동교가 놓이는 도면이었다.

샹플랭이 그린 퀘벡성

1623년 가을 동안, 샹플랭은 건축에 쓰일 석회암과 나무를 잘라 거두어들이고 석공, 목공, 그리고 난방을 위한 작업에 들어갔다. 요새를 건설하는 데 18명의 인부를 투입했다. 목수들은 창문과 문을 만들고 35개의 들보, 그리고 지붕을 이는 데 쓰일 1,500개의 나무판을 만들었다. 1624년 봄이 되자 건축 작업이 시작되었다. 1624년 5월, 석수들은 건물의 토대를 놓기 위해 돌을 놓기 시작했다. 샹플랭은 한 바위에 프랑스 군주와 몽모랑시 뉴프랑스 총독의 문장, 그리고 이어 날짜와 부총독 자신의 이름을 새겨 넣도록 했다.

요새를 건설하는 데는 많은 장애가 있었다. 5월 20일, 건설 중인 세인트 루이 요새에 강풍이 불어닥쳐 지붕을 날려 버렸으며 에베르 가족의 석조 주택 지붕의 한 부분도 날려 버렸다. 샹플랭은 사람들을 보내어 망가진 지붕을 수리하도록 지시했다. 강풍은 그의 계획에 많은 차질을 빚게 했다. 그러나 5월 말, 주택의 1층이 세워졌고 창문과 문도 설치되었다. 그리고 2층을 위한 들보도 세워졌다. 건설 작업은 여름내 이어졌고 8월 초가 되자 일은 순조롭게 진행되었다. 대부분의 건설 작업은 샹플랭의 직접 지시하에 이루어졌다.

이때로부터 300여 년이 흐른 1925년 7월 1일, 1만여 명의 군중이 캐나다 퀘벡의 프롱트낙 호텔 광장으로 모여들었다. 1915년 8월 예정이었으나 1차 세계대전이 발발함으로써 10년이 미루어진 행사를 보기 위해서였다. 그것은 샹플랭의 300주년 기념행사의 일환으로 그의 동상의 모습을 세상에 공개하는 제막식 날이었다.

이 요새는 다이아몬드인 줄 알았던 석영 덩어리들을 보고는 탐험가 자크 카르티에가 이름 붙인 퀘벡 어퍼 타운의 카파 다이아멘트 언덕에 위치한 샤토 프롱트낙 호텔 광장인 듀퍼린 테라스 광장 아래 그 유적이 남아 있으며 건축 유적 위의 테라스에는 샹플랭의 동상이 높은 좌대위에 위엄 있게 세워져서 많은 관광객을 맞이하고 있다.

9월이 다가오자 샹플랭은 돌아오는 겨울을 이곳에서 보내야 할지 아니면 프랑스로 돌아가야 할지 하는 문제로 잠시 고민했다. 지난 4년을 퀘벡에서 함께 생활해 온 그의 아내 엘렌이 프랑스로 돌아가고 싶어 했기 때문이었다. 샹플랭은 귀국을 결정했고 단지 "가족과 프랑스로 돌아가기로 결정했다."라고만 짧게 기록했다.

새로 건축 중인 요새는 거의 완공 단계에 있어서 매우 훌륭한 모습을 보이고 있었다. 샹플랭은 에메리 캉에게 자신을 대신해 요새 건설과 식민지를 맡아 달라고 부탁하고 아내와 함께 프랑스로 향했다.

샹플랭의 아내, 엘렌 불레

파리의 12살 어린 소녀에게는 바다 건너 알 수 없는 곳의 '항해와 탐험' 그리고 '식민지 건설' 같은 말들은 자신과는 아무 상관도 없는 아득히 먼 세계였다. 그런데 이런 일에 열정을 쏟으며 자신의 일생을 바치는 한 남자가 자신의 신랑이 된다는 것이었다. 게다가 그 남자의 나이는 자신보다 30살가량이 많은 40대 초반의 남자라니! 그리고 남편이 된다는 남자의 나이는 자신의 아버지와 불과 10살도 차이 나지 않는 중년의 남자였다. 게다가 자신의 의지와는 아무 상관도 없이 이루어진 결혼이었다. 1612년, 이해 14살이 된 엘렌은 샹플랭과의 혼인 계약에 따라 친정을 떠나 남편과 함께 생활하게 되었다. 그러나 순전히 부모님의 뜻에 따라 성사된 이 결혼을 받아들일 수 없었는지 엘렌은 가출을 감행했다. 대로한 그녀의 부모는 그녀가 가문의 명예와 명성에 먹칠을 한다면서 돌아오지 않으면 그녀가 받게 되는 상속권을 박탈시키겠다고 으름장을 놓았다. 사방으로 수소문했지만 엘렌을 찾을 수가 없자 실제로 그녀의 부모는 그녀의 상속권을 박탈시키기도 했지만 훗날 다

9장 루이 13세와 샹플랭

시 복권시키게 된다. 얼마 후 다행히 그녀의 부모는 그녀를 찾게 되었고 그녀는 신혼집으로 돌아와 샹플랭과 함께 생활하기 시작했다. 그리고 8년 후인 1620년, 그녀가 샹플랭과 함께 대서양을 건넌 것이다. 샹플랭은 "엘렌이 대서양을 건넌 것은 오로지 그녀의 의지였다."라고만 기록하여 전후 사정이나 그녀의 마음을 알 수는 없다. 그러나 그녀가 안락한 파리의 생활을 뒤로하고 황무지나 다름없는 곳을 향해 남편을 따라나선 것으로 보아 이 무렵 두 사람 사이는 좋아진 것으로 추측해 볼 수 있다.

샹플랭과 엘렌이 퀘벡에 도착한 날, 뉴프랑스의 사령관을 맞이하기 위해 배에 오른 엘렌의 오라버니 으스타쉬는 예상치 못한 여동생 엘렌을 보고 너무 놀랐다. 게다가 위험한 대서양을 건너는 것을 여동생이 스스로 결정했다는 것을 알고 더욱 놀라워했고 크게 기뻐했다.

엘렌은 삭막한 퀘벡의 분위기를 환하게 바꾸어 놓았고 뉴프랑스에 많은 영향을 끼쳤다. 그녀는 프랑스인들뿐만 아니라 원주민들의 마음에도 오랫동안 기억되었다. 원주민들은 프랑스의 여인들은 남자들처럼 콧수염과 턱수염을 기른다고 들었었는데 자신들 앞에 나타난 그녀의 우아하고 아름다운 그리고 세련된 22살의 젊은 엘렌의 모습을 보고는 모두 넋을 잃었다. 프랑스인들도 마찬가지였다. 원주민들은 그녀의 아름다움에 놀랐으며 상냥하고 친절한 그녀에게 감동을 받았다고 전해진다.

그녀는 남편처럼 북아메리카의 낯설고 새로운 세계에 대한 호기심으로 가득 찼으며 원주민들에 대해서도 깊은 관심을 보였다. 어느 정도 퀘벡 생활에 익숙해지자 그녀는 세인트로렌스 밸리 지역에 거주하는 알곤킨 부족의 언어를 배웠다. 머지않아 원주민 언어로 소통이 가능해진 그녀는 원주민 아이들을 가르칠 수 있을 정도가 되었다. 원주민 여인들은 엘렌의 주변으로 모여들었다. 엘렌은 아픈 원주민 여인들을 돌보았으며 문제가 있는 여인들을 위로하고 마음의 안정을 찾도록 도와주었다. 그리고 자신의 그리스도교 신앙을 그녀들에게 이야기해 주었다.

전해져 오는 일화 하나를 통해 퀘벡에서 그녀의 생활과 영향력을 짐작해 볼 수 있다. 그녀는 그 시대 프랑스 여인들의 패션 애장품의 하나인 작은 거울을 목에 걸고 있었다. 원주민 여인들은 엘렌의 목에 걸린 그 작은 거울에 매료되었다. 그들은 엘렌 주위에 몰려 앉아 거울 속에 비추어지는 자신들의 모습을 관찰하곤 했다. 어느 날 그 여인 중 한 명이 엘렌에게 어떻게 엘렌의 가슴 가까이에서 자신의 모습을 볼 수 있느냐고 물었다. 엘렌은 "당신은 나의 마음에 아주 가까이 있으니까요."라고 대답했다. 원주민 여인들은 자신들이 아플 때 돌보아주고 그녀의 마음에 자신들을 품을 정도로 자신들을 매우 사랑해 주는 엘렌은 분명 인간보다 더 우월한 존재임에 틀림없다고 생각했다. 이 거울에 대한 이야기는 우르술라 수녀들을 통해 전해져 내려왔다. 이 수녀들은 엘렌과 파리에서 알고 지내는 사이였고 훗날 엘렌이 수도원에서 생활할 때 함께 생활하게 된다.

뉴프랑스를 이루기 위해 대서양을 수시로 건너며 평생 많은 시간을 아내와 떨어져 생활했던 샹플랭은 1620년에서 1624년까지 4년간은 아내와 퀘벡에서 생활했다. 엘렌은 프랑스인들뿐 아니라 원주민들에게도 감동을 주고 그들로부터 사랑을 받았지만 거칠고 열악한 환경의 식민지 퀘벡은 엘렌에게 영구한 정착지가 되지는 못했다. 결국 그녀는 퀘벡 사람들과 아쉬운 작별을 했다. 샹플랭에 관한 연구와 저술로 유명한 한 작가는 이때 샹플랭 부부의 퀘벡에서의 삶을 "그들은 퀘벡에서 함께 많은 것을 공유했으며 조화롭게 일했다."라고 표현했다. 이 부부는 공통점이 많았다. 매사에 진지했고 인간을 향한 따뜻한 마음, 경건한 신앙심이 같았다. 또 원주민들에 대한 관심도 비슷했다. 그래서 원주민들과 퀘벡에 거주하던 프랑스인들에게 많은 사랑을 받았을 것이다. 에베르 가족은 그녀에게 아이들의 대모가 되어 달라고 요청하기도 했다.

이후 그녀는 파리에 거주하면서 샹플랭과 떨어져 있는 동안 프랑스에서 남편의 사업을 도와 뉴프랑스 회사에 투자한 지분을 관리했을 뿐만 아니라 그녀의 부모로부터 받은 유산 일부를 남편이 일구고 있는 뉴프랑스에 헌정하기도 하는 등 남편의 원대한 계획을 응원하고 지원했다.

리슐리외 추기경

아내와 함께 다시 파리로 돌아온 샹플랭은 생제르맹의 별궁에 머무르고 있던 루이 13세를 뉴프랑스의 총독인 몽모랑시와 함께 만나 그동안의 뉴프랑스에 대한 일들을 보고했다. 이때 샹플랭은 궁정의 변화를 느낄 수 있었다. 오랫동안 궁정에서 영향력을 행사하면서 뉴프랑스 식민지 건설을 지지했던 여러 원로 재상이 물러나고 대신 그들의 자리에 야망으로 가득 찬 신진 세대들이 진출해 있었다. 그중 눈에 띄는 한 젊은이가 있었는데 그는 후세에 알렉상드르 뒤마의 소설, 『삼총사(The Three Musketeers)』에서 잘 알려진 리슐리외 추기경이었다. 소설 속에서는 붉은 망토를 두르고 왕비를 모함에 빠트리기 위해 동분서주하는 역할로 유명했는데 그는 샹플랭보다 스무 살 정도 젊은 당시 서른여덟 살의 아르망 장 뒤 플레시로 리슐리외 추기경으로 더 알려지게 되는 인물이었다. 그는 파리 태생으로 중산 계급의 집안에서 태어났다. 그의 부모는 세례식에서 아기용 침대 위에 '왕을 위한 아르망'이라는 문구가 적힌 천을 걸었다. 그의 조모는 어린 리슐이외에게 사람들이 걸친 코트에 수놓은 가문의 문장으로 사람의 가치를 계산하라고 가르쳤다고 전해진다. 이러한 조모의 출세 지향적 사고방식과 가르침이 그의 인격 형성에 많은 영향을 주었을 거라고 짐작할 수 있다.

그의 가문의 가장 큰 자산 중 하나는 루손 지방의 감독관이었는데 그들의 권한이 성직자들에게 도전을 받고 있었다. 가문을 지키고자 그는 가톨릭 교회로 보내졌고 21살에 루손 지방의 주교로 천거되었다. 주교가 된 그는 매우 열정적으로 정치에 관심을 갖기 시작했다. 가톨릭교단으로부터 가톨릭 옹호를 위한 대리자 중 한 명으로 선정된 그는 1614년 열린 삼부회에서 가톨릭 교회는 모든 세금으로부터 면제되어야 한다고 주장했을 뿐만 아니라 가톨릭 주교들은 더 많은 정치적 힘을 부여받아야 한다고 주장했다. 1614년 삼부회 이후 그는 가톨릭 옹호자인 마리 메디치 태후의 측근 중에 한 명이 되어 있었다. 그러다 여왕의 측근으로서 부정부패를 일삼던 콘치니 부부가 사형되고 태후는 추방됨에 따라 그는 마리와 함께 궁에서 멀어졌다. 그러던 그에게 다시 궁으로 돌아갈 기회가 찾아왔다. 1619년, 마리 태후가 감금되어 있던 블로아 성을 탈출하여 귀족들이 일으킨 반란의 명목상 수장이 되면서 루이 13세는 리슐리외에게 모후와의 중재를 부탁했다. 그의 노력으로 루이 13세가 모후와 가까스로 화해하면서 그는 다시 그녀와 함께 궁으로 돌아올 수 있었다. 1620년, 궁으로 다시 돌아온 리슐리외는 다시 자신의 힘을 키워 나갔다. 루이 13세가 교황에게 리슐리외를 추기경으로 추대하여 그는 1622년 9월에 추기경이 되었다. 리슐리외는 1624년 4월 29일, 의회의 일원이 되었는데 그 자리에 들어가는 데 일 년도 걸리지 않을 정도로 출세 지향적인 사람이었다.

자신을 옥죄는 그 권력을 역으로 이용하기 위해 그 권력의 인물과 친분을 쌓거나 가족의 일원으로 관계를 맺는 경우가 있다. 그러나 리슐리외는 인맥이 아닌 자신이 직접 그 권력의 중심으로 들어간 것이다. 대단한 정치력을 소유한 사람이었는지 그는 오늘날까지도 프랑스의 절대왕정을 완성하고 서유럽에서의 프랑스 패권 시대를 확립한 명재상이라는 평가를 받기도 한다.

그러나 그는 국가와 군주의 힘을 키워 나가는 동안 영향력 있는 귀족들에게 매우 적대적이었는데 그중에서도 왕실의 왕자들에 대한 적대감이 제일 심했다. 리슐리외에게 적대적 견제를 당하는 사람들은 대개 귀족들의 정치적 자유와 지방의회의 권리를 강렬하게 옹호하고 있었다. 가장 유능하고 기탄없이 자유와 권리를 주장하는 사람 중에 한 인물이 오랫동안 샹플랭의 꿈을 이해하고 지지해 준 뉴프랑스 총독 앙리 몽모랑시였다. 그의 집안은 리슐리외 추기경의 가문보다 명망과 명성 그리고 계급이 높았고 그의 매너는 리슐리외가 따라잡을 수 없는 귀족다운 면모를 지니고 있었고 왕의 동반자이기도 했다. 여러 면에서 자신보다 우월한 몽모랑시를 리슐리외 추기경은 시기했을 뿐만 아니라 매사에 국왕보다는 법을 먼저 생각하는 그를 의심의 눈초리로 지켜보았다. 그리고 그의 남다른 출세욕은 몽모랑시의 힘을 축소하는 데 성공한다.

리슐리외 추기경이 루이 13세의 궁에서 힘이 커지면서 몽모랑시는 프랑스 남부의 랑그도크 지방의 주지사 역할에만 집중했다. 1624년 밀 겨울 무렵에 그는 뉴프랑스의 총독에서 물러나기로 결정했다. 게다가 이때 그는 투자가들과의 분쟁과 소송에 지쳐있었다. 몽모랑시는 뉴프랑스 총독 자리를 단념하면서 그 자리를 당시 28살인 그의 조카 방타두어에게 넘겼다. 새 총독이 된 방타두어 또한 명망 있는 귀족 가문 출신이었지만 어떤 이유에서인지 리슐리외는 그를 주시하지도 견제하지도 않았다.

방타두어는 종교적 목적을 가지고 뉴프랑스 총독 직위를 받아들였다. 그의 주된 목표는 신세계의 원주민들과 유럽인들에게 가톨릭을 전파하는 것이었다. 그는 레콜레 성직자들에게 많은 지원을 했으며 예수회 선교사들에게도 뉴프랑스에서의 선교활동을 요청했다. 1625년 1월, 세 명의 예수회 성직자와 두 명의 교인이 그의 지원으로 퀘벡으로 갔다.

뉴프랑스의 총독이 된 방타두어 총독 또한 바로 샹플랭을 자신의 부총독으로 정하고 1625년 2월 15일, 그에게 임용장을 수여했다. 그는 지난 역대 총독들보다 샹플랭을 더욱 신임했으며 샹플랭의 지력과 판단, 역량, 실용적인 경험뿐만 아니라 그의 근면 성실함과 뉴프랑스에 대해 그가 알고 있는 모든 것에 대해 찬사를 아끼지 않는 사람이었다. 그는 샹플랭에게 예전보다 더 많은 권한을 부여하면서 필요하다면 자신을 대신해 군인들을 보직 임명하는 것뿐만 아니라 승진시키는 인사권까지 모두 일임했다. 샹플랭은 즉각 그의 권한을 행동으로 옮겨 뉴프랑스에 대해 많은 경험을 갖고 있고 언제나 샹플랭 가까이에서 최선을 다해 근무한 그의 처남, 으스타쉬 불레를 대령으로 승진시켰다. 그는 또한 유능한 해군 가문 출신인 데스타슈를 소위로 임명했다.

방타두어는 1625년 이해, 샹플랭에게 자신과 함께 프랑스에 머물면서 뉴프랑스에 대한 업무와 프랑스에서 할 일을 제시해 달라고 했다. 샹플랭은 흔쾌히 그렇게 하겠다고 대답했다. 그들은 그 후 파리에 위치한 방타두어의 저택에서 업무를 시작했다. 가장 긴급하게 처리해야 할 문제는 회사들과의 관계였다. 일부 회사들은 샹플랭에게 사적 감정을 가지고 매우 적대적이었다. 그들 중 우두머리는 샹플랭을 늘 괴롭혀 오던 다니엘 보여이가 이끄는 옛 회사의 한 조직 구성원이었다. 그들은 대개 보여이의 인척으로 네덜란드인과 독일인이라고 알려진 사람들이었다. 이들은 모두 외국인이어서 프랑스에는 아무런 충성심이 없었고 아메리카에 뉴프랑스를 건설하는 일에도 관심이 없었다. 그들의 목적은 오직 비버 모피를 구입하여 이익을 남기고 파는 것에 있었다. 그들은 평소 샹플랭의 식민지 건설이 자신들의 사업에 도움이 되지 않는다고 생각했으며 샹플랭의 성공을 불만스럽게 생각하고 있었다. 샹플랭이 1624년까지 4년간 뉴프랑스에 있는 동안 이러한 갈등은 더욱 강렬해졌다. 보여이와 함께하는 이들은 꽤 사법 소송에 정통한 사람들이었는지 뉴프랑스 관련 회사들과 총독은 늘 여러 가지 소송에 휘말리곤 했다. 이로 인해 뉴프랑스 덕분에 계속 돈을 버는 사람은 변호사들뿐이라는 자조적인 말을 할 지경이었다.

1625년, 방타두어 총독은 뉴프랑스 관계자들의 우호적인 분위기를 조성하기 위해 관련 회사들을 소집해 대화를 시도했다. 그러나 그의 노력은 아무 소용이 없었다. 평행선을 긋는 긴 논쟁으로 감정만 격해진 만남이었다. 샹플랭과 방타두어 총독은 상인들이 뉴프랑스에서의 모피 교역과 관련해 소송 중인 모든 분쟁을 멈춘다면 회사를 인수해서 정리하고 37% 정도의 일정 지분을 상인들에게 분배하겠다고 제의했지만 상인들이 합의를 보지 못하고 제안은 거부되었다. 샹플랭과 총독의 중재 노력은 허사가 되고 말았다.

방타두어와 샹플랭은 상인들과의 분쟁을 해군 법원으로 보냈다. 옛 주주들은 법원의 소송 진행을 막으려고 시도했다. 이에 총독은 이 문제를 왕의 의회에서 직접 해결하도록 요청했다. 리슐리외 추기경의 지도력 덕분인지 의회는 단호하게 행동했다. 왕의 이름으로 의회는 주주들에게 회사 자본의 40%를 수락하고 즉시 세인트로렌스 밸리에서의 모피 교역을 철수하라고 명했다. 이로써 1626년, 루아양 지방과 생말로 지방의 회사들은 뉴프랑스에서의 교역활동을 중단하게 되었다. 그리고 뉴프랑스에서의 모피 전매권은 캉 회사에 돌아갔다. 캉 회사는 교역선을 통솔할 선장들을 모두 가톨릭 교인으로만 고용하는 조건으로 의회의 모피 교역전매권 제안을 받아들였다. 반면 어업의 기회는 모든 사람에게 열어 주는 한편, 어부들에게도 한 어선에 12개의 비버 모피를 교역하도록 허락했다. 그러나 어부들은 모피를 캉 회사에 고정된 가격으로만 팔 수 있도록 했다.

샹플랭이 없는 퀘벡의 상황

1625년 늦여름 즈음이 되자 뉴프랑스에 있는 레콜레와 예수회 선교사들로부터 편지가 날아들기 시작했다. 편지에는 샹플랭이 뉴프랑스를 떠난 후 퀘벡의 상황이 점점 안 좋아지고 있다는 내용이 담겨 있었다. 뉴프랑스에 대한 이야기는 널리 퍼져 나갔다. 예수회 신부는 프랑스로 돌아와 궁의 많은 사람에게 뉴프랑스의 처절한 상황을 알렸다. 그의 보고는 상당한 파장을 불러일으켰다. 또 다른 예수회 사제도 샹플랭에게 그리고 가톨릭과 개신교 지도자들에게 편지를 보내왔다. 레콜레 성직자 조제프 카롱은 왕에게 직접 편지를 보내왔으며 그 편지는 파리에서 인쇄되어 기사화되었다.

이들의 보고와 모든 편지 내용에는 한결같이 퀘벡에서 많은 것들이 잘못되어 가는 상황이 담겨 있었다. 영원히 변하지 않을 뉴프랑스의 혹독한 겨울에 대한 내용도 있었다. 5월 1일 뉴프랑스에서는 한창 봄을 맞이하는 계절임에도 오월제 기념행사를 위해 쓰이는 메이폴(maypole, 광장에 세우고 꽃 리본 따위로 장식을 하고 기둥 주변에 모여 춤을 추며 즐김)을 눈 위로 끌었다는 내용도 있었다. 퀘벡 주민들은 식량이 부족해서 고통받고 있으며 먹을거리만큼은 원주민들의 도움을 기대하기가 어렵다고 했다. 주민도 줄고 있었다. 1624년 여름, 샹플랭이 뉴프랑스를 떠나 파리로 올 때의 퀘벡 주민들의 수는 60명이었다. 그러나 그가 뉴프랑스를 비운 1625의 겨울, 그곳의 주민 수는 52명으로 줄어 있었다.

　성직자들은 또한 프랑스인들과 원주민들 사이에 고조되고 있는 팽팽한 긴장감에 대해서도 소식을 전했다. 일부 원주민 통역사들은 선교사들을 돕는 것을 주저하고 있으며 원주민들은 레콜레와 예수회 성직자들에게 적대감을 보인다는 것이었다. 그리고 성직자들은 원주민들로부터 존중을 받지 못하고 있으며 원주민들은 프랑스인들이 자신들보다 지능이 떨어진다고 생각하며 프랑스인들을 홀대한다는 것이었다.

　한 성직자는 원주민들을 개종할 수 있다는 생각에 매우 부정적이었다. 그의 편지에는 원주민들이 온갖 뻔뻔한 행동을 저지른다는 것이었다. 무엇보다도 그들은 폭력적이고 잔인하여 신뢰할 수가 없다면서 원주민들은 자신의 부모가 늙어 더 이상 거동이 불편해지면 그들을 살해한다는 내용을 담았다. 그의 편지는 원주민들에 대해 커져 가는 두려움을 표현하고 있었다. 그는 야만인들과 함께 살아가는 동안에는 퀘벡 주민들의 안전을 보장할 수 없다면서 만약 프랑스인들이 반항이라도 하려고 하면 그들은 제일 먼저 눈에 띄는 프랑스인을 죽여 보복할 것이라고 말했다.

　성직자들이 파리로 보내오는 이런 내용들과 그들이 느끼는 원주민들에 대한 두려움이나 혐오는 어찌 된 일인지 샹플랭의 기록에서는 찾아볼 수가 없다. 샹플랭은 가끔 원주민 개인의 행동, 특히 몽타냐이 원주민으로 인해 매우 화가 난 적은 있었지만 원주민들을 향한 공포심, 과민반응, 그리고 강한 혐오감 같은 마음을 드러낸 적은 없었다. 성직자들의 편지를 통해서 식민지에서의 샹플랭의 존재가 어떠한지 알 수 있고 나아가 샹플랭이 원주민을 대하는 태도와 마음이 성직자들의 그것보다 한 차원 높았다는 것을 알 수 있다.

　편지에는 다른 양상의 문제들도 담고 있었다. 그것은 프랑스 상인들의 비행에 대한 문제였다. 레콜레와 예수회 선교단은 모두 캉 회사, 특히 에메리 캉에게 매우 화가 나는 일이 일어났다. 개신교 상인들의 간부들이 선교사들을 요새에 있는 숙소에 머무르지 못하게 한 것이었다. 캉은 선교사들에게 숙소를 제공할 수 없다면서 프랑스로 돌아가든지 레콜레 성직자들의 숙소로 가든지 하라며 그들을 거부했다. 결국 선교사들은 레콜레 성직자들의 숙소로 가서 생존할 수는 있었지만 상인들을 향한 그들의 분노는 이만저만이 아니었다.

레콜레 선교사들이 캉이 식민지 주민들의 안전을 확보해 주지 않는다고 불만을 토로했다. 샹플랭이 건설하던 퀘벡의 요새는 거의 방치 상태에 놓여 있었다. 무엇보다도 캉 일가가 통솔하는 교역은 점점 쇠퇴의 길로 가고 있었다. 예전의 타두삭에는 20여 척의 교역선들이 분주히 오가고 있었는데 교역전매권이 캉에게 넘어간 후부터는 이제 2척의 교역선만이 보일 뿐이었다.

성직자들은 예수회 선교사들의 말에 동의하면서 전면적인 개혁을 촉구했다. 어떤 신부는 개신교인들이 이끄는 식민지에서는 가톨릭 신앙을 전파하기란 불가능하다며 오직 가톨릭 교인들만이 캐나다에 오는 것을 허락해야 하고 뉴프랑스의 총독은 퀘벡에 거주해야 한다고 주장했다. 그들은 캉 회사가 그의 책임을 다하지 못하고 있으니 회사가 가지고 있는 전매권을 박탈해야 한다고 주장했다. 또한 위그노(개신교)인들을 제외한 모든 사람이 프랑스에서처럼 교역을 할 수 있도록 허락해야 한다고 주장했다. 성직자들은 샹플랭에게 빨리 퀘벡으로 돌아와 무엇을 어떻게 해야 잘하는 것인지 알려 달라고 간청하고 있었다.

퀘벡으로부터 들려오는 이러한 불만의 목소리가 파리에 전해지자 방타두어 총독은 1626년 봄, 샹플랭에게 하루빨리 돌아가 퀘벡을 정상화하라고 요청했다. 샹플랭은 서둘러 디에프 항구로 가서 캉 회사의 이사들과 함께 뉴프랑스로 떠날 준비를 했다. 그들은 뉴프랑스로 떠날 5척의 범선을 준비했다. 샹플랭은 레콜레 신부와 천주교인이며 함선의 해군 대장으로 임명된 레이몬드 랄드 함장과 함께 승선했다. 두 번째 배는 에메리 캉이 통솔을 맡았다. 예수회는 80톤의 작은 범선을 임대하여 식민지에서 자신들의 선교활동을 더 강화하기 위하여 7명의 새로운 선교사들과 20명의 인부를 태웠다. 또 다른 2척의 배도 탐험을 시작하기 위한 준비를 마쳤다.

샹플랭이 오른 배는 1626년 4월 24일, 출항 준비를 마치고 디에프 항구에서 뉴프랑스를 향하여 항해를 시작했다. 이 시기 대서양을 건너는 배들은 점점 더 서로를 호위하며 항해를 해야 했다. 유럽의 국가 간의 긴장이 고조되고 있었기 때문이었다. 특히 대서양을 항해하는 선박들은 점점 더 위험에 처하고 있었다. 4월 27일, 샹플랭 일행은 수상한 배 1척을 발견했다. 샹플랭은 그 배가 해적이거나 밀수선이라고 판단했다. 샹플랭은 모든 호송선에 수상한 배를 추격하라고 명령했다. 세 시간 가량 추격했으나 수상한 선박은 샹플랭의 배들보다 빠르게 항해하여 샹플랭의 추격을 따돌렸다.

이번 항해는 평소보다 느렸다. 느린 배들을 챙겨 가며 움직이다 보니 더욱 느릴 수밖에 없었다. 그러던 5월 23일, 그들은 이틀이나 연속되는 거센 풍랑을 만났다. 예수회 선교사들이 탄 작은 범선이 어디론가 사라지고 보이지 않았다. 샹플랭은 최악의 사태가 올까 두려웠다. 그러나 예수회 선교사들이 탄 범선은 기적적으로 살아남아 아메리카를 향해 나아갔다. 거센 폭풍을 뚫고 간 샹플랭의 이번 항해는 자그마치 2개월 하고도 6일이나 걸렸다.

다양성 존중과
포용 정신

마침내 7월 5일, 샹플랭은 퀘벡에 도착했다. 그는 퀘벡 주민들의 건강한 모습을 보고 기뻤다. 그러나 2년 전 그가 퀘벡을 떠난 이후 아무것도 진척이 없는 요새 건설 상황을 보고 놀라지 않을 수 없었다. 샹플랭이 주민들을 세어 보니 이번 항해에 함께 온 사람들을 포함하여 55명밖에 되지 않았다. 그중 24명은 회사로부터 봉급을 받는 사람들이었다. 샹플랭은 요새와 주택을 짓는 데 모든 사람을 투입했다. 캉 회사가 저항하며 다시 한번 계약상의 약속 이행을 거부했다.

그러나 샹플랭은 물러서지 않았고 결국 캉 회사의 소속된 인부들은 샹플랭의 지시에 따라 작업에 들어갔다. 작업이 점점 진척을 보이기 시작하자 그는 다른 목표로 향했다. 중요한 목표는 식민지 주민들이 적어도 자신들의 식량은 자신들이 마련하는 자급자족으로 살아갈 수 있게 만드는 것이었다. 퀘벡에서 가까운 오를레앙섬은 땅이 비옥하고 충분한 물이 있어 경작하기에 아주 좋아 보였다. 오를레앙섬에는 광활한 농지가 있었지만 문제는 1626년 당시 퀘벡에는 농사를 지을 수 있는 사람들이 없었다. 오를레앙섬에 사람들을 정착시켜 경작을 시작하려면 본국으로부터 많은 사람이 이주해 올 때까지 기다려야만 했다.

샹플랭은 우선 다시 한번 세인트로렌스강 북쪽에 위치해 있고 퀘벡에서 동쪽으로 50킬로미터 떨어진 카파 투르망트에 관심을 가졌다. 그곳은 소를 방목하기에 아주 적합한 곳으로 땅을 개간하는 데 막대한 노동력이 필요하지 않은 광활한 초원이 펼쳐져 있었다. 1623년, 샹플랭은 에메리 캉의 형인 기욤 캉과 함께 이곳을 살펴본 바 있었다. 두 남자 모두 이곳이 농사를 짓거나 소를 키우기에 아주 적합한 곳이라는 것에 동의 했었다. 그때 그들은 많은 건초를 수확하여 퀘벡으로 가기도 했었다. 샹플랭이 1626년 다시 캐나다로 돌아왔을 때 그가 행한 첫 번째 업무 중 하나는 카파 투르망트로부터 가까운 초원에 개척마을을 건설하는 것이었다. 그는 밀물 때 아주 작은 범선을 정박할 수 있는 작은 개천이 있는 곳을 선택했다. 그곳에는 초원이 펼쳐져 있었으며 가까이에는 나무들이 무성하게 잘 자라고 있었다. 그리고 많은 흰기러기가 서식하는 곳이었다.

샹플랭은 그가 가지고 있는 모든 자원을 동원하는 데 단호하게 행동했다. 그는 농장 건설을 하루빨리 완공하기로 결심했다. 그는 농장 건설이 진행 중인 동안 개인행동은 허락하지 않았다. 그러나 일상생활에 있어서는 각자의 의견은 늘 존중되었다. 카파 투르망트의 주택들은 옹기종기 모인 작은 마을이 되었다. 후에 레콜레 선교사들도 이곳에 예배당을 지었다. 9월이 되자 농장은 완성되어 거주가 가능해졌다.

농장 경영을 위해 샹플랭은 니콜라 피버트와 그의 아내, 그리고 그의 조카딸을 이주시켰다. 샹플랭은 그들을 돕기 위해 5명의 인부를 보내어 프랑스로부터 들여온 소를 돌보게 했다. 샹플랭은 또한 프랑스로부디 노르망 디자인의 회색 화산암으로 빚은 항아리 안에 소중하게 넣어 보내온 식량도 보내 주었다. 그들은 일명 인디언 옥수수라 불리는 원주민들의 옥수수를 재배했으며 신선한 쇠고기와 돼지고기, 강에서 잡은 물고기, 습지에서 잡아 온 기러기와 오리, 그리고 프랑스에서 보내온 식료품들과 함께 다양한 식사를 즐길 수 있게 되었다. 샹플랭은 항상 음식이 식민지 주민들의 사기를 유지하는 데 필수 요소라고 여겼다.

샹플랭은 겨울을 지내는 동안 이곳 농장의 상태를 꼼꼼히 살폈다. 농장에서 일하는 모든 사람의 건강 상태가 매우 좋았다. 봄이 되자 샹플랭은 퀘벡의 절반이 넘는 사람들을 농장으로 보내 농장에 필요한 건물

증축을 모두 끝마치도록 하고 가축들이 겨울 동안 먹을 식량으로 건초는 필수였으므로 겨울에 필요한 건초 수확을 돕도록 했다. 이렇게 해서 이곳의 농장은 번성해 나갈 수 있었다.

샹플랭은 또한 인부들에게 농장 주위로 방책을 둘러 안전을 강화하도록 했다. 원주민들의 공격뿐만 아니라 유럽인들의 침입에 대비하기 위해서였다. 그런데 샹플랭이 농장에 가축 돌보는 일을 도우라고 보낸 두 목동이 몽타냐이 원주민의 기습을 받아 살해당하는 사건이 일어나기도 했다. 이 사건에 샹플랭은 매우 낙담했다. 샹플랭이 사고 현장을 직접 찾아 살펴보니, 두 피해자는 거주 지역에서 약 3킬로미터 떨어진 곳에서 야영을 하다가 살해당한 것이었다. 그는 원주민들의 이유 없는 잔인한 행동에 경악하지 않을 수 없었다. 범죄를 저지른 원주민들이 두 피해자의 시체를 강물에 떠내려가게 하기 위해 살해 현장으로부터 강까지 질질 끌었다는 것을 알 수 있었다. 그들의 두개골은 도끼에 맞은 듯 박살이 나 있었으며 몸에는 칼에 찔린 상처들이 여기저기 나 있었다.

프랑스인들은 격분과 동시에 두려움을 느꼈다. 몇몇 사람들은 복수를 하기 위해 몽타냐이 원주민들을 죽이길 원했다. 샹플랭은 즉시 그들의 제안에 제동을 걸었다. 복수심에 불타서 죄를 저지르지 않은 사람을 아무나 잡아 앙갚음을 한다면 그것은 의미가 없는 일이며, 그러한 행동은 전쟁을 불러와서 이 뉴프랑스를 황폐화시킬 뿐이라고 경고했다.

대신 샹플랭은 몽타냐이 추장들을 회의에 초대했다. 그는 추장들에게 살해된 프랑스인들의 시체를 보여 주며 이러한 행동은 매우 잘못된 짓이며 용납될 수 없다고 말했다. 샹플랭은 추장들에게 모두가 정당하다고 판단할 수 있는 해결 방안을 찾는 데 함께해 달라고 요청했다. 몇 명의 몽타냐이 원주민들이 희생자의 몸을 살펴보았다. 그러고는 이로쿼이 원주민 탓을 했다. 샹플랭은 이로쿼이 원주민들과는 아무 상관이 없으며 이번 사건은 몽타냐이 원주민들의 짓이라는 것을 명확히 밝혔다. 논의가 한참 이어졌다. 샹플랭은 원주민 대표단에 몽타냐이 원주민들이 살해를 저질렀다는 것을 인정하라고 설득했다. 그러나 그들은 누가 그런 짓을 범했는지 도저히 알 수가 없다고 끝까지 우겼다. 샹플랭 또한 섣부른 판단을 보류하고 포착하기 어려운 문제라는 점을 인정했다. 샹플랭은 만일 세인트로렌스 밸리 전역에 평화를 유지하길 원한다면 이곳의 모든 사람이 정당하다고 받아들일 수 있는 방법으로 해결되어야 한다며 이성적으로 그들을 납득시켰다. 더 많은 논의가 이어진 후 마침내 해결 방안이 나왔다. 몽타냐이 지도자들은 평화를 유지하기 위하여 자신의 아이들을 샹플랭에게 인질로 보내겠다고 한 것이었다. 사건은 이렇게 일단락되었다. 샹플랭은 인질들에게 매우 잘 대했으며 더 이상의 살해도 일어나지 않았다. 샹플랭은 몽타냐이 원주민들과 프랑스인들의 관계를 다시 서서히 회복시켜 나갔다.

1627년 겨울에 몽타냐이 일행이 샹플랭을 찾아와서는 그 어느 때보다도 프랑스인들과 견고한 우호 관계를 맺고 프랑스인들이 지니고 있을 수도 있는 자신들에 대한 불신을 모두 지우길 원한다고 말했다. 그리고는 우정을 더욱 견고하게 하기 위해 각각 11살, 12살 그리고 15살의 어린 여자아이 세 명을 샹플랭에게 맡기기로 결정했다고 말했다. 샹플랭은 그들의 아이들을 맡아 달라는 제안뿐만 아니라 아이들의 교육을 부탁하고, 같은 프랑스인처럼 대해 달라는 제안에 매우 놀랐다. 거기다 그 아이들이 성장하여 프랑스인들과 결혼할 수 있는 조건을 갖춘다면 결혼까지도 부탁한다고 했다.

많은 숙고 끝에 샹플랭은 그 아이들을 받아들이기로 결정하고 1628년 2월 2일, 세 소녀를 자신과 엘렌의 딸로 입양했다. 그리고 11, 12, 그리고 15세의 이 아이들의 이름을 '신념(Foi), 희망(Esperance), 그리고 자선(Charite)'이라고 지어 주었다. 세 소녀는 프랑스 언어를 배우고 그리스도 신앙 교육을 받으며 프랑스 소녀들의 옷 입는 방법 등, 어린 여자아이들이 터득할 수 있는 기술을 배워 나가기 시작했다. 그들은 기본적인 바느질에서 어려운 바느질, 그리고 수놓는 방법도 배워 냅킨 등을 만들었는데 그 솜씨가 날로 좋아졌다. 그뿐만 아니라 여자아이들은 교양 있고 교화된 아이들로 성장했다. 아이들은 샹플랭을 아버지로 공경했으며 샹플랭은 그 아이들을 딸로 대했다. 프랑스인과 원주민들의 관계도 많이 회복되어서 다시금 우호적이 되었다.

동시에 샹플랭은 이로쿼이 원주민들과의 관계 개선을 위해 노력했다. 8월의 어느 날 이로쿼이 강 주변에 거주하는 이로쿼이인들이 샹플랭을 찾아와서 전에 한 때 자신들과 동맹이자 친구인 네덜란드인 5명을 죽였다고 말했다. 그들은 또한 남쪽의 모히칸이라 불리는 원주민과 전쟁을 벌였으며 알곤킨, 휴론, 그리고 북쪽과 서쪽 지방의 중립을 지키는 원주민들과도 작은 교전을 벌이고 있다고 알려 주었다. 샹플랭은 즉각 이 문제들을 해결하고 고문과 죽음으로부터 두 명의 이로쿼이 포로들의 목숨을 구했다. 한 명은 호의의 표시로 집으로 돌려보내고 나머지 한 명의 이로쿼이 포로는 데리고 있으면서 잘 대해 주었다. 1627년 봄, 샹플랭은 이로쿼이 부족에게 평화 협정을 맺기 위한 사자를 파견하는 등 이로쿼이와의 관계도 점차 개선해 나갔다. 따라서 세인트로렌스 밸리에서의 원주민 부족들 간의 크고 작은 싸움은 점차 확연히 줄어들고 있었다.

그러나 같은 조국 그리고 같은 왕을 섬기고 있는 프랑스인들 사이에서의 종파 갈등은 조금도 개선의 의지가 보이지 않았다. 두 종파 간의 갈등과 분쟁은 샹플랭이 건설하고자 하는 뉴프랑스의 꿈과는 거리가 멀었다. 그가 꿈꾸는 새로운 세상은 이곳을 사랑하고 정착하는 모든 사람이 타인의 언어, 문화, 그리고 종교적 신념을 넘어 함께 조화롭게 사는 모습이었다. 그러나 예수회와 레콜레 성직자 선교사들은 개신교인들을 퀘벡에서 제외하자고 요구했다. 심지어 개신교들에게 자유로운 신앙생활을 인정하는 낭트 칙령 정책을 뉴프랑스에서는 폐지하고 가톨릭 교회만 허락하자는 주장을 루이 13세와 리슐리외 추기경에게 제안하는 신부들까지 생겨났다. 부왕인 앙리 4세의 종교 관용 정책을 지지하는 루이 13세와 달리 뉴프랑스 총독인 방타도어는 종교 관용 정책을 지지하지 않았다. 그는 자신의 뉴프랑스 총독 권한으로 뉴프랑스에서 개신교인들이 예배 보는 것을 금지하려고 했다. 그리고 1626년, 개신교 선원들은 위그노 교도들이 부르는 시편 찬송가를 그들의 배에서만 부르고 세인트로렌스 밸리에서는 부를 수 없다는 명령을 발표했다. 분명히 그는 뉴프랑스를 완전한 가톨릭 식민지로 만들려는 의도였다. 샹플랭은 프랑스의 국교인 가톨릭 교회가 뉴프랑스에 확고하게 자리를 잡아야 하며 원주민들에 대한 선교활동도 가톨릭이 해야 한다고 생각했지만 개신교도인 위그노인들도 식민지에서 활동하도록 허락해야 하며 그들의 방식대로 종교활동을 할 수 있는 권리를 보호받아야 한다고 생각했다. 자신이 꿈꾸는 다양성의 조화로운 공존을 이루기 위해 샹플랭이 선택한 것은 대화를 통한 타협이었다. 1626년의 어느 날, 샹플랭과 대부분 개신교 선원을 대온 배 1척이 세인트로렌스강에 도착했다. 이 배의 선장은 철저한 가톨릭 교인인 레이몬드 랄드였다. 랄드는 배에 타고 있는 위그노교인인 선원들에게 총독의 명으로 대서양에서는 몰라도 세인트로렌스강에서는 찬송가를 부를 수 없다고 말했다. 선장의 말에 위그노 선원들은 자신들의 자유가 박탈당하면 안 된다고 웅성거리기 시작했다. 상황을 지켜보고 있던 샹플랭은 선원들과 많은 대화를 통해 타협안을 이끌어 냈다. 그것은 총독의 명령을 존중하여 찬송가를 부르지 않는 대신 위그노교인들은 모두 모여 함께 예배를 드릴 수 있도록 한 것이었다. 대화를 통해 양보와 타협을 이끌어 낸 샹플랭 덕분에 이후 북아메리카, 뉴프랑스에는 가톨릭과 위그노 모두가 무리 없이 양보와 타협으로 공존하게 되었으며 이후 400여 년에 세월이 흐른 오늘날의 캐나다에는 다양한 종교의 성전들이 제각기 다른 모습으로 곳곳에 자리하고 있다. 샹플랭의 다양성 포용은 캐나다에서는 관행이 되었고 종교뿐만 아니라 피부색과 모습 그리고 언어와 문화가 각기 다른 민족 출신의 사람들이 캐나다라는 한 나라에 터를 잡고 하나의 공동체로 하모니를 이루며 삶을 이어 가는 캐나다인의 보편적인 정신으로 오늘날까지 이어졌다.

뉴프랑스 회사

1626년, 샹플랭이 파리에 머무는 동안 퀘벡의 예수회와 레콜레 선교사들은 뉴프랑스에서의 상업 활동에 전면적인 변화가 필요하다는 보고를 계속해서 보내오고 있었다. 이때 '통상과 항해'라는 기관의 총감독 지위와 직책을 가지고 자신의 영향력을 더 강화해 나가던 리슐리외 추기경은 1627년 봄, 방타도어를 뉴프랑스 총독 자리에서 물러나게 하고 캉 회사의 뉴프랑스에서의 전매권과 교역 특허권을 박탈했다. 그리고 뉴프랑스에서의 교역활동을 전담할 새로운 회사, '뉴프랑스 회사(Compagnie de la Nouvelle France)'가 세워졌다. 이 회사는 주주의 수가 100명이라 하여 '백인의 회사(Compagnie des Cent Associés-the Company of One Hundred Associates)'로 더 잘 알려지게 된다.

백인의 회사(이하 뉴프랑스 회사)는 자본금 30만 리브르로 시작했다. 리슐리외는 각각의 투자가들에게 3,000리브르를 투자하도록 했으며 회사의 수익금은 3년 동안 회사가 보존하기로 했다. 1628년 1월 24일자 주주명단에는 100인의 이름이 들어 있다. 리슐리외는 회원 명단의 1번으로 자신의 이름을 올렸고 52번째로 샹플랭의 이름을 올렸다. 이 시기 샹플랭은 퀘벡에 있었기 때문에 그의 아내 엘렌이 샹플랭을 대신하여 그의 투자금 3,000리브르를 전액 지불했다. 투자가 중에는 의회 의원들과 궁정의 고위관료들이 있었다. 그리고 몇 명의 지방상인들, 그리고 많은 파리의 상인들과 금융가들이 회원으로 가입했다. 뉴프랑스에서 활동하는 샹플랭의 친구들인 샤를 다니엘, 그리고 자신들의 이름을 뉴프랑스에 알리게 되는 이자크 레질리와 샤를 라 투르도 회사의 명단에 이름을 올렸다. 그동안 샹플랭을 꽤 괴롭혀 오던 다니엘 보여이와 대서양을 오가며 많은 말썽을 일으켰던 기윰과 에메리 캉 형제는 이 명단에서 빠졌다. 새로 설립된 뉴프랑스 회사는 리슐리외가 주로 이끌었으며 '추기경의 반지'라고도 불리게 된다.

뉴프랑스의 모든 식민지는 북아메리카에서의 모피 교역과 식민지 확장을 위해 설립된 '뉴프랑스 회사'의 봉토가 되었다. 그 범위는 북아메리카 남쪽의 플로리다로부터 북극권까지 거대했다. 뉴프랑스 회사는 뉴프랑스 건설을 위하여 그 어느 때보다 대규모로 지원을 해야 했다. 뉴프랑스 회사는 12명의 이사와 함께 리슐리외가 직접 경영했다. 이사들 중 반은 궁의 관료였고 나머지는 주로 파리의 상인인 반면 뉴프랑스 건설을 위해 불철주야 현장에서 뛴 그리고 뛰게 되는 샹플랭, 레질리, 그리고 다니엘은 이사회 명단에 오르지 않았다.

한편 이 시기 퀘벡에 있던 샹플랭은 쉬지 않고 개척 마을의 건물들을 수리하고 요새를 다시 지었으며 정착민들이 자립해서 살아갈 수 있는 기틀을 마련하기 위해 분투하고 있었다. 물리적인 여건 외에도 뉴프랑스 사람들의 화합이 중요하다고 보고 선교사, 무역상, 그리고 주민들 사이의 관계를 개선하기 위해 노력했다. 그중에서도 가장 중요한 요소인 개척민들을 향한 원주민들의 위협을 해소했으며 모든 주민의 안전과 교역 환경을 위해 이로쿼이 연맹과 평화를 이루는 한편 휴론, 알곤킨, 그리고 몽타냐이 부족들과의 우호 관계를 회복시켰다.

그러나 여전히 퀘벡의 뉴프랑스 식민지는 상대적으로 취약한 상태였고 인구 성장도 저 아래 남쪽의 뉴잉글랜드나 뉴네덜란드에 비해 그 속도가 매우 느렸다. 1627년 겨울, 퀘벡의 주민 수가 아직도 55명에 불과한 반면 영국의 '버지니아 회사'가 구성하고 후원하여 1607년 5월에 세운 최초의 영국 식민지 제임스타운에는 183명이 거주하고 있었다. 또 대서양의 동쪽 해안을 따라 북플로리다에 이르는 버지니아 영국식민지에는 1628년에 이미 1,300명 가까운 인구가 정착해 있었고 이들의 노예로 끌려온 22명의 아프리카인도 거주하고 있었다. 영국은 버지니아 회사에 지금의 뉴욕주에서 노스캐롤라이나주에 이르는 곳 어디에서나 정착해 살 수 있도록 허가해 주고 있었다.

또한 1620년 11월 21일, 102명의 사람을 태우고 현 매사추세츠 플리머스 만에 도착해 식민지를 세운 청교도들은 1628년에는 이미 300여 명에 가까운 인구 성장을 보이고 있었고 8년 뒤인 1636년에는 목사 양성을 위한 대학을 세울 정도로 성장하게 된다. 이후 이 신학대학이 확장해서 오늘날 세계 최고 명문인 하버드대학교가 된다.

영국이나 프랑스와 같은 꿈을 안고 1609년부터 북아메리카를 가로질러 동방으로 가는 길을 찾기 시작한 네덜란드 동인도 회사 또한 다른 식민지들과 같이 신대륙에서의 수익성 좋은 모피를 만나게 되면서 본래의 계획에서 벗어나 모피 교역에 주력하고 있었다. 그러다 1614년, 북아메리카 탐험이 국영사업으로 전환되면서 식민지 건설에 적극 뛰어들게 되었다. 그 결과 그들은 미국 동부의 코네티컷주, 뉴욕주, 뉴저지주,

그리고 델라웨어주에서 활동하게 되면서 1628년 기준 그들의 정착 인구는 샹플랭의 퀘벡 인구의 거의 5배에 이르는 270명, 그리고 2년 뒤인 1630년에는 300여 명으로 성장세를 보이게 된다.

이렇듯 리슐리외 추기경이 뉴프랑스 회사를 창립하며 선언한 북극에서 멕시코 만의 플로리다에 이르는 광대한 식민제국을 건설하겠다는 꿈이었지만 현실은 다른 유럽 국가들에 비해 한참 뒤처져 있었고, 그 성장 속도 또한 본국 프랑스 상황에 영향을 받아 매우 느렸으므로 리슐리외의 의욕만 앞선 선언이었고 그의 야망은 시기상조에 불과했다고 할 수 있을 것이다.

10장
퀘벡, 함락되다

뉴프랑스를 위협하는
본국의 상황

1624년, 유럽 여러 국가의 패권다툼에 지쳐 가던 프랑스 루이 13세는 스페인과 합스부르크를 견제하기 위해 그동안 이어 왔던 영국과의 다툼을 멈추고 화해하자며 영국 왕 찰스 1세에게 동맹을 제안했다. 그리고 두 나라의 동맹을 더욱 결속시키기 위해 자신의 여동생인 앙리에트 마리를 영국으로 시집보내기로 결정했다. 이때 루이 13세가 영국 왕 찰스 1세에게 자신의 여동생과의 결혼으로 제안한 결혼 지참금이 자그마치 240만 리브르였는데 이것은 훗날 뉴프랑스를 되찾기 위해 노력하는 샹플랭에게 꽤 큰 걸림돌이 된다. 어쨌든 1625년, 찰스 1세와 프랑스의 공주 앙리에트 마리는 결혼식을 올렸다. 그러나 찰스 1세와 앙리에트의 결혼은 양국 간에 더 많은 갈등을 일으키게 되었고 그 불똥은 난데없이 대서양 건너에서 불철주야 새로운 세상을 건설하겠다는 일념으로 일하고 있는 샹플랭과 뉴프랑스로 튀게 되었다.

시작은 가톨릭 교도로서 개신교를 끔찍이 싫어하는 앙리에트 마리와 대부분 개신교도들로서 가톨릭을 싫어하는 영국 국민들이 자신들의 왕비를 거부하는 데서 오는 심리적 갈등이었다. 종교 문제로 영국에 적응하지 못하는 앙리에트 마리는 찰스 1세와 결혼생활에서 싸움이 잦았고 이런 부부간 불화에 그녀는 불행해졌다. 하루는 그녀가 분을 참을 수 없었는지 유리창을 팔로 치는 것으로 자신의 분노를 표출하는 사건이 일어났다. 이 일로 양국이 시도하던 화해 무드는 온데간데없이 사라지고 오히려 예전보다 더욱 악화되었다.

설상가상이라고 했던가! 영국과 프랑스의 관계를 악화시키는 사건이 또 발생했다. 프랑스 라로셀 지방에 주로 거주하는 위그노 개신교도들이 종교적 자유를 요구하는 반란을 일으켰는데 영국이 개입했기 때문이었다. 영국이 이 전쟁에 개입한 이유는 종교적 이유 외에도 소금을 포함한 경제적 이권 문제와 해상권을 장악하려는 야심, 그리고 프랑스 루이 13세가 영국 몰래 스페인과 평화 협정을 맺은 사실을 알게 되었기 때문이었다. 이에 찰스 1세는 당시 권력의 정점에 있던 버킹엄 공작인 조지 빌리어스에게 100척의 함선에 6,000명의 병력을 태우고 가서 라로셸 지방의 위그노를 도우라고 지시했다. 버킹엄 공작인 조지 빌리어스는 찰스1세와 앙리에트 마리의 결혼을 주도했던 인물이었다. 그러나 결론부터 말하자면 버킹엄 공작이 이끄는 영국 함대는 라로셸 앞바다의 생마르탱드레섬에 상륙하는 것까지는 성공했으나 이곳에서 리슐리외 추기경이 이끄는 군대에 무참히 격퇴되고 말았다. 이후에도 영국은 원군을 더 보냈지만 그들은 상륙도 해 보지 못하고 격퇴되거나 대치하다가 그대로 물러나 자국으로 돌아가야 했다.

　루이 13세는 바로 행동에 들어갔다. 1627년 8월, 왕의 군대는 600마리의 말, 그리고 24대의 포로 무장한 7,000명의 병력을 동원하여 라로셸를 전면 포위했다. 그러나 라로셸 지방의 위그노는 단단하게 방어 태세를 갖추고 있어서 왕의 군대가 쉽게 공략할 수가 없었다. 루이 13세는 반란 진압을 위해 네덜란드와 스페인으로부터 몇십 척에 달하는 함대를 임대했다. 만만치 않은 자금이었다. 왕을 대신하여 진압 작전을 총지휘하고 있던 리슐리외 추기경은 1628년에 3만 명의 병사를 더 배치하여 이 마을을 전면 봉쇄하고 개미 새끼 한 마리 나오지 못하도록 하여 위그노들이 자신들이 세운 성안에 갇혀 굶주림으로 괴멸되도록 하는 장기전을 벌였다. 결국 1628년 10월 28일에 위그노 마을은 격파되었고 마을로부터 탈출하려던 사람들은 붙잡혀 즉석에서 교수형에 처해졌다. 리슐리외는 부녀자와 아이들에게도 똑같이 잔인한 처벌을 시행했다. 이 반란 진압 작전으로 라로셀 지방의 인구는 2만 7,000명에서 5,000명으로 감소했다. 생존한 5,000명의 위그노인들은 굶주림을 이기지 못하고 결국 항복했다. 1628년 11월 1일, 승리한 루이 13세는 라로셀로 들어섰다. 그는 위그노의 요새를 파괴하고 몇 명의 리더들을 처형하도록 했다. 그리고 나머지는 모두 사면했다. 이후 위그노는 여전히 낭트 칙령에 근거하여 개신교들의 예배를 허락하는 루이 13세 덕분에 그 생명은 부지하게 되지만 자신들을 향한 핍박과 박해가 지속되자 그들은 결국 조국 프랑스를 떠나 유럽 각지로 흩어져 살게 된다.

뉴프랑스에서는 샹플랭이 위그노 개신교인들의 정착을 허락했다. 그들이 박해를 피해 뉴프랑스를 떠나 남쪽의 네덜란드 식민지나 뉴잉글랜드로 이주하여 남쪽의 인구 성장에 도움을 주게 되는 것은 샹플랭 사후 먼 훗날의 이야기이다.

뉴프랑스로 향하는 불똥

루이 13세의 라로셀에서의 승리는 뉴프랑스에게는 불운의 시작이었다. 라로셀에서 자존심을 구긴 영국의 찰스 1세와 그의 재상들이 뉴프랑스를 점령해서 대서양 연안의 어업을 차지하기로 결심한 것이었다. 그러나 자금이 부족했던 찰스 1세는 군대를 파견하는 대신 임금을 지불하지 않아도 되는 사략꾼들을 이용하기로 했다. 사략꾼은 해적과 같이 약탈 행위를 하지만 해적과는 달리 왕으로부터 특허장을 받고 노략질을 하는 사람들이었다. 전투에서 얻는 전리품은 모두 자신들의 것이 되는 고수익에다 왕의 허락까지 주어지니 이보다 더 좋은 사업이 없었다. 이때 찰스 1세로부터 특허를 받은 사람들로는 스코틀랜드 출신의 궁정인이자 시인인 윌리엄 알렉산더 공작과 제임스 스튜어트, 그리고 영국인이지만 프랑스 디에프에 본 거지를 둔 성공한 사업가 자비스 커크 일가였다. 윌리엄 알렉산더 공작과 제임스 스튜어트는 1621년, 이미 영국 왕으로부터 북아메리카 아카디아 지방을 하사받고 그 이름을 뉴스코틀랜드라는 의미의 '노바스코샤(Nova Sctia)'라고 이름을 바꾸고 스코틀랜드 식민지를 세우고자 노력했지만 거듭 실패를 이어 오고 있었다. 또, 자비스 커크는 다섯 명의 아들을 모두 프랑스 디에프에서 키울 만큼 프랑스와는 밀접한 관계를 갖고 있는 사업가였다.

알렉산더와 스튜어트는 카파 브레튼의 작은 산기슭에서 대구를 말리는 등 어업활동을 하고 있던 바스크인들을 발견하여 잡고 그들의 어획물들을 모두 강탈했다. 그리고 그곳에 요새를 지었다. 그들은 프랑스인들이 이곳에서 어업이나 교역활동을 하기 위해서는 자신들에게 10퍼센트를 지불해야 한다고 으름장을 놓았다. 이밖에 이들이 점령한 곳은 오늘날 앤 요새(Fort Ann)가 있는 샤를 요새(Charles Fort)와 1604년 몽스와 샹플랭이 세인트크로이섬에 이어 두 번째로 식민지를 세운 포트 로얄이었다. 1629년, 찰스 1세의 허락을 받은 알렉산더는 새로 점령한 이 지역으로 정착민을 이주시키기 시작했다.

한편 커크 일가의 맏아들 데이비드 커크는 그의 동생 토마스와 루이와 함께 세인트로렌스강에서 활동하는 프랑스 교역선들을 약탈하라는 찰스 1세의 위임을 받고 대서양을 건너 퀘벡으로 향하는 프랑스 선박들을 나포하기 시작했다. 이때 이들이 탄 배의 선장은 위그노교도이면서 도망자 신세인 프랑스인 자크 미셸이었는데 뉴프랑스 해안을 잘 아는 사람이었다.

이제 곧 샹플랭이 지휘하는 퀘벡의 운명도 아카디아 지방이나 다름

없이 약탈자들의 위협을 받게 되는 순간이 점점 다가오고 있었다.

한편, 전쟁이 시작되었을 때 리슐리외 추기경이 설립한 뉴프랑스 회사는 뉴프랑스로 보낼 대규모의 호송선을 준비하고 있었다. 회사의 이사들은 호송선이 준비될 때까지 출항을 미루자고 제안했지만 리슐리외 추기경은 그들의 의견을 무시했다. 그리고 위험할 수도 있다는 생각을 하지 못하고 회원들의 정보를 무시한 채 뉴프랑스 건설을 위해 선박들을 서둘러 출항시켜야 한다고 주장했다. 1628년 1월 28일, 리슐리외의 판단을 전적으로 신임했는지 아니면 뉴프랑스를 건설하는 데 열정이 과했는지 루이 13세도 즉시 퀘벡으로 출발할 것을 명했다.

왕의 명령을 따를 수밖에 없는 뉴프랑스 회사 이사들의 고충도 이만저만이 아니었다. 양국의 상황이 불확실한 소용돌이 속에 있다 보니 이번 출항을 위한 기금 마련이 여간 힘든 게 아니었다. 이때 그들이 최선을 다해 마련한 기금은 5만 6,000리브르였는데 필요 목표에 충분하지 못한 금액이었다, 뉴프랑스 회사의 이사들은 필요한 자금을 빌리는 수밖에 없다고 주장하는 추기경의 주장에 할 수 없이 준비한 금액이 16만 4,720리브르였는데 이는 회사의 파멸을 초래할 수도 있는 엄청나게 높은 이자를 지불해야 하는 자금이었다. 확보된 자금도 없이 그들은 지금까지 뉴프랑스로 보낸 그 어떤 규모보다도 가장 큰 규모의 보급선을 준비했다. 리슐리외 추기경의 요구에 따라 뉴프랑스 회사는 이 기획에 모든 것을 쏟아부은 것이었다.

제일 먼저 퀘벡의 주민들이 긴급하게 필요로 하는 식료품과 생필품을 실은 배 1척이 출항했다. 그다음으로는 4척의 상선과 알려지지 않은 하나의 선박이 있었다. 예수회 노이롯 신부가 임대한 작은 범선 1척도 있었다. 이번 원정대에는 성직자들을 포함해 대부분 영구 정착을 위한

400명의 이주자가 함께했다. 뉴프랑스 회사는 영구 정착할 이주자들을 모으는 데 큰 노력을 기울여 많은 성과를 보았다. 지금까지 아메리카로 보낸 정착민 그룹 중 이날의 인원수가 가장 많았다.

이번 개척단의 지휘관은 '뉴프랑스 회사' 회원 중 한 사람인 클로드 로크몽 대령이었다. 로크몽은 명망 있는 귀족 집안 출신의 독실한 가톨릭 신자였으며 절대왕정을 강력히 지지하는 사람으로 리슐리외 추기경의 심복이었다. 그러나 심복은 그저 믿을 수 있는 심복일 뿐 뉴프랑스의 해안이나 강, 그리고 숲에 대해 아는 것이 전혀 없는 사람에게 이번 항해를 맡긴 리슐리외 추기경의 판단력은 커다란 문제가 있었다.

많은 시간을 지체한 후 개척단은 1628년 4월 28일, 드디어 디에프 항구를 출발했다. 개척단은 시작부터 세찬 풍랑에 시달리는 등 시련이 따르는 항해였다. 풍랑에서 가까스로 벗어난 지 얼마 안 되어 이번에는 리슐리외 추기경이 라로셀 지방의 위그노인들에게 했던 것처럼 개척단을 공격하기로 작심한 라로셀 지방의 위그노인들의 선박들로부터 공격을 받았다. 개척단은 다행히 그들의 공격을 따돌리고 탈출하여 7주 후, 세인트로렌스강 입구에 앙티코스티섬에 도착했다. 로크몽은 이곳에 물개와 북극곰들 사이에 십자가를 세웠다. 그리고 계속해서 가스페 해안을 향해 남쪽으로 항해했다. 이때 로크몽은 어부들로부터 강력한 화포로 중무장한 영국 소속 함대가 타두삭을 점령하고 강에 있는 프랑스 소속 범선들을 압수했다는 소식을 듣게 되었다.

그들은 커크 형제들이었는데 그 규모가 대단했다. 프랑스 원정대가 출발을 준비하고 있을 때 이들은 3~4척의 중무장한 강력한 함대에 전투태세를 완전히 갖춘 병사들을 가득 태우고 북아메리카 해안에 이미 도착해 있었던 것이다. 그리고 커크 형제들은 가스페 반도 남쪽에 위치한 미스쿠섬에서 프랑스 어선들을 잡는 등 바스크인들의 대형 교역선을 붙잡았고, 퀘벡 주민들을 위한 보급품을 가득 싣고 항해하던 뉴프랑스 회사가 보낸 첫 번째 보급선을 가로챘다. 커크 형제들은 6척의 사략선을 이끌고 세인트로렌스강을 따라 항해하여 타두삭 항구에 도착하여 닻을 내렸다.

샹플랭의 용기 있는 허세

한편 이 시기, 퀘벡의 샹플랭과 주민들은 식량 부족이라는 절박한 상황에 놓여 있었다. 콩 같은 건조 식품들은 6월이 되자 거의 바닥을 드러냈다. 그뿐만 아니라 대부분의 식료품도 바닥을 드러내고 있었으며 남아 있는 것이라고는 신선함을 잃은 5배럴의 비스킷이 남아 있었지만 그것으로는 충분치 않았다. 보급품이 도착할 시일은 이미 많이 늦어지고 있었지만 퀘벡의 주민들은 그 이유를 알지 못했다. 매일 아침 그들은 걱정스러운 마음으로 보급선이 나타나길 간절히 바라면서 강 아래를 내려다보았지만 아무것도 눈에 띄지 않았다. 이렇게 샹플랭과 주민들은 퀘벡 밖에서 무슨 일이 일어나고 있는지 전혀 모른 채 간절하고 불안한 마음으로 매일 소식을 기다리고 있었다.

늘 그렇듯 퀘벡의 주민들은 강을 항해하는 작은 범선은 타두삭에 세워두고 퀘벡에는 얕은 물에서 낚시를 하거나 운송에 사용되는 작은 배 1척만을 사용하고 있었다. 그러나 그마저도 균열이 생기는 등 너무 낡아 항해가 가능하지 않았다. 또한 퀘벡에는 선박을 조종할 선원 한 명이 없었다. 샹플랭은 라푸리에라는 몽타냐이 원주민에게 강 하류로 내려가 무슨 일이 있는지 알아봐 달라고 부탁했다. 6월 18일, 샹플랭에게 부탁을 받고 출발한 그는 퀘벡으로 다시 돌아와 해안에 도착한 배는 전혀 찾아볼 수가 없었다고 말했다.

7월 9일, 두 명의 원주민이 타두삭으로부터 육로를 이용하여 퀘벡에 도착했다. 그들은 6척의 배가 타두삭에 도착해 있다고 퀘벡의 주민들에게 전해 주었다. 퀘벡 주민들은 그들이 들려주는 소식에 안도하며 기분이 좋아졌지만 샹플랭은 그 6척의 배를 교역선으로 보기에는 여러 부분 미심쩍은 부분이 많다고 생각했다. 그리고 소식을 들려주는 원주민들마다 이야기가 달랐다. 그런데 그들은 배에 타고 있던 한 사람은 누군지 안다고 말했다. 그는 바로 프랑스인이며 위그노교인인 자크 미셸이었다. 그가 어느 편인지 의심이 든 샹플랭은 그리스 출신의 젊은 통역사에게 원주민으로 위장을 하고 카누를 타고 내려가 그들이 누구인지 알아 오라고 지시했다.

샹플랭의 요청으로 이 통역사는 두 명의 원주민과 함께 퀘벡에서 출발했지만 한 시간 후 그는 카파 투르망트로 심부름을 하기 위해 나갔던 파우셔라는 부상당한 프랑스인을 데리고 돌아왔다. 곧이어 조제프 신부가 강둑을 따라 헐레벌떡 달려왔다. 이들이 들려주는 이야기는 암울한 소식뿐이었다.

조제프 신부는 퀘벡에서 50킬로미터 정도 떨어진 카파 투르망트에 있는 노동자들을 위한 성찬식을 행하기 위해 퀘벡을 떠났는데 얼마 지나지 않아 그는 놀라울 정도로 빠른 속도로 노를 저으며 올라가는 두 명의 원주민을 만났다고 했다. 그런데 그들은 조제프 신부에게 뭍으로 몸을 빨리 피신하라고 소리치며 타두삭에 영국인들이 나타나 오늘 아침 카파 투르망트의 목장을 파괴하고 불태우러 갔다는 놀라운 소식을 전해 주었다. 불길한 소식을 전해 주는 원주민들과 헤어진 지 얼마 지나지 않아 조제프 신부는 영국인들에게 공격을 당했는지 콧수염은 심각하게 불에 그슬려 있고 카누 바닥에 반쯤 죽은 채 축 늘어져 누워 있는 파우셔를 태운 카누가 표류하고 있는 것을 우연히 목격했다. 너무 놀란 조제프 신부는 강물에 떠가는 파우셔를 그대로 놔두고 그와 그의 일행은 부지런히 강가로 노를 저어 숲속에 카누를 감추고 걸어서 퀘벡으로 돌아온 것이었다.

샹플랭은 이들의 이야기를 한 조각 한 조각 맞추어 보았다. 샹플랭의 결론은 타두삭의 대형 선박들은 프랑스 소속이 아닌 영국 소속이라는 것이었다. 그랬다. 중무장한 데이비드 커크의 부하 15명은 몇 명의 몽타냐이 원주민들을 길잡이로 삼고 카파 투르망트로 가 방어력도 없는 프랑스 주민들을 공격하고 어린 소녀 한 명을 포함하여 다섯 명의 개척민을 붙잡았다. 영국인들은 목장에 있던 가축들을 무참히 죽이고 나머지는 마구간에 가두고 건물에 불을 질렀다. 탈출구가 없는 가축들이 공포에 질려 이리 뛰고 저리 뛰며 울부짖는 소리는 카파 투르망트 전역으로 울려 퍼졌지만 샹플랭이 있는 퀘벡까지는 닿지 못했다. 일제강점기인 1919년 4월 15일, 지금의 화성시 지역의 제암리라는 마을의 교회에서 일본군이 제암리 주민들을 교회에 모이게 해 놓고 교회에 석유를 부어 불을 질러 23명의 목숨을 빼앗아 간 학살 사건이 있었다. 그 사건과 그 규모는 다르지만 두 사건 모두 인간의 잔인성을 보여주는 것은 똑같다 할 것이다.

침입자들은 파우셔가 숨어들어간 주택을 포함하여 두 개의 주택을 불태웠다. 프랑스 주민들이 힘겹게 일구어 놓은 카파 투르망트 농장을 영국인들은 파괴할 수 있는 건 모두 파괴해 버렸다. 부상을 당한 파우셔는 농장에 있는 다른 프랑스인들에게 어떤 일이 일어났는지 알지 못한 채 어떻게든 탈출하는 데 성공했다. 이때 여섯 마리의 소가 가까스로 도망을 치는 데 성공했지만 그중 다섯 마리는 몽타냐이 원주민들에게 잡혀 먹혔고 숲속에 홀로 떨어져 헤매던 한 마리는 샹플랭이 상황을 살피라고 심부름 보낸 사람에 의해 구출되었다.

샹플랭은 파괴된 농장과 또 다른 경악스러운 소식에 슬픔을 가눌 수 없었다. 파우셔가 보고하기를 몽타냐이 무사들이 프랑스인들에게 원수라도 되는 양 영국인들에게 붙어 농장으로 길 안내를 했고 소를 죽이고 프랑스인들이 힘들게 일구어 놓은 삶의 터를 약탈하는 데 도움을 주었다는 것이었다. 단 몇 명의 몽타냐이 원주민들이 영국 침입자들을 돕긴 했지만 나머지 몽타냐이 원주민들도 무슨 일이 일어나는지 알고 있으면서도 샹플랭에게는 아무 말도 하지 않았다는 것이었다. 이 소식은 샹플랭을 더욱 좌절감에 젖도록 했다.

1628년 7월 9일 이른 아침, 낯선 작은 범선 1척이 소리 없이 퀘벡으로 접근하고 있었다. 15~16명의 전투태세를 갖춘 남자들이 아직 잠자리에 들어 있는 프랑스 주민들을 향하여 다가오고 있었다. 그들은 자신들이 위협적인 존재가 아닌 척 다가와서 4명의 퀘벡 주민을 잡았다. 퀘벡에는 위험을 알리는 경보음이 울렸고 주민 모두가 소집되었다. 샹플랭은 적이 가까이에 다가오고 있다는 것을 주민들에게 알리면서 모든 정착 마을 주변에 참호를 파고 아직 완성되지 않은 요새 성곽에 방책을 서둘러 설치하기 시작했다. 퀘벡은 비상사태에 돌입했다.

다음 날 샹플랭은 퀘벡에서 가까운 세인트 찰스 마을에 위치한 예수회 신부의 집으로 다가가고 있는 작은 범선 1척을 발견했다. 샹플랭은 화승총을 든 몇 사람을 보내어 숲속으로 몸을 숨기고 그들이 예수회 신부의 집으로 접근하지 못하도록 막으라고 지시했다. 그런데 다행히 그들은 프랑스인들이었다. 배 안에는 다행스럽게도 카파 투르망트 농장에 붙잡혀 있던 비참한 행색의 농부인 피버트가 그의 아내와 어린 여자아이 조카와 함께 타고 있었다. 그리고 그들과 함께 영국인들에게 붙잡했던 여섯 명의 바스크인 포로들이 함께 있었다. 그들의 손에는 샹플랭에게 보내는 커크 형제의 편지가 있었다.

커크가 보낸 편지에는 자신들이 영국 왕으로부터 뉴프랑스를 점령하라는 임무를 받았으며 그 임무를 띠고 18척의 함대와 함께 이곳으로 왔다는 내용이 담겨 있었다. 그의 주장은 대충 맞았다. 이들 이외에도 알렉산더와 스튜어트는 아카디아를 점령하기 위해 그곳으로 갔다. 커크는 샹플랭에게 미스쿠섬뿐만 아니라 타두삭의 교역소를 점령했으며 해안에 정박해 있는 프랑스 소속의 모든 선박을 압수했다는 것을 알려왔다. 그는 또한 퀘벡으로 오고 있던 모든 프랑스 보급선을 압수했으며 카파 투르망트 농장을 파괴했다고 알렸다. 그러면서 퀘벡의 식량이 떨어져 가니 자신들은 퀘벡을 아주 손쉽게 함락시킬 수 있다고 위협하는 내용들이 적혀 있었다.

샹플랭은 퀘벡의 개척민들 앞에서 그 편지를 큰 목소리로 읽으라고 지시했다. 그러고는 어떻게 대응하는 것이 좋은지 의견을 나누었다. 모인 사람들은 논의를 이어 나갔다. 그리고 그들의 의견을 진지하게 경청한 샹플랭은 자신의 의견을 말했다. 그는 허세 부리는 영국인들에게 그렇게 멀리서 프랑스인들을 위협하지 말고 가까이 와보라고 하자며 필요하다면 그들과 싸우자고 말했다. 모두 샹플랭의 말에 동의하고 샹플랭을 지지했다.

샹플랭은 커크 형제에게 답장을 보냈다. 그의 답장은 의례적으로 영국의 왕, 그리고 그의 신하들의 용기와 넓은 아량을 칭송하는 내용으로 시작되었다. 그리고 퀘벡을 지금 이대로 포기한다면 왕 앞에 나설 수 없는 무가치한 자신들이 되리라는 것, 그리고 카파 투르망트에서 잃은 것은 아주 미미한 것 일뿐 이곳에서 생산하는 옥수수, 콩, 그리고 곡물들은 말할 필요도 없이 많이 있다고 허풍을 떠는 내용도 담겼다. 그는 또한 명예를 지키기 위해 목숨이 다할 때까지 싸울 것이며 영국인들이 직접 와서 퀘벡의 요새를 답사해 보면 공격하기 쉽지 않을 것임을 확신한다고 썼다. 그리고 마지막으로 프랑스인들은 영국인들이 오기만을 매시간 기다리고 있으며 끝까지 저항할 것임을 분명히 밝혔다. 샹플랭의 허세와 대담함이 공존하는 한 통의 편지였다.

강 아래에서 샹플랭의 대답을 기다리고 있던 데이비드 커크는 샹플랭의 전갈을 가지고 온 바스크 선원들에게 몇 가지 질문을 하고는 배에 타고 있는 모든 이들을 불러 모아 놓고 관리에게 샹플랭의 편지를 읽게 했다. 회의 끝에 커크 형제들은 퀘벡을 공격하지 않기로 결정했다. 이익을 좇는 그들의 사략선에는 이미 대서양 연안의 프랑스인들로부터 노획한 값나가는 모피와 생선이 가득 차 있었다. 커크는 부하들에게 프랑스인들의 범선을 모두 불태우라 지시했다. 그리고 그들은 영국으로 돌아가기 위해 대서양으로 향했다.

사실, 이때 샹플랭은 50파운드의 탄약과 아주 적은 양의 폭탄, 그리고 다른 물품들이 있을 뿐이었다. 커크 형제들이 공격하지 않는다 하더라도 이미 퀘벡은 버티기 힘든 상황에 와 있었다. 주민들은 거의 먹을 게 없어 200그램 정도의 완두콩으로 하루를 버티고 있었다. 만일 커크 형제들이 퀘벡을 공격해 들어온다면 퀘벡 주민들이 처한 비참한 상태에서 그들에게 저항하기란 불가능하다는 것을 샹플랭은 잘 알고 있었다.

경솔한
로크몽 대령

한편 한시가 급하게 식량과 생필품이 필요한 퀘벡의 개척민들을 생각한 로크몽은 짙은 안개가 영국 함대의 눈을 가리기를 희망하면서 퀘벡으로 올라가기로 결정했다.

배에는 네 명의 무장한 상인, 그리고 여자들과 아이들이 타고 있었다. 그는 영국인들이 타두삭을 점령했다는 것은 알고 있었지만 막강한 영국의 함선들이 강을 가로막을 수도 있다는 생각은 하지를 못했다. 그는 하급 장교 한 명과 열 명의 선원이 탑승한 작은 범선을 먼저 보냈다. 그들의 임무는 퀘벡이 아직 프랑스 손에 있는지를 확인하는 일이었다.

프랑스와 영국의 선박들은 방향만 다를 뿐 거의 동시에 항해를 시작했다. 프랑스 선박은 가스페를 출발해 퀘벡을 향하여 강의 상류를 향하여 올라갔고, 영국의 선박은 타두삭에서 출발해 대서양을 향해 내려가고 있었다. 영국의 커크 형제들은 총 대여섯 척의 대형 선박과 프랑스인들로부터 빼앗은 작은 범선 1척을 이끌고 항해하고 있었다. 영국 선박은 실전을 위한 전투태세를 갖추었을 뿐만 아니라 전투 인력으로 배를 가득 메우고 있었다. 양측의 선박은 7월 17일, 세인트로렌스강의 오늘날 리모우스키라 불리는 곳에서 서로의 존재를 알게 되었다. 다행히 강에는 안개가 자욱했고 강의 폭이 거의 50킬로미터가 넘었기 때문에 프랑스 선박은 무리 없이 통과할 수도 있다고 생각했는지 모르지만 커크 형제들의 지휘하에 있는 영국 선원들은 경계를 게을리하지 않았고 결국 프랑스 선박은 영국인들 눈에 포착되었다.

영국 선박은 상류에 있었으므로 배를 통제하는 데 중요한 이점을 가지고 있었다. 게다가 서쪽으로부터 그들 뒤에서 불어오는 계절풍 또한 그들에게 유리하게 작용했다. 프랑스인들은 배를 통제하기 어려워 거리를 멀리 하기엔 배의 속도가 너무 느렸다. 영국 기함을 지휘하는 데이비드 커크와 프랑스인이자 위그노교도인 미셸 선장은 프랑스인들이 쏘는 총알의 사정거리 안에 들지 않도록 장거리를 유지하고 자신들에게 유리한 포를 사용하여 프랑스 함선을 공격하기로 했다.

영국 함선들은 강물의 흐름 위에서 진을 유지하기 위해 가로로 진형을 갖추고 닻을 내렸다. 영국 함선의 넓은 측면의 위치는 프랑스 함선을 향하고 있었다. 그리고 포를 발사했다. 로크몽은 총기 사정거리 안에 배를 대려고 했지만 영국의 함선들은 그 범위를 벗어나 있었다. 프랑스 함대는 그렇게 15시간 정도 적을 향해 불리한 상황에서 총을 쏘아대며 버텼다. 그러나 전투는 포를 가지고 있던 영국이 월등히 우세했고 프랑스 측에는 로크몽 대장을 비롯한 사상자가 발생하기 시작했다.

일방적인 이 전투에서 로크몽은 완강히 버텼지만 15시간이 지나면서 탄알이 떨어져 가고 있었다. 필사적으로 대항하던 그들은 눈에 보이는 것은 모조리 탄알로 대체했다. 심지어 측연선의 추까지 총알로 사용했다. 그러나 얼마 안 가 하나둘 씩 총성은 조용해져 갔다. 병력뿐만 아니라 무기 등 모든 면에서 우월한 적을 대항하기에 역부족인 프랑스 측은 결국 항복하고 말았다. 뉴프랑스 회사의 주요 선박들과 퀘벡의 주민들이 학수고대하며 기다리고 있던 모든 보급품은 커크 형제에게로 넘어갔다. 그리고 신세계에서의 새로운 삶을 꿈꾸며 대서양을 건넜던 400명에 달하는 프랑스인들은 잠시 영국의 포로가 되었다가 커크 형제가 내준 2척의 배를 타고 다시 프랑스로 돌아가는 신세가 되었다. 그리고 로크몽을 비롯한 몸값을 받을만한 사람들은 프랑스로 돌아가지 못한 채 영국인들의 포로가 되었다. 카파 투르망트 목장 등에서 죽임을 당한 다른 프랑스인들에 비하면 그나마 다행이라고 할 수 있겠다.

커크 형제와 로크몽의 해상전이 벌어지는 동안 1척의 작은 프랑스 범선이 전투 상황을 피하여 그곳에서 벗어나고 있었다. 훗날, 샹플랭은 이 모습을 원주민들로부터 이야기를 듣게 되는데 당시 전투가 한창 벌어지고 있었을 때 전투 현장을 피해 달아난 배는 로크몽과 떨어져 항해하던 예수회 신부 노이롯과 그의 신자들이 탄 배였다. 샹플랭은 그들이 얼마든지 쉽게 퀘벡으로 와서 주민들에게 도움을 줄 수 있었는데도 그냥 프랑스로 돌아갔다는 생각에 그 실망감은 이루 말할 수가 없었다.

한편 로크몽과의 전투를 승리로 마친 커크 형제들은 가스페에서 열흘간을 보내며 선박을 재정비했다. 퀘벡을 함락시키는 데는 실패했지만 뉴프랑스의 주요 모피 교역소인 타두삭을 비롯한 많은 곳에서 자행한 약탈은 이들에게 많은 수익을 가져다주었다. 또한 그들은 뉴프랑스 주변 해안에서 18척에 달하는 선박을 나포했고 영국으로 가져가기엔 힘들 것으로 보이는 작은 배들은 불살라 버렸는데 그 선박의 숫자가 12척에 달했다. 그나마 2척의 선박은 프랑스 민간인들이 다시 프랑스로 돌아가도록 내어 주었다. 뉴프랑스 회사가 마련한 이번 이주 계획은 지금까지 프랑스가 보낸 정착민 중 가장 큰 규모였지만 이렇게 대실패로 끝나게 되었다.

커크 형제는 뉴프랑스에서 138개의 포, 교역 품, 그리고 가축을 비롯한 식량 등 엄청난 물품을 약탈했다. 이 약탈은 영국 왕이 공인하는 소위, 많은 이익을 가져다주는 새로운 사업이었고 영국으로 개선하는 이 약탈자들에게는 기사 작위가 내려지는 등 더 밝은 미래가 기다리고 있었다.

극한 생존을 이어 가는 퀘벡 식민지

프랑스와 영국 함선들이 치열한 싸움을 벌이고 있을 때 프랑스 소속의 또 하나의 작은 범선 1척이 적의 시야에서 벗어나 자욱한 안개 속에서 강변으로 접근했다. 그러고는 뭍으로 배를 끌어내어 숨기고 있다가 영국의 함선들이 전투를 마치고 그곳에서 사라지자 퀘벡으로 향했다.

퀘벡에 도착한 그들에게 샹플랭은 분노했다. 그는 무섭게 화를 내며 그 배의 선장에게 이리로 올 것이 아니라 아래로 내려가 누가 이겼는지 확인해야 했다고 꾸짖었다. 그러자 배에 타고 있던 관리가 "그러한 명령을 받은 일이 없다."는 핑계를 댔다. 참 기가 막힌 노릇이었다. 어떤 사람은 경솔한 싸움으로 모든 것을 잃지를 않나 또 어떤 이는 상관의 명령만을 따를 뿐 달리 스스로 무언가를 할 수 있는 판단과 역량이 없지를 않나! 샹플랭은 새로 도착한 11명의 남자에 대해 "다 떨어져 가는 완두콩만 축낼 입만 더 늘어났을 뿐"이라고 불만을 터트렸다. 샹플랭이 자제심을 잃고 하급 관리들에게 화를 내는 모습은 여간해서 보기 힘든 일이었다. 그만큼 샹플랭은 이번 사태를 심각하게 생각하고 있었다. 그러나 그는 곧 평정심을 되찾고 그들에게도 다른 이들과 똑같은 양의 콩을 나누어 주었다.

커크 형제는 뉴프랑스의 아카디아 지방과 퀘벡 근처의 카파 투르망트에서 악행과 약탈을 벌이고 퀘벡에서는 조용히 물러났지만 샹플랭과 퀘벡의 주민들에게는 잔인한 고통이 기다리고 있었다. 1627년 겨울에 이곳엔 약 73명의 거주민이 있었다. 약 53명이 요새에 살고 있었으며 그중 18명은 노동자였다. 또 다른 여섯 명은 에베르 농장에서 기거하고 있었다. 그리고 세 명의 레콜레 선교사들과 8명의 예수회 선교사는 세인트 찰스 지역에 있는 공동 숙소에서 거주했다. 여름이 되자 여섯 내지 여덟 명의 또 다른 주민들이 카파 투르망트 농장으로부터 돌아왔다. 그리고 작은 범선을 타고 샹플랭을 화나게 만든 11명의 관리가 도착한 것이었다. 여러 명의 통역사와 무역상들, 방랑자들을 합치면 1628년, 퀘벡의 인구는 90내지 100여 명 정도가 되었다.

퀘벡의 거주민들이 섭취할 수 있는 식량은 얼마 남아 있지 않았지만 샹플랭은 "그래도 아직은 하루에 200그램 정도는 공급할 수 있는 건조한 완두콩이 남아 있었다."라고 긍정의 기록을 남겼다. 그렇지만 완두콩으로만 살아가기에는 참혹한 생활일 수밖에 없었다. 지난여름부터 그들은 완두콩조차 아끼며 살아가야 했기 때문에 몸은 쇠약해져 가고 병약한 사람들이 늘어 갔다. 샹플랭은 모든 이들에게 얼마 안 되지만 똑같은 양을 나누어 주고 자신은 그들보다 더 적은 양으로 버텼다.

샹플랭은 완두콩을 갈아 요리하여 음식의 양을 늘리는 방법을 구했다. 그는 첫 번째로 나무절구에 넣고 콩을 빻았지만 속도가 너무 느렸다. 그는 기능공들에게 맷돌을 만들 수 있는지 물었다. 그들은 적당한 크기의 바위를 찾아 맷돌의 모습으로 만들었다. 부지런히 맷돌을 만든 결과 거주민들은 수프로 만들어 더 나은 요리를 섭취할 수 있었다. 사람들의 건강도 좀 나아졌다.

가을이 오자 장어낚시 철이 되었다. 주민들에게는 좋은 영양공급원이었다. 그러나 프랑스인들은 장어 잡기에는 미숙했다. 원주민들은 어둠 속에서 두 명이 한 조를 이루어 카누를 타고 장어를 잡았다. 한 사람은 장어를 유인하기 위해 횃불을 들고 다른 한 사람은 유인된 장어를 작살이나 고래잡이 창같이 생긴 도구를 이용해 잡는 방식이었다. 몽타냐이 원주민들의 장어 잡는 기술은 대단했다. 그들은 그 기술을 비밀에 부치고 프랑스인들에게 알려 주지 않았다. 원주민들은 잡은 장어를 가지고 와 나누어 주기도 했지만 대부분 프랑스 주민의 코트나 다른 소지품들을 받고 팔았다. 샹플랭은 창고에 있던 여러 물품들을 1,200마리의 장어와 바꾸었다. 이렇게 사들인 장어를 샹플랭은 모두에게 나누어 주었다. 그러나 그것도 얼마 안 가 바닥을 드러냈다.

가을이 가고 겨울 사냥철이 다가왔을 때 일부 원주민들이 프랑스 주민들을 도와주었다. 특히 몽타냐이 추장 쵸미나는 친구인 샹플랭에게 많은 도움을 주었다. 다른 원주민들도 100여 명의 주민들이 먹기에는 턱 없이 부족하긴 했지만 몇 마리의 무스를 가져다주었다. 샹플랭도 일부 주민들에게 무스 사냥을 해 오도록 지시해서 많은 무스를 잡았지만 그들은 대부분 다른 주민들과 나누어 먹지 않고 굶주린 늑대처럼 게걸스럽게 먹어 치웠다. 이를 알게 된 샹플랭은 그들의 이기심을 꾸짖으며 다시는 그들을 사냥에 내보내지 않았다.

겨울이 깊어지자 퀘벡의 주민들은 추위와 굶주림으로 점점 쇠약해져 갔다. 무엇보다도 이곳의 겨울은 길고 혹독했다. 주민들은 체온을 유지하기 위해 나무를 잘라 2킬로미터 이상의 거리를 끌어야 하는 힘든 노동을 감내하면서 땔감을 만들었다. 겨울 내내 이어지는 힘든 노동이었지만 덕분에 그들은 극한의 추위를 이기고 따뜻하게 지낼 수 있었으며 다행히 괴혈병도 발생하지 않았다.

봄이 되자 얼마 되지 않던 건채소마저 거의 고갈되었고 굶주린 주민들에게는 프랑스로부터 아무런 소식도 당도하지 않았다. 아이들은 배고픔으로 울기 시작했고 주민들은 버터, 와인, 빵, 그리고 소금 등이 바닥남과 동시에 희망도 잃고 있었다. 건조식품은 이제 한 달 정도 버틸 양밖에 남지 않았다. 샹플랭의 걱정은 깊어져만 갔다.

주민들은 사냥과 채집으로 살아가야 했다. 샹플랭은 주민들에게 고기잡이를 장려했다. 그러나 주민들이 물고기를 잡기 위해 애를 썼지만 물고기를 잡기 위한 그물이나 고리 같은 낚시 도구가 변변치 않아 그마저도 쉽지 않았다. 이 비참한 생활에서 이제 오로지 의지 할 수 있는 것이라고는 식용 가능한 식물과 식물 뿌리를 찾아 나서는 것이었다. 추수를 기다리는 동안 주민들은 양식을 구하기 위해 매일 매일 뿌리를 찾아 다녔다. 이 또한 매우 힘든 일이었다. 그들은 목숨을 유지할 수 있게 해 주는 것은 뭐든 찾아 숲속을 헤맸다. 그들은 매일 30~40킬로미터를 다니며 양식거리를 찾아 힘들게 이리저리 헤매고 다녔지만 구해 오는 것은 살아가기에 너무나 턱 없이 부족한 양이었다.

퀘벡 거주민들에게 굶주림을 해결할 수 있는 가장 근본적인 방법은 농사였다. 다행히 그들은 에베르 가족이 운영하는 농장과 예수회 목회자들의 농장에 뿌릴 수 있는 충분한 씨앗을 가지고 있었다. 1629년의 봄이 되자 식민지 마을 주변의 땅들이 경작지로 바뀌었다. 예수회 신부들도 땅을 갈았지만 면적은 겨우 그들과 그들의 하인들이 먹을 양식 정도밖에 나오지 않는 규모였다. 비록 그렇더라도 그들은 옥수수와 순무를 주민들에게 나누어 주었다. 그리고 퀘벡의 아이들이 목숨을 부지할 수 있도록 충분한 먹을거리를 제공해 주었다. 프랑스 식민지 마을 근처에는 몽타냐이 원주민들이 개간한 땅도 몇 군데 있었다. 그중에 한 밭에서는 개종한 한 원주민이 예수회 신부들의 거처에서 가까운 곳에 살면서 농사를 짓고 있었는데 그도 또한 샹플랭에게 도움의 손길을 주었다.

슬픈 이별도 있었다. 1603년의 만남 이후 줄곧 북아메리카와 파리를 오가며 샹플랭과 함께 활동하며 주로 교역을 책임지고 있던 퐁그라브도 원주민들과 물물교환을 하여 굶주린 퀘벡의 개척민들을 도왔다. 그러나 그는 굶주림과 통풍으로 인해 고통받고 있었다. 이에 샹플랭은 1629년 봄, 침대를 놓은 배와 그를 돌보아 줄 사람들을 준비하여 퐁그라브에게 가스페로 갈 것을 권유했다. 처음엔 샹플랭의 권유를 받아들였지만 이내 그는 마음을 바꾸어 퀘벡에 남겠다고 결정했다. 그러나 그의 병은 깊어져 갔다. 70세가 넘은 노인임에도 불구하고 굽힐 줄 모르는 왕성한 에너지를 보여 오던 그는 통풍으로 인한 고통에 무너졌다. 결국 그는 예수회 선교사들과 함께 퀘벡을 떠나 영국으로 가기 위해 타두삭으로 향했다. 이후 그의 소식은 알려지지 않았다. 샹플랭에게는 매우 슬픈 이별이 아닐 수 없었다.

에베르 농장에서도 생산물이 나오기 시작했다. 1627년에 낙상으로 사망한 에베르의 미망인과 그녀의 사위는 7~8에이커의 땅에 씨앗을 뿌렸는데 대부분 완두콩과 곡물들이었다. 그들이 수확한 양은 그들의 필요한 양을 채우고도 남아 일곱 배럴의 완두콩과 보리를 식민지 마을의 주민들에게 나누어 주었다. 여름이 되자 그들은 매주 한 번씩 옥수수와 완두콩, 그리고 2~3킬로그램 정도의 보리도 가져다주었다. 그러나 많은 사람이 먹기에는 적은 양이었다. 주민들은 에베르 농장에서 가져온 곡물과 숲에서 구해와 건조한 식물 뿌리를 섞어서 가루로 만들고 역시 숲에서 구해온 허브로 맛을 더했다. 샹플랭은 에베르 가족이 자신들의 가족을 위해 식량을 일부 숨겨 두고 있다는 것을 알았지만 모른 척했다.

샹플랭은 에베르 가족 외의 다른 퀘벡 거주민들에게도 각자 자신의 농사를 짓도록 했다. 즉, 공동 경작이 아닌 사유 경작을 시행한 것이다. 그리고 그들의 모습을 지켜보며 공동경작을 위한 강제노동보다는 사유 경작이 효과적이라는 것을 알 수 있었다. 그는 거주민들에게 각자 남는 것이 있으면 서로 나누어 먹을 것을 장려했다. 공동경작은 자발적인 참여보다는 의무적인 징집으로 이루어지는 경우가 많아 역효과를 낼 뿐이라는 것을 샹플랭은 알고 있었다. 그리고 그는 그 어느 누구에게도 강제적으로 어떤 일을 행하게 하는 사람이 아니었다.

이 고통의 시기에도 샹플랭은 북아메리카에 대한 탐사를 게을리하지 않았다. 그는 퀘벡에 먹을 것이 부족하여 원주민 부족 마을로 떠나보내는 젊은이들에게 신세계의 지형과 수로를 탐사할 것과 원주민들의 생활 방식을 알아 오도록 했다. 샹플랭의 부탁을 받은 휴론 원주민은 1628년 겨울에서 1629년 여름까지 20명의 프랑스 젊은이를 자신들의 마을로 데리고 가 맡아 주었다. 그뿐만 아니라 그들은 식민지 주민들에게 전해 달라고 한 자루의 옥수수 가루를 보내왔으며 예수회 성직자들에게도 두 자루의 옥수수 가루를 주었다. 1629년 7월 한여름이 되자 휴론 원주민들에게 위탁되어 있던 프랑스인들이 12대의 휴론 원주민들의 카누를 타고 샹플랭이 있는 요새로 돌아왔다.

반가움은 잠시였다. 문제는 돌아온 사람들을 위한 양식이 없었다. 샹플랭은 다른 이웃 원주민 부족들의 도움을 받기로 하고 다음 해 봄까지 그들이 생존할 수 있도록 아베나키 원주민 부족에게 맡기고 일부는 남쪽에 거주하는 에체민 원주민 부족에게 보냈다. 또 나머지 몇 명은 이 당시 가스페 반도 지역에 거주하는 샹플랭에 의해 캐네디언 민족(Canadian Nation)이라 부르던 원주민 부락에 부탁했다. 다시금 각지의 원주민 마을로 떠나는 이들에게 샹플랭은 각 지역을 탐사할 임무를 주었다. 이렇게 불행이 엄습한 위태로운 상황에서도 샹플랭은 신세계에 대한 새로운 정보를 계속해서 모으고 있었다.

지난 6월 중순경 많은 양의 소금을 보내 주기도 한 캐네디언 원주민들은 20명의 프랑스인이 자신들의 부락에서 겨울을 무사히 날 수 있도록 약속하면서 비용은 한 사람당 두 장의 비버 모피면 된다고 했다. 몽타냐이 원주민의 차우미나와 그의 동생도 프랑스인들을 돕기 위해 남쪽의 원주민들에게로 직접 내려가 물물교환으로 옥수수를 구해 오겠다고 퀘벡을 떠났다. 하지만 강의 수면이 너무 낮아 두 형제는 그냥 돌아올 수밖에 없었다. 비록 식량은 구해 오지 못했지만 샹플랭을 비롯한 프랑스인들에게는 그들의 마음이 여간 고마운 것이 아니었다. 이렇게 북아메리카의 세인트로렌스강 유역의 프랑스인들과 여러 원주민 부족은 어려운 상황에서도 서로에게 도움을 주고받으며 융화되어 가고 있었다.

퀘벡,
함락되다

1629년, 6월 초여름, 커크 형제들이 다시 가스페에 나타났다. 그들은 1628년, 뉴프랑스에서 이루어낸 성공적인 약탈의 맛을 잊을 수가 없었는지 이번에는 대대적으로 윌리엄 알렉산더와 스코틀랜드 투자가들과 합작하여 회사를 설립했다. 게다가 영국의 찰스 1세는 그들에게 이 당시 뉴프랑스로 알려진 지역에서 행사할 수 있는 모피 교역전매권을 부여했다. 그뿐 아니라 뉴프랑스 식민지의 모든 곳을 파괴할 수 있는 권한위임도 함께 부여했다. 국왕으로부터 공식적으로 특허받은 상업 활동과 뉴프랑스를 파괴하라는 명령을 받은 이들은 거침이 없었다.

지난해보다 더 강력한 2척의 함대를 이끌고 대서양을 건너 가스페에 도착한 이들 중 알렉산더는 아카디아 지방으로 향하고 데이비드 커크와 그의 형제들은 샹플랭이 있는 세인트 밸리로 향했다. 그리고 항해 도중 뉴프랑스 식민지 소속의 작은 배 1척을 나포했다. 커크는 배에 타고 있던 사람들을 통해 퀘벡의 부족한 식량과 탄약 등의 실태를 자세히 알 수 있었다.

1629년 7월 19일 아침, 아침 식사로 사용할 식물의 뿌리와 열매를 구하기 위하여 요새 밖으로 나갔던 샹플랭의 하인이 오전 10시쯤이 되자 급하게 뛰어 요새로 돌아와 요새에서 2~3킬로미터 떨어진 곳에 영국 선박이 나타났다고 알렸다. 샹플랭

전설이 된 남자, 사무엘 드 샹플랭

은 마을의 모든 남자를 불러 모으고 요새와 주민을 지킬 수 있는 최소한의 조치라도 취하기 위한 작업에 돌입했다. 소식을 들은 예수회와 레콜레 선교사들도 한걸음에 달려 샹플랭에게로 왔다. 샹플랭은 사지에 몰린 사태를 어떻게 벗어날 수 있는지 논의를 시작했다. 얼마 후, 식량, 탄약이 턱 없이 부족하고 지원군이 없는 상황에서 침입자들을 상대하기에는 너무나 무기력하여 버티기에는 불가능하니 그나마 받을 수 있는 모든 조건을 강구하기로 결정했다.

밀물이 들어오자 커크 형제의 함선은 협상을 뜻하는 흰 깃발을 휘날리는 작은 보트를 퀘벡으로 보냈다. 샹플랭은 영국인들이 다가올 수 있음을 알리기 위해 성곽에 깃발을 내걸었다. 흠잡을 거 하나 없는 말쑥한 태도를 지닌 영국 신사가 샹플랭에게로 다가왔다. 커크 형제 중 이번 퀘벡의 요새 점령 임무를 맡은 루이와 토마스 커크 형제가 보낸 편지를 건네주었다. 편지는 아주 정중한 예를 갖추어 쓰여 있었다. 그들은 현재 샹플랭이 처한 극도로 심각한 결핍 상태에 대해 매우 유감스럽게 생각한다면서 요새와 거주지를 모두 자신들에게 넘기라고 했다. 그러면 샹플랭과 뉴프랑스 주민들의 안전을 보장할 것이며 샹플랭이 원하는 대로 명예롭고 합리적인 합의를 이룰 수 있도록 하겠다며 위협이나 학대, 욕설, 그리고 혐오나 적대감을 표현하는 일은 없을 것이라는 내용이었다.

샹플랭 또한 예의를 갖춘 서두로 시작했지만 내용에는 단호한 의지가 담긴 답장을 쓰기 시작했다. 샹플랭은 뉴프랑스가 처한 지금의 어려운 처지로 인해 영국인이 하려는 계획을 막을 수는 없으나 그들의 요청은 오직 그들이 우리에게 제안한 조건과 내일 전달할 우리의 조건을 이행할 경우에만 실현될 수 있다면서 영국인들은 누구도 우리가 모든 것을 결심하게 되는 다음 날까지 상륙하면 안 된다고 요구했다.

샹플랭은 영국인들이 먼저 제안해 오기를 기다리지 않고 먼저 그들에게 전할 제안을 작성하기 시작했다. 샹플랭이 영국인에게 제시한 목록의 첫 번째 내용은 커크 형제가 일으킨 전쟁이 정당성이 있는지 그의 직권을 증명해야 한다는 것이었다. 두 번째로는 선교사들과 2년 전 샹플랭에게 맡겨진 몽타냐이 원주민 소녀 두 명을 포함, 100여 명 되는 프랑스인들을 프랑스 본국으로 보내기 위한 함선을 배정할 것, 그리고 마지막으로는 프랑스인들이 소지하고 있는 무기 이외에 모든 물건을 다 가지고 떠날 수 있어야 하며 모피에 대한 대가로 본국으로 돌아가는 프랑스인들에게 충분한 양식을 제공해 줄 것, 그리고 절대로 폭력을 행사하면 안 된다는 것을 요청했다.

커크 형제들은 샹플랭의 요구 대부분에 동의했다. 그들은 영국 왕이 내린 임명장을 타두삭에 도착해서 제공하겠다고 약속했다. 그리고 영국을 거쳐 프랑스로 보내 주겠다고 말했다. 그들은 또한 프랑스인들이 지니고 있던 총, 의복, 모피 등도 허락했다. 프랑스 주민들에게는 옷가지와 비버 가죽 하나가 제공되었다. 그러나 성직자들에게는 오직 그들의 일상 성직복과 서적만이 허락되었다. 그러나 샹플랭의 양녀 둘을 프랑스로 데려가려는 것은 거부당했다.

샹플랭과 그의 관리들은 커크 형제와 오가는 조건들에 대해 의논을 마친 후, 이 처절한 상황에서는 달리 방도가 없다 판단하고 커크 형제의 조건을 받아들이기로 결정했다. 7월 20일, 영국인들은 3척의 함선, 쾌속 평저선, 그리고 작은 범선 2척에 나누어 타고 150명의 일행이 22대의 총을 소지하고 퀘벡으로 올라왔다. 샹플랭은 루이 커크가 타고 있는 쾌속 평저선에 올라 원주민 양녀들에 대한 이야기를 나누었다. 샹플랭은 자신은 소녀들에게 아버지와 같은 존재이며 그녀들이 프랑스로 함께 떠나길 간절히 바라고 있음을 명확히 했다. 이에 루이 커크는 소녀들이 함께 프랑스로 가도 좋다고 허락했으며 이 소식을 들은 아이들은 뛸 듯이 기뻐했다.

그런 다음 루이 커크는 그의 부하들과 퀘벡에 상륙했다. 샹플랭이 보기에 루이 커크는 자신의 임무에 최선을 다하는 인물 같았다. 루이 커크는 샹플랭에게 그의 숙소에서 머무를 것을 요구했다. 그리고 부하들에게 예수회와 레콜레 목회자들과 예배당을 감시할 것을 명령했다. 이에 샹플랭은 목회자들에게 예배 보는 것을 허락할 것을 부탁하자 커크는 허락했다. 샹플랭은 또한 요새와 주민들이 지니고 있는 물건 목록에 대한 조사를 요청했다. 커크는 다시 한번 동의했다. 이날 이루어진 재고 조사 문서는 현재까지 남아 있어 퀘벡의 상당했던 무기에 대한 단서를 찾을 수가 있다. 그러나 남은 탄약은 고작 18킬로그램밖에 되지 않아 영국의 공격을 막아 내기에는 역부족이었다는 것을 알 수 있다. 커크는 샹플랭의 요구대로 퀘벡의 굶주린 프랑스인들에게 음식을 제공했다.

눈앞에 이익을 좇는 두 명의 배반자

다음 날 아침이 되자 루이 커크는 드럼 연주자에게 부하들을 불러 모으는 드럼을 치라고 명했다. 그리고 그는 샹플랭의 요새로 와 영국 기를 달았다. 곧이어 장대 끝에는 파란색 바탕에 노란 백합 문양이 그려진 프랑스 국기 대신 하얀색 바탕에 성 조지의 붉은 십자가가 그려진 영국의 국기가 퀘벡 성의 누각에서 강바람을 맞으며 휘날리기 시작했다. 강에서도 식민지 마을 성곽에서도 영국인들의 축포가 쏘아 올려졌다.

일부 프랑스 주민들은 퀘벡에 남기를 원했다. 땅을 소유하고 있는 에베르 가족과 사위는 이제 이곳이 영국의 지배하에 있다고 하더라도 아메리카에 남기를 원했다. 다행히 루이 커크는 친절한 사람이었다. 그는 프랑스인 가족들과 퀘벡에 남아 있고자 하는 프랑스인들을 가능한 한 많이 도우려고 했으며, 프랑스 디에프에서 성장하고 살아서 그랬는지 영국인들보다 프랑스인들과 대화하거나 교류하는 것을 더 좋아했다.

커크는 프랑스 주민들에게 퀘벡에 남고 싶은 사람은 그대로 자신들의 땅과 집을 유지하면서 살 수 있으며 프랑스의 지배 아래 살던 때와 같이 그대로 살 수 있는 자유를 주겠다고 약속했다. 또한 원주민들과 교역을 할 수 있으며 언제든 이곳이 싫으면 조국인 프랑스로 돌아가도 좋다고 말했다. 주민들은 샹플랭의 의견을 물어보았다. 샹플랭은 프랑스가 다시 주님의 은총으로 이곳을 되찾길 희망하면서 일 년간 더 이곳에 남아 있어 줄 것을 요청했다. 그들은 샹플랭의 제안대로 하겠다고 대답했다. 이런 결정에 따라 영국이 이곳을 점령했어도 퀘벡에 애착이 있는 일부 프랑스인들은 그대로 남게 되었다.

이런 애틋한 잔류자들과는 달리 기꺼이 영국인들의 앞잡이가 되고자 하는 4명의 변절자가 모습을 드러냈다. 한 명은 캉 회사의 직원이었고 또 한 사람은 수레를 고치는 사람으로 행실이 매우 좋지 않은 악당이었다. 그러나 샹플랭을 크게 분노케 한 것은 그동안 많은 탐사에 참여하면서 탐사 지역의 지도를 그리고 원주민들의 문화와 관습, 그리고 언어를 익혀 샹플랭과 원주민의 소통을 도와 온 에티엔 브륄과 니콜라 마르솔레이었다. 그들의 배신에 대한 샹플랭의 실망감은 이만저만 큰 것이 아니었다.

루이 커크는 샹플랭이 요새에 있는 그의 숙소에서 아무 방해받지 않고 지낼 수 있도록 배려해 주는 등 샹플랭에게 매우 정중하게 대했지만 샹플랭은 뉴프랑스를 정복한 영국인들을 보고 있는 것이 매우 고통스러웠다. 결국 그는 도저히 참을 수가 없어 타두삭으로 가 그곳에서 출발할 선박을 기다리며 그곳에 있는 데이비드 커크와 시간을 보내게 해 달라고 요청했다. 그의 요청은 받아들여졌다. 샹플랭은 영국인들의 쾌속 평저선에 몸을 싣고 타두삭으로 향했다.

타두삭에 도착한 샹플랭은 커크 형제들이 엄청난 자원을 지니고 있는 것을 알게 되었다. 퀘벡으로 온 3척의 함선 이외에도 커크 형제들은 300에서 400톤에 달하는 5척의 대형 선박들을 보유하고 있었다. 또한 그 선박에는 대포, 탄약, 포탄, 많은 전투 장비와 600명의 병사가 갖추어져 있었다.

토마스 커크는 맏형인 데이비드 커크에게 샹플랭을 안내했다. 데이비드 커크 역시 샹플랭을 매우 정중한 태도로 맞이했다. 그들은 함께 퀘벡에서 협상을 벌였던 항복에 대한 문서를 검토했다. 문서에는 단 한 가지가 문제였다. 다시 한번 샹플랭은 입양한 소녀들을 프랑스로 데려가지 못하게 되는 문제와 부딪혔다. 세 명의 소녀 중, 신념이는 아메리카에 있겠다고 하여 그렇게 마무리가 되었지만 희망이와 자선이는 프랑스에 무척이나 가고 싶어 했다. 그러나 퀘벡이 함락되자 바로 조국 프랑스를 버리고 영국인들에게 붙은 변절자 니콜라 마르솔레가 소녀들의 프랑스행을 막았다. 그의 변절에 샹플랭은 매우 격노했다. 그는 이 소녀들에 대한 욕심으로 데이비드 커크에게 샹플랭이 입양한 딸들이 사실은 프랑스로 가는 것을 원치 않는다고 거짓말을 했던 것이었다.

이 문제는 커크 형제들이 함께 저녁 식사를 하자며 샹플랭, 마르솔레, 영국인 선장, 그리고 두 소녀를 초대한 자리에서 논의가 되었다. 두 소녀는 너무 슬퍼 먹지도 마시지도 않았다. 희망이는 마르솔레에게 배신자라고 부르며 그가 자신을 유혹하려고 했다며 공격했다. 그녀는 마르솔레를 돌아보며 "당신이 다시 한번 나에게 가까이 오면 내가 곧 죽는 한이 있어도 당신 가슴에 칼을 꽂을 것이다."라고 말했다. 자선이도 가세하며 "내 손에 당신의 심장이 있다면 나는 당신의 심장을 이 저녁 테이블에 놓인 고기보다 더 쉽게 먹어 치울 것이야."라며 분노했다.

데이비드 커크는 누구의 말을 믿어야 할지 몰랐다. 그리고 몽타냐이 원주민들을 화나게 하는 것을 두려워했다. 그는 이 두 소녀의 눈물과 하소연에도 불구하고 두 소녀가 샹플랭을 따라 프랑스로 가는 것을 허락하지 않았다. 두 소녀는 마르솔레를 마구 공격하며 카누라도 타고 샹플랭과 함께 가겠다고 말했다. 그러나 데이비드 커크는 이 두 소녀의 울부짖음과 간청을 무시해 버렸다.

이 문제 이외에는 영국인들은 샹플랭에게 예의를 지켰다. 샹플랭은 어떤 방법이든 영국인들에게 도움이 되거나 뉴프랑스를 정복한 영국인들의 행동이 적법한 것으로 인정되지 않도록 매우 신중했다. 데이비드 커크와 샹플랭은 함께 사냥을 나가기도 했다. 그들은 도요새, 종달새, 물떼새 등을 2,000마리도 넘게 잡아 영국인들에게 잡혀 있는 프랑스인들과 그들을 책임지고 있는 영국 선원들에게 양식으로 제공했다. 사냥이 끝나면 원주민들과 함께 많은 양의 연어와 송어 낚시도 했는데 그 또한 사람들의 양식으로 쓰였다. 그뿐만 아니라 그물을 이용하여 빙어, 그리고 다른 여러 물고기를 잡았다.

그들의 대화 중, 샹플랭은 에메리 캉으로부터 두 본국에서 평화 협정이 이루어진 게 틀림없는 거 같다는 이야기를 들었다고 데이비드 커크에게 알려 주었다. 캉은 라로셀 지방에서 출발해 온 사람이기 때문에 믿을 만한 정보라고 말했다. 만일 그 소식이 사실이라면 커크 형제가 퀘벡을 정복한 것은 합법한 것이 아니라고 데이비드 커크에게 말했다. 데이비드 커크는 샹플랭의 말을 믿지 않았다. 그러면서 평화 협정을 알리거나 밝히는 기사가 난 문서가 있냐고 샹플랭에게 물었다. 샹플랭은 없다고 대답했다. 그렇다면 그냥 떠도는 소문일 뿐이라며 데이비드 커크는 일축해 버렸다. 그러나 샹플랭은 들은 이야기를 데이비드 커크에게 통보해야 했다. 만일 양국 사이에 평화 협정이 이루어졌다는 보고가 사실이라면 영국의 뉴프랑스 정복은 합법적인 행동이 아니기 때문이었다. 샹플랭은 참을 수가 없었다. 그는 모든 것을 원상복구하리라고 결심했다.

1629년의 가을, 커크 형제들은 영국으로 돌아가기 위해 배를 수리하기 시작했다. 샹플랭이 커크에게 퀘벡에 남은 주민들이 혹독한 추위의 긴 겨울을 무사히 날 수 있도록 충분한 양의 보급품을 더 보내 달라고 촉구하자 데이비드 커크는 그의 요구를 받아 주었다. 보급품을 싣고 퀘벡으로 향하는 2척의 배에는 에베르의 사위가 샹플랭이 입양한 두 원주민 소녀와 함께 배에 올랐다. 샹플랭의 처남인 으스타쉬 불레가 샹플랭과 떨어지지 않으려는 두 소녀에게 다가가 묵주를 선물로 주었다. 그리고 샹플랭은 두 딸에게 꼭 돌아올 것이라며 그녀들을 위로했다. 그리고 그녀들이 원한다면 에베르의 농장에서 기거할 수 있도록 해 주었다. 1629년 9월 14일, 샹플랭은 퀘벡으로 떠나는 입양한 딸들의 모습을 그저 바라볼 수밖에 없었다.

멈출 줄 모르는 샹플랭

같은 날, 샹플랭은 커크 형제들과 함께 승선하여 타두삭에서 출발했다. 이때 샹플랭은 영국인들이 무언가에 두려움을 가지고 있는 상태를 읽을 수 있었다. 이때 커크 형제들은 원주민들을 통해 가스페 해안 가까이에 중무장한 10척의 프랑스 함선이 있다는 것을 알고 있었기 때문이었다. 커크 형제를 이끄는 맏이 데이비드 커크는 프랑스 함선이 출현한다 하더라도 두려워하지 않는다고 강조했지만 그는 프랑스 선박의 눈에 띄지 않기 위하여 가스페에서 북쪽으로 약 80킬로미터 떨어진 앙티코스티섬 해안 가까이 항해하고 있다는 것을 샹플랭은 알아차릴 수 있었다.

커크 형제가 프랑스 선박의 눈은 피할 수 있다고 하더라도 9월의 대서양은 항해하기 좋은 계절이 아니었다. 아메리카 해안을 벗어난 지 얼마 안 되어 이들은 가을 태풍을 만났다. 그리고 뉴펀들랜드섬 주변은 짙은 안개로 커크 형제들의 항해를 방해했다. 설상가상으로 많은 선원들로 북적이는 배에는 질병이 빠르게 퍼지기 시작했다. 그 결과 커크의 부하 11명이 이질로 사망했다.

1629년 10월 16일, 샹플랭을 태운 커크 형제들은 한 달여의 항해 끝에 영국 해안에 도착했다. 배에서 내리자 샹플랭은 즉시 두 나라의 상황을 알아보았다. 그런데 샹플랭이 듣게 된 소식은 두 나라 사이의 전쟁이 이미 끝났다는 것이었다. 게다가 두 나라는 이미 6개월 전에 평화조약을 맺었다는 것이었다.

라로셸에서 위그노의 반란이 진압된 이후 프랑스와 영국은 불필요한 전쟁을 중지하기로 합의하고 평화 협정을 맺은 것이었다. 조약의 발효일은 퀘벡이 정복당한 7월로부터 3개월 이전인 1629년 4월 24일이었다. 일어나지 않을 사태가 한 사략꾼에 의해 일어난 것이었다. 어처구니없는 일이었지만 평화 협정 소식에 샹플랭은 너무 기뻤다. 협정 조건에 따라 협정이 이루어진 후에 일어난 모든 일은 제자리로 돌려놓아야 하기 때문이었다. 그러나 데이비드 커크는 평화 협정 소식에 격분했다. 그는 21척의 어선을 압수했는데 그중 일부는 양국 간의 평화 협정이 이루어진 후였다는 것을 여러 사람이 그에게 알려 주었다. 따라서 프랑스 어선에 대한 책임에서 데이비드 커크는 벗어날 수 없었다. 그리고 그는 여전히 몸값을 요구하기 위해 프랑스 목회자들과 지도자들을 잡고 있었다. 커크의 행동은 법을 위반한 것이었다.

위기감을 느낀 데이비드 커크는 포로로 잡은 프랑스인들을 하루빨리 영국을 떠나 프랑스로 돌아가게 해야 했다. 이 위법 사건이 법정에서 다루어지게 된다면 범죄자는 이 약탈 행위를 시킨 왕이 아니라 자신이 된다는 것을 모를 이가 없었다. 데이비드 커크는 즉시 프랑스에서 가장 가까운 영국의 항구인 도버로 가기 위해 플리머스에서 출발했다. 그는 모든 포로를 풀어주고 그들이 가능한 한 빨리 고국으로 안전하게 돌아갈 수 있도록 조처했다. 모든 프랑스인 포로는 고국으로 돌아갈 수 있다는 소식에 다들 행복해했지만 단 한 사람 샹플랭은 뉴프랑스에 대한 문제를 확정 지을 때까지는 영국을 떠나는 것을 거부했다. 그는 뉴프랑스를 잃었다는 것이 굴욕적이었다. 그리고 그런 일이 일어났다는 상황에 화가 났다. 양 나라에서 모두 법적으로 집행된 평화 조약의 조건에 따라 퀘벡은 정당하게 프랑스의 식민지이며 영국은 그것을 다시 반환해야 하는 것이었다.

프랑스로 돌아가 리슐리외 추기경과 왕에게 해결하라고 일을 미룰 수도 있으나 퀘벡을 다시 찾는 일은 자신에게 책임이 있다고 생각한 샹플랭은 다시 한번 고난의 행군을 시작했다. 그는 이번 사태에 대한 문서를 작성하여 도버로 갔다. 첫째, 그는 자신과 함께 영국으로 붙잡혀 온 프랑스인들이 프랑스로 떠나기 전 그들을 통해 커크 형제들의 행동에 대한 기록을 모았다. 그런 다음 그는 작성된 문서를 그의 서신과 함께 여러 곳으로 보냈다. 한 통의 편지는 뉴프랑스에 대한 뉴프랑스 회사의 최고 감독관에게로 보냈다. 샹플랭은 어떤 일이 있었는지에 대한 모든 설명을 동봉했다. 그리고 모든 문서를 리슐리외 추기경과 왕에게 전하여 루이 13세가 런던에 있는 프랑스 대사에게 이 사건에 대하여 특별한 관심을 요하는 서신을 보내 줄 것을 부탁했다.

샹플랭은 커크 형제의 포로들이 도버에서 출발하여 프랑스로 돌아가는 동안 샹플랭은 반대 방향으로 향하여 10월 29일, 런던에 도착했다. 그리고 바로 다음 날 당시 영국에 프랑스 대사로 있던 샤를 샤또네프 후작을 만났다. 대사는 샹플랭에게 정중한 예우를 갖추고 그를 맞아 주었다. 샹플랭은 그에게 모든 이야기를 해 주고 준비해 간 문서를 주었다. 샹플랭은 대사에게 식량과 군수품의 부족, 본국 프랑스로부터 아무 도움의 손길을 받지 못한 점, 그리고 퀘벡의 함락은 양국의 평화 협정이 이루어지고도 3개월이나 지난 후에 일어났다는 점 등을 설명했다. 그뿐만 아니라 1년 6개월 동안 먹을 것이 부족하여 생명을 부지하기 위해 숲으로 들어가 식물의 뿌리와 열매로 생명을 부지했다는 내용과 입을 줄이기 위해 많은 퀘벡 주민들을 원주민들에게 보내서 그들의 도움으로 그나마 살아날 수 있었다고 말했다.

샹플랭은 퀘벡의 상황뿐만 아니라 영국의 약탈자들에게 점령당한 아카디아와 다른 뉴프랑스 지역의 상황에 관해서도 이야기했다. 샹플랭은 사신이 제작한 뉴프랑스가 발견한 전 지역을 보여 주는 상세한 지도를 펼쳐 보였다. 이 지도들은 프랑스가 개척한 북아메리카 지역을 영국인들에게 보여 주기 위해 제작한 것이었다. 이 지역들은 모두 영국인들이 들어오기 전에 프랑스에 의해 이루어진 탐사 지역이며 따라서 모두 뉴프랑스의 소유 지역이라고 주장했다. 그의 지도에는 이번에 영국에게 점령당한 퀘벡을 비롯하여 카파 투르망트, 타두삭, 가스페, 카파 브레튼, 미스쿠, 아카디아, 그리고 오늘날의 미국 메인주 지역에 프랑스인들의 교역소 등이 광범위하게 그려져 있었다. 샹플랭은 또한 이번에 영국인들이 뉴프랑스인들의 교역과 어업에 입힌 엄청난 약탈 행위에 대한 모든 것들을 문서화했다. 그리고 퀘벡의 항복 문서 사본을 대사에게 주었다. 샹플랭은 이번 사건은 양국 간의 전쟁이 끝난 다음에 일어났다는 점을 명확히 했다.

샹플랭은 프랑스 탐사대가 제일 먼저 명명한 아메리카 여러 지역의 이름을 영국인들이 폐지하려고 시도했다는 점에 대해서도 문제를 제기했다. 샹플랭은 뉴프랑스로 지정된 지역에 뉴잉글랜드와 뉴스코틀랜드 같은 이름을 갖다 붙인 데 대해서 크게 격분했다. 이 무례함은 뉴프랑스와 샹플랭이 받은 어떤 물질적 손상보다도 그를 화나게 했다. 그는 이미 붙여진 이름을 변경하는 것은 매우 비이성적이고 모욕적인 행동으로 간주했다. 그만큼 샹플랭은 지도 제작에 대한 애정과 열정을 쏟은 사람이었고, 지도 제작자로서의 명예에 관계되는 일이기도 했다.

샹플랭의 이야기를 모두 진지하게 경청한 대사는 이 문제에 대하여 영국의 왕과 이야기하겠다고 했다. 그는 샹플랭에게 들은 이야기를 문서화하고 샹플랭에게 받은 원본과 함께 왕에게 제출했다. 그중 한 문서는 훗날 영국의 기록 보관소에서 발견되었다. 찰스 1세는 정중한 예의로 프랑스 대사의 말을 경청하고 뉴프랑스에서 있었던 일에 대한 모든 책임을 받아들이고 식민지에 대한 소유권이 정당하게 프랑스의 국왕 루이 13세에게 있다는 것에 동의했다. 샹플랭은 샤또네프 대사를 통하여 영국의 왕이 약탈당한 모피와 물품을 포함한 뉴프랑스의 모든 것을 프랑스로 되돌려 줄 것이라는 반가운 소식을 전해 들었다. 이에 샹플랭은 대사에게 감사를 표하고 뉴프랑스와 그곳에서 강탈당한 모든 것을 반환한다는 영국 의회의 결정이 내려지기를 기대했다.

샹플랭은 하루빨리 모든 것이 제자리로 돌아가기를 기대하며 런던에 남아 본국의 상관들로부터 어떤 지시가 내려지기를 기다리고 있었지만 애타게 기다리는 희소식은 들려오지 않았다. 그렇게 샹플랭은 프랑스로부터 아무 소식도 듣지 못한 채 몇 주를 보내야 했다. 샹플랭은 이 상황이 도저히 이해가 되지 않았다.

한편 뉴프랑스 반환 문제는 영국의 찰스 1세에게는 프랑스에서 돈을 받아 낼 좋은 기회로 여겨졌다. 프랑스의 공주 앙리에트 마리와 결혼한 지 6년이 흘러가도록 처남인 루이 13세로부터 약조 받은 아내의 결혼 지참금의 절반을 아직 받지 못하고 있었다. 찰스 1세는 이 기회에 밀린 결혼지참금을 받아 낼 생각이었다. 지난해에 많은 부분을 의지했던 버킹엄 공작이 암살당해서 죽고, 종교문제와 세금 인상 문제로 의회와의 마찰이 계속되면서 실의에 빠져 지내던 찰스 1세는 아내인 앙리에트 마리에게서 위안을 얻게 되었고 둘 사이에 아이(훗날의 찰스 2세, 1630년 5월 출생)도 임신하게 되면서 둘의 관계는 금슬 좋은 부부로 변했다. 남편과의 사이가 좋지 않아 오매불망 조국 프랑스로 돌아갈 날만 기다리고 있다면 모를까 이제 남편과의 관계가 개선되고 금슬 좋은 부부로 바뀐 앙리에트 마리 입장에서도 오라버니가 약조한 자신의 결혼 지참금을 기다리고 있었을 것이다. 게다가 이 시기 영국은 엘리자베스 1세와 제임스 1세 시기를 거치면서 막대한 재정 적자를 겪고 있었다. 그리고 세금 인상을 추진하려는 찰스 1세의 계획은 의회에 의해 매번 좌절되고 있었다. 따라서 찰스 1세는 재정적으로 절박한 상황에 놓여 있었다. 이러한 이유로 찰스 1세는 비밀리에 뉴프랑스를 반환하는 문제에 조건 하나를 제시했는데 그것은 바로 루이 13세로부터 결혼 지참금의 전액을 받는다는 조건이었다. 찰스 1세의 이런 조건을 샹플랭은 알지 못하고 있었다.

사실 파리의 루이 13세와 그의 재상들도 이 문제에 대해 미적대고 있었다. 대사의 요청으로 여전히 런던에 머무르고 있던 샹플랭은 점점 속이 타들어 갔다. 프랑스로부터 소식을 기다리며 지낸 기간도 거의 5주가 지나가고 있었다. 오로지 그의 소망은 뉴프랑스로 하루빨리 돌아가는 것이었다. 이 시기에 대해 샹플랭은 영국에게 퀘벡을 빼앗긴 순간부터 하루가 몇 달 같았다고 기록했다. 11월의 마지막 주가 되자 기다림에 지친 샹플랭은 결국 프랑스로 가서 왕과 리슐리외 추기경을 직접 만나 담판을 보기로 결심했다. 샹플랭은 대사에게 출국을 허락해 달라고 요청했다. 샤또네프 대사는 그의 요청을 허락하며 영국의 왕과 의회가 뉴프랑스를 반환하겠다고 약조했다는 사실을 다시 한번 샹플랭에게 확인시켜 주었다. 1629년 11월 30일, 샹플랭은 드디어 런던을 떠나 조국 프랑스로 향했다.

파리에 도착한 샹플랭은 그동안 자신에게 많은 지지와 도움을 준 옛 재상들이 자리에서 물러나고 대신 젊은 세대들로 많이 교체되었음을 알 수 있었다. 그러나 언제나 그렇듯 샹플랭은 그들과 새로운 인맥을 구축해 나가는 데 어려움이 없었다. 그리고 어느 누구도 뉴프랑스 함락에 대한 책임을 샹플랭에게 묻는 인사는 없었으며 궁으로 들어가는 그를 막아서는 사람 또한 없었다. 이해 겨울 동안 그는 궁정의 젊은 신진 세대들과 인맥을 구축해 나갔는데 그들은 곧 루이 13세에게 신임을 받게 되는 인물들이었고 모두 샹플랭의 지지자들이 되었다. 특히 그중에 향후 뉴프랑스 건설에 큰 역할을 하게 되는 한 인물이 의사 앙드레 다니엘이었다. 그는 파리에서 인맥 폭이 매우 넓었으며 뉴프랑스에 대한 관심 또한 매우 높았다. 훗날 뉴프랑스에서 순교하게 되는 예수회 선교사인 안토니오 다니엘, 뉴프랑스 회사의 회원 중 한 명인 샤를 다니엘, 그리고 카파 브레튼에서 어업 교역을 하고 있는 프랑수아 다니엘이 모두 그의 형제들이었다.

　이러한 많은 사람의 지지를 받아 샹플랭은 왕의 신뢰를 얻고 리슐리외 추기경의 관심을 다시 끌어낼 수 있었다. 샹플랭은 뉴프랑스에 대한 상세한 설명과 영국과 얽힌 일에 대해 무엇이 필요한지 등에 대하여 설명했다. 그는 뉴프랑스로부터 어떤 혜택과 이익을 볼 수 있는지도 설명하면서 뉴프랑스가 완전히 영국 손에 넘어가기 전에 반환받아야 한다고 촉구했다. 얼마 후 왕과 리슐리외 추기경은 앙드레 다니엘을 영국으로 급파하여 프랑스 대사를 만나 평화 협정이 맺어진 이후 영국이 빼앗은 뉴프랑스의 요새, 항구, 주거지역, 그리고 아카디아 해안 지역 등을 즉시 반환할 것을 촉구하는 편지를 영국 왕에게 전달하도록 했다.

　샹플랭이 왕과 재상인 리슐리외 추기경으로부터 뉴프랑스에 대한 관심을 끌어내는 데 있어 앙드레 다니엘을 비롯한 젊은 세대들이 많은 도움을 주었다. 특히 다니엘은 샹플랭과 함께 준비한 다섯 개의 비망록을 지니고 영국으로 가서 일부 성공을 거두었다. 찰스 1세와 그의 의회는 회의를 소집하여 루이 13세에게 뉴프랑스의 요새와 주거지역, 그리고 프랑스 왕이 권한을 가지고 있는 모든 것을 반환할 것을 발표했다. 그러나 샹플랭은 아카디아 지역이 영국의 회신 내용에서 빠져있는 짐에 주목했고 즉시 프랑스 대사에게 생략된 부분에 대해 알렸다. 결국 영국은 아카디아 해안까지 포함하여 샹플랭과 다니엘이 준비한 모든 지역을 반환목록에 기재하게 되었다.
　샹플랭은 또한 자본금이 바닥을 보이고 빚더미에 놓여 있는 뉴프랑스 회사의 이사들을 만났다. 그들은 샹플랭과 함께 왕을 알현하고 퀘벡의 요새와 주거 지역을 다시 취하기 위해 필요한 선박 6척과 4척의 작은 범선을 요청했다. 루이 13세는 쾌히 승인했다. 퀘벡으로 갈 선박엔 식민지에서 필요한 많은 보급품이 실렸다. 그러나 기쁨도 잠시 갑자기 모든 것이 다시 중지되어 버렸다. 그 이유는 1629년 3월, 왕과 리슐리외 추기경이 1628년부터 시작된 이탈리아의 만토바 계승 전쟁에 개입하기 시작했기 때문이었다. 유럽에서 일어나는 사건에 완전히 몰두하면서 만성적으로 시달리던 재정 부족으로 인하여 그들은 다시 한번 뉴프랑스에 대한 문제를 보류해 놓은 것이었다. 이탈리아에서의 전쟁으로 영국의 왕에게 약속했던 여동생의 결혼 지참금 지급을 미루자 프랑스 대사는 이제나저제나 왕이 파견할 사신만을 기다리게 되었고 샹플랭은 다시 한번 뉴프랑스를 잃을 수 있다는 좌절감에 휩싸이게 되었다.

그렇다고 포기할 샹플랭이 아니었다. 그는 다시 한번 왕과 리슐리외 추기경의 관심을 돌릴 만한 문서를 준비했다. 그가 작성한 글은 다시 한번 뉴프랑스에 대한 영국의 강탈을 이야기하고 있었다. 그리고 어떻게 영국이 그렇게 쉽게 뉴프랑스를 점령할 수 있었는지 질문을 던졌다. 그것은 그동안 왕이 이러한 문제에 대해 중요하게 여기지 않았기 때문이라는 점을 암시하는 내용이었다. 완곡하지만 왕의 태만을 지적한 것이었다. 그러나 언제든 왕이 갈망한다면 문제는 해결될 것임을 강조했다. 다행히 왕에게 보고한 문서와 질문들이 영국에게 잠식당한 영토를 되찾고자 하는 결심을 만들게 했다. 그러나 어쩌면 이 내용들은 샹플랭이 처단될 수도 있는 불경죄에 해당하는 내용이기도 했다. 그러나 왕과 리슐리외 추기경이 샹플랭의 의도를 알아차렸는지 못 차렸는지 정확히는 알 수 없으나 샹플랭이 불경죄로 처단되는 일은 일어나지 않았다.

샹플랭이 직면해 있었던 또 하나의 문제는 뉴프랑스 회사의 자본금 30만 리브르 중 27만 리브르가 이미 사용되었고 이제 남은 운영자금은 3만 리브르 밖에 남지 않았다는 것이었다. 이사회는 또 다른 4만 리브르를 대출하여 1630년 뉴프랑스로 이주자들을 태우고 갈 선박을 준비했다. 왕은 몽티그니 기사와 다섯 명의 해군 대령들에게 퀘벡을 다시 찾도록 명령했으며 샹플랭에게도 사령관으로서 다시 퀘벡으로 돌아갈 것을 명령했다.

영국은 프랑스의 해군이 동원되는 함선의 움직임이 있자 경계하기 시작했다. 이에 루이 13세는 이 문제에 대해 영국에게 아주 유리한 방법으로 영국의 경계심을 풀어 주었다. 프랑스 왕은 자신이 내린 명령을 취소했다. 프랑스의 함선이나 다른 어떤 수송이 아메리카로 항해를 떠나는 것을 불허한 것이었다. 이에 준비되었던 선박들은 모두 취소되었다. 이것 또한 뉴프랑스 회사에는 크나큰 손실이 아닐 수 없었으며 샹플랭에게는 다시 한번 닥친 좌절이었다.

이에 샹플랭은 지난번보다 더 강력한 주장의 글을 작성하여 왕에게 올렸다. 그는 풍요롭고 웅대한 영토, 상업과 부를 이룰 기회, 그리고 중국으로 향하는 길을 열 수 있는 가능성과 그리스도 신앙심을 불어넣어 줄 수 있는 헤아릴 수 없이 많은 북아메리카 원주민에 대해서 언급했다. 샹플랭은 뉴프랑스에서 거주하는 이주자들이 땅을 경작하여 본국으로부터 도움을 받지 않고 자급자족으로 살아갈 수 있다는 주장도 했다. 샹플랭의 주장은 루이 13세의 마음을 다시 돌려놓는 데 성공했다. 드디어 루이 13세는 영국의 찰스 1세와 여동생의 결혼 지참금에 대하여 다시 논의를 하기로 했다.

1632년까지 파리에 머물던 샹플랭은 이 시기에 '뉴프랑스의 항해'라 이름 붙여진 책 한 권을 세상에 내놓았다. 이 책은 뉴프랑스 건설을 위한 그동안의 탐사를 비롯해 원주민의 삶, 그들과의 관계, 전쟁, 그리고 프랑스 상인들과 거주민들에 대한 이야기가 상세하게 그려졌는데 많은 사람에게 읽히며 2쇄까지 찍혔다. 샹플랭은 이 책의 출간을 통해 국왕과 궁정에 뉴프랑스에 대한 원대한 계획을 알리고자 했다. 또 다른 목적은 북아메리카에 뉴프랑스에 대한 정당성을 확립하는 것이었다. 1632년, 그는 뉴프랑스 지도도 제작했는데 이 지도에는 그가 지금까지 그렸던 지도와는 다른 성격과 목적을 담았다. 예전에는 주로 항해를 돕기 위하여 해안, 항구, 바위, 여울목, 수심, 그리고 선원들이 방향을 잡는데 필요한 정보를 담은 차트 형식으로 지도를 그렸다면 1632년에 완성한 지도에서 보여 주는 것은 바다보다는 육지에 중심을 두었다. 지도에는 1603년에서 1629년까지 북아메리카에 있는 프랑스인들의 거주 지역을 표시했다. 프랑스인들이 점유하여 살고 있던 지역의 이름을 명명했으며 그곳 지역들은 정확하게 프랑스의 해군기로 표시했다. 그리고 예수회와 레콜레 선교사들의 주거 지역은 십자가로 표시했다.

지도는 프랑스 탐험가들과 샹플랭이 지은 지명들을 보여 준다. 이주자들이 거주하던 전 지역의 이름은 뉴프랑스(La Nouvelle France)로 불렸다. 또 한 가지 매우 상세하게 그려진 것은 원주민들의 마을이었다. 프랑스의 영토임을 공언하기 위해 그는 또한 지명 사전을 출간했다.

뉴프랑스의 회복을 위해 쉬지 않고 달려온 샹플랭의 노력이 마침내 결실을 맺기 시작했다.

1632년 루이 13세는 앙리에트 마리 공주의 결혼지참금의 나머지 반과 이자까지 더해 영국의 찰스 1세에게 모두 지불했다. 그 돈은 자그마치 180만 리브르나 되었다. 오랜 협상 끝에 찰스 1세는 뉴프랑스를 반환하기로 결정했고, 이로써 1629년 영국이 탈취한 뉴프랑스에 대한 반환은 1632년 생제르맹 조약으로 비준되었다.

1632년 6월, 퀘벡의 동태를 살펴보라는 리슐리외 추기경의 요청으로 퀘벡에 도착한 에메리 캉, 샤를 플레시스, 그리고 예수회 신부 폴 제네는 여전히 견고하게 퀘벡의 요새와 부락을 점령하고 원주민들과 분주히 교역을 하고 있는 영국인들을 볼 수 있었다. 1632년 6월 29일, 캉과 제네 신부는 영국인들에게 즉각 이곳을 떠날 것을 강력히 요구했고 영국인들은 7월 13일 캉에게 열쇠를 넘겨주고 퀘벡을 떠났다. 뉴프랑스 식민지의 여러 지방에 이어 퀘벡의 식민지도 이로써 프랑스가 통제권을 갖게 되었다.

뉴프랑스를 되찾은 프랑스의 궁정이 다음으로 해야 할 일은 뉴프랑스의 총괄 지도자, 즉 총독을 임명하는 것이었다. 뉴프랑스 주민이나 원주민, 그리고 뉴프랑스 이해관계자들은 그 자리에 샹플랭이 임명되기를 기대했지만 뉴프랑스 식민지를 총괄하고 있던 리슐리외 추기경의 마음속에는 샹플랭이 들어 있지 않았다. 정확한 이유는 알 수 없지만 몇 가지 가능성을 유추해 볼 수 있다. 우선 샹플랭은 귀족 가문 출신이 아니었고 가톨릭으로 개종은 했지만 당초에는 개신교인이었다. 그리고 십자군 전쟁 때부터 인정을 받는 명예로운 몰타 기사도 또한 아니었다. 그리고 앙리 4세의 혼외자라는 소문도 그다지 좋은 여건이 못 되었다. 그러나 이런 신분 문제보다도 리슐리외의 신경을 거슬리는 것은 샹플랭의 반듯한 삶의 자세와 태도였다. 샹플랭은 왕을 비롯하여 자신의 상관을 섬기는 태도에는 소홀함이 없었지만 뉴프랑스 식민지 건설에 대한 열망은 왕과 리슐리외에 대한 충성심을 앞섰다. 샹플랭이 영국으로부터 뉴프랑스를 반환받기 위해 노력하던 중 어물쩍대고 있는 왕과 추기경에 대해 공개적인 비판이나 다름없는 촉구를 하면서 끊임없이 압박해 오는 태도에 은근히 불쾌했을지도 모를 일이다. 그러나 흠잡을 것이 하나도 없는 샹플랭의 논리와 준비한 문서 내용에 리슐리외는 어쩔 수 없이 뉴프랑스 반환에 힘을 실었을 것이다. 그리고 샹플랭을 향한 숨겨져 있던 그의 옹졸함은 서서히 발현되기 시작한다.

사실 그동안 뉴프랑스가 영국에 점령되고 대규모 이주와 투자가 무산된 것도 리슐리외 추기경의 책임이 컸다. 주변 정세를 고려치 않고 뉴프랑스로 향하는 이주자와 보급품을 출항시킨 것은 어디까지나 추기경의 결정이었다. 당시 주위 사람들의 만류에도 불구하고 그는 20여 척의 배를 뉴프랑스로 떠나보냈다. 게다가 용감했는지는 모르나 경솔함이 앞선 로크몽을 임명하여 뉴프랑스 건설이 파국에 이르게 한 것 역시 추기경이었다. 그런데 샹플랭은 영국에 머물면서 뉴프랑스를 되찾기 위해 애를 썼고 결국은 반환을 성사시켰으니 뉴프랑스 문제에 있어서만큼은 이래저래 샹플랭에게 열등의식을 느꼈을 것으로 추측해 볼 수 있다.

반환된 뉴프랑스의 수도격인 퀘벡 사령관 자리를 놓고 경쟁이 벌어졌다. 기욤과 에메리 캉 형제가 신경전을 벌이고 있었다. 그러나 추기경의 마음속에는 자신의 조카 이자크 드 레질리가 있었다. 추기경은 레질리를 퀘벡의 사령관으로 임명하기로 결정하고 그에게 임명장을 보냈다. 레질리는 루이 13세의 명으로 1612년에는 브라질, 1619년에는 모로코 등지에서 왕의 임무를 수행했으며 1626년에는 라로셀의 위그노와 전쟁에 참전하여 군인으로서의 면모를 보여 준 사람이었다. 그는 뉴프랑스에 관해서도 관심이 큰 능력 있는 관리였는데, 샹플랭도 자신보다 스무 살 정도 어린 그의 사람됨과 능력을 인정하고 있었다. 그런데 놀랍게도 레질리는 퀘벡의 사령관 자리를 거절했다. 추기경을 더 놀라게 한 것은 아마도 레질리의 의견이었을 것이다. 레질리는 임명장을 돌려보내면서 "왕께서 기쁘게 임명하는 사람이라면 그가 누가 되든 그를 상관으로 섬기겠다. 그렇지만 나는 사무엘 드 샹플랭을 상관으로 모실 수 있기를 더 바라며 식민지 일에 있어서 샹플랭이 자신보다 더 적임자로 생각한다."는 의견을 밝혔기 때문이었다. 하는 수 없이 리슐리외는 레질리의 의견을 받아들였다. 마지막 순간까지 많은 시간을 미룬 후에 그는 마지못해 샹플랭을 뉴프랑스의 최고 사령관으로 임명했다. 그러나 뉴프랑스의 총독이 아닌 자신의 하관인 부총독으로 임명했다.

리슐리외 추기경이 이렇게 권력과 권한을 누릴 수 있었던 것은 루이 13세의 모후 마리 디 메디치 태후와의 오랜 파워 경쟁에서 살아남았기 때문이었다. 자신을 섬기던 리슐리외 추기경이 자신의 아들 루이 13세에게 중용되자 마리 태후는 리슐리외와 멀어지게 되고 갈등을 빚어오다가 1630년 11월, 리슐리외를 암살하려던 계획이 들통나 벨기에로 망명했다. 이후 리슐리외 추기경은 거듭 왕의 신임을 받으며 절대적인 권력을 누리게 되었다.

11장
식민지 재건

마지막 항해

1633년 3월 23일, 오래된 디에프 항구에는 한때 잃어버렸던 뉴프랑스 식민지를 회복시키고 뉴프랑스의 수도인 퀘벡을 재건하는 임무를 띠고 대서양을 건널 3척의 배가 부지런히 출항 준비를 하고 있었다. 퀘벡으로 가는 이번 항해에는 여자아이 두 명과 한 명의 여성을 포함한 197명의 승객이 각자 지정된 배에 각기 나누어 승선했는데, 이 중 150여 명은 캐나다에서 겨울을 나기로 약속한 사람들이었다. 그리고 뉴프랑스에서의 예상치 못한 누군가로부터의 공격에 대비해 왕명을 받은 총사들과 창병들로 구성된 소규모 부대도 함께 배에 올랐다.

회복된 뉴프랑스로 돌아가는 샹플랭의 지위와 권한은 그 어느 때보다 위상이 높았다. 그는 뉴프랑스의 수석 판사이며 입법관, 행정관으로 입법, 행정, 사법, 삼권 모두를 왕으로부터 부여받은 사람이었다. 그뿐만 아니라 왕으로부터 왕립 해군 대장에 임명되어 뉴프랑스를 둘러싼 바다와 강의 군사령관이 되었다. 이에 더해 리슐리외 추기경은 그를 세인트 밸리의 부총독으로 그리고 뉴프랑스 회사의 이사들은 그를 북아메리카의 대표로 임명했다. 즉, 왕과 추기경으로부터 정식 총독으로 임명되지는 않았지만 실질적인 뉴프랑스의 최고 사령관이 된 것이다.

샹플랭의 직책이나 지위 그리고 그에 해당하는 권력과 권한은 오로지 그의 조국 프랑스가 이루고자 하는 유럽 밖에서 힘의 확대와 종교적 신념을 이루기 위한 것이었지만 젊은 날 탐사를 통해 신대륙의 지도를 제작하면서부터 뉴프랑스 건설을 꿈꿔온 샹플랭으로서는 개인적인 영예이면서 꿈을 실현할 기회여서 새로운 도전에 가슴이 뛰는 순간이었다.

항해를 위한 준비가 완료되었다. 많은 프랑스의 영향력 있는 지도자들이 샹플랭이 이끄는 배가 출항하는 모습을 지켜보기 위해 디에프 항구로 모여들었다. 뉴프랑스 회사의 주요 투자가들과 이사들이 샹플랭과 함께 제일 마지막으로 도착했다. 프랑스 예수회 종파의 수장인 자키노 신부가 손수 항구로 나와 아메리카로 떠나는 선박들과 사람들을 위해 신의 축복을 비는 기도를 올렸다. 이번 출항은 국가적 행사 같은 것이었다. 프랑스에서 북아메리카에 대한 관심을 이날 같이 보여 준 일은 전례가 없는 일이었다. 영국이 프랑스로부터 뉴프랑스를 빼앗으려 시도한 것이 샹플랭과 뉴프랑스에게는 전화위복이 되었는지도 모른다. 이전까지는 아메리카에 식민지를 건설한다는 것이 얼마나 중요한 문제인가를 이해하는 프랑스의 지도자들이 그리 많지 않았기 때문이다.

프랑스의 많은 지도자들에게 뉴프랑스의 중요성을 일깨워 줄 수 있었던 요소 중 하나는 샹플랭이 쓴 『항해』라는 책이었다. 『항해』는 영국인들에게 퀘벡이 함락된 후 뉴프랑스를 회복하고자 샹플랭이 써서 발간한 것이다. 뉴프랑스에 대한 많은 내용을 담고 있는 이 책은 1632년에 출간되면서 프랑스에서는 큰 관심을 불러일으켰다. 샹플랭이 제작한 훌륭한 지도 또한 큰 반향을 일으켰다. 1633년의 《파리 가제트》라는 주간잡지와 《메르퀴르 프랑수아》 잡지에는 이번 항해에 대한 이야기들로 도배가 될 정도였다.

마침내, 3월 23일 오전, 모는 채비가 끝났다. 깃발이 나부끼는 생피에르호에 승선한 샹플랭이 선장과 도선사에게 고개를 끄덕였다. 명령에 따라, 해병의 포병 상사가 항구 전체에 울려 퍼지는 예포를 쏘아 올렸다. 화려한 복장의 선원들은 녹색의 해초로 흠뻑 젖은 미끄러운 닻줄을 끌었다. 장루원들은 돛대 꼭대기로 뛰어오르고 밧줄에 매였던 큰 돛을 풀었다. 활짝 펴진 돛이 부풀어 오르자 키잡이가 배의 방향타를 잡고 선박들은 서서히 항구를 빠져나가기 시작했다.

샹플랭에게는 매우 행복한 순간이었음에 틀림없었을 것이다. 단 그의 곁에 그의 아내 엘렌과 수없이 그와 함께 항해하며 동고동락한 퐁그라브가 없었다. 그의 아내 엘렌은 샹플랭이 퀘벡을 잃고 1629년 11월, 4년 만에 파리로 돌아왔을 때 이혼을 선언했지만 가톨릭에서 이혼은 불가능한 일이었다. 수녀원으로 들어가길 원하는 아내를 보며 샹플랭은 많이 고통스러워했다. 엘렌은 훗날 샹플랭의 사망 소식을 듣자 우르술라 수녀원으로 들어가 생활하다 훗날 자신의 수녀원을 지어 1654년, 생을 마감할 때까지 그곳에서 생활하며 자신의 종교적 신념에 헌신했다. 안타깝게도 이 두 부부 사이에는 자녀가 생기지 않았다. 각자 놓고 보면 둘 다 아름다운 사람들이었지만, 오로지 뉴프랑스 건설에 전념하는 남자와 살아야 하는 엘렌의 결혼생활은 굳이 설명하지 않아도 많은 인내와 고통이 수반된 세월이었을 것이다. 어쨌든 엘렌은 그녀를 그리워하며 기다리는 북아메리카의 프랑스인들과 원주민들의 곁으로 돌아가지 않았다. 초기 개척지의 열악한 환경과 의식주 해결에 급급한 뉴프랑스에서의 삶은 그녀에게는 너무나 적응하기 힘들었을 것이다.

스물일곱 번째 대서양 항해, 세월은 덧없이 흘러 이제 샹플랭도 어느덧 60대 중반의 노인이 되어 있었지만, 뉴프랑스 식민지 건설에 대한 그의 꿈은 조금도 지칠 줄 모르고 있었다. 그러나 이번이 그의 마지막 항해가 될지는 모르고 있었다. 오로지 문명화되지 않은 북아메리카 원주민들에게 그리스도를 전파하고 그 속에서 신세계의 원주민과 조화롭게 살 수 있는 새로운 뉴프랑스를 건설해서 조국의 힘을 확대하고자 하는 왕과 자신의 꿈을 실현하기 위해 샹플랭은 뉴프랑스를 향하여 나아갔다. 어느덧 그가 탄 배는 디에프 항구에서 점점 멀어져 영국 해협을 빠져나와 망망대해 대서양을 항해하고 있었다.

그가 지휘하는 3척의 함선은 순탄하게 잘 나아가고 있었다. 4월 12

일이 되자, 그들은 유럽 해안으로부터 수천 킬로미터 떨어진 바다 한가운데를 항해하고 있었다. 그런데 갑자기 대서양의 날씨가 바뀌기 시작했다. 하늘은 검은 구름으로 뒤덮이고, 선원들은 명령에 따라 돛대 꼭대기로 올라가 돛대의 닻을 가까스로 추슬러 잡았다. 칠흑같이 어두운 밤의 대자연 앞에 왜소한 선박들은 천둥소리와 함께 세찬 강풍과 우박이 몰아치고 있는 바다 한가운데서 거듭 곤두박질치고 있었고 번개가 천지간에 번쩍이며 주위를 밝히고 사라지기를 반복했다. 한밤중 번개에 모든 것에 불에 붙은 듯 보이는 정말 놀라운 광경이었다. 수없이 큰 바다를 항해한 샹플랭이었지만 이번 항해처럼 떨어 본 적은 없었다고 회고했다.

다행히 폭풍은 빠르게 잦아들어 다음 날이 되자 날씨가 아주 좋아졌다. 모든 사람은 두 손 모아 신에게 감사 기도를 올렸다. 선박들은 순풍에 돛을 달고 나아갔다. 샹플랭은 정오의 태양고도와 밤하늘에 빛나는 북극성의 고도로 위도를 판단했다. 그는 또한 주요 기준 지형을 관찰하여 4월 24일, 그들이 뉴펀들랜드의 그랜드 뱅스 가까이 아메리카 해안에 와 있음을 알았다. 그러나 안도의 숨을 쉬기에는 시기상조였다. 자욱한 안개 속에서 3척의 작은 배들이 항해하고 있었는데 안개가 얼마나 자욱한지 한 치 앞을 볼 수가 없었다. 샹플랭은 깊은 바다로 측연을 내리라고 지시했다. 1633년 4월 26일, 측연수는 해심이 82미터라고 샹플랭에게 말했다. 바다의 깊이를 재는 기구인 측연 추에는 약간의 모래와 조개류가 끼어 함께 올라왔다. 샹플랭은 이러한 자연현상을 냄새와 맛, 그리고 시각 등 육감으로 파악하고 경험에서 얻은 직감으로 많은 것을 알아냈는데 그는 자신이 와 있는 위치의 위도가 45도 30분이며 뉴펀들랜드섬의 그랜드 뱅스에서 70킬로미터 정도 떨어져 있다는 것을 알 수 있었다. 안개 속에서도 자신의 위치를 정확하게 알아내는 그의 측량 기술은 숲속 탐사 중에도 실행되었는데 놀라운 점은 1613년, 그가 휴대용 천문관측기구를 잃어버린 이후에도 거의 정확한 수치를 기록했다는 사실이다.

안개 속을 항해하던 중 배 1척이 이탈하는 일이 일어나기도 했지만 다음 날 다행히 샹플랭이 예상했던 세인트로렌스강의 깔때기 모양 강어귀에서 다시 만날 수 있었다. 샹플랭은 다시 항해를 시작하여 카파 브레튼의 세인트 앤 요새를 향하여 항해를 계속했다. 이곳은 1629년 가을, 그의 벗 샤를 다니엘 후작이 이곳을 침범한 영국인들을 영국으로 돌려보내고 다시 요새를 지은 곳이었다. 샹플랭 또한 지금의 뉴브런즈윅 주의 미스쿠섬에 프랑스 이주자들이 정착할 수 있도록 기부금을 내놓기도 했다. 샹플랭의 3척의 배가 육지로 다가가면서 비밀 신호를 보내자 요새에서도 신호로 대답했다. 샹플랭이 이끄는 3척의 배가 항구로 들어가자 그와 친분이 있는 메씨 경을 비롯한 요새의 프랑스인들이 열광적인 환호로 환영해 주었다.

세인트 앤 요새를 떠난 샹플랭은 타두삭으로 가기 위해 세인트로렌스강을 따라 올라가다 2척의 영국 소속 선박들을 만났는데 그들은 샹플랭의 선박들보다 훨씬 우세한 무기를 갖추고 있었다. 또한 그들의 선박에는 모피와 생선이 가득 차 있었다. 샹플랭과 그들은 우호적인 대화를 나누었으며 평화롭게 각자의 길을 향해 항해를 계속했다.

다시 돌아온 퀘벡

5월 22일 퀘벡에 도착한 샹플랭은 감개무량했다. 우선 영국인들이 모두 떠났다는 것과 퀘벡에 남아 있던 주민들이 영국의 지배하에서 모두 벗어났다는 사실이 기뻤다. 주민들은 몇 명 되지 않았지만 열정으로 가득 차 있었으며 격식을 차려 샹플랭을 환영했다. 사실 퀘벡에 남아 있던 선교사들과 주민들은 샹플랭이 다시 돌아올 수 있을 거라고 확신하지 못하고 있었다. 그들은 하나님께 샹플랭을 자신들에게 보내 달라고 기도를 올렸다고 했다. 그러다 프랑스로부터 배가 도착했는데 도착한 사람이 바로 샹플랭인 것이 확인되자 주민들은 떨 듯이 기뻐했다.

샹플랭이 도착하자 세 명의 포병이 예포를 쏘아 올리며 환영 인사를 표했다. 이에 샹플랭도 세 번의 포를 쏘아 환영에 대한 감사한 마음을 표했다. 그다음 샹플랭이 타고 온 범선에서 작은 보트 하나가 바닷물을 때리며 해면 위로 떨어졌다. 그리고 샹플랭은 단창과 보병총으로 무장한 분대의 병사들과 함께 노를 저어 상륙했다. 그런 다음 모두 부락을 두루 돌며 행진하여 요새로 들어갔다. 병사들은 드럼을 쳐 주민들을 소집했다. 샹플랭은 퀘벡에 남아 있던 모든 사람과 새로이 샹플랭과 함께 온 많은 사람 앞에서 리슐리외 추기경 아래 뉴프랑스의 사령관으로서 그리고 뉴프랑스 회사의 대리인으로서 자신의 임명장을 읽어 내려갔다. 그의 앞에서 사람들은 그가 읽고 있는 임명장의 내용을 주의 깊게 듣고 있었다. 그들은 샹플랭이 다시 퀘벡을 지도하게 된 사실에 모두 안도했다.

이어지는 다음 의식은 식민지의 상업 활동에 대한 업무를 여전히 맡고 있던 샹플랭의 오랜 라이벌인 에메리 캉이 샹플랭 앞으로 다가와 복종의 몸짓으로 식민지 요새의 열쇠 꾸러미를 매개자인 듀플레시스 보차트에게 전해 주었다. 그리고 열쇠를 받은 그는 샹플랭에게로 전해 주었다. 이 의식은 캉의 회사로부터 뉴프랑스 회사로 파워가 이동하는 상징이었다. 모든 것이 충성과 복종을 의미하는 의식 절차에 의해 이루어졌다.

모든 의식을 마친 샹플랭은 요새와 주민들의 주거 지역을 둘러보았다. 이번에도 이곳저곳 대부분이 심하게 훼손되어 있었다. 샹플랭과 그의 아내 엘렌이 함께 가장 행복한 시절을 보낸 주택에는 허물어진 돌들이 나뒹굴고 있었고 주택에 사용된 목재는 불에 검게 타 있었다. 영국인들이 불을 지른 흔적이었다. 그리고 요새 또한 파괴되어 있었다. 4년 전 샹플랭이 이곳을 떠난 후로 새로 지은 건물은 없었다. 지도자가 없는 사이 퀘벡은 아무나 들어올 수 있는 무법천지의 개척 마을이 되어 있었다. 더럽고 너저분한 거리에서 샹플랭은 자신들이 곧 법인 양 불법을 저지르고 있는 영국인, 프랑스인, 그리고 원주민들이 모피 교역을 하는 것을 발견했다. 퀘벡에는 오랜 세월 고통받아 온 오직 한 프랑스인 가족만이 거주하고 있었다. 그들은 여전히 샹플랭이 부여한 토지를 일구며 살아가고 있었다. 그들은 자신들의 농장을 너무나 소중하게 생각했지만 매일매일 원주민들과 유럽인들에 대한 두려움을 견디며 살아야 했다. 바로 에베르 가족이었다. 이들은 샹플랭이 돌아온 것에 너무 기뻐했으며 다시 이곳에 질서가 회복되길 희망했다.

퀘벡에는 얼마 안 되는 병사들만 있었지만 늘 신중하고 깨어 있으며 인류애를 실천하는 결연한 한 명의 지도자는 잘 훈련된 부대와 함께 식민지 재건을 신속하게 실행해 나가기 시작했다. 1633년, 이제 60대 중반의 노익장이 된 샹플랭은 뉴프랑스를 건설하기 위해 열정을 쏟은 지도 어언 30년이 되었다. 그러나 그의 열정은 전혀 줄어들지 않았다. 그는 식민지의 모든 주민을 소집하여 식민지 재건에 대한 지시를 내렸다. 가장 급선무는 식민지가 방어력을 갖추도록 하는 일이었다. 식민지는 영국인들에게 약탈당하고 불에 탔으며 벼락에 맞은 요새는 무너지기 일보 직전이었다. 샹플랭은 방책을 먼저 튼튼히 수리하고 무너진 누각을 새로 지었다. 그리고 요새의 출입구를 보강했다. 그리고 강을 통제하기 위해 강이 내려다보이는 곳에 포를 배치할 수 있는 높은 플랫폼을 지었다. 마을 아래에는 회사의 물품들을 보관할 수 있도록 비바람을 막아주는 건물이 없었다. 샹플랭은 한 구조물을 수리하여 창고로 개조했다. 그리고 숙련 노동자들의 작업장도 수리하고 하인들과 병사들의 숙소를 새롭게 단장했다. 그는 또한 요새 내부에 왕의 건물을 짓고 그곳에 왕의 문장을 내 걸었다. 다시 한번 프랑스 부르봉 왕가의 깃발이 작은 식민지 마을의 지붕 위에서 펄럭이기 시작했다. 북아메리카의 프랑스 식민지 주민들의 거주 지역은 본국 프랑스 궁전을 본뜬 작은 궁전이 되었다.

　샹플랭은 또한 퀘벡 주민들을 위한 작은 예배당을 하나 짓고 그곳을 '회복의 성모님'이라고 이름 지었다. 샹플랭은 아침, 점심, 그리고 저녁에 세 번 종을 울리도록 하고 삼종기도를 명했다. 그는 적극적으로 주민들에게 예배에 참석할 것을 장려했으며 예배당은 주민들의 삶에 중요한 장소가 되었다. 이 성당은 현재 샹플랭이 세웠던 원 예배당에서 가까운 곳에 세워져 있다. 1633년 겨울에서 이듬해 봄까지 퀘벡에는 본격적인 종교 부흥이 일어났다. 또 하나 주목할 만한 것은 원주민들이었다. 목회자들은 프랑스로부터 이주해 오는 사람들이 탄 배의 노천갑판에서 예배를 드렸는데 이때 7명의 원주민 소년이 자신들의 언어로 주기도문을 노래하는 것이었다. 이 광경을 바라보는 샹플랭을 비롯한 퀘벡의 모든 사람은 기쁘기 이를 데 없었다. 이렇게 퀘벡의 프랑스인들은 샹플랭의 지도에 따라 경건함을 실천하는 식민지가 되어갔다.

　늘 그래왔지만 샹플랭 그리고 그와 함께하는 목회자들은 원주민들의 언어와 문화를 존중했다. 누구 하나 프랑스식의 언어나 문화를 강요하지 않았다. 따라서 원주민들은 언어나 문화 같은 자신들의 고유성을 잃지 않고 자연스럽게 문명화되어 갔으며 그리스도 즉 유럽인들의 종교도 서서히 받아들이게 된다.

　　1530년대 자크 카르티에에 의해 '캐나다'라 지명을 얻은 뉴프랑스의 퀘벡은 지난 몇 년간 영국인들의 침범으로 존재 여부가 사라질 위기까지 갔지만 샹플랭의 지칠 줄 모르는 각고의 노력으로 다시 뉴프랑스의 중심적 역할을 하는 곳이 되었다. 그리고 식민지는 다시금 활기를 찾고 있었다. 그러나 샹플랭은 또 다른 위협과 마주하게 되었다. 바로 불법 교역상들이었다. 샹플랭은 계속해서 그들에게 경고했지만 이익을 눈앞에 둔 상인들은 절대 물러서지 않으려고 했다. 샹플랭을 더욱 격노케 하는 것은 영국의 불법 교역상들이 원주민들에게 제공하는 총기와 알코올이었다. 그것은 알코올에 특히 취약한 원주민들을 피폐하게 만들었지만 영국인들은 전혀 개의치 않았다. 그뿐만 아니라 그들은 프랑스인들과 교역하는 원주민들 마을에 불을 지르겠다고 위협을 가하기도 했다. 그 어느 때보다도 세인트로렌스강에 프랑스인들의 교역선들이 많아짐에 따라 이들을 보호하려는 뉴프랑스 회사는 각 선장에게 무면허 교역상들을 공격하도록 명했다. 이 조치로 1634년, 교전 끝에 한 영국 소속의 선박을 붙잡기도 했다.

원주민들과의 관계 회복

　　　　　　　　샹플랭의 귀환 소식은 빠르게 원주민들에게 전해졌다. 샹플랭이 퀘벡에 도착한 다음 날인 5월 23일이 되자 니피싱 원주민들이 열두어 척의 카누를 타고 샹플랭을 찾아왔다. 이때 한 프랑스인 소년이 드럼을 치자 원주민들은 드럼에 완전히 매료되어 버렸다. 그런데 이때 한 원주민이 연주되고 있는 드럼 가까이로 다가갔다가 드럼을 치고 있던 스틱에 맞아서 머리에서 엄청난 양의 피가 흐르는 사고가 일어났다. 원주민들은 '정의'를 요구하고 나섰다. 그들의 정의 구현 방식은 물질이었다. 그러나 샹플랭은 정의 구현은 물질 배상이 아닌 다른 방법으로 이루어져야 한다면서 드럼을 치다가 사고를 낸 소년에게 채찍질을 하도록 명령했다. 그의 지시에 따라 채찍이 준비되자 한 원주민이 급하게 소년에게로 달려가 그를 감싸며 보호하고자 했다. 그리고 다른 니피싱 원주민은 자신의 옷을 벗어 드럼을 치던 프랑스 소년을 감싸며 소년을 때리지 말라고 부탁했다. 이 두 원주민 덕분에 소년은 채찍질을 면할 수 있었다. 샹플랭과 프랑스인들이 다시금 원주민들의 순수한 인간애를 엿볼 수 있는 사건이었다.

샹플랭이 퀘벡으로 돌아온 지 이틀 후인 1633년 5월 24일, 이날은 몽타냐이 원주민들이 18척의 카누를 타고 샹플랭을 찾아왔다. 이들의 추장 캐피타낼은 통역사 올리비에르 타디프를 통하여 타바지 의식을 치르며 맺었던 동맹 관계와 함께 이로쿼이를 상대로 한 교전에 대한 샹플랭과의 추억을 회상했다.

샹플랭은 이날 "큰 집을 짓고 우리의 아들들은 당신들의 딸들과 결혼하여 이제부터 한 가족이 되는 것이오."라고 말했다. 그의 말은 진심에서 우러나오는 것이었고 그동안 그가 꿈꾸어 오던 계획이었다. 공존을 시사하는 샹플랭의 말에 원주민들은 크게 감동했다.

샹플랭의 식민지 정책은 다른 유럽인들이 자행했던 원주민들에 대한 약탈, 착취, 강압, 언어와 문화 등에 대한 말살로 그들의 고유성을 침해하는 것과는 매우 달랐다. 그는 원주민들에게 다가갈 때는 존중과 정중함을 잃지 않았다. 그리고 원주민들의 삶을 진지하게 관찰하는 사람이었으며 그 관찰을 통해 그들을 이해해 나갔다. 그리고 무력이 아닌 대화와 타협을 통해 갈등이나 분쟁을 해결하기 위해 애썼으며 언제나 어느 한쪽에 치우침 없는 정의를 실현하기 위해 고민했다. 그리고 원주민들의 자원을 약탈하는 것이 아니라 오히려 그들의 힘든 삶을 개선하기 위해 프랑스인들이 거주하는 기름진 땅으로 옮겨와 농사를 지으며 함께 살기를 권유했다. 샹플랭이 건설하고자 하는 세상은 어느 한쪽이 없어지는 것이 아니라 모두 함께 공존하는 것이었다.

이날 샹플랭은 몽타냐이 원주민들에게 영국인들을 멀리할 것을 권유했다. 이유는 영국 상인들이 원주민들에게 제공하는 알코올 때문이었다. 이상하게도 원주민들은 알코올에 약했다. 영국인들에게 모피를 제공하고 받은 알코올 맛을 보게 된 이후 원주민들은 말싸움뿐만 아니라 몸싸움, 그리고 주택을 부수는 등 영국 상인들이 교역하는 곳에서는 어김없이 이러한 문제가 발생했다. 영국인들에게는 값싼 술로 비싼 모피를 얻을 수 있으니 수익성이 매우 좋은 교역이었다.

샹플랭은 뉴프랑스에서 활동하는 교역상들에게 원주민들에게 알코올을 제공하는 것을 금지하고 만일 위반한다면 채찍질 같은 육체적 형벌로 다스리겠다고 엄포를 놓았다. 그리고 몽타냐이의 지도자 캐피타넬과 함께 영국인들과의 알코올 교역을 막기 위해 노력한 결과 알코올 교역을 공식적으로 전면 폐쇄해 버릴 수 있었다. 그러나 광활한 북아메리카의 모든 지역에 자신들의 권한이 미치게 한다는 것은 무리라는 것을 이 두 남자도 잘 알고 있었다. 그렇지만 이들은 최선을 다해 평화로운 하나의 공동체를 만들기 위해 부단히 노력해 나갔다.

그러던 중 살인사건이 일어났다. 샹플랭이 퀘벡에 도착한 8일 후인 1633년 5월 30일, 한 알곤킨 원주민이 프랑스인을 살해한 것이었다. 살인자는 체포되어 쇠사슬에 묶여 요새에 구금되었다. 그런데 7월 2일, 식민지 마을 근처 계곡에서 빨래를 하고 있던 한 명의 프랑스인이 또 살해당하는 사건이 발생했다. 이 사건의 살인자는 자신의 범죄를 이로쿼이 원주민이 저지른 것처럼 위장했지만 결국 체포되어 그 또한 구금되었다. 또다시 뉴프랑스와 원주민들 사이에 정의에 대한 문제가 대두되었다. 뉴프랑스 식민지 지도자들과 샹플랭 그리고 원주민들은 오랜 시간 토론을 이어 갔다. 샹플랭의 고민은 늘 그렇듯 프랑스인과 원주민 모두가 만족할 수 있는 정의가 무엇인가였다. 살인 사건에 대한 두 대륙의 정의 차이는 확연한 차이가 있었기 때문에 섣불리 결정을 내리기가 쉽지 않았다.

원주민들이 몇 가지 제안을 했는데 그중 하나가 살인자들을 죽여야 한다는 것이었다. 그러나 샹플랭은 원주민들의 법은 프랑스인들의 법보다 훨씬 더 잔인하다고 말하며 그렇게 하는 것은 또 다른 죄 없는 무고한 사람을 죽일 수 있는 가능성이 있어 오히려 범죄자를 놓아주는 상황이 될 수도 있다며 그들의 제안을 거부했다.

이때 몽타냐이 원주민 지도자들이 샹플랭에게 몇 명의 원주민 아이들을 인질로 주겠다고 제안했다. 그리고 두 명의 어린아이를 데려와 샹플랭의 발치에 앉혔다. 예전에도 이런 일이 있었지만 이번에는 그들의 제안을 거절했다. 그는 죄 없는 아이들이 살인자의 죄를 대신 감당하게 할 수 없으며 범죄자 이외 인질로 잡아두는 일은 앞으로 없을 것이라고 말했다. 그리고 그는 앞으로 오직 가해자에게만 처벌을 줄 것과 원주민이나 프랑스인 할 것 없이 모든 사람이 정당하다고 인정되는 방법으로 처벌을 행할 것을 제안했다. 살인을 저지른 원주민은 그의 아내와 아이들 그리고 그의 부락민들이 그를 방문하여 볼 수 있도록 하기 위하여 가두어 두지 않는 요새 안에서의 연금 상태를 유지해 주었다. 이에 대한 샹플랭의 기록은 이 상태에서 끝났기 때문에 차후 어떠한 결말로 끝났는지는 알 수 없다. 그러나 그는 어느 쪽에도 치우치지 않는 정의를 실현하려 고민했으며 그 고민은 혼자만이 아닌 양 측의 사람들과의 대화를 통해 민주적인 해결 방법을 찾아내는 것이었다.

몽타냐이와 알곤킨 원주민에 이어 샹플랭의 귀환 소식을 들은 500~600명의 휴론 원주민이 몇백 척의 카누를 타고 강을 따라 내려와 퀘벡에 도착하여 강가에 야영지를 차렸다. 그리고 다음 날 60명의 휴론 원주민의 지도자들은 부락별 그리고 친족별로 그룹을 만들어 모두 땅바닥에 둥그렇게 앉아 회의를 진행했다. 이들의 초대를 받은 샹플랭과 이 자리에 함께 자리할 수 있도록 허락을 받은 예수회 목회자들도 함께 앉았다.

한 휴론 지도자가 일어나 자신들의 친구이며 형제인 프랑스인들을 만나기 위해 왔다고 말했다. 그러고는 비버 모피로 만든 세 묶음의 겉옷을 샹플랭에게 선물로 주었다. 이어서 또 다른 지도자가 일어났다. 그는 샹플랭이 다시 돌아와 자신들 모두는 매우 기쁘며 샹플랭의 따뜻한 불을 쬐기 위하여 왔다면서 더 많은 묶음의 비버 모피 코트를 샹플랭에게 선물했다.

샹플랭도 일어나 자신도 휴론 원주민과 형제로 지내기를 소망한다며 옛날에 이로쿼이와 교전을 함께 치른 여러 노인을 알아보겠다고 말했다. 휴론 원주민들은 샹플랭의 말에 호감을 표했다. 그런 다음 두 명의 휴론 지도자가 일어났다. 이 두 사람은 경쟁이라도 하듯 샹플랭에게 경의를 표했는데 그중 한 사람이 먼저 말을 꺼냈다. 그는 "프랑스인들이 이곳에 없는 동안 대지는 더 이상 대지가 아니었고, 강도 더 이상 강이 아니었으며 하늘도 더 이상 하늘이 아니었다. 그러나 샹플랭이 다시 돌아오자 대지는 다시 대지가 되었고, 강도 다시 강으로 그리고 하늘도 다시 하늘이 되었다."라고 말했다. 그가 말을 마치자 그의 뒤를 이어 일어난 다른 지도자가 말을 시작했다. 그는 "샹플랭이 전투에 돌입하는 순간 그의 눈빛은 적의 심장을 찌를 만큼 그의 모습이 무서웠다."라고 무사로서의 샹플랭을 칭찬했다.

　이날의 휴론과의 만남은 화기애애한 분위기 속에서 이루어졌다. 그리고 예수회 선교사들이 각 원주민의 마을에서 지낼 수 있도록 해 달라는 샹플랭의 권유도 받아들여졌다. 즉 본격적인 그리스도 전파가 원주민들 마을에서 이루어질 수 있게 되는 것이었다.

　이곳에 모인 프랑스인들과 원주민들이 다 함께 웃음꽃을 피우는 일도 있었다. 휴론과의 토론이 끝나자 예수회 신부들이 샹플랭과 원주민의 몇몇 지도자급들을 자신들의 예배당으로 초대해 성대히 대접했다. 이날은 늘 진지할 것만 같은 샹플랭의 또 다른 성품을 볼 수 있는 일이 일어났다. 휴론 원주민들이 샹플랭을 따라 예배당으로 들어가니 이미 작은 예배당 내에는 자신들이 있을 자리가 없을 만큼 사람들로 꽉 차 있었다. 이때 예배당 밖에 있던 한 휴론 원주민이 창문 안으로 고개를 들이밀고는 무슨 일이 일어나고 있느냐고 물었다. 휴론 원주민들의 관심이 즐거운 샹플랭은 그들에게 레몬 껍질 조각을 주었다. 한 원주민이 껍질 맛을 보더니 너무 맛있다고 소리치며 이것이 무엇이냐고 물었다. 샹플랭은 웃으며 프랑스의 호박 껍질이라고 대답했다. 그러자 자신들도 맛을 보고 싶을 뿐 아니라 이곳에 오지 못한 마을 사람들에게도 그 맛을 말해 주고 싶다며 원주민들이 샹플랭에게로 다가왔다. 곧 이곳에 모인 프랑스인들과 원주민들은 샹플랭과 함께 웃음꽃을 피웠다. 이렇게 구대륙의 샹플랭이 이끄는 프랑스인들과 신대륙의 원주민들은 서로 융화되어 갔다.

이로쿼이의 공격

샹플랭이 퀘벡을 잃고 대서양을 다시 건너 뉴프랑스 반환 문제를 해결하고 있던 지난 몇 년 동안 원주민들은 어떻게 프랑스 왕국이 영국의 사략꾼들에게 점령을 당했는지 믿을 수 없어 했으며 샹플랭이 자신들을 버렸다고까지 생각하여 크게 실망하고 있었던 터였다. 그러나 샹플랭이 다시 뉴프랑스로 돌아오면서 세인트로렌스 밸리의 알곤킨, 몽타냐이, 휴론, 니피싱 등의 원주민들과 샹플랭이 이끄는 뉴프랑스는 빠르게 예전의 관계로 돌아갈 수 있게 되었다.

그러나 이곳의 원주민들은 이로쿼이 원주민들에 대한 공포를 여전히 떨쳐 버리지 못하고 있었다. 이로쿼이 원주민들의 공격은 프랑스인에게도 예외가 될 수 없었다. 1633년 6월 2일, 이로쿼이 연맹의 모호크 원주민들이 트루아 리비에르 근처에서 매복하고 있다가 프랑스인들을 공격하는 일이 벌어졌다. 이때 프랑스인들은 작은 범선 1척과 조각배 1척을 타고 강 상류로 올라가고 있었는데 물살이 너무 세어 계속 항해를 할 수가 없게 되었다. 이에 할 수 없이 조각배는 강가로 다가가 상륙을 시도했다. 그런데 막 육지에 발을 들여놓을 때 부근에 매복하고 있던 30~40명의 이로쿼이 원주민들이 튀어나와 프랑스인들을 맹렬히 공격하기 시작했고 또 다른 일행은 카누를 타고 강가에 정박해 놓은 프랑스인들의 배에 오르려는 시도를 했다. 범선에서 사태를 알게 된 프랑스인들이 공격당하고 있는 동료들을 구하기 위해 다가가면서 사격을 개시했다. 총소리에 놀란 이로쿼이 원주민들은 곧장 공격을 멈추고 고성을 지르며 숲속 어딘가로 사라져 버렸다. 그러나 이미 두세 명이 살해당하여 머리 가죽이 벗겨진 상태였고 삼사 명은 부상을 당한 상태였다.

비록 비공식적으로 이루어진 평화였지만 지난 20여 년 동안 샹플랭은 이로쿼이 연맹과 이미 여러 차례 평화를 이루려 노력했고 실제로 평화가 유지되고 있었다. 그런데 남쪽의 이로쿼이 연맹 중 한 부족인 모호크가 다시 뉴프랑스가 있는 북쪽을 공격하기 시작하자 북아메리카의 평화를 위해 고심하던 샹플랭의 노력이 물거품이 되었고 뉴프랑스에서 모피 교역이 활발하게 이루어지기 어려운 불안한 환경이 되고 말았다.

오랜 세월 동안 이로쿼이인들에게 잔인한 공격을 받아오던 북쪽의 여러 원주민은 늘 프랑스인들에게 도움을 청해오곤 했다. 그러나 샹플랭은 근본적으로 출몰하는 이로쿼이인들을 상대할 병력이 부족했다. 게다가 이로쿼이 부족은 점점 그 세를 확대해서 이 무렵에는 세인트로렌스강의 남쪽 지역 대부분을 차지하고 있었다.

샹플랭은 본국에 있는 리슐리외 추기경에게 서신을 보내 프랑스인들과 동맹을 맺고 있는 원주민들과 프랑스인들이 호수와 강을 자유롭게 오가며 교역하게 하기 위해서는 이로쿼이 연맹이 더 이상의 문제를 일으키지 않도록 막아야 한다고 주장했다. 그는 신세계의 상황에 적용될 수 있는 특별한 군대를 만들 것을 추기경에게 제안했다. 먼저, 부대 규모는 매우 작아야 하며 엄선하여 뽑은 병사들은 원주민들과 합동훈련을 실시해서 울창하게 우거진 아메리카 숲을 자유자재로 움직일 수 있도록 해야 한다고 생각했다. 또한 프랑스인들이 이로쿼이 무사들을 능가하려면 용감성, 건실한 태도, 과묵함, 잘 훈련되어 절제력을 갖추고 피로감을 극복할 수 있는 100명의 정예 병사가 필요하다고 생각했으며 병사들은 원주민들의 음식과 음료 등에 대하여 적응되어 있어야 한다고도 생각했다.

샹플랭은 총신이 짧은 기병총을 능수능란하게 다룰 수 있는 80명의 병사들을 모집할 수 있도록 허락해 달라고 왕과 추기경에게 요청했다.

샹플랭이 세우고자 한 군대에 대한 설계는 이 외에도 두 손 모두로 검과 소형 권총을 능숙하게 다룰 수 있는 열 명의 병사, 적의 방책을 무너트릴 수 있는 지뢰와 폭발물을 사용할 줄 아는 4명의 기술자, 장창 끝에 도끼와 끌개가 함께 달린 미늘창을 다룰 수 있는 10명의 병사, 무기를 다룰 수 있도록 훈련을 받은 10명의 건장한 창병, 4명의 목수, 총기 자물쇠를 수리할 수 있는 4명의 자물쇠 제조사, 그리고 총을 다룰 줄 아는 2명의 군의관이었다.

샹플랭은 모든 병사들에게 단검을 소지하고 다니도록 했다. 그리고 샤무아 가죽으로 만든 유니폼이나 색이 바랜 무두질이 잘 된 가죽으로 만든 유니폼을 입게 했다. 머리는 투구를 써 보호하게 하고 금속으로 만든 갑옷을 입혀 날아드는 화살로부터 몸을 보호하게 했다.

샹플랭은 또한 프랑스 정부가 원주민들에게 1,000자루의 짧은 도끼와 철로 만든 4,000개의 화살촉을 공급해 달라고 요청했다. 그의 목표는 이로쿼이 원주민들의 공격을 받았을 때 동맹군 원주민들과 프랑스 병사들이 연합해서 작전을 펼칠 수 있도록 준비해 두는 것이었다.

샹플랭이 계획하는 군대는 어디까지나 북아메리카의 다양한 원주민들과 평화와 화합을 이루면서 함께 공존하는 것이 목표였다. 결코 이로쿼이 원주민들을 정복하는 것은 아니었다. 그는 북아메리카 식민지에 대한 운영 계획을 명확히 담아 리슐리외 추기경에게 보냈다. 그러나 샹플랭은 추기경으로부터 원조는커녕 답장도 받지 못했다. 이때 추기경의 무응답은 샹플랭 사망 이후 날로 험악해지는 이로쿼이의 공격에 대응하기 위해 많은 무기와 대규모 재래식 병력을 북아메리카로 파병하게 됨으로써 큰 대가를 치르게 된다.

샹플랭이 뉴프랑스 현황에 대해 추기경에게 보내는 편지는 계속되었다. 그러나 샹플랭은 한 통의 답장도 추기경으로부터 받지 못했다. 샹

샹플랭은 자신의 상관인 추기경과 왕과의 관계를 개선하기 위해 최선의 노력을 기울였으며 뉴프랑스에 대한 모든 일들을 상관에게 보고하는 것 또한 게을리하지 않았다. 상관에 대한 예를 갖추는 동시에 왕과 추기경이 북아메리카 식민지에 대한 관심을 잃지 않도록 하기 위함이었다. 그러나 강한 프랑스 제국을 만들고자 했던 추기경의 관심은 캐나다보다는 서인도 제도의 도미니카 마티니크와 과들루프 그리고 남아시아와 동인도 제도에 있었다. 추기경의 지원을 기대하면서 대서양을 건넌 뉴프랑스의 중요성이 담긴 샹플랭의 편지는 답장을 받지 못한 채 오늘날까지 파리의 외교부 기록보관소에 보관되어 있다고 한다.

　샹플랭의 선견지명은 대단했다. 그는 이미 뉴프랑스를 이로쿼이 원주민이나 영국, 그리고 네덜란드에 빼앗길 수 있다는 것을 본국의 상관들에게 알리고 있었다. 바로 이 순간의 결정이 대륙의 운명을 결정할 수 있다고 주장한 것이었다. 가래로 막을 것을 호미로 막는 방법을 샹플랭은 알고 있었다. 그러나 본국의 상관들은 샹플랭의 고심을 이해하지 못했으며 훗날 호미는커녕 가래로도 막지 못하는 상황에 직면하게 된다.

　여전히 추기경으로부터 아무 답장이 없자 샹플랭은 일 년 후인 1634년 8월 18일, 또 한 통의 서신을 추기경에게로 보냈다. 그는 많은 숙련 노동자와 그 가족들이 잘 도착했으며, 뉴프랑스 회사의 노고는 그에게 많은 새로운 용기를 주었다고 보고했다. 그는 리슐리외의 이름을 따서 강의 이름을 지었으며, 거대한 강 수면의 모든 움직임을 통제하기 위해 요새를 지은 퀘벡에서 80킬로미터 정도 떨어진 섬의 이름도 추기경의 이름을 따서 지었다는 것도 언급했다. 여전히 신생아 수준을 벗어나지 못하고 있는 뉴프랑스의 존속과 발전을 위해 추기경의 관심과 원조가 절실했던 샹플랭은 프랑스 궁정의 절대 권력자인 그의 관심을 이끌어 내기 위해 끊임없이 노력했다.

샹플랭의
다양성 포용

뉴프랑스가 영국으로부터 반환되어 샹플랭이 다시 퀘벡으로 돌아오자 지난 몇 년간 영국의 침범으로 어쩔 수 없이 프랑스로 돌아갔던 사람들도 그들의 가족들과 함께 다시 퀘벡으로 돌아왔다. 이들의 귀환은 퀘벡 식민지의 존속과 발전을 위해 좋은 신호임이 틀림없었다. 프랑스 태생의 가톨릭 교인만을 식민지에 받아들이라는 루이 13세와 리슐리외 추기경의 지침이 있었지만 샹플랭은 본국 상관들의 규제와는 달리 개방 정책으로 인구를 증가시켜 나갔다. 샹플랭은 북아메리카에서 새로운 꿈을 찾아 정착하기를 원하는 사람들에게 다른 종파나 민족에 대한 규제를 두지 않았다.

샹플랭의 이러한 정책은 스코틀랜드인 아브라함 마틴에게도 똑같이 적용되었다. 그의 아내는 프랑스인 마그릿 렁글루아로 이들 부부는 1620년, 뉴프랑스의 퀘벡에 정착했다. 샹플랭은 이들에게 수만 에이커에 달하는 토지를 부여했으며 자신이 직접 나가 땅을 측량하고 4미터가량의 도로를 내주는 등 마틴의 가족이 정착하는 데 많은 도움을 주면서 스코틀랜드인과 프랑스인이 결혼하여 가정을 이루고 사는 모습에 매우 흡족해했다. 그리고 이들 부부의 다산은 샹플랭을 더욱 기쁘게 했다.

이렇듯 샹플랭의 도움에 힘입은 마틴 부부는 성공적인 정착을 이어나가고 있었다. 그리고 1629년, 영국의 커크 형제들로 인하여 퀘벡이 함락된 이후에도 퀘벡에 거주하고자 했으나 영국인들의 탄압에 이기지 못하고 1630년, 이들은 다시 프랑스로 돌아가야만 했다. 프랑스 디에프에서 생활하던 그들은 퀘벡이 프랑스로 반환된 1633년, 샹플랭이 퀘벡으로 돌아오자 다시 이들도 퀘벡으로 돌아온 것이다.

다시 퀘벡에 정착한 마틴 부부는 뉴프랑스 회사와 그의 친구들로부-

터 많은 땅을 부여받았고 뉴프랑스의 어업을 발전시키는 등 뉴프랑스 식민지 사회의 일원이 되었다. 그리고 이들 부부는 세 명의 아들과 여섯 명의 딸을 낳았는데 1621년 태어난 이 부부의 첫째 아들, 으스타쉬는 캐나다에서 태어난 첫 번째 유럽인으로 기록되었다. 이후 마틴 부부가 낳은 9명의 자녀는 모두 잘 성장하여 많은 후손을 두면서 뉴프랑스를 더욱 풍요롭게 해 주었다. 즉 본국으로부터 오는 이주자들뿐 아니라 자연 발생적으로 뉴프랑스의 인구가 늘어나기 시작한 것이다.

마틴 부부의 후손들이 샹플랭의 관용과 조화로운 다양성 포용 방침에 힘입어 또 다른 패션을 만들어 냈는데 그것은 오늘날 프랑스어를 사용하는 퀘벡 사람들이 스코틀랜드 남자들의 전통적 의상인 킬트를 입는 전통을 만든 것이다. 킬트란 스코틀랜드 남성이 전통적으로 입는 앞 중앙부에 스포랜이라 불리는 가죽 주머니가 달린 체크무늬 스커트를 말한다.

이 같은 샹플랭의 다양성 존중과 포용, 그리고 균형과 공정은 원주민들과의 관계나 프랑스인들의 서로 다른 종파에서 일어나는 갈등과 분쟁을 해결할 때 그리고 뉴프랑스로 새로 이주해 오는 사람들에게도 모두 한결같았다. 오늘날의 캐나다 건국 정신은 샹플랭의 다양성을 포용하는 정신을 그대로 이어받았다 할 수 있다. 캐나다의 다문화 정책은 1988년 공식적으로 의회에서 법안으로 통과됐는데 이는 다양한 인종과 민족 구성원을 캐나다 사회의 한 구성원으로 인정하고 포용하는 것이다. 캐나다 사회에서의 다문화 포용 정책은 의회에서 법안으로 통과되기 이전부터 캐나다의 일반 원칙으로 이미 다수 대중에 의해 시행되고 있었다.

이 같은 샹플랭의 고귀한 정신은 오늘날의 프랑스, 미국, 그리고 캐나다에 그를 기리는 총 30여 개의 동상과 기념비, 그리고 여러 기념행사를 통해 후세 사람들에게 전해지고 있으며 오늘날까지 북아메리카, 특히 캐나다의 상징으로 남아 있다.

30여 년 동안 뉴프랑스의 인구 성장은 뉴프랑스의 혹독한 겨울 그리고 괴혈병뿐만 아니라 영국의 침입으로 인하여 거듭 실패로 이어졌지만 1633년 이때부터 다시금 활기를 띠기 시작했다. 이제 많은 사람이 뉴프랑스로 이주해 오기 시작했다. 새로이 이주해 오는 사람들을 보는 것은 샹플랭의 즐거움이었으며 그에게 더 많은 용기를 불어넣어 주었다. 동시에 샹플랭의 지도력은 퀘벡의 주민들에게도 새로운 세계에서 앞으로 나아갈 수 있는 용기를 주었다. 이민자들과 그의 자손들은 샹플랭을 그들의 후원자이자 보호자로 여겼으며 추기경에 의해 거부된 '총독' 또는 '주지사', 관직과 호칭은 대서양 건너 북아메리카 뉴프랑스에서는 아무런 상관이 없었다. 식민지 주민들뿐만 아니라 대서양을 오가며 교역활동을 하는 프랑스인들의 마음속에는 이미 샹플랭이 그들의 총독이었고 실제로 그를 "우리의 총독님"으로 불렀다. 그리고 원주민들 또한 샹플랭을 "프랑스인들의 총사령관님"으로 불렀다. 그뿐만 아니라 북아메리카 대서양 연안과 세인트로렌스강을 따라 교역하고 있는 유럽의 다른 나라에서 온 교역인들도 그를 존경하고 그의 질서에 순종했다.

북아메리카에 정착한 유럽의 영지 제도

샹플랭이 가고 400여 년이 흐른 오늘날에도 퀘벡주뿐만 아니라 온타리오주에서도 볼 수 있는 크기는 다르지만 한결같은 토지 모양이 있는데 그것은 직사각형의 밭 모양이다. 이 모양의 밭들은 세인트로렌스강을 중심으로 양쪽의 육지에서 시작하여 몬트리올까지 이어지게 되었고 언제부터 조성되었는지는 모르나 캐나다의 수도인 온타리오주의 오타와에서 토론토로 가는 공중에서도 그 광경을 볼 수 있다.

이 직사각형 모양의 토지는 퀘벡의 인구 성장을 위한 제도인 영지 제도를 시행하면서 더욱 본격화되었다. 뉴프랑스 식민지를 존속시키고 발전시키기 위해서 절대적으로 필요한 것은 인구 성장이었다. 몇천 명으로 늘어나고 있는 남쪽의 뉴잉글랜드에 비해 북쪽의 뉴프랑스 인구 증가 속도는 매우 느렸다. 1633~1634년의 퀘벡의 정착인구는 227명, 1635에는 400여 명으로 그 숫자가 늘어나고 있었지만 여전히 뉴잉글랜드를 따라가지 못하고 있었다.

퀘벡의 인구 성장 동력이 된 이 제도는 샹플랭이 퀘벡에 루이 에베르 가족을 위한 땅을 마련하고 인부들에게 그의 집과 농장을 지어 준 1623년에 시작되었지만 그 당시에는 정착민이 많이 없어 본격화되지는 못했다. 그러다 1633년 샹플랭이 퀘벡으로 돌아온 후, 영지 조성의 일반적인 패턴은 뉴프랑스에서 땅을 구성하는 표준적인 방법이 되었다. 영주들은 땅과 봉건적 특혜를 받는 대가로 자신들이 비용을 들여 이민자들을 캐나다로 데려오기로 약속했다. 이 제도는 샹플랭이 통치하는 동안 그의 독려와 함께 융성해지기 시작했다.

이 영지 제도에 합류하여 퀘벡의 인구 증가에 기여한 사람 중에 로버트 지퍼드 드 몽셀이 있었다. 샹플랭의 친한 벗으로 약제사이자 외과 의사였던 그는 1621년, 해군 군의관 신분으로 대서양을 건너는 선상의 의사 자격으로 승선했다. 이후 북아메리카에 매료된 그는 1627년 다시 퀘벡으로 돌아와 퀘벡에서 몇 킬로미터 떨어진 곳에 작은 집을 짓고 거주하기 시작했는데 그는 퀘벡에 정착한 첫 번째 유럽인 의

사로 기록되었다. 그는 원주민 여인을 사랑하게 되어 결혼하려 했지만 그녀의 부족 사람들의 거부로 성사되지 못했다. 그러다 1628년 뉴프랑스를 침입한 커크 형제들에게 붙잡혀 식민지에 정착하기 위한 그의 많은 사재와 의료 도구들을 약탈당하기도 했지만 그는 1632년 뉴프랑스가 반환되는 시기까지 퀘벡에 머물렀다. 그 후 프랑스로 돌아간 그는 프랑스 여인과 결혼했다. 1634년, 그는 임신 8개월인 아내와 함께 다시 퀘벡으로 돌아왔는데 돌아온 지 일주일 후에 이들 부부의 딸이 태어났다. 이후 이들은 두 명의 아들과 두 명의 딸을 더 낳아 퀘벡의 인구 성장에 기여하게 된다. 지퍼드는 자신의 재력으로 샹플랭과 뉴프랑스 회사로부터 부여받은 농장에서 일할 많은 사람을 이주시켰다. 그가 이주시킨 사람들은 그의 하인들과 주로 그의 친척들이었다. 퀘벡에는 점점 더 많은 가족 단위의 정착민들이 생겨나기 시작했다. 에베르와 마틴 가족에게 지원을 아끼지 않았던 것처럼 샹플랭은 지퍼드에 대해서도 도움을 아끼지 않았다.

1632년에서 1635년까지 샹플랭이 통치하는 동안 식민지의 인구는 이 영지 제도에 힘입어 빠르게 성장했으며 퀘벡의 문화는 전 뉴프랑스 식민지로 퍼져 나갔다. 그리고 예수회 선교사들의 역할도 커져 갔다.

그러나 퀘벡에서 프랑스인들의 인구 성장은 원주민들에게는 불행의 시작이었다. 원주민들에게 들이닥친 불행의 원인은 바로 유럽인들이 가져오는 전염병이었다. 유럽인들이 빠르게 증가하면서 세인트로렌스 밸리 전역에 전염병이 퍼지기 시작했다. 이후 뉴프랑스의 프랑스인 인구는 빠르게 증가하는 반면 전염성 질병으로 인하여 원주민들의 인구는 감소하기 시작했다.

이런 인구 변화와 동시에 뉴프랑스에는 새로운 형태의 변화가 생기기 시작했는데 그것은 프랑스인들과 원주민들 사이에서 태어나는 오늘날 메티스라 불리는 프랑스계 원주민 아이들이 태어나기 시작한 것이다. 그리고 그들과 함께 뉴프랑스만의 새로운 문화도 생겨나기 시작했다.

트루아 리비에르

새로운 문화는 퀘벡과 아카디아 지방뿐만 아니라 또 다른 곳에서도 피어나기 시작했다. 그곳은 퀘벡에서 서쪽으로 130킬로미터 정도 떨어진 곳으로 1603년 샹플랭이 이곳을 탐사하면서 세 줄기의 강이 만난다 하여 이름 붙인 트루아 리비에르(Three Rivers)였다. 이곳은 지리적으로 교역의 요충지였다. 샹플랭은 이곳에서 이루어지는 프랑스인들의 교역을 돕기 위해 수로 교통망을 통제할 수 있는 견고한 요새를 지어 북쪽과 서쪽의 강이 만나는 교역 중심지로서 교역소뿐만 아니라 선교활동의 장소로 활용하기 위한 계획을 세웠다. 그리고 이 지역을 탐험하고 원주민들과 함께 거주하면서 그들의 문화와 언어를 익혀 프랑스인들과 원주민들의 소통을 도와주는 젊은이들의 활동무대가 되면서 이로쿼이 부족의 움직임을 주시하고 통제하는 역할도 기대했다.

샹플랭을 대신해 이 임무를 맡은 사람은 루 라비올렛이라는 사람이었다. 샹플랭은 그를 트루아 리비에르로 보내 요새와 교역소를 건설하도록 했다. 라비올렛은 몇 명의 병사들과 숙련 노동자들을 그곳으로 데리고 가 방책을 세우고 방책 내부에는 기거할 숙소, 무기고, 그리고 식량창고가 딸린 교역소이자 요새를 짓기 시작했다. 1634년 늦여름, 샹플랭도 이곳의 건설 현장을 방문하여 현장 진행 상황을 직접 둘러보았다. 이곳에는 불시에 발생할 수도 있는 공격에 대비할 수 있도록 대포가 설치된 견고한 방어시설을 갖춘 요새가 건설되었다. 그리고 같은 해 예수회 선교사들은 이곳에 영구한 선교활동을 위한 둥지를 틀게 되었으며 두 명의 통역사도 정착하게 되었다. 곧 이곳의 교역소는 유럽의 물건들과 원주민들의 모피를 교역하는 매우 중요한 장소로 신속하게 자리 잡아 나갔을 뿐만 아니라 많은 사람이 정착하게 되면서 나중에는 요새의 방책 밖에까지 주택의 숫자가 늘어났다.

주택의 숫자가 늘어난다는 것은 그만큼 인구가 늘어난다는 것이다. 그리고 인구가 늘어나면서 이 작은 식민지 마을에는 새로운 문화가 싹트기 시작했다. 새로운 문화를 만들어 내는 주인공들은 프랑스 젊은이들과 젊은 원주민 여인들이었다. 샹플랭의 지시로 원주민 부락으로 가서 생활하며 그들의 문화와 언어를 습득하게 된 통역사들은 자연적으로 원주민들과 많은 시간을 함께하면서 원주민 여성들과 결혼하는 숫자도 늘어 갔고 원주민들과 긴밀한 관계를 형성하기도 했다. 그리고 그들은 그 속에서 새로운 문화를 만들어 나가게 된다. 즉 유럽의 문화와 북아메리카 원주민들의 문화가 혼합된 새로운 문화가 꽃피게 된 것이다.

탐험가이자 통역사

지난 1629년, 퀘벡이 영국인들에게 함락되었을 당시 조국 프랑스를 버리고 영국인들에게 돌아선 통역사들이 있었다. 샹플랭은 조국과 자신을 저버리고 영국에게 붙은 두 배반자에게 크게 실망했다. 그 후 배반자 중 한 명인 에티엔 브륄은 퀘벡이 다시 프랑스 영토가 되었다는 소식을 듣자 샹플랭이 퀘벡으로 돌아오기 전 그를 피해 휴론 원주민에게 갔다. 그러나 그의 성품은 원주민들에게 환영받지 못했다. 휴론 원주민들은 그를 거부하고 그들의 지역에서 떠날 것을 요구했다. 이때 이미 커크 형제들은 영국으로 돌아간 터라 그가 돌아갈 곳은 아무 데도 없었다. 당연히 프랑스인들도 그를 반역자라고 혐오하며 받아주지 않았다.

알곤킨 원주민들에 의하면 그는 휴론 원주민들과 교역 문제로 다투다 살해되었다고도 하고 또 어떤 이들은 이로쿼이 연맹 중 하나인 세네카 부족과의 싸움에서 붙잡혀 있다가 가까스로 탈출하여 휴론 원주민에게로 갔지만 그들은 그가 세네카 원주민과 교역했다고 의심하여 칼로 찔러 살해했다는 설도 돌았다. 청소년 시절부터 샹플랭을 대신하여 많은 곳을 탐험하고 휴론 원주민들의 언어를 습득하며 샹플랭보다 앞서 오대호까지 탐험한 최초의 유럽인으로 기록된 그는 결국 1633년 6월 어느 날 죽게 되었는데 그의 죽음에 대한 정확한 원인은 밝혀지지 않았다.

또 한 사람, 샹플랭이 입양한 두 딸이 샹플랭을 따라 프랑스로 가겠다는 것을 방해한 니콜라 마르솔레는 앞의 브륄과는 다른 삶을 살았다. 그는 자신이 배운 원주민 언어를 어느 누구에게도 가르쳐주지 않을 만큼 욕심이 있는 사람이었는데 몽타냐이 원주민들과 오랫동안 교역을 하면서 자신의 배를 소유하는 등 많은 부를 쌓았다. 그의 부는 그에게 신분 상승을 안겨 주었다. 사람들은 그를 "타두삭의 작은 왕"이라고 불렀다. 샹플랭의 사망 후 그는 프랑스 여성과 결혼하여 열 명의 자녀를 두었다. 그리고 뉴프랑스 회사로부터 영지를 부여받았으며 뉴프랑스의 존경받는 인물로 탈바꿈하여 90세가 되는 1677년까지 살게 된다.

샹플랭이 키운 많은 통역사 중에는 브륄이나 마르솔레 같은 사람들만 있는 것은 아니었다. 그중에는 북아메리카의 뉴프랑스 역사에 많은 발자취를 남긴 통역사들도 있었다.

10대 후반에 노르망 항구에서 샹플랭을 만나 북아메리카로 와서 알곤킨, 몽타냐이, 그리고 휴론 원주민의 언어를 그 누구보다도 유창하게 습득하고 원주민과 샹플랭의 소통을 도왔으며 뉴프랑스에서 활동하는 선교사들의 통역 그리고 업무를 성실하게 도와 많은 이들의 칭찬을 받았던 올리비에르 레 타디프라는 인물도 있었다. 자신의 성실성을 인정받은 그는 세인트 밸리의 뉴프랑스 회사 업무를 총괄하는 감독으로 임명되었다. 훗날 그는 영지를 부여받기도 하고 오를레앙섬을 개발하는 업무를 맡는 등 뉴프랑스의 발전에 많은 발자취를 남겼다.

그뿐만 아니라 그의 선함과 성실함은 원주민들에게도 인정받으며 원주민들로부터 자기 아이들의 대부가 되어 달라고 부탁받았다. 그리고 샹플랭처럼 그도 세 아이의 원주민 아이들을 입양하여 잘 양육했으며 이 아이들이 성장하여 결혼할 때까지 돌보았다. 타디프 자신도 에베르의 외손녀와 결혼하여 1명의 자녀를 두었으며 아내와 사별 후 재혼하여 3명의 아이를 더 두었다. 레다디프 또는 타디프란 성을 가진 그의 후손들은 오늘날 북아메리카에서 계속 대를 이어 가고 있다.

타디프가 주로 타두삭과 퀘벡 주변에서 활동하며 샹플랭을 도왔다면 자신의 활동 영역을 넓혀 샹플랭이 못다 이룬 탐험의 꿈을 대신 이루게 해 준 사람도 있다. 그의 이름은 장 니콜레로 유럽인으로는 최초로 미국의 미시간호와 이 호수를 끼고 있는 위스콘신주까지 탐험한 사람이다. 그는 스무 살에 뉴프랑스로 와서 샹플랭의 지시에 따라 오타와강의 알루멧 섬에 자리한 알곤킨 원주민 부락에서 생활하면서 그들의 언어와 문화를 습득했고 이로쿼이 원주민들과의 협상에 통역사로 참석했다. 1620년, 퀘벡으로 돌아온 그는 곧 다시 니피싱 원주민에게 보내져 그곳에서 생활했다. 그리고 1624년부터 그는 니피싱 원주민들의 통역사가 되어 샹플랭과 그들의 소통을 도와주었다. 9년 후, 그는 트루아 리비에르에 정착하여 모피 교역에 종사하면서 서쪽 지방과 허드슨 만과 휴로니아 지방 사이의 많은 원주민 마을을 방문했다. 니피싱 원주민들과 지내는 동안 그곳의 원주민 여성과 함께 생활했는데 이때 딸아이가 태어났다. 마델린이라는 이름을 가진 딸아이는 후에 아버지인 니콜레를 따라 퀘벡으로 와서 성년이 되어 프랑스인과 두 번 결혼해서 아홉 명 이상의 아이들을 낳았다. 샹플랭이 꿈꾸는 하나의 공동체, 그리고 새로운 문화가 이 후손들을 통해 생겨나고 이어지게 되는 것이었다.

1629~1632년, 영국의 침입자들이 뉴프랑스를 점령하고 있는 동안 니콜레는 퀘벡을 떠나 오늘날의 온타리오주인 서쪽 지방의 휴론 원주민들과 생활했다. 1632년, 에메리 캉과 프랑스 교역인들이 퀘벡으로 돌아오자 그도 퀘벡으로 돌아와 원주민과 프랑스인 사이의 교역을 재개할 수 있도록 도왔다. 그 후 1633년 봄, 샹플랭도 이주자들과 함께 퀘벡에 도착한 지 얼마 안 되어 그는 40척의 카누를 탄 상당히 많은 니피싱 원주민들이 퀘벡의 상류에 위치한 세인트크로이섬으로부터 퀘벡에 도착했다는 소식을 들었다. 그들을 이끌고 온 사람은 다름 아닌 프랑스인 통역사, 장 니콜레였다.

샹플랭은 1633년 6월 20일, 세인트크로이섬으로 가 즉시 니콜레를 만났다. 두 사람은 많은 이야기를 나누며 뉴프랑스의 서쪽 지방 너머를 탐사하는 계획을 세웠다. 그곳은 오대호를 지나 서쪽 깊숙이 들어가 있는 지금의 온타리오주의 서부인 내륙 지방이다.

이번 탐사의 목적은 북아메리카 내륙을 통과하여 동방으로 가는 길을 찾는 목적 이외에도 뉴프랑스 서쪽에 놓여 있는 지방을 탐사하고 그곳 토양의 특성을 연구하는 일이었다. 또 다른 목적은 강과 호수에 대한 지도를 그리는 일이었다. 수로는 이 시대 주요 교통망인 만큼 샹플랭의 큰 관심사였다. 1633년 당시 샹플랭은 그 물이 모두 세인트로렌스강을 지나 대서양으로 흘러 나가는 북아메리카의 오대호(슈피리어호, 미시간호, 휴론호, 에리호, 온타리오호)에 대한 정확한 지식이나 정보를 지니고 있지 않았다. 호기심과 진취적인 탐험 정신의 소유자인 샹플랭은 본국과 뉴프랑스를 오가며 당면한 문제들을 처리하느라 많은 시간을 보내야 했기 때문에 이 호수들의 규모와 모양, 그리고 오대호 너머에 대한 궁금증을 해소하지 못했다. 그리고 이제 그는 60대 중반을 넘긴 노인이 되어 있었다. 그리고 지난 몇 년간 영국인들에 의해 방치되었던 뉴프랑스의 재건을 위해 그는 다시 많은 시간을 쏟아부어야 하는 시기였다.

　1633년 여름, 니콜레는 자신의 탐사를 도와 줄 7명의 원주민을 만나기 위해 휴로니아 지방으로 가기 위해 퀘벡에서 출발했다. 니콜레는 샹플랭으로부터 원주민들이 말해 준 저 멀리 서쪽 지방에 있다는 담수가 아닌 염수로 된 바다(태평양)까지 탐사를 이어 가면서 처음 만나게 되는 원주민들과 동맹을 맺는 일과 모피 교역 지역을 확대하라는 지시를 받았다. 이 시대에 서쪽의 염수로 된 바다까지 탐험하는 것은 시기상조라는 것을 현대를 살아가는 우리는 알지만 샹플랭은 그 너머를 알 수 없었다. 어쨌든 7명의 원주민 안내자와 니콜레는 오대호 중 휴론호, 슈피리어호, 미시간호 등 상당히 광범위한 지역까지 탐사했다.
　어느 날 니콜레와 그의 일행은 미시간호의 그린 베이에 도착했다. 그리고 호숫가에 두 개의 장대를 꽂고 그 위에 전쟁이 아닌 평화를 나타내는 선물을 매달았다. 곧이어 사오천은 족히 되어 보이는 이곳의 원주민들이 니콜레가 먼저 보낸 길잡이 원주민들이 전해 주는 소식을 듣고 그린 베이로 몰려왔다. 니콜레는 꽃, 새, 그리고 색깔이 다채롭게 짜인 다마스크식의 겉옷을 걸치고 양손에는 각각 총을 들고 공중을 향하여 총을 발사했다. 그러자 여자들과 아이들이 겁에 질려 도망을 가기도 했다. 이곳의 사오천 명의 원주민들은 니콜레를 맞아들이고 추장은 연속되는 그들의 연회에 초대했다. 잔치에 주메뉴는 비버였다. 즐거운 연회와 함께 니콜레는 함께 간 휴론 무사들과 함께 이곳의 위네바고 원주민들과 평화를 위한 동맹을 맺었다.

위네바고 원주민들과 헤어진 니콜레는 계속해서 서쪽 지방의 탐사를 이어 갔다. 그 결과 세인트 밸리의 원주민들로부터 샹플랭이 들은 서쪽의 큰 바다까지는 아니지만 니콜레는 유럽인 최초로 북아메리카의 가장 많은 부분을 탐험한 사람으로 기록되었다. 그리고 그가 이룬 1634년의 탐험은 더 많은 프랑스인 통역사에게 영감을 주었으며 다른 이들도 그의 탐사 궤도를 따라 탐험을 시작하게 된다.

1634년 퀘벡으로 돌아온 니콜레는 한곳에 정착하기로 결정하고 트루아 리비에르에서 교역을 시작했다. 그리고 그는 에베르의 외손녀와 결혼하여 인디언 여인에게서 얻은 딸 이외에 남매를 낳았다. 이 결혼으로 하여 그는 앞서 소개한 올리비에르 타디프와 동서지간이 되었다. 이 두 남자는 매우 가깝게 지내는 친구였으며 영지를 소유한 공동소유자가 되기도 했다.

그런데 1642년의 어느 날, 니콜레는 휴론 원주민들에게 포로로 잡혀 죽음에 이르는 고문을 당하게 되었다는 한 이로쿼이 원주민의 소식을 듣게 되었다. 그는 알지도 못하는 이로쿼이 원주민들을 살리겠다고 급히 트루아 리비에르로 가기 위해 배에 올라 항해를 시작했다. 그의 배가 세인트로렌스강을 거슬러 올라가던 도중 불어닥친 강풍에 전복되고 말았는데 불행하게도 그도 샹플랭처럼 수영을 할 줄 몰랐다. 그는 결국 타인의 생명을 살리기 위해 이동하던 중 44살의 나이에 안타까운 죽음을 맞이한 것이었다.

그의 죽음이 1642년, 즉 샹플랭의 사후였으니 샹플랭은 그를 잃은 슬픔을 겪지 않아도 되어 그나마 다행인지도 모르겠다. 니콜레는 샹플랭의 꿈을 이해하고 공유한 사람이었다. 그도 역시 원주민들로부터 많은 애정과 존경을 받았으며 예수회 신부들에게도 많은 도움을 준 사람으로 기록된 인물이다.

니콜레와 타디프뿐만 아니라 퀘벡과 트루아 리비에르에서 샹플랭이 뜻을 두고 키운 젊은 통역사들은 세월이 감에 따라 그 숫자가 조금씩 늘어 왔고 그들의 탐사 범위 또한 넓어져 갔다. 그리고 샹플랭의 사후, 이들 중에는 미시시피강을 따라 이동하여 오늘날 북아메리카의 남단 루이지애나까지 모피 교역을 하는 등 그들의 활동 영역도 점점 넓어지게 된다. 그리고 그들이 지은 작은 교역 야영지는 점차 교역소로 변했고 이어 작은 마을로 그리고 오늘날에는 대도시로 변해온 것이다.

마지막 해

해가 바뀌어 어느덧 1635년이 되었다. 3년 전 퀘벡으로 다시 돌아온 샹플랭은 그동안 쉬지 않고 일했다. 그는 교역이 처음 시작된 타두삭과 퀘벡에 이어 지난해에 트루아 리비에르에 교역소와 요새를 지었다. 이곳은 원주민들과의 소통과 교역의 요충지이면서 젊은이들의 탐사기지로 급속히 발전했다. 샹플랭은 퀘벡과 트루아 리비에르 등 뉴프랑스 곳곳을 수시로 오가면서 뉴프랑스의 발전을 위해 분주히 움직였다. 특히 카파 브레튼에 들어선 여러 개의 새 어촌들과 모피 교역상들이 정착하게 된 트루아 리비에르가 퀘벡을 중심으로 발전하고 있었고 서쪽 내륙지방으로 점점 프랑스인의 수가 증가하고 있었다. 모피 교역은 많은 수익을 안겨 주었고 어업도 그 어느 때보다도 성장하고 있었다. 농업도 세인트로렌스강을 따라 추진한 영주제도를 동력으로 뉴프랑스의 인구를 성장시키며 발전하고 있었다. 이제 뉴프랑스는 천천히 뿌리를 내리며 성공적으로 정착하고 있었다. 그리고 샹플랭은 북아메리카의 많은 사람, 즉 원주민, 선교사, 교역상, 그리고 주민과 노동자들로부터 깊은 사랑과 존경, 그리고 신뢰를 받고 있었다.

샹플랭이 이루려 했던 뉴프랑스는 32여 년의 세월 동안 많은 우여곡절을 겪으며 성장해 왔지만 샹플랭의 몸은 역으로 점점 노쇠하고 있었다. 1635년의 봄이 되자 그의 몸이 눈에 띄게 둔화되기 시작했다. 그러나 그의 정신은 여전히 강인했으며 또렷했다. 이 무렵 그는 주로 앉아서 업무를 보기 시작했다. 주변의 모든 사람은 그의 건강에 문제가 생겼음을 알 수 있었다. 그리고 그의 건강 문제는 프랑스로 전해졌고 본국 프랑스에서는 그의 뒤를 이을 사람을 생각하기 시작했다.

10월의 가을, 하늘은 그 어느 때보다도 청명하고 붉고 노랗게 물든 단풍은 퀘벡의 자연을 더욱 아름답게 장식하고 있었다. 그러나 샹플랭에게는 고통이 시작되는 뇌졸증이 찾아왔다. 그의 두 다리는 더 이상 사용할 수 없게 되었으며 시간이 감에 따라 육체의 마비 증상은 상체로도 이어져 그는 팔도 제대로 움직일 수가 없게 되었다. 이제 침대에 누워 생활해야 했으며 누군가의 도움 없이는 꼼짝할 수 없게 된 그를 그의 시종과 예수회 신부들, 그리고 주민들이 돌보기 시작했다.

문서에 서명할 때면 주위 사람들이 손을 잡고 인도해야 할 만큼 신체적 마비가 그를 괴롭혔지만 다행히 정신은 여전히 건강해서 계속해서 직무를 이어 가고 있었다. 그러나 이제 그에게 남은 시간이 그리 많지 않다는 것은 점점 분명해지고 있었다. 그는 폴 제네 신부의 도움을 받아 가톨릭 교인으로서 행하는 고해성사를 했다. 고해성사 신부는 병석에 누워 있는 샹플랭 곁을 한시도 떠나지 않고 그를 돌보는 샤를 랠레머트 신부였다. 샹플랭은 11월의 어느 날, 유언을 하기 위해 함께 뉴프랑스 건설에 힘쓰던 벗들을 불렀다. 모두 11명의 사람이 샹플랭이 하는 유언의 증인이 되기 위해 그의 병상으로 와서 모였다.

먼저 샹플랭의 부관이자 퀘벡의 치안총감인 프랑수아 간드가 증인으로 참석했다. 그는 1633년 퀘벡에 왔는데 리슐리외 추기경의 정보관으로서 귀족이자 몰타 기사였고 뉴프랑스 회사의 회원 중 한 사람이었다. 그리고 샹플랭의 도움으로 신분 상승과 재력을 갖추어 새로운 영주 계급으로 떠오른 통역사들, 그리고 에베르의 사위 등 모두 대영지를 갖게 되었고 높은 지위에 오른 사람들이 참석했다. 그리고 일반 평민 계층의 사람들과 샹플랭의 시종도 참석했고, 그동안 샹플랭이 돌보아 온 원주민 소년 소녀 중 그의 대자인 몽타냐이의 한 젊은이도 참석했다. 이 젊은이는 어릴 적 부모를 모두 잃고 한 원주민에 의해 죽음의 위기에 놓인 것을 샹플랭이 구해서 자신의 대자로 삼고 이미 입양한 세 소녀와 함께 가족으로 살고 있었다. 마지막으로 군인이자 퀘벡의 기록 사무관이 참석해 있었다. 그는 공식적으로 샹플랭의 유언을 기록하고 증명하기 위해 참석했다. 샹플랭은 이 모든 사람에게 자신의 유언을 말했으며 모든 증인은 샹플랭의 유언장에 자신들의 이름을 써넣고 서명했다. 다만 읽고 쓸 줄 모르는 에베르의 사위는 점을 하나 찍는 것으로 그의 서명을 대체했다.

샹플랭의 유언은 뉴프랑스의 선교활동을 위한 것으로 시작되었다. 그는 예배당에 들어갈 가구, 비품 그리고 제단과 장식품에 대한 구체적인 금액을 유증했다. 그다음으로는 퀘벡의 예수회 선교활동을 위해 많은 자금을 유증했다. 경건한 신앙인으로서 종교적 신념을 지켜왔던 그는 본국 프랑스가 오랜 세월 동안 겪었던 잔인한 종교분쟁이 뉴프랑스에서는 일어나지 않도록 노력해 왔다. 그동안 북아메리카에서 많은 어려움을 겪으며 선교활동을 해 왔던 예수회를 통하여 그는 자신의 뜻을 이루려 했는지도 모른다. 그는 이 예수회 성직자들에게 자신의 매년 기일마다 미사를 올려 달라고 부탁했다. 이 부탁은 자신을 위한 유일한 유언이라 볼 수도 있지만 어쩌면 이 유언도 뉴프랑스 주민들이 경건한 신앙생활을 지속해 주기를 바라는 샹플랭의 마음이 담기지 않았을까?

그다음으로 샹플랭은 뉴프랑스로 이주하여 뿌리를 내리고 살아가는 몇 가족에게 많은 자금을 유증했다. 그중 가장 많은 혜택을 받은 사람은 스코틀랜드 출신인 아브라함 마틴과 그의 가족이었다. 그리고 마틴이 받게 되는 유산의 반은 특별히 뉴프랑스의 땅을 개간하는 데 쓰이도록 명시되었다. 그리고 나머지 반은 마틴의 딸이 반드시 뉴프랑스에 뿌리를 내릴 젊은이와 결혼 할 수 있도록 돕는 데 쓰이도록 했다. 마틴의 가족 이외에도 에베르를 포함한 또 다른 네 가족도 샹플랭의 유산을 받게 되는 데 이 목적 또한 뉴프랑스의 인구 성장을 독려하는 것이었다.

뉴프랑스의 선교활동과 인구 성장을 위한 샹플랭의 유언에 이어 세 번째로 이어진 그의 유언은 그가 그동안 멈추지 않고 해 왔던 탐험과 새로운 발견을 위한 지원이었다. 그는 그동안 자신이 사용해 왔던 구리로 만든 휴대용 천문 관측용 기구, 나침판, 그리고 다른 항해에 필요한 기구들을 탐험과 예수회 학문 전통에 많은 관심이 있던 그의 고해성사 신부인 샤를 랠레먼트 신부에게 주었다. 그의 학문적인 탐구는 이 세상에서 신의 섭리를 연구하는 것이었다. 그가 샹플랭으로부터 받은 것은 그리스도가 못 박혀 있는 모습의 그림과 과학 기구였는데 어쩌면 이 또한 샹플랭의 사려 깊은 뜻이 들어 있었는지도 모른다. 그것은 맹목적인 신앙심 이외 과학의 산물인 기구 사용을 병행하여 탐험을 통한 탐구를 이어갈 수 있도록 유도하려는 샹플랭의 상호보완적 생각에서 비롯된 것이 아니었을까.

그다음으로 샹플랭의 유산을 받은 사람은 그의 시종 장 포이숑이었다. 그는 붉은색과 재색으로 이루어진 재킷을 포함한 샹플랭의 가장 좋은 옷 몇 벌을 받았다. 그리고 샹플랭의 원주민 대자는 밝은 계통의 붉은 영국산 옷감으로 된 좋은 정장 한 벌을 받았다. 그리고 나머지 유산의 많은 부분은 파리의 환경이 열악한 종교 기관에 보내도록 했다.

샹플랭은 자신이 일생 유일하게 사랑한 프랑스에서 지내고 있는 그의 아내 엘렌에게 프랑스에 있는 그의 모든 재산을 유증했다. 그리고 그의 아내가 유산을 상속받지 못하는 상황이 될 경우 라로셀 지방에 살고 있는 그의 사촌 누이에게 나머지 재산이 가도록 했다. 샹플랭은 또한 그의 아내에게 그가 애장하던 밀랍으로 만들어진 예수를 뜻하는 '하느님의 어린 양' 메달과 수정이 박힌 금반지와 그녀가 좋아하던 고급스러운 재색으로 된 여우 털을 한 묶음 유증했다.

샹플랭은 그의 고해성사 신부인 랠레먼트와 그의 친구 프랑수아 간드에게 그의 모든 원고를 모아 프랑스에 있는 아내에게 보내 줄 것을 부탁했다. 그러나 이후 프랑스에 도착한 이 많은 분량의 원고는 프랑스까지는 무사히 도착했지만 샹플랭의 재산을 탐낸 그의 이종사촌 누이가 엘렌을 상대로 법정 소송을 벌이던 도중 그 가치를 알아보지 못하는 그 누이에 의해 분실되었다고 한다. 탐욕과 무지로 인해 뉴프랑스 초기 역사의 많은 부분이 사라진 것이다.

샹플랭이 구술한 유언은 증인으로 모인 사람들의 도움을 받아 1635년 11월 17일에 문서화 되었다. 그리고 이제 자력으로는 아무것도 할 수 없는 그는 증인들의 도움을 받아 유언장에 서명했다. 12월 2일, 그는 이제 더 이상 총독의 기능을 행할 수 없다고 결정하고 프랑수아 간드에게 자신의 업무를 일임했다. 간드는 1633년에 샹플랭과 함께 퀘벡으로 왔으며 그 사람됨이 경건하고 정직하여 신뢰할 수 있는 사람이었다. 샹플랭의 판단은 적중해서 그는 샹플랭의 포용 정신을 이어받아 퀘벡을 이끌어 갔으며 원주민들과의 관계도 샹플랭의 마음과 다르지 않았다.

샹플랭의
마지막 순간

　　　　　　　　　　1635년 12월 24일, 크리스마스이브, 병석에 누워 있는 샹플랭의 방에는 그의 곁에서 한시도 놓치지 않고 돌보는 예수회 신부들을 비롯한 여러 사람들이 곁을 지키고 있었다. 그들 사이에서 샹플랭의 정신은 점점 혼미해지고 있었다. 크리스마스이브가 되자 퀘벡 주민들이 교회에 모여 찬송가를 불렀다. 그리고 예수 탄생을 기리는 대포소리도 울렸다. 자정이 지나 크리스마스 날이 되었다. 샹플랭의 옆에서는 그의 고해성사 신부인 랠레먼트가 그의 마지막 가는 길을 위해 기도를 올리고 있었다. 1635년 12월 25일, 샹플랭은 신부의 기도 소리를 들으며 평온하게 잠들었다.

　　아침이 되자 아이들부터 어른들까지 샹플랭의 죽음을 애도하기 위한 행렬이 이어졌다. 그들은 저마다 샹플랭의 죽음을 애도하기 위해 복장을 단정히 갖추어 입고 행렬을 지어 마을을 함께 걸었다. 모피로 온몸을 감싼 원주민들도 참석하여 샹플랭의 죽음을 애도하며 슬픔을 표했다. 후에 도착한 휴론 원주민 조문단은 많은 양의 조가비로 만든 구슬을 가지고 와 샹플랭을 잃은 퀘벡 주민들의 마음을 위로해 주기도 했다.

　　샹플랭은 회복의 성모님이라 이름 붙여진 예배당 옆 샹플랭의 소예배당 아래 묻혔다. 그러나 5년 후인 1640년, 한 방화범이 저지른 것으로 추정되는 불에 의해 건물들이 모두 타면서 그의 유해의 존재를 확인할 수가 없게 되었다. 따라서 알려지지 않은 그의 실제 얼굴 모습만큼이나 그의 무덤도 현재까지 어디에서도 찾을 수가 없게 되었다. 그러나 미지를 두려워하지 않는 그의 탐험 정신과 국가의 번영과 종교적 신념을 이루기 위해 고군분투하는 속에서도 인류애를 실천하고, 신중하고 맑은 지도자의 정신을 잃지 않았던 그의 모습은 많은 세월이 간다 해도 많은 사람의 가슴속에서 여전히 살아 숨 쉬게 될 것이다.

샹플랭 사후, 프랑스

너무 많은 나이 차이와 대서양을 사이에 둔 거리감, 그리고 샹플랭의 원대한 꿈속에서 샹플랭과 그의 아내 엘렌은 여느 부부들 같은 평범한 삶을 살지 못했다. 샹플랭은 임종을 앞둔 자리에서 자신이 사랑한 여인은 오직 엘런뿐이었다고 말했지만 이 마음이 엘렌에게 어떻게 다가갔는지 알 수 없다. 남편과 함께 뉴프랑스 퀘벡에서 4~5년을 거주하며 원주민, 식민지 주민들, 선교사들, 그리고 상인들에게까지 많은 귀감이 되면서 사랑을 받았고 남편이 일구어 나가는 뉴프랑스에 많은 돈을 헌정하기도 한 샹플랭의 아내, 엘렌 불레는 샹플랭의 임종 소식을 듣자 남편의 유언을 받아들이고 우르술라 수도원으로 들어가 수녀가 되었다. 그리고 그 후 파리에서 멀지 않은 소도시인 모(Meaux) 지방에 우루술라 수도원을 짓고 1654년 사망할 때까지 그곳에서 살게 된다.

한편 프랑스의 리슐리외 추기경은 샹플랭의 사망 소식이 파리에 도착하기 전부터 샹플랭을 직위에서 해고하고 그 자리에 다른 사람을 임명했다. 샹플랭의 후임자는 귀족출신으로 리슐리외 추기경의 친목회 회원이었다. 리슐리외 추기경은 지난 1628년 로크몽이란 경솔한 사람을 잘 못 선정하여 뉴프랑스의 퀘벡을 영국인 손에 쉽게 들어가게 한 것처럼 이번에도 사람을 뽑는 그의 눈이 얼마나 혼탁한지를 보여 주게 된다. 1636년, 샹플랭의 후임자인 샤를 몽마그니는 샹플랭에게는 한 번도 주어지지 않은 '뉴프랑스 총독'이라는 정식 임명장을 들고 퀘벡에 도착하게 된다. 그러나 그의 손에는 왕이나 추기경으로부터 받아 온 샹플랭에 대한 훈장은커녕 노고를 치하하는 한마디 메시지조차 없었다. 그가 프랑스를 떠날 때는 아직 샹플랭의 사망 소식이 파리로 전해지기 전이었음에도 병으로 퇴역하는 샹플랭에 대한 배려는 없었던 것이다.

이렇듯 추기경은 샹플랭에게 냉담했다. 그뿐만 아니라 뉴프랑스로 이주하는 많은 사람에게 주어진 귀족 신분 상승조차도 샹플랭에게는 주어지지 않았다. 30년이 넘는 세월 동안 북아메리카로 조국의 힘을 확대하기 위하여 뉴프랑스 식민지를 건설하고 그 속에서 원주민들뿐만 아니라 뉴프랑스를 드나드는 상인들을 비롯한 모든 사람과 포용과 융화를 실천했으며 모피 교역과 어업, 그리고 모국의 국가 정책인 원주민들을 향한 선교활동 또한 그의 관심과 지원으로 안착했지만 샹플랭과는 너무나 다른 가치체계를 보여 주는 파리 궁정을 장악한 국무장관 리슐리외 추기경은 샹플랭의 그 어느 업적도 인정하려 들지 않았다. 조선의 선조와 이순신 장군이 연상되는 대목이다.

루이 13세와 리슐리외 추기경은 별 업적도 없이 잊힌 많은 관리들에

게는 총독이라는 정식 타이틀을 달아 주면서도 샹플랭의 살아생전은 물론 그의 사망 이후에도 추증이나 추서하는 일은 일어나지 않았다. 그러나 그들의 생각과는 달리 오늘날까지 캐나다뿐만 아니라 미국 그리고 유럽에서 샹플랭은 높이 평가되고 있으며 그에 대한 연구뿐만 아니라 그를 기리는 행사 또한 이어지고 있다.

2022년 찾아간 캐나다의 수도 오타와의 캐나다 총독 관저 정문 옆에는 안내소와 함께 작은 전시관이 자리하고 있는데 안내소의 벽에는 역대 총독들의 초상화와 사진이 걸려 있었다. 그곳에서 사무엘 드 샹플랭(Samuel de Champlain)의 초상화가 초대 총독으로 그 자리를 빛내고 있었고, 캐나다 여권의 두 번째 페이지도 샹플랭으로 꾸미고 있다.

그가 떠난 지 400여 년이 흐른 지금까지 캐나다는 무력이나 강압이 아닌 대화를 통한 설득으로 화해와 화합을 이끌어 내고 언제나 늘 맑은 정신으로 뉴프랑스 건설을 이끌었던 샹플랭을 자랑스러운 초대 총독으로 여기고 있으며 그의 인간을 차별하지 않는 인류애와 관용과 포용으로 만드는 화합과 평화의 메시지 또한 캐나다의 고귀한 정신으로 남아 영원히 기억되고 있는 것이다.

'캐나다인 이야기' 제2권에서 계속

연표

1001	바이킹 레이프 에릭슨 일행 빈랜드(뉴펀들랜드) 도착 정착 시도 (거주하고 있던 기존 인류와의 거듭되는 대립과 갈등으로 모두 돌아감)
1497	베니스 출신 항해사 존 캐벗, 뉴펀랜드 도착 (1498년 두 번째 항해 이후 흔적도 없이 사라짐)
1500-1525	동방으로 가는 북서항로를 찾기 위해 포르투갈 항해사들의 발길이 북신대륙으로 이어지며 정착을 시도. 모두 실패로 끝남
1525	피렌체 항해사 조반니 다 베라차노, 프랑스의 후원으로 북신대륙에 도착. 북대서양 연안을 아카디아(오늘날의 노바스코샤)로 명명.
1534-1543	프랑스 탐험가 자크 카르티에와 장 로베르발이 동방으로 가는 북서항로 개척과 정착을 시도. 괴혈병과 극한의 추위, 그리고 인디언들의 냉대로 실패 (1535년 세인트로렌스강을 따라 퀘벡으로 항해하던 중 "여기가 어디냐?"는 카르티에의 질문에 '카나타(Kanata, 마을, 정착)' 즉 자신의 마을이라고 대답한 원주민의 대답이 변형되어 오늘날의 캐나다(Canada)가 되었음)
1594-1598	사무엘 드 샹플랭, 내란, 종교전쟁에 참전.
1598	4월 앙리 4세, 프랑스에서 개신교를 인정하고 허용하는 '낭트 칙령' 발표. 5월 유럽 국가들 간에 평화를 위한 '베르벵 평화조약 체결'
1598	샹플랭, 종전 후 복귀하는 스페인군과 함께 스페인으로 향함
1599-1600	샹플랭 스페인의 카디즈 도착, 세빌과 산루카를 거쳐 서인도 제도의 쿠바를 비롯한 여러 섬들과 북아메리카 남단의 멕시코와 현 미국의 플로리다 등을 돌며 그곳의 원주민들에 대한 스페인 제국의

	잔혹한 착취 행위를 관찰하며 글과 그림을 남김
1600	피에르 드 쇼뱅, 타두싹에 교역소 겸 숙소로 유럽인으로서는 최초로 북신대륙에 건물을 짓고 정착 시도
1600-1601	샹플랭 스페인 카디즈 귀환. 병석에 누워 있는 이모부와 그의 회사를 돌보는 한편 국왕인 앙리 4세에게 보고할 그동안의 탐험 일지를 준비
1602-1603	샹플랭 파리 체류. 1601년 이모부가 사망한 후 파리로 돌아 온 샹플랭은 앙리 4세의 루브르궁 연구소에서 지도 제작을 공부하는 한편 그동안 프랑스가 진행해 온 북서항로 개척과 식민지 건설에 대한 실패 원인을 연구함
1603	샹플랭, 프랑수아 뒤퐁(퐁그라브)과 함께 대서양을 건너 북신대륙에 도착, 원주민들과 우호적 만남을 이루며 탐사를 이어 감 샹플랭, 『숲속의 사람들(The Savages)』 출간
1604	샹플랭, 피에르 뒤과 드 몽스와 세인트크로이섬에 전초기지 건설
1605-1607	식량 부족과 괴혈병으로 인해 세인트크로이섬에서의 식민지 건설에 실패. 노바스코샤주의 애나폴리스에 위치한 포트 로얄(Port Royal) 건설
1606	영국인 104명 현 버지니아주 제임스타운에 도착 (1607년 5월 14일, 식민지 건설 선포)
1607	9월, 샹플랭과 푸트랭쿠르, 식민지 개척을 중단하라는 명을 받고 귀국
1608	장 푸트랭쿠르, 포트 로얄 총책임자로 부임. 7월 3일, 샹플랭은 새로운 식민지 퀘벡을 뉴프랑스로 선언

1609	7월, 샹플랭, 동맹을 맺은 세인트로렌스강 유역의 여러 원주민들을 도와 이로쿼이 원주민을 상대로 하는 첫 번째 원정을 떠남
1610	5월 앙리 4세가 가톨릭 극렬주의자의 칼에 찔려 사망함 6월 샹플랭 2차 이로쿼이 원정을 떠남 12월 30일, 샹플랭 12세의 어린 신부, 엘렌 불레와 혼인
1611	예수회 선교단 마운트데저트에 선교활동을 위한 정착촌 건설 영국인 탐험가, 헨리 허드슨, 허드슨 만에서 실종 몽스, 북아메리카 식민지 건설에 대한 총책임을 샹플랭에게 일임
1613	5월, 샹플랭, 비뇨의 거짓 정보에 속아 북해를 향해 탐사 시작 북해에는 도달하지 못했지만 내륙의 많은 원주민 부락을 방문, 환대를 받으며 그들과 우호적 관계를 맺음 10월, 아카디아 지방의 포트 로얄, 남쪽 뉴잉글랜드의 새뮤얼 아가일로부터 공격을 받아 황폐화 됨 11월, 당시 뉴프랑스의 총독이었던 콩데 왕자의 회사 또는 샹플랭의 회사라고도 불리는 '캐나다 회사(New Company of Canada)' 설립 샹플랭, 지도가 수록된 책 『사무엘 드 샹플랭의 항해』 출간
1614	샹플랭의 요청에 따라 삼부회 개최(삼부회를 통해 샹플랭은 국왕인 루이 13세를 비롯한 궁정인, 성직자들로부터 더 많은 지지를 얻게 됨)
1615	7월 초, 샹플랭 이로쿼이 원정을 위해 퀘벡에서 출발 1615년, 프랑스 내전에 참전한 포트 로얄 식민지를 맡고 있던 장 푸트랭쿠르 사망 10월 10일, 샹플랭, 이로쿼이 연맹 중 하나인 오논다가 인디언과의 전쟁, 그러나 충동적으로만 움직이는 원주민 무사들로 인해 뚜렷한 승리를 거두지는 못했음
1615-1616	겨울, 샹플랭, 내륙의 6개 원주민 마을 방문, 휴론과 알곤킨의 화해를 중재
1616	여름, 마리 태후에 의해 뉴프랑스 총독 콩데 왕자 감금 9월, 샹플랭 파리 귀국 새로운 총독으로 세마인스 캐딜락

	그 누군가의 모략으로 샹플랭 뉴프랑스 부총독 지위 박탈
	16세가 된 루이 13세, 모후인 마리 태후를 감금
1617	1월 17일, 루이 13세 샹플랭 복직 임명
	7월 중순, 루이 에베르 가족 뉴프랑스 퀘벡에 도착(첫 가족 단위 이주 가족)
1618	2월, 샹플랭, 상공회의소의 전폭적인 지지를 얻어 냄
	샹플랭, 뉴프랑스에 대한 책을 완성하여 루이 13에게 헌정
	루이 13세, 샹플랭에게 600리브르 연금 하사
	12월, 샹플랭, 투자가들로부터 80명의 이주자들을 퀘벡으로 보내는 원조를 약속받음
1619	가을, 콩데 왕자 석방되어 뉴프랑스 총독으로 복귀
	뉴프랑스 총독 지위를 자신의 처남 몽모랑시에게 매매
	몽모랑시, 샹플랭을 자신의 뉴프랑스 부총독으로 임명
1620	뉴프랑스 식민지를 위한 첫 행정관직 창설
	5월, 샹플랭의 아내 엘렌 불레 퀘벡에 도착
	12월 17일, 현 미국에 법과 질서 확립에 기초가 된 '메이플라워 맹약'에 서명한 일명 필그림 파더스(Pilgrim Fathers)라 불리는 영국의 청교도 이주자들 플리머스 항구에 도착
1621	8월, 샹플랭, 퀘벡 식민지의 생활 문제를 논의하기 위한 첫 총회 소집
	샹플랭, 뉴프랑스의 질서를 위한 법률 제정
	- 물품 가격, 종교상의 축제일, 원주인에게 행하는 알코올 판매금지 등에 대한 조례 포고
	영국 찰스 1세, 궁정인이자 시인인 윌리엄 알렉산더에게 뉴프랑스의 아카디아 지방을 하사
	- 알렉산더, 아카디아를 새로운 스코틀랜드라는 의미를 지닌 '노바스코샤'라 이름붙임
1621	샹플랭, 이로쿼이 원주민과 평화를 이룸
1623	샹플랭, 퀘벡 다이아멘트 언덕에 두 번째 세인트 루이 요새 건설
	-11월, 세인트 루이 요새와 식민지 마을로 연결된 많은 도로 완성
1624	샹플랭, 오를레앙섬에 농장을 세울 계획, 그러나 농사 인력 부족

	샹플랭, 세인트 루이 요새 완성, 이후 계속해서 확장해 나감
	샹플랭, 아내의 요청에 따라 그녀와 함께 프랑스로 향함
	파리 궁정의 새 실권자, 리슐리외 등장
	루이 13세, 영국 찰스 1세에게 동맹 제안
1625	2월, 새로운 총독 방타두어, 샹플랭을 자신의 부총독으로 임명
	루이 13세의 여동생, 앙리에트 마리와 영국의 찰스 1세 결혼
1626	샹플랭, 퀘벡에서 50킬로미터 떨어진 카파 투르망트 초원에 개척 마을 건설
1627	1월 25일, 루이 에베르 낙상으로 사망
	리슐리외 추기경, 자신을 포함한 100인 주주와 뉴프랑스 회사 설립
	8월, 프랑스 라로셀 지방의 위그노 개신교와 전쟁 발발
	프랑스 위그노 개신교를 돕기 위해 영국 왕 찰스 1세 원군 지원, 그러나 모두 격퇴됨
1628	2월, 샹플랭, 세 명의 원주민 소녀 입양
	영국의 찰스 1세, 사략꾼들에게 뉴프랑스 침범 명령
	6월 중순, 로크몽, 리슐리외 추기경의 명으로 400명의 이주자와 보급품을 싣고 세인트로렌스 만, 앙티코스티섬에 도착
	그러나 이미 중무장한 영국의 사략꾼 커크 형제들이 타두싹을 점령하고 많은 프랑스 소속 교역선과 로크몽보다 앞서 항해한 보급선을 가로챔
	- 영국인들, 카프 투르망트의 농장 파괴
	- 7월, 커크 형제, 샹플랭에게 항복 권유 서신 보냈으나 샹플랭의 단호한 허세에 속아 영국으로 돌아감
	- 영국으로 돌아가던 영국함선과 퀘벡으로 향하고 있던 로크몽과 치열한 교전, 로크몽의 패배로 인하여 퀘벡의 샹플랭의 식민지인들 굶주림과 사투를 벌임
	- 1628년 10월, 프랑스, 위그노와의 전쟁 승리로 종식
1629	영국의 사략꾼 알렉산더, 아카디아로 정착민을 이주시키기 시작
	7월 20일, 퀘벡으로 다시 돌아온 커크 형제들에 의해 퀘벡 함락됨
	10월 중순, 영국에 도착한 샹플랭, 이미 지난 4월 14일에 영국과 프랑스 양국 사이에 평화 협정(The Treaty of Susa)이 이루어졌

	음을 확인
1629-1632	샹플랭, 아카디아 지방과 퀘벡 식민지를 되찾기 위해 고군분투
	1631년, 알렉산더와 스코틀랜드인 모두 아카디아를 떠나라 명받음
1633	3월, 샹플랭, 뉴프랑스의 최고 사령관으로 퀘벡에 도착
	샹플랭, 인구 성장을 위한 영지 제도 시행 및 지원 본격화
1634	샹플랭, 아카디아 그리고 퀘벡에 이어 트루아 리비에르에 선교와
	교역활동 그리고 더 깊은 내륙 탐사를 위해 식민지 건설
1635	10월, 샹플랭, 뇌졸중 발병
	12월 25일, 사무엘, 드 샹플랭 사망

전설이 된 남자, 사무엘 드 샹플랭
캐나다인 이야기 1

발행일 2025년 5월 19일

지은이 박순연
펴낸이 마형민
기획 신건희
편집 곽하늘 강채영 김예은
디자인 김안석 표진아
펴낸곳 주식회사 페스트북
홈페이지 festbook.co.kr
편집부 경기도 안양시 동안구 관악대로 488
씨앗트 스튜디오 경기도 안양시 동안구 안양판교로 20

© 박순연 2025

ISBN 979-11-6929-797-4 03940
값 20,000원

* 이 책은 저작권법에 의해 보호를 받는 저작물이므로 무단 전재와 무단 복제를 금합니다.
* 페스트북은 작가중심주의를 고수합니다. 누구나 인생의 새로운 챕터를 쓰도록 돕습니다. creative@festbook.co.kr로 자신만의 목소리를 보내주세요.